2019 年 3 月 3 日，退役军人事务部部长孙绍骋参加全国两会首场“部长通道”接受媒体采访，就退役军人工作回答记者提问。曹舒昊 摄

2019 年 2 月 26 日，国家退役军人服务中心在京正式挂牌成立。退役军人事务部部长孙绍骋为国家退役军人服务中心揭牌。浦峰 摄

2019 年 8 月 13 日，退役军人事务部部长孙绍骋带队在上海市调研退役军人工作。陈建民 摄

2019 年 9 月 12 日，湘江战役红军烈士遗骸安葬仪式在广西壮族自治区桂林市全州县红军长征湘江战役纪念园隆重举行。退役军人事务部部长孙绍骋出席仪式并致祭文。曹舒昊 摄

2019 年 11 月 21 日，退役军人事务部部长孙绍骋带队在浙江省调研退役军人工作。张振予 摄

2019 年 12 月 26 日，全国退役军人政策法规工作暨理论研讨会在京召开。退役军人事务部副部长钱锋出席会议并讲话。曹舒昊 摄

2019 年 1 月 10 日，退役军人事务部副部长钱锋赴天津市宝坻区光荣院看望慰问集中供养的优抚对象。曹舒昊 摄

2019 年 4 月 23—25 日，退役军人事务部副部长、全国双拥工作领导小组副组长兼办公室主任钱锋带队在福建省调研退役军人工作。杨儒龙 摄

2019 年 7 月 5 日，中央国家机关和中央企业事业单位军队转业干部安置工作会议在京召开。中央军委政治工作部主任助理兼退役军人事务部副部长方永祥出席会议并讲话。曹舒昊 摄

2019 年 10 月 11 日，退役军人事务部副部长朱天舒在天津市调研退役军人工作。杨博 摄

2019 年 10 月 23 日，退役军人事务部副部长朱天舒在江苏省调研退役军人工作。宋爱军 摄

2019 年 1 月 23 日，退役军人事务部在国务院新闻办公室召开新闻发布会。宗超 摄

2019 年 1 月 23 日，退役军人事务部、中央军委政治工作部、北京市人民政府慰问移交政府安置的军队离退休干部。孙琳琳 摄

2019年1月30日，退役军人事务部走访中央军委政治工作部，就进一步做好拥军优属和退役军人工作深入交流座谈。曹舒昊 摄

2019年3月19日，退役军人事务部与10家银行在京签署拥军优抚合作协议。曹舒昊 摄

2019 年 4 月 4 日，第六批在韩中国人民志愿军烈士遗骸安葬仪式在沈阳抗美援朝烈士陵园举行。曹舒昊 摄

2019 年 4 月 17 日，退役军人事务部与来访的朝鲜城市经营省副相崔成哲一行会谈。双方就加强在朝志愿军烈士褒扬工作进行了深入交流。曹舒昊 摄

2019 年 9 月 24 日，退役军人事务部与中国电信、中国联通、中国移动 3 家电信运营商在京签署拥军优抚合作协议。胡琳 摄

2019 年 9 月 29 日，退役军人事务部在沈阳抗美援朝烈士陵园举行中国人民志愿军烈士认亲仪式。赵雷 摄

2019 年 11 月 11—12 日，退役军人事务部、中央军委政治工作部、中央军委国防动员部等在宁夏回族自治区银川市组织召开宁夏军地合力做退役军人工作经验推广交流会。林南 摄

2019 年 11 月 19 日，全国退役军人事务系统宣传思想工作座谈会在上海市召开。曹舒昊 摄

2019 年 11 月 26—28 日，退役军人事务部在京举行全国移交政府安置军队离退休干部庆祝新中国成立 70 周年文艺汇演。曹舒昊 摄

2019 年 12 月 17 日，退役军人事务部就业创业司与保利物业发展股份有限公司、万科物业发展股份有限公司在京签署退役军人就业合作协议。曹舒昊 摄

2019 年 12 月 19—20 日，全国退役军人事务厅（局）长会议在京召开。曹舒昊 摄

2019 年 12 月 24 日，中央宣传部、退役军人事务部、中央军委政治工作部联合发布 2019 年“最美退役军人”先进事迹。曹舒昊 摄

中国
退役军人事务年鉴

CHINA VETERANS AFFAIRS YEARBOOK

退役军人事务部◎编

科学技术文献出版社
SCIENTIFIC AND TECHNICAL DOCUMENTATION PRESS
·北京·

图书在版编目（CIP）数据

中国退役军人事务年鉴. 2020 / 退役军人事务部编. —北京：科学技术文献出版社，2020. 12
ISBN 978-7-5189-7172-5

Ⅰ. ①中…　Ⅱ. ①退…　Ⅲ. ①退役—军人—人事管理—中国—2020—年鉴　Ⅳ. ① E263-54

中国版本图书馆 CIP 数据核字（2020）第 183740 号

中国退役军人事务年鉴2020

策划编辑：崔　静　　责任编辑：赵　斌　　责任校对：王瑞瑞　　责任出版：张志平

出 版 者　科学技术文献出版社
地　　址　北京市复兴路15号　邮编 100038
编 务 部　（010）58882938，58882087（传真）
发 行 部　（010）58882868，58882870（传真）
邮 购 部　（010）58882873
官方网址　www.stdp.com.cn
发 行 者　科学技术文献出版社发行
印 刷 者　北京时尚印佳彩色印刷有限公司
版　　次　2020 年 12 月第 1 版　2020 年 12 月第 1 次印刷
开　　本　889 × 1194　1/16
字　　数　575千
印　　张　27.5　彩插24面
书　　号　ISBN 978-7-5189-7172-5
定　　价　198.00元

《中国退役军人事务年鉴 2020》
编委会

《中国退役军人事务年鉴 2020》
编写组成员

丁西峰	丁国胜	山　涛	马明潭	马续波	王　鹏
王　震	王　毅	王立民	王延军	王词斌	王寄丁
叶婷婷	吕高排	朱　江	向洪波	刘　军	刘亚娟
刘经纬	刘恒贵	刘御芳	齐　亮	许航宇	孙　蕊
孙好鹏	孙铁鸥	李　成	李　坤	李　贺	李天利
李秋华	李德营	杨学娟	杨海云	肖　燕	肖国忠
应颂东	汪鸿兴	宋功祥	宋虎林	宋晓明	张　弘
张　莉	张　程	张　赟	张文兴	张莹莹	张新宇
陈汉勋	陈军伟	陈降明	陈智慧	罗晶晶	周发福
周燕红	孟　伟	孟东生	赵　立	赵　宇	胡　琳
柏毅卿	段照明	姜恩桥	姚　笛	姚永福	顾卫忠
徐　锐	郭嘉良	黄剑锋	曹文德	曹舒昊	阎永琦
梁　健	董　瑞	韩　旭	鲍金宝	魏　鑫	魏锦喜

（按姓氏笔画排序）

编辑说明

《中国退役军人事务年鉴》是关于退役军人工作的专业性史料工具书，旨在逐年记录、时序呈现、客观反映我国退役军人工作发展概况，为全国退役军人事务系统工作者和关心、关注退役军人工作的广大读者提供借鉴和参考。

《中国退役军人事务年鉴2020》收录2019年退役军人事务工作相关资料，共6个部分，包括党和国家领导人关于退役军人工作的活动和讲话、退役军人事务部领导讲话和署名文章、全国退役军人工作、地方退役军人工作、政策法规、大事记。其中，全国退役军人工作主要从国家层面反映政策法规、思想政治和权益维护、规划财务、移交安置、就业创业、军休服务管理、拥军优抚、褒扬纪念（国际合作）、教育培训、服务中心（站）建设等工作；地方退役军人工作主要从地方层面反映各省（区、市）和副省级城市及新疆生产建设兵团退役军人相关工作。

《中国退役军人事务年鉴2020》的编辑出版，是在全国退役军人事务系统的共同努力下完成的。在此，谨向所有参加编辑出版工作的领导和同志表示衷心感谢！因编者水平有限，疏漏之处在所难免，恳请广大读者批评指正！

编　者

2020年12月

序

2019年，在以习近平同志为核心的党中央坚强领导下，退役军人事务系统奠基启新、开拓进取，一些长期制约退役军人工作发展的体制机制障碍实现重要突破，许多积压多年的历史遗留问题得到有效解决，各级服务保障基础薄弱的状况有了较大改观，各项工作实现平稳起步、良好开局。

这是加快机构组建、迅速壮大力量之年。退役军人事务行政机构全部组建到位，退役军人服务中心（站）实现从国家建到乡村社区“全覆盖”，大量涉退役军人事业单位完成转隶，实现机构配齐、人员配强、功能壮大。关爱退役军人协会、基金会纷纷成立，与银行、通信、房地产等行业企业开展战略合作，越来越多的社会力量积极支持退役军人工作。在党的坚强领导下，政府机构、服务体系、社会力量“三驾马车”，合力拉动退役军人工作奋勇前行。

这是加强顶层设计、集中出台政策之年。召开全国退役军人工作会议对当前和今后一个时期工作作出全面部署，起草《退役军人保障法》对退役军人工作法律制度作出整体设计，着手编制“十四五”退役军人工作专项规划对未来五年发展作出谋划，出台20多个政策性文件解决突出问题。退役军人工作的方向更加聚焦，思路更加清晰，法治更加健全。

这是大刀阔斧改革、攻坚破解难题之年。采集广大退役军人和其他优抚对象数据，建成全国基础信息数据库，服务管理更加精准。开展部分退役士兵社会保险补缴，建立困难退役军人帮扶援助机制，生活更有保障。开展军转干部“直通车”安置试点，试行退役士兵“两次移交、两次安置、实名下达”移交安置办法，就业安置更有效率。上线运行五级联网信访信息系统，开展“矛盾问题攻坚化解年”活动，权益维护更有力度，广大退役军人获得感增强。

这是加大抚恤优待、强化尊崇关爱之年。英雄烈士褒扬纳入党和国家功勋荣誉表彰制度体系，湘江战役红军烈士、第六批在韩中国人民志愿军烈士遗骸隆重安葬，“清明祭英烈”“寻找英雄”宣传教育活动广泛开展，致敬先烈、崇尚英雄的社会氛围日益浓厚。大幅提高抚恤补助标准，大力倡导社会优待，隆重表彰全国模范退役军人，深入学习宣传“最美退役军人”，完成光荣牌悬挂工作，不断提升广大退役军人的荣誉感。

当前，我国退役军人工作正处在爬坡起步、开新布局的关键阶段，既需固本培元，更需改革创新。我们相信，在以习近平同志为核心的党中央坚强领导下，退役军人事务系统必将弘扬优良传统，不断开创退役军人工作新局面。

目录

党和国家领导人关于退役军人工作的活动和讲话

习近平在京津冀三省市考察并主持召开京津冀协同发展座谈会

（节选）

习近平十分关心退役军人服务保障工作。他走进社区退役军人服务管理站，详细询问社区在服务退役军人方面的具体做法。他强调，成立退役军人事务机构，就是要加强退役军人管理保障工作，让军人成为全社会尊崇的职业。各级党委和政府要高度重视，切实把广大退役军人合法权益维护好，把他们的工作和生活保障好。（新华社北京 2019 年 1 月 18 日电 ）

习近平出席解放军和武警部队代表团全体会议
（节选）

习近平强调，军政军民团结是我们的优良传统和政治优势。军队要积极支援地方经济社会发展和生态文明建设，勇于承担抢险救灾等急难险重任务，做好定点帮扶贫困村、贫困群众工作。中央和国家机关、地方各级党委和政府要支持国防和军队建设，做好退役军人安置、伤病残军人移交、随军家属就业、军人子女入学等工作，配合做好军队全面停止有偿服务下篇文章，共同把强军事业推向前进。（新华社北京 2019 年 3 月 12 日电）

习近平对张富清同志先进事迹作出重要指示

中共中央总书记、国家主席、中央军委主席习近平近日对张富清同志先进事迹作出重要指示强调，老英雄张富清60多年深藏功名，一辈子坚守初心、不改本色，事迹感人。在部队，他保家卫国；到地方，他为民造福。他用自己的朴实纯粹、淡泊名利书写了精彩人生，是广大部队官兵和退役军人学习的榜样。要积极弘扬奉献精神，凝聚起万众一心奋斗新时代的强大力量。

今年95岁的老党员张富清是原西北野战军359旅718团2营6连战士，在解放战争的枪林弹雨中九死一生，先后荣立一等功三次、二等功一次，被西北野战军记“特等功”，两次获得“战斗英雄”荣誉称号。1955年，张富清退役转业，主动选择到湖北省最偏远的来凤县工作，为贫困山区奉献一生。60多年来，张富清刻意尘封功绩，连儿女也不知情。2018年底，在退役军人信息采集中，张富清的事迹被发现，这段英雄往事重现在人们面前。（新华社北京2019年5月24日电）

习近平会见全国退役军人工作会议代表
李克强王沪宁参加会见

中共中央总书记、国家主席、中央军委主席习近平26日在京会见全国退役军人工作会议全体代表，向他们表示诚挚的问候，勉励他们不忘初心、牢记使命，奋力开创我国退役军人工作新局面。

中共中央政治局常委、国务院总理李克强，中共中央政治局常委、中央书记处书记王沪宁参加会见。

上午11时，习近平等来到京西宾馆会议楼前厅，全场响起热烈掌声。习近平等同代表们亲切握手，代表们纷纷向总书记问好。看到94岁的老英雄张富清，习近平总书记俯下身，双手紧握住老人的手，同他亲切交谈并致以诚挚问候。随后，习近平等同大家合影留念。

中共中央政治局委员、国务院副总理孙春兰参加会见并在全国退役军人工作会议上讲话。她说，要深入贯彻习近平总书记关于退役军人工作重要论述，坚持党对退役军人工作的集中统一领导，继承优良传统，注重改革创新，着力完善政策法规，加强基层基础和干部队伍建设，做好就业安置、优待褒扬、权益维护、服务管理等工作，切实把广大退役军人工作和生活保障好，激励他们为改革发展和社会稳定作出积极贡献。

会议表彰了401名全国模范退役军人、91个全国退役军人工作模范单位和76名全国退役军人工作模范个人。

丁薛祥、张又侠、陈希、郭声琨、黄坤明、肖捷、赵克志参加会见，中央军委委员苗华参加会见并出席第一次全体会议。（新华社北京2019年7月26日电）

李克强在第十三届全国人民代表大会第二次会议上作的政府工作报告

（节选）

扎实做好高校毕业生、退役军人、农民工等重点群体就业工作，加强对城镇各类就业困难人员的就业帮扶。

改革完善高职院校考试招生办法，鼓励更多应届高中毕业生和退役军人、下岗职工、农民工等报考，今年大规模扩招100万人。

落实退役军人待遇保障，完善退役士兵基本养老、基本医疗保险接续政策。（新华社北京2019年3月16日电）

李克强总理会见采访全国两会的中外记者并回答提问
（节选）

我们说保持经济运行在合理区间，首先是要保就业，不让经济滑出合理区间，就是不能出现“失业潮”。我们要多措并举，对一些重点人群要继续努力保障他们就业，像大学毕业生、复转军人、转岗职工等。今年的高校毕业生又达 834 万，比去年还多，创历史新高。我们还要确保不出现零就业家庭，对那些吸纳劳动力比较多的企业要给政策优惠支持。我们还要推动创新创业创造，用好大众创业、万众创新平台，提供更多的就业岗位。就业好不好，这本身也是经济好不好的一个重要体现。（新华社北京 2019 年 3 月 15 日电）

孙春兰会见“最美退役军人”

“最美退役军人”先进事迹报告会4日在人民大会堂举行。报告会前，中共中央政治局委员、国务院副总理孙春兰会见报告团成员。她强调，要深入贯彻习近平总书记关于退役军人工作的重要论述，广泛宣传退役军人先进事迹，扎实做好退役军人服务管理保障工作，激励广大退役军人建功新时代，以优异成绩庆祝新中国成立70周年。

孙春兰指出，退役军人是党和国家的宝贵财富，习近平总书记在今年的新年贺词中特别强调要关爱退役军人，充分体现了对退役军人工作的高度重视，对广大退役军人的亲切关怀。要组织好“最美退役军人”学习宣传活动，充分展示退役军人永葆本色、奋发图强的优秀品质和良好精神风貌，激励广大干部群众学习“最美”、争当“最美”，在全社会营造尊崇、关心退役军人的浓厚氛围。

孙春兰强调，各地各有关部门要认真落实党中央、国务院关于退役军人工作的决策部署，扎实做好安置就业、教育培训、待遇保障、服务管理、权益维护等工作，为退役军人各尽其才、各展其能创造更好条件，为实现中国梦强军梦作出新的贡献。

报告会由中宣部、退役军人事务部举办，中央和国家机关、北京市干部群众、现役官兵和首都高校师生代表700余人参加。（新华社北京2019年1月4日电）

孙春兰在天津调研

中共中央政治局委员、国务院副总理孙春兰9日在天津调研时强调，要深入贯彻习近平总书记关于退役军人工作的重要论述，建立健全集中统一、职责清晰的退役军人管理保障体制，切实维护退役军人合法权益，激励他们为改革发展和社会稳定作出积极贡献。

孙春兰考察了天津市南开区万兴街道办事处金融街（玉泉北里）社区、河西区军队离休退休干部休养所、河西区退役军人事务管理局，走访了退役军人服务管理中心、服务管理站、关爱退役军人协会，详细了解天津市退役军人服务保障体系建设的有效做法。她充分肯定了天津市退役军人服务机构在提供服务、维护权益、促进稳定等方面发挥的独特作用、取得的明显成绩，希望天津市认真总结，强化服务能力，提升保障水平，为全国提供可复制推广的经验。

孙春兰强调，习近平总书记高度重视退役军人服务保障体系建设，作出重要指示，提出明确要求，充分体现了对广大退役军人的亲切关怀。各级党委和政府要认真落实党中央、国务院关于退役军人服务保障体系建设的决策部署，学习借鉴经验做法，加快推进服务保障体系机构设置、制度规范和能力建设，努力做到全覆盖。要以改革创新精神推进退役军人服务保障体系建设，确保有专门机构、专职人员提供服务，以更好地与经济社会发展水平相适应。要积极创新服务方式，通过实施政府购买服务、引入社会专项服务、倡导志愿服务等形式，为退役军人提供教育、就业、救助等指导和帮助，并与退役军人贡献相匹配。要探索建立“互联网＋退役军人服务”，通过大数据、互联网等技术手段，建设退役军人统一信息平台、网上办事平台，使退役军人服务工作更加规范、高效、便捷。要全面做好退役军人就业创业扶持、走访慰问、帮扶解困、信访接待、权益保障等工作，为退役军人发挥作用创造更多机会、更好条件，进一步提高退役军人服务保障水平。（新华社北京2019年1月9日电）

孙春兰强调加快推进退役军人服务保障体系建设

中共中央政治局委员、国务院副总理孙春兰26日在天津出席全国退役军人服务保障体系建设推进会时强调，要深入学习贯彻习近平总书记关于退役军人工作的重要指示批示精神，认真落实党中央、国务院决策部署，加快建立健全退役军人服务保障体系，切实把广大退役军人工作和生活保障好。

孙春兰指出，全面建立退役军人服务保障体系是做好退役军人工作的基础，习近平总书记高度重视，作出重要指示，提出明确要求。各地党委、政府要把退役军人服务保障体系建设作为重要政治任务，学习借鉴天津、河北等地的经验做法，细化工作方案，采取有力措施，实现有机构、有编制、有人员、有经费、有保障，确保今年5月底前形成覆盖全体退役军人的服务保障体系。

孙春兰强调，建立退役军人服务保障体系，目的是解决政策落实、服务保障的“最后一公里”。各级退役军人服务保障机构要完善管理制度、工作流程、运行机制，建设统一信息平台、网上办事平台，着力提高服务保障能力，不断增强退役军人的获得感和满意度。要尊崇、关心退役军人，创新工作方式，切实做好政策落实、帮扶解困、矛盾化解、教育培训、就业创业扶持等工作。春节期间，要广泛开展走访慰问活动，使广大退役军人感受到党和政府的温暖。（新华社天津2019年1月26日电）

孙春兰在江西调研

中共中央政治局委员、国务院副总理孙春兰7月11日至12日在江西调研时强调，要深入贯彻落实习近平总书记关于退役军人工作的重要指示精神，加强新时代退役军人工作，切实肩负起服务好、保障好退役军人的职责使命，激励他们为社会主义现代化建设再立新功。

孙春兰先后来到吉安市井冈山市、南昌市，考察市县乡退役军人服务机构、接收安置单位、职业培训学校，了解退役军人服务保障体系建设和相关政策落实情况。她指出，井冈山是中国革命的摇篮，江西人民为革命胜利作出了巨大贡献，做好退役军人工作具有特殊重要意义。她充分肯定江西省退役军人工作成绩，服务保障体系实现了全覆盖，有机构、有编制、有人员、有经费、有保障，移交安置工作扎实有效，营造了关心关爱退役军人的良好氛围。她强调，各级党委政府要认真落实党中央、国务院决策部署，建立健全集中统一、职责清晰的退役军人管理保障体制，做好安置就业、教育培训、待遇保障、服务管理等工作，切实维护退役军人合法权益。要推进退役军人服务保障体系建设，完善管理制度和运行机制，提高服务能力和保障水平，把服务中心和站点建成“退役军人之家”。

孙春兰来到井冈山市茨坪镇新村，看望慰问93岁的烈士家属李洪生，了解其家庭状况和生活情况。她说，无数先烈为中国革命胜利建立了彪炳史册的功勋，他们的英雄事迹和崇高精神值得我们敬仰和学习。要铭记历史，继承先烈遗志，让红色基因代代相传。“八一”快到了，她叮嘱有关方面要弘扬拥军优属的优良传统，做好烈属抚恤优待工作，帮助解决实际困难，使他们感受到党和政府的温暖、感受到人民群众的敬意。

调研期间，孙春兰参观了井冈山革命博物馆，瞻仰了井冈山革命烈士陵园并敬献花篮，接受革命传统教育，强调要继承发扬井冈山精神，不忘初心、牢记使命，在全心全意服务退役军人中认真践行党的根本宗旨。（新华社南昌2019年7月12日电）

退役军人事务部领导讲话和署名文章

全心全意为退役军人服务
是退役军人工作系统永远不变的初心和使命

——在退役军人事务部全体党员干部大会上讲授的专题党课

孙绍骋

（2019年7月1日）

在中国革命、建设、改革的伟大历史进程中，为中国人民谋幸福，为中华民族谋复兴是我们党始终不变的初心和使命。为了这个初心和使命，中国共产党人坚持一切为了人民群众，一切依靠人民群众，经过不屈不挠的斗争，铸就了惊天动地、彪炳史册的伟业。今天，是党的98岁生日。在这个特殊的日子，我以“全心全意为退役军人服务是退役军人工作系统永远不变的初心和使命”为题，谈点学习体会，与大家共勉，以庆祝和纪念党的生日。

一、全心全意为退役军人服务，是退役军人工作系统践行党的根本宗旨的具体体现

全心全意为人民服务是我们党的根本宗旨。曾经有媒体随机采访一些路人，问他们知不知道毛泽东思想最重要的是什么？60%以上回答的都是“为人民服务”，可见在广大人民心目中的崇高地位。尤其作为一名共产党员，哪怕只能记住一句话，也应该是“为人民服务”。

1939年2月，毛泽东同志在致张闻天的一封信中，首次提及“为人民服务”。谈到儒家旧道德之勇时，他指出那种“勇”只是“勇于压迫人民，勇于守卫封建制度，而不勇于为人民服务”。1940年1月，毛泽东同志发表的《新民主主义论》一文再次提到，为全民族90%以上的工农劳苦群众服务。1942年5月，毛泽东同志在延安文艺座谈会上又再次讲到，文艺要变成革命的文艺，变成为人民服务的文艺。

直到1944年9月，毛泽东同志正式发表文章《为人民服务》，这其实是在张思德追悼会上的一个即席演说。张思德是中央警卫团的一名战士，他在安塞石峡峪烧炭时不幸牺牲。毛泽东同志得知此事后心情十分沉痛，亲自在花圈上写下了“为人民利益而牺牲的张思德”，并在追悼会上作了这个演讲。贯穿这个演讲最核心的就是为人民服务。1944年9月21日，《为人民服务》的演讲以新闻稿形式在《解放日报》上发表；1945年4月，“全心全意为人民服务”被鲜明概括为我党我军的根本宗旨，并写进党的七大报告；1945年9月，毛泽东同志给《大公报》题词：“为人民服务”；1953年，《为人民服务》

正式成文，收入《毛泽东选集》第三卷。

对于上述这段历史，很多同志都是熟悉的。从中可以看出，我们党一成立，就把马克思主义作为自己的伟大旗帜，把实现共产主义作为党的最终目标，义无反顾地肩负起“为中国人民谋幸福、为中华民族谋复兴”这个初心和使命，既体现在党的创始者们心中的理想和追求上，更宣示在党的纲领所确定党的最高理想和最终目标上，归根到底集中到“全心全意为人民服务”这个根本宗旨上。

邓小平同志不仅继承了毛泽东同志为人民服务的思想，而且发展了这一思想，为新时期党的执政和思想建设注入了新的活力。在改革开放和社会主义现代化建设的实践中，邓小平坚持把“人民拥护不拥护、赞成不赞成、高兴不高兴、答应不答应”作为制定各项方针政策的根本依据，作为判断各项工作成败得失的最高标准。这是对我们党根本宗旨内涵的丰富。

江泽民同志反复强调，党的干部和党员必须全心全意为人民服务，必须诚心诚意为人民谋利益。提出并形成了“三个代表”重要思想，对党的宗旨作了进一步丰富完善。

胡锦涛同志提出以人为本，立党为公、执政为民，建设和谐社会，坚持以科学发展观为指导，坚持“权为民所用、情为民所系、利为民所谋”等，发展了为人民服务宗旨的内涵。

党的十八大以来，以习近平同志为核心的党中央更加凸显党的宗旨。在十八届中共中央政治局常委同中外记者见面时，习近平总书记强调：“人民对美好生活的向往，就是我们的奋斗目标。”在2013年全国两会上，他再次强调，坚持把人民利益放在第一位，着力保障和改善民生。在2014年2月接受俄罗斯电视台专访时表示，“我的执政理念概括起来就是为人民服务。”在党的十九大报告中提出，“中国共产党人的初心和使命，就是为中国人民谋幸福，为中华民族谋复兴。”这都是要求我们共产党人牢记和践行根本宗旨，在新时代进一步汇聚起中国人民不可战胜的磅礴力量。

我国有14亿人口，现有退役军人3600多万名。为退役军人服务是为人民服务的题中应有之义。组建退役军人管理保障机构，将退役军人管理、服务、保障等职能集中到一起，是习近平总书记和党中央的重大战略考量，是促进国防和军队建设的重大战略举措，是实现中华民族伟大复兴中国梦的重大战略安排。全心全意为退役军人服务，对于退役军人工作系统来说，具有特殊的意义。

（一）这是退役军人工作系统传承红色基因的历史必然。我们党是用马克思主义和马克思主义中国化理论成果武装起来的无产阶级政党，是具有伟大理想、远大抱负和崇高境界，并为之奋斗终身的无产阶级先锋队。为人民服务，是中国共产党人身上与生俱来的“红色印记”，是流淌在血液里的“红色基因”，是我们党区别于其他一切政党的根本标志。以毛泽东同志为代表的中国共产党人带领中国人民“站起来”，翻身得解放，当家做主人，不断朝着“四个现代化”的目标进军；以邓小平同志为代表的中国共产党人带领中国人民“富起来”，改革开放使中华民族焕发出勃勃生机，不断朝着“三步走”的战略目标迈进；以习近平同志为代表的新时代中国共产党人带领中国人民“强起来”，决胜全面建成小康社会，踏上建设富强民主文明和谐美丽社会主义现代化强国新征程。党的十九大召开不久，习近平总书记就带领中央政治局常委瞻仰党的“一大”会址、嘉兴南湖红船，重温入党誓词。从党的“产床”到“红色摇篮”，从“革命大学校”到“改革开放主战场”，中国共产党一路走来，根本宗旨没有丢掉，红色基因代代相传。退役军人工作系统是在党领导下的服务保障退役军人的专门机构，这个机构中的绝大多数人员又是共产党员，理所应当成为党的决策部署的执行者、红色基因的传承者、全心全意为退役军人服务的践行者。

（二）这是退役军人工作系统坚守价值取向的客观要求。中国共产党人的价值取向就是为中国人民谋幸福，为中华民族谋复兴；中国共产党人倡导的价值追求就是树立以人民为中心的发展思想，人民对美好生活的向往就是我们的奋斗目标。周恩来总理一生忠于的信念、追求的价值，就是为人民服务。他多次讲：“作为党员，要以人民的疾苦为忧。”他还说：“物质生活方面，我们应该知足常乐，要觉得自己的物质待遇够了，甚至于过了，觉得少一点好。”周总理逝世前交代医务人员解剖他的遗体，他说：“现在对癌症的治疗还没有好办法，我死后，你们要彻底解剖一下，好好研究研究，能为国家医学发展做一点贡献，我是很高兴的。”1976年1月7日深夜，他临终前坦然对大夫说：“我这里没什么事了，你们还是去照顾别的生病的同志，那里更需要你们。”在生命的最后时刻，他心里装着的依然是人民。一个人即将离开人世的时候，还想着为人民服务，这就是共产党人的崇高境界和价值追求。习近平总书记始终强调与人民同呼吸、共命运、心连心，与人民想在一起、干在一起，在3万多字的十九大报告中，有200多次提到“人民”一词。可见，人民在领袖心目中的地位是何等重要！我们退役军人工作系统全体党员，一定要把退役军人的利益高高举过头顶，把服务好保障好退役军人的使命牢牢担在肩上，努力开创退役军人工作新局面，向党和人民交上一份合格答卷。只有这样，才能不辱使命、不负众望。

（三）这是退役军人工作系统始终奋勇前进的根本动力。全心全意为人民服务，既是共产党人的根本宗旨，又是我们党的力量之源、动力之源、活力之源，也是我们党能够处乱不惊、泰然自若、高度自信、保持定力的奥秘所在。红军在长征途中，面对敌人的围追堵截、狂轰滥炸，一次次绝地逢生、一次次转危为安，他们“掩埋好同志的尸体，擦干身上的血迹，继续战斗”。方志敏烈士在狱中写道：“难道他们不想将母亲从敌人手里救出来，把母亲也装饰起来，成为世界上最出色、最美丽、最令人尊敬的母亲吗？”“我们绝不能让伟大的可爱的中国，灭亡于帝国主义肮脏的手里。”正是因为有方志敏这样的一代代共产党人，他们心里始终装着人民，才能为了民族独立、人民解放和国家富强、人民幸福，在炮火纷飞的战争年代不后退、在艰难困苦的创业时期不懈怠、在错综复杂的现实环境不迷茫。一代人有一代人的使命。在新时代进行具有许多新的历史特点的伟大斗争，深入推进党的建设新的伟大工程，开拓中国特色社会主义伟大事业，实现中华民族复兴伟大梦想，我们前进的道路不可能一帆风顺。作为退役军人工作系统及其工作人员，必须始终保持一种精神、一种斗志、一股劲头，永远记住“我是谁”“为了谁”“依靠谁”，用为退役军人服务的实际行动，回答好共产党人这一永恒的哲学命题和重大的时代课题。

二、全心全意为退役军人服务，是由退役军人的特殊经历、特殊地位、特殊贡献决定的

青松参天，在于它植根于肥沃的土壤；浮萍飘零，因其远离厚实的大地。退役军人是一个庞大的群体，对退役军人感情上亲近、内心上尊重、行动上关爱，是全心全意为退役军人服务的前提和基础。这是由他们的特殊经历、特殊地位、特殊贡献决定的。

（一）这是因为他们曾经是最可爱的人。著名作家魏巍在《谁是最可爱的人》一文中，这样描述人民子弟兵："谁是我们最可爱的人呢？我们的战士，我感到他们是最可爱的人。也许还有人心里隐隐约约地说：你说的就是那些'兵'吗？他们看来是很平凡、很简单啊，既看不出他们有什么高深的知识，又看不出他们有什么丰富的感情。可是，我要说，这是由于他跟我们的战士接触太少了，还没有了解我们的战士：他们的品质是那样的纯洁和高尚，他们的意志是那样的坚韧和刚强，他们的气质是那样的淳朴和谦逊，他们的胸怀是那样的美丽和宽广！""他们是历史上、世界上第一流的战士，第一流的人！他们是世界上一切伟大人民的优秀之花！我们以祖国有这样的英雄而骄傲，我们以生在这个英雄的国度而自豪！"

毛泽东同志阅读此文后批示："印发全军。"朱德同志读后连声称赞："写得好！很好！"周恩来总理在1953年第二次文代会上讲话时，竟推开了讲稿，对着话筒大声说："在座的谁是魏巍同志，今天来了没有？请站起来，我感谢你为子弟兵取了个'最可爱的人'的称号。"魏巍在那个年代，第一个喊出了时代和人民的心声：我们的战士就是最可爱的人！为有牺牲多壮志，敢教日月换新天！我们即将迎来新中国成立70周年，绝不能忘了那些为了中国革命、建设、改革抛洒热血、牺牲奉献的最可爱的人。我这里有这样一组数据，读给大家听听：1934年10月红军长征离开瑞金时，中央红军主力有8.6万余人，到12月初，中共中央、中革军委和直属机关渡过湘江，锐减到3万多人。1941—1942年，日军发动空前残酷的"扫荡"和"清乡"，使八路军、新四军锐减10万余人；1946—1949年的解放战争期间，解放军消灭俘虏蒋匪军807万人，我军也付出了损失152万余人的代价；1950—1953年的抗美援朝战争期间，中国人民志愿军先后牺牲了19万余人，许多至今仍长眠在朝鲜、韩国。

伴随着这组数字背后，是一个个我们耳熟能详的名字：冷云等东北抗联女战士陷入敌人包围，投入冰冷的乌斯浑河英勇殉国，她们中最大的23岁，最小的只有13岁。八路军副参谋长左权、东北抗联第二路军副总指挥赵尚志、新四军第四师师长彭雪枫，先后在作战中以身殉国，他们牺牲时分别年仅33岁、34岁、37岁。董存瑞用身体当支架手托炸药包炸毁敌人暗堡，牺牲时未满19岁。3年抗美援朝战争中，先后涌现出黄继光、邱少云、杨根思、罗盛教等30多万英雄模范和功臣。毛泽东同志的长子毛岸英第一批入朝作战，英勇牺牲在朝鲜战场，年仅28岁。进入社会主义建设和改革时期，李向群、高建成等烈士，为

保护改革开放成果和人民生命财产安全，牺牲在抢险救灾一线，分别年仅 20 岁、33 岁。

天地英雄气，千秋尚凛然。1949 年 9 月 30 日晚，天安门广场举行人民英雄纪念碑奠基礼，毛泽东同志起草的碑文是："三年以来，在人民解放战争和人民革命中牺牲的人民英雄们永垂不朽！三十年以来，在人民解放战争和人民革命中牺牲的人民英雄们永垂不朽！由此上溯到一千八百四十年，从那时起，为了反对内外敌人，争取民族独立和人民自由幸福，在历次斗争中牺牲的人民英雄们永垂不朽！"即使是在欢庆胜利的日子里，党和人民依旧怀着崇敬的心情，纪念在长期斗争中为中华民族独立和人民解放而英勇献身的革命先烈。习近平总书记指出，一个有希望的民族不能没有英雄，一个有前途的国家不能没有先锋。包括抗战英雄在内的一切民族英雄，都是中华民族的脊梁！

（二）这是因为他们是地方建设的生力军。纵观党和国家发展的各个历史时期，退役军人在加强地方建设上始终发挥了十分重要的作用。解放战争后期，随着革命胜利发展和新解放区的迅速扩大，政权建设和城乡管理急需大量干部。为建立和巩固红色政权，1949 年 2 月，毛泽东同志发出"把军队变为工作队"的重要指示，全军各部队抽调大批干部转入地方工作。一些被称为"南下干部"的老同志，就是那个时期军转干部的缩影。

新中国成立之初，从中央到地方的各级政府，有相当一部分的领导同志和工作人员，都是从解放军指战员中抽调组成的。以外交队伍为例，毛泽东同志提出，我国外交官队伍要从军队中调，大使要从将军中找。于是，一批高级将领脱下军装，投身外交事业。这其中就有我们比较熟悉的姬鹏飞、耿飚、黄镇等老将军，当时群众亲切地称他们为"将军大使"。

1954 年 10 月，中央命令驻新疆人民解放军第二、第五、第六军大部，第二十二兵团全部，集体就地转业复员，组建"中国人民解放军新疆军区生产建设兵团"，接受新疆军区和中共中央新疆分局双重领导，劳武结合，屯垦戍边。1954—1956 年，经中央军委同意，铁道兵第二、第三、第四、第五、第六、第九、第十一师的复转官兵，近 2 万人马，去北大荒安营扎寨、开荒种田。1958 年春天，10 万名退役军人响应党中央号召，从祖国各地向"地无一垄，房无一间"的北大荒挺进，诗人郭沫若写下了著名诗篇《向地球开战》，为 10 万官兵壮行。这些为民族解放事业出生入死的人民功臣，退出现役后依然响应党的召唤，他们所创造的"北大荒精神""大庆精神"，至今仍是鼓舞教育全国人民的宝贵精神财富。

进入改革开放后，随着 1982 年全军进行精简整编，铁道兵并入了铁道部，基本建设工程兵番号被撤销，所属部队全部按系统集体转业到国务院有关部或所在省（区、市）。任正非，就是当年随着撤销基建工程兵转业的一名退役军人，他于 1987 年创办了华为技术有限公司。

我们 2018 年评选表彰的 20 名"最美退役军人"，都是积极响应党的号召、在经济社会建设各个领域取得显著成绩、做出突出贡献的优秀退役军人典型。这其中：有不爱红装爱武装，向习近平总书记和全校师生许下"争做担当民族复兴大任的时代新人"诺言的海军退役女兵、北大学生宋玺；有空军飞行员退役、挽救群众生命的英雄机长刘传健；有自愿放弃师级军官身份、自主择业回乡创业的先进典型吴惠芳；等等。在他们身上，充分展示出了退役军人群体永葆本色、奋发图强的优秀品质和良好精神风貌。特别是在我们信息采集中发现的老英雄张富清，退役 60 多年深藏功名，一辈子坚守初心、不改本色，从脱下军装主动要求去偏僻山区工作，到响应国家全面精简机构人员号召、动员妻子下岗，再到立下“不能给组织添麻烦”的家规，无时无刻不以点滴行动默默为国家奉献着。

新中国成立以来，退役军人成千上万。他们退役不褪色、转岗不转志，在各行各业各领域、在各自平凡岗位上默默工作着，成为地方经济社会建设的生力军和突击队。

（三）这是因为他们是党夺取政权、长期执政的可靠力量。我们的军队是党的军队，我们的政权是从这支军队的“枪杆子”里出来的，这支军队的每一个人，听党话、跟党走，党叫干什么就干什么，党叫去哪就去哪，不管是在部队还是回到地方，都是党夺取政权、维护执政的中坚力量。革命战争年代，他们在党的领导下，为了实现民族独立、人民解放、国家统一，建立和巩固红色政权，抛头颅、洒热血。和平建设时期，他们听从党的召唤，为恢复和发展国民经济、巩固新生人民政权，做出了不可磨灭、不可替代的贡献。改革开放后特别是进入新时代，他们服从党的安排，服从深化国防和军队改革大局，正确看待个人的进退走留，有力支持了军队建设和发展。在处置暴力犯罪事件等过程中，人民子弟兵信得过、上得去、顶得住，在关键时刻经受住了严峻考验、发挥出了重要作用。现在，他们之中相当一部分人已经退役了，但仍在各自岗位上为巩固党的政权、扩大党的执政基础不断奋斗。

三、全心全意为退役军人服务，必须具备与之相适应的思想观念、工作作风和实践能力

退役军人曾经在民族危难、国家存亡之际，挺身而出，南征北战，出生入死，为国家的独立、民族的解放和社会主义建设做出了重要贡献，有功于国家、有功于人民。他们身上集中体现着中华民族自强不息、勇往直前、舍生取义的革命英雄主义精神；体现着顾全大局、珍惜荣誉、为国分忧的崇高思想境界；体现着无私奉献、全心为国为民的优秀品质。如今，新中国成立 70 年了，改革开放也走过了 40 多年历程，在广大退役军人中，有的常年卧病在床，有的终生残疾，有的年逾古稀，有的家庭拮据，有的下岗失业，处于一生中最困难、最需要帮助的时期，虽然国家暂时还不能完全满足他们的需求，但是我们对他们的感情不能薄、责任不能丢、关爱不能少。我们要设身处地体会退役军人的难处，把他们当家人、把他们来信当家书、把他们事情当家事，像关心父母兄弟那样去关心他们的疾苦，刻不容缓地解决他们的困难，真正把对他们的体恤之情渗透到工作的每一个环节，倾注到每一个人身上，成为他们感情上的贴心人、权益上的维护人。我们要全心全意为退役军人服务，就必须具备与之相适应的思想观念、工作作风和实践能力。

（一）思想观念上要加快实现“五个转变”。随着退役军人工作的不断深入，我们的思想观念出现一些不相适应的问题。比如，对全局工作、发展思路的把握还不够，遇到问题就事论事多，对管长远、管根本的机制性、理论性、基础性工作考虑少；对服务对象的服务领域存在单一化、

片面化、阶段化认识问题，工作考量不够全面、系统；政策制度建设系统性还不强；部门单打独斗的现状没有得到根本转变；工作方式还比较简单粗放，精细化、高效化程度有待提高；工作中创新意识不强。对此，我们要切实解放思想，转变观念，高标准高质量推进新时代退役军人工作、服务保障好退役军人。

一是发展思维要向内涵式、可持续转变。从解困型优抚逐步向褒扬激励型转变，建立更加公平合理、更好发挥激励功能的优抚制度；从注重“授人以鱼”向“授人以渔”转变，加强教育培训，提升退役军人就业竞争能力；从只注重服务向服务与管理并重转变，加强对退役军人的思想引领和教育管理，使他们成为改革发展成果的分享者，改革事业的坚定维护者、奋斗者。

二是服务领域要向全时空、全方位转变。扩大工作对象范围，从部分退役军人和重点优抚对象向所有退役军人和其他优抚对象转变，同步研究筹划部署现役军人、军人军属优抚优待工作；拓展工作内容，从主要负责接收安置向全方位的安置服务管理保障转变；延长工作链条，从接收安置工作“一阵子”向服务保障管理“一辈子”转变；坚持平战一体，从侧重和平时期退役军人工作向平战结合、平战一体研究探索转变。

三是政策制度要向科学化、系统化转变。改变“碎片化”“打补丁”方式，向整体设计、重塑再造转变，构建系统完备、科学管用的退役军人工作政策制度体系；调整侧重提升政策待遇保障水平，向与精准核实把关准入门槛相结合转变，确保一边不断推出高含金量政策，一边减少和杜绝挂靠攀比新政策的现象。

四是运行机制要向整体性、协同性转变。从部门单打独斗向协调各部门、动员全社会合力共为转变，更加注重政策标准制定、加强督导检查、严格追责问效，把压力传递到各级各部门各方面；从军地分治向军地无缝衔接转变，形成顺畅高效的工作运行格局。

五是方式方法要向精细化、高效化转变。从粗放型工作方式向精细化服务管理转变，充分运用信息化手段和大数据，精准掌握服务对象基本情况和服务需求，提高服务质量和效率；从侧重探索实践向理论先行、理论与实践相结合转变，加大新时代退役军人工作理论研究力度，进一步打通退役军人工作内在理论逻辑，更好地优化顶层设计。

（二）工作作风上要注重培育“五种素养”。关于加强作风建设的重要意义，我在部机关有关会议上反复作过强调，这里就不再多讲了。今天重点讲一下，作为新建部门应该着力培育和塑造什么样的工作作风。

一是初始即严、一严到底。这是我们必有的规矩。《亮剑》里李云龙说，任何一支部队都有自己的传统，这种传统是一种性格、一种品质，是由这支部队组建时首任军事首长决定的。这也是我在建部成立之初，就反复强调初始即严的原因。坚持初始即严就是要现在就严、始终要严，将严的作风作为加强机关建设、提升机关形象的重要保障。办文办事办会要严谨，落实工作纪律要严格，对待工作态度要严肃，将严的标准和要求贯穿各项工作的全过程和各环节。以作风上的严促进工作上的实，将严的成效体现到服务保障退役军人的各项工作成果之中。

二是说了就算、定了就办。这是我们必要的纪律。坚决落实中央决策部署和部党组议定事项，在方向、步调上保持一致，不要挑肥拣瘦，不搞选择变通，不能犹豫迟疑，更不能顺心就办、不顺心就不办。敢于较真碰硬、善于攻坚克难，遇到困难问题不能绕道走，确保有禁必止、有令必行。

三是主动担当、相互配合。这是我们必遵的要求。现在，一些工作之所以进展缓慢、成效不大，有时缺的不是干好工作的能力，而是直面挑战、担当作为的劲头。要强化担当意识、有为意识、责任意识、成果意识，对重点难点任务要主动“请战”、敢立“军令状”。同时，要树立“一盘棋”思想，部内各单位相互配合、相互补台，向团结要战斗力、向协作要凝聚力，决不能推诿扯皮、形成内耗。

四是只争朝夕、驰而不息。这是我们必备的素质。我们常说“树欲静而风不止，子欲养而亲不待”，用来劝人及时行孝、不留遗憾。我们在工作中同样如此，我们服务的退役军人都是人民的功臣，有的年纪已经很大了，比如张富清老人在接受信息采集时，已达95岁高龄，目前全国健在的“三红”人员仅有数百人，为他们服务属于抢救性工程；还有的家庭条件非常艰苦，为他们服务不能等了，也不敢等了。所以，我们要心里时刻装着退役军人，以夜不能寐、只争朝夕的干劲，全力把他们服务保障好。我部是专门为退役军人服务的部门，更要自觉培育军队和军人那种雷厉风行、敢打硬仗的作风，说干就干、干就干成，善作善成、有始有终。

五是真诚关爱、满腔热情。我们要带着感情、温度做工作，真诚关注退役军人的所思所盼、所急所难，努力解决和回应他们最关心、最直接、最现实的利益关切，以我们的真情服务换取他们的真心相托，以我们的辛苦指数提升他们的幸福指数。

（三）实践能力上要努力锻造“五种本领”。退役军人事务部作为全新组建的部门，作为“最年轻”的部委，党中央寄予厚望，退役军人满怀期待，社会公众高度关注，加之退役军人工作头绪多、任务重、情况复杂，没有“两把刷子”，我们是无法有效履行党和人民赋予的职责使命，也难以令服务对象真正满意。从一年多的工作情况来看，全体同志任劳任怨、兢兢业业，在许多客观条件不具备的情况下，实现了平稳起步、良好开局，得到多方肯定，非常不容易。借此机会，我代表部党组向同志们表示衷心感谢！但是，也要清醒地看到，我们的工作能力水平距离中央要求、工作需要和退役军人期盼，还有不小的差距。比如说，学用“两张皮”的现象依然存在，运用理论推动工作的本领不高；重出台政策，轻调查研究，出谋划策能力不强；沟通能力有待提高，跨军地、跨部门统筹协调能力不够；互联网思维不强，思想政治工作本领有待提升；等等。我们要针对这些短板和弱项，努力锻造“五种本领”，不断提升做好新时代退役军人工作、服务保障退役军人的能力，人人争当政策理论好手、出谋划策高手、统筹协调强手、文字材料快手、工作落实能手。

一是要提升学用结合、吸收转化的本领。我们要全面系统领悟习近平总书记关于退役军人工作的重要论述，切实掌握蕴含其中的马克思主义立场、观点、方法，做到融会贯通、有机转化、指导实践、推动工作。这是我们做好新时代退役军人工作、服务保障退役军人的看家本领。

二是要提升综合调研、出谋划策的本领。天天坐在办公室里，大门不出、二门不迈的，很容易脱离实际、脱离群众，不仅干不好工作，也提不出什么有价值的对策建议，自然谈不上更好地服务退役军人。我们要力戒形式主义、官僚主义，扑下身子开展调查研究，深入基层、深入一线，耐心倾听广大退役军人的所思所想所盼，及时了解基层工作面临的困难问题，搞好分析研判，为部党组决策当好参谋，为党中央、国务院决策提供参考，不断加强对新时代退役军人工作、服务保障退役军人特点规律的认识和把握。

三是要提升统筹协调、执行落实的本领。退役军人工作单靠退役军人事务部一家是无法做好的。我们要多沟通、多汇报、多协调，推动军地各部门、地方党委政府和社会各界进一步重视支持退役军人工作，关心关爱退役军人，推动形成强大合力，保障工作顺畅高效运转。同时，还要敢于坚持原则、较真碰硬，一板一眼抓好议定事项落实，督促退役军人各项政策制度落地落实，让退役军人真正感受到温暖和关怀。

四是要提升运用科技、精准高效服务的本领。我们要善于运用现代信息技术手段，全面提升依托互联网开展服务保障工作的能力，全方位提供优质信息服务，增强信息网络服务保障的可及性、便利性、精准性、实效性，努力实现对象实时感知、数据实时更新、业务实时办理、进展实时查询、信息实时获取、服务实时推送。当前，尤其要运用好退役军人信访系统、部分退役士兵社会保险补缴系统及正在开发的就业创业等其他系统，“让数据信息多跑路、让退役军人少跑腿”，使他们尽快享受到高效率的服务。

五是要提升思想引导、激发对象活力的本领。做好退役军人工作，不能简单地依靠“提标扩面”、片面强调加大投入，也需要在思想教育方面多下功夫，注重发挥先进典型的示范引领作用，不断激发广大退役军人的内生动力。2018 年开展的“最美退役军人”学习宣传活动，就是一个成功的做法。我们要重视发挥退役军人熟悉退役军人、相互间有着特殊情感的优势，鼓励和支持他们开展自我教育、自我管理、自我服务、自我保障，在退役军人群体中推动形成互帮互助、共同发展的良好氛围。

同志们！为中国人民谋幸福、为中华民族谋复兴是我们党始终不变的初心和使命。通过这次“不忘初心、牢记使命”主题教育，我们要增强“四个意识”、坚定“四个自信”、做到“两个维护”，切实肩负起服务好、保障好退役军人的职责使命，在全心全意服务退役军人中认真践行党的根本宗旨，为实现中国梦强军梦作出我们应有的贡献！

在全国退役军人工作会议上的总结讲话

孙绍骋

（2019 年 7 月 27 日）

在大家的共同努力下，全国退役军人工作会议圆满完成各项议程，即将结束。这次会议是全国退役军人事务系统组建后，由党中央、国务院召开的第一次全国性会议，内容重要、影响深远，在退役军人事务工作发展史上具有里程碑意义。党中央、国务院对这次会议高度重视，习近平总书记和李克强、王沪宁等中央领导同志亲切会见全体参会人员和受表彰的模范代表，孙春兰副总理出席会议并作重要讲话。围绕学习贯彻习近平总书记关于退役军人工作重要论述、孙春兰副总理重要讲话要求，7 个省份作了大会发言，9 个省份作了书面交流，参会代表进行了分组讨论。

大家一致认为，这次会议虽然时间短，但主题鲜明、内容丰富、意义重大、鼓舞人心，对于明确退役军人工作的宗旨、理念、目标、思路，解决退役军人工作领域重大问题，营造全社会尊重退役军人氛围，更好服务经济社会发展，促进国防和军队现代化建设，必将发挥重要作用。大家一致感到，受到表彰的先进单位和个人成绩突出、事迹感人，彰显了新时代退役军人和退役军人事务工作者的精神风范，应进一步加大宣传力度，激励广大退役军人坚守初心、积极进取，鼓舞退役军人事务工作者见贤思齐、矢志奉献。大家一致表示，要深刻领会党中央组建退役军人管理保障机构的决策意图，深入贯彻习近平总书记关于退役军人工作重要论述和孙春兰副总理重要讲话要求，把使命记在心中、把责任扛在肩上、把工作抓在手里，决不辜负习近平总书记和党中央对退役军人工作的关心厚望。

今后一段时期退役军人工作的方向已经明确，目标已经确定，任务已经部署，现在重中之重是抓好落实。

一、抓落实，必须统一思想、凝聚共识

思想统一才能行动自觉，认识到位才能落实坚决。退役军人工作事关改革发展稳定大局，统一思想、凝聚共识尤为重要。一要把思想和行动统一到习近平总书记关于退役军人工作重要论述上来。习近平总书记对退役军人工作始终高度重视，作出一系列重要论述，深刻阐释了新时代退役军人工作的地位作用、目标方向、重点任务、方法路径、组织领导等方向性、根本性、战略性重大理论和实践问题。这些重要论述是习近平新时代中国特色社会主义思想的重要组成部分，把

我们党对退役军人工作的规律性认识提升到新的高度，为推动这项事业发展提供了根本遵循。我们要在学懂弄通做实上下功夫，切实往实里走、往深里走、往心里走。二要把思想和行动统一到中央决策部署上来。中央高度重视退役军人工作，明确提出“组建退役军人管理保障机构，维护军人军属合法权益，让军人成为全社会尊崇的职业”，作出一系列决策部署，出台一系列政策制度，搭建了新时代退役军人工作的“四梁八柱”。我们要准确把握中央决策意图，找准目标定位，强化使命担当，全力履职尽责。三要把思想和行动统一到这次会议精神上来。会议总结了退役军人工作成绩经验，分析了当前形势任务，部署了今后一段时期重点工作。特别是孙春兰副总理的重要讲话，从历史与现实相衔接、理论与实践相结合的角度，对深入领会习近平总书记关于退役军人工作重要论述的科学内涵和精神实质，对深刻认识、准确把握新时代退役军人工作的重大意义、思路方法和重点任务，作了深刻阐述，提出明确要求。我们要学深悟透、融会贯通，指导实践、推动工作。

二、抓落实，必须对标对表中央决策部署

落实中央决策部署是做好退役军人工作的首要任务，我们要主动对标对表，不折不扣抓好落实。一要坚决贯彻习近平总书记重要指示批示精神。我们要按照“五有”（有机构、有编制、有人员、有经费、有保障）和“全覆盖”指示要求，进一步完善服务保障体系，厘清职责定位，健全规章制度，规范服务流程，提高服务水平，解决好服务保障“最后一公里”问题。同时，尽快做好优抚医院、光荣院、军供站、军休所等涉退役军人工作相关事业单位的转隶，实现应转尽转；已转隶的要转变思路、盘活资产、改善经营，提升保障能力。我们要践行以人民为中心的发展思想，围绕稳妥有序做好部分退役士兵保险补缴，加强政策培训解读，做好人员摸排清点、经费测算申请、信息系统建设等工作，切实把好事办好办实。我们要坚决落实各项政策，深入开展矛盾攻坚化解工作，切实维护好退役军人的合法权益。二要全面落实中央关于加强退役军人工作有关意见。意见适应形势任务要求，聚焦矛盾问题，注重衔接协调，对退役军人工作进行体系化、全流程制度设计，明确一系列创新举措。我们要及时制定配套政策和实施意见，明确时间表、路线图、任务书，增强落实政策的针对性和可操作性。要加强组织领导，密切部门协同，提供必要保障，总结推广经验，及时督促指导，确保政策落地见效。三要认真做好中央部署的其他相关工作。退役军人工作是党和国家中心工作的重要组成部分，经中央批准印发了烈士纪念设施规划建设修缮管理维护工作总体方案等多个政策性文件。我们要进一步提高思想认识、摆上重要位置、拿出有效办法，以钉钉子精神狠抓落实。当前，要重点加快《退役军人保障法》立法步伐、加强退役军人党组织建设、加紧建立健全困难退役军人帮扶援助机制、加大退役军人教育培训和就业创业力度等，确保中央决策部署落实落细。

三、抓落实，必须抓好基础性经常性工作

经常性工作是基础，基础性工作需要经常来做。退役军人事务部门组建不久，只有从一开始

就注重打基础、抓经常，才能行稳致远、持续发展。一方面，要在基础性工作上下大力气。基础性工作主要是指“三基”，即基本能力、基础工作、基层建设。提升基本能力，组织开展系统大培训大练兵，让干部职工特别是一线工作人员，尽快领会精神、掌握政策、熟悉业务、了解情况、担起责任；突出培训实效，按照不同层级职责任务，科学设计培训方案、开发培训教材、设置培训课程，全面提升政策水平、服务意识和实操能力；加强岗位能力标准体系建设，完善考评激励机制，激发干部职工干事创业热情。夯实基础工作，建立健全职责明确、科学规范、系统完备、运行有效的工作机制，进一步规范工作流程和标准要求，强化基础资料、基础数据、基本制度建设管理；扎实开展信息化建设，充分运用信息化手段和大数据优势，像精准扶贫一样为退役军人建档立卡，力争实现“一人一策”，提高服务精细化水平。尤其要编制好“十四五”规划。坚持目标导向和问题导向相统一，围绕战略目标提出发展思路，针对矛盾问题制定举措办法；坚持深化改革和健全法治相统一，用改革为法治明方向、拓空间、增动力，以法治为改革固根本、利长远、稳预期；坚持全面规划和突出重点相统一，既要分清主次、抓住关键，又要统筹考虑、兼顾其他，不能落项缺项，不能眉毛胡子一把抓；坚持宏观指导和微观实操相统一，强调战略性、指导性，突出约束力、执行力，确保退役军人事务领域第一个五年规划可操作、能落实、见成效。加强基层建设，坚持重心下移、关口前移，着力加强县、乡、村三级机构和队伍建设，确保有人干事、有钱干事、有时间干事、有条件干事；重视对基层工作的指导，多到基层调研，了解基层工作实际，帮助基层解决困难；尊重基层首创精神，及时总结推广好的做法，变一地经验为共同财富。另一方面，要在经常性工作上下真功夫。加强思想政治工作，进一步严格党员管理，扎实做好党员组织关系转接，建立基层党组织与流动党员定期联系沟通制度，通过开展承诺践诺、志愿服务等活动，教育引导退役军人党员履行义务；进一步强化荣誉激励，选树表彰先进典型，常态化组织开展欢迎退役返乡、送立功喜报、悬挂光荣牌、走访慰问等工作，及时传递党和政府的关怀温暖，把退役军人打造成党长期执政的重要依靠力量。加强移交安置和就业创业工作，对于政府安排工作退役军人，要增强政策刚性，创新方式方法，拓宽安置渠道，提高岗位质量，落实待遇保障；对于自主就业创业退役军人，要坚持学历教育与技能培训并行，制定优先就业岗位目录，建立专门就业信息平台，落实相关税费、金融等优惠政策，组建专门创业指导团队，扶持其更好地就业创业。加强优抚褒扬工作，按照普惠加优待和尽力而为、量力而行的原则，建立城乡一体、待遇贡献匹配的抚恤优待量化标准体系，完善保障经费自然增长机制，在住房、医疗、养老、交通等方面提供优先优惠，设立关爱基金，发动更多社会力量服务退役军人；做好烈士纪念设施规划建设修缮管理维护工作，发挥爱国主义教育阵地作用，讲好英烈故事，弘扬英烈精神，凝聚民族正气。

四、抓落实，必须把改革创新贯穿始终

解决退役军人工作矛盾问题，关键在于深

化改革，不改不行，小改不行，改慢了也不行。我们必须坚持以改革创新推进退役军人事业发展，敢于涉险滩、啃硬骨头，善始善终、善作善成。一要尽快转变工作理念。积极顺应形势任务发展变化，从解困型逐步向褒扬激励型转变，建立更加公平合理、更好发挥激励功能的优抚制度；从注重“授人以鱼”向“授人以渔”转变，改进教育培训模式，提升退役军人就业竞争力；从注重服务向服务与管理并重转变，加强退役军人思想引领和教育管理，使他们成为发展成果的贡献者、分享者，改革事业的推动者、维护者。二要创新政策制度体系。坚持统筹协调，主动衔接国家和军队相关政策制度改革，从“碎片化”“打补丁”方式向整体设计、重塑再造推进，加快构建以《退役军人保障法》为主干，涵盖就业安置、待遇保障、抚恤优待、荣誉激励、教育管理等各领域的退役军人工作政策制度体系。2018 年以来，国家出台了 20 个政策制度，2019 年还有近 20 个政策文件正在推进中。制定政策是上半篇文章，落实政策是下半篇文章，两者要有机结合。我们要吃透弄懂政策精神，结合实际研究制定配套措施，拿出切实管用的办法，确保真正落到实处。三要持续改进方式方法。打破思维定式、工作套路和路径依赖，有破有立、先立后破，既积极研究和开拓思想政治、就业创业等全新的工作领域，又创造性做好原有业务工作。改进服务管理方式，从粗放型向精细化转变，精准掌握服务对象基本情况和服务需求，提高服务质量和效率。加强理论研究，推进相关学科建设和课题攻关，为顶层设计和政策制定提供科学理论依据。

五、抓落实，必须加强组织保障

做好退役军人工作是军地各级各部门的共同政治任务，要切实加强组织领导，形成齐抓共管合力。一要压实责任、强化领导。从部门单打独斗向密切配合转变，从军地分治向无缝衔接转变，构建党委领导、退役军人事务部门牵头、军地相关部门配合、社会参与的工作格局。各地党委退役军人事务工作领导机构要切实履行责任，发挥好把方向、做决策、抓统筹、促落实的作用；退役军人事务行政机构既要当好政策制度的制定者和执行者，又要当好党委和政府决策的参谋助手，还要当好各相关部门的协调员；退役军人事业单位要打造成提供服务、搞好保障的“桥头堡”，解决问题、化解矛盾的“稳压器”，联系对象、凝聚人心的“吸铁石”；社会力量是有益补充，要积极鼓励、科学引导各类社会机构和志愿者力量发挥独特作用，形成全社会关心关爱退役军人、支持参与退役军人工作的良好局面。二要加强督导、狠抓落实。按照退役军人事务核查督办有关办法，强化各级党委和政府的主体责任，把退役军人工作纳入党政领导班子综合考核评价内容，压实责任、严格督导，做到领导重视到位、力量投入到位、资源保障到位、任务完成到位。各地各有关部门也要把这项工作抓起来，层层传导压力，确保各项工作落地见效。三要建强队伍、提升能力。按照高素质专业化要求，打造忠诚干净担当的干部职工队伍。选优配强工作人员，建立绩效考核、轮岗交流制度，通过定期培训、实践锻炼等方式，提高干部职工的素质和能力。加强机构人员融合，尽快实现合心合拍合力。

关心关爱干部职工，为他们成长成才、人尽其才创造良好条件。大力推进作风建设，锤炼形成对党忠诚、真抓实干、雷厉风行、清正廉洁的工作作风，树立退役军人工作队伍的良好形象。深入扎实开展“不忘初心、牢记使命”主题教育，抓思想认识到位，把学习贯穿始终，不断深化认识；抓检视问题到位，深入调查研究，明确改进方向；抓整改落实到位，对症下药；抓组织领导到位，主要领导同志发挥表率作用。

最后，我还想特别强调，做好退役军人工作，必须要对退役军人充满感情、真心服务。他们曾经为国防和军队建设作出过重要贡献，不少还是人民的功臣，要从心底认同他们、关怀他们，把他们当亲人、当家人。我们要带着感情、温度和质感做工作，努力解决和回应好退役军人最关心、最直接、最现实的利益关切，说了就算、定了就办、办就办好，让他们充分感受到党和政府的关心关爱，不断提高获得感幸福感。

同志们，做好退役军人工作意义重大、任务艰巨、使命光荣。让我们更加紧密地团结在以习近平同志为核心的党中央周围，担当作为、开拓创新，奋力谱写退役军人事业新篇章，更好服务经济社会发展、服务国防和军队建设，为实现中国梦强军梦作出新的更大贡献！

在部“不忘初心、牢记使命”主题教育总结大会上的讲话

孙绍骋

（2019 年 8 月 30 日）

开展“不忘初心、牢记使命”主题教育，是以习近平同志为核心的党中央统揽伟大斗争、伟大工程、伟大事业、伟大梦想作出的重大部署。主题教育开展以来，在中央第二十二指导组的有力指导下，我部迅速行动、精心组织，紧密结合退役军人工作实际，认真完成规定动作，创新抓好自选动作，确保主题教育落到实处。

一、多措并举，我部主题教育取得显著成效

这次主题教育是我部组建以来，第一次开展党内大型教育活动，缺少经验。中央第二十二指导组对我部的主题教育工作高度重视，给予了强有力的指导。在指导组的指导下，部党组坚持把组织开展主题教育作为一项重大政治任务，摆上重要议事日程，紧扣主线、聚焦主题，基本实现了理论学习有收获、思想政治受洗礼、干事创业敢担当、为民服务解难题、清正廉洁作表率的具体目标任务。工作成效明显，社会反响良好，人民日报社、新华社、中央电视台、光明日报社等中央主流媒体对我部主题教育开展情况进行了深入报道。

（一）进一步拓展了理论学习的广度深度。按照思想建党、理论强党的要求，紧密结合工作实际，采取灵活多样的形式，把学习教育贯穿始终。一是领导带头，示范带动。部党组成员坚持专门拿出时间，原原本本学习《习近平关于“不忘初心、牢记使命”重要论述选编》《习近平新时代中国特色社会主义思想学习纲要》等规定书目，认真学习党章、《中国共产党廉洁自律准则》、《中国共产党纪律处分条例》，跟进学习习近平总书记最新重要讲话，深入学习习近平强军思想和习近平总书记关于退役军人工作重要论述。驻部纪检监察组听取各单位工作汇报，与全体司局级干部开展谈话，了解主题教育进展情况并征求意见。二是全员参与，工学结合。直属机关各单位每天用 1.5 小时集中学习，引导党员干部读原著、学原文、悟原理。坚持每周有计划、每日有活动，借助《主题教育学习思考题》等学习资料和内外网主题教育专栏、专题展板、“MVA 青年学习荟”微信群等途径，党员干部互促互进。组织正处长以上干部集中学习 2 天，举办新入部干部培训班，提升业务素质、促进队伍融合。

三是对照先进，比学赶超。主题教育期间，组织学习“最美退役军人”等先进事迹，邀请张富清先进事迹报告团来部作报告，组织处级以上干部参观军事博物馆，开展重温烈士家书、重温入党誓词等活动。通过以上形式，大家加深了对习近平新时代中国特色社会主义思想的理解，提高了运用党的创新理论指导推动工作的能力。

（二）进一步锤炼了对党忠诚的政治品格。部党组理论学习中心组围绕“强化政治责任、坚持求真务实，扎实开展‘不忘初心、牢记使命’主题教育”“如何做好调查研究”等，组织5次集中学习研讨，部党组成员带头交流发言，累计集中学习6天时间，多次邀请知名专家来部作辅导报告。结合学习和调研成果，7月1日，我以“全心全意为退役军人服务是退役军人工作系统永远不变的初心和使命”为题，为全体党员干部讲专题党课。党组成员钱锋、方永祥、林国耀分别为分管司局党员干部讲党课，各单位领导班子成员也结合工作实际为分管处室党员干部讲党课。通过这些举措，大家进一步提高了政治站位、坚定了政治立场，切实做到忠诚于党、忠诚于人民、忠诚于马克思主义。

（三）进一步强化了干事创业的担当精神。坚持做好调研、认真对照、深入剖析，将主题教育成果落实到具体工作中。一是狠抓调查研究，深入检视问题。认真学习毛泽东同志和习近平总书记关于做好调查研究的重要论述，部党组成员和司局级干部坚持问题导向，分别带领12个调研组赴18个省份开展专题调研，精心组织调研成果汇报会，范小建组长到会指导并给予肯定。通过设立征求意见箱、召开座谈会等形式，广泛征求意见建议。对照党章党规，对照初心使命，自觉对标对表，深刻检视剖析，形成问题清单。二是狠抓整改落实，确保取得成效。按照中央统一部署，制定专项整治实施方案和主题教育整改落实方案，扎实推进贯彻落实习近平新时代中国特色社会主义思想和党中央决策部署等方面所查找问题的专项整改。建立中央领导同志重要指示批示贯彻落实情况台账，深入学习领会，系统梳理归纳，逐项抓好落实。扎实开展“作风建设年”活动，加强作风建设，培塑良好部风。广大党员干部充分认识到，必须有初心不改的执着、义无反顾的担当，扑下身子、甩开膀子、真抓实干，才能做好新时代退役军人工作。

（四）进一步增强了为民服务的使命意识。强化以退役军人为中心的工作导向，着力解决他们的操心事、烦心事、揪心事，解除广大部队官兵的后顾之忧。一是开展党课教育，进一步增强服务意识。我在专题党课、研讨发言、基层调研、约稿文章中，反复强调“全心全意为退役军人服务是退役军人事务系统坚守初心使命的具体实践”的观点，要求党员干部把党的群众路线贯彻到各项工作中，把退役军人对美好生活的向往作为矢志不渝的奋斗目标。二是持续加大信访工作力度，把这一“送上门来”的群众工作做好做实。三是我们投入很大精力，推动习近平总书记关心的、广大退役军人关切的服务保障体系建设，在各方共同努力下，全国共建成省、市、县、乡、村各级退役军人服务中心（站）60多万个，基本实现全覆盖，进一步打通了服务退役军人“最后一公里”。四是着眼解决实际问题，不断拓宽退役军人安置渠道，探索建立“直通车”式安置渠道，持续推动部分退役士兵社保补缴，不断增强就业创业扶持，为退役军人和其他优抚对象做好事办实事解难事。通过主题教育，广大党员干部充分认识到，要注重方式方法，带着温度和质感做工作，切实增进同退役军人的感情；要积极回应关切，把为民服务落到实处，不断增强做好退役军人工作的使命感责任感。

（五）进一步发挥了清正廉洁的表率作用。加强纪律、政德和家风教育，按照中央要求，组织召开专题民主生活会，部领导班子和个人深刻检视剖析，严肃开展批评和自我批评，自觉同特权思想和特权现象作斗争，坚决预防和反对腐败，不断筑牢知敬畏、存戒惧、守底线的思想根基，坚持清清白白为官、干干净净做事、老老实实做人。机关各部门根据业务职能和权力职责，绘制《权力运行流程》，制定《廉政风险分析表》，梳理风险点并制定相应防控措施，形成用制度管人、管权、管事的鲜明导向，增强拒腐防变的政治定力，营造风清气正的政治生态。

我们始终坚持将主题教育和退役军人工作紧密结合，做到两手抓、两不误、两促进。其中，多项着力推进的重点工作就是在主题教育期间开花结果的。比如，以中共中央、国务院、中央军委名义印发退役军人工作领域重要文件；《退役军人保障法》上报国务院、中央军委；组织召开退役军人事务系统组建以来的第一次全国退役军人工作会议；以及 8 月 1 日国务院公布《国务院关于修改〈烈士褒扬条例〉的决定》；等等。

二、升华认识，全面总结主题教育宝贵经验

这次主题教育的丰硕成果，是我部各级党组织认真学习贯彻习近平新时代中国特色社会主义思想，践行全心全意为退役军人服务目标，以刀刃向内的勇气不断推进自我革命取得的，为开创新时代退役军人工作新局面积累了新的宝贵经验。

（一）必须坚持思想建党、理论强党，以习近平新时代中国特色社会主义思想武装头脑。坚持把学习贯彻习近平新时代中国特色社会主义思想，特别是习近平总书记关于退役军人工作的重要论述，作为首要政治任务来抓，把学习教育贯穿始终，不断在学懂弄通做实上下功夫，切实学出坚定信念、学出绝对忠诚、学出使命担当。通过主题教育，广大党员干部切实增强“四个意识”、坚定“四个自信”、做到“两个维护”，更加坚定自觉地做到与党思想上同心、政治上同向、行动上同步。实践证明，用习近平新时代中国特色社会主义思想武装全党、教育人民，对于统一思想认识、明确前进方向、凝聚奋进力量，具有重大现实意义和深远历史意义。我们必须坚持不懈学深悟透这一重要思想，切实把学习成效转化为推动工作的思想力量、政策措施、实际能力、自觉行动。

（二）必须坚持领导带头示范、全员积极参与，努力形成上下联动的工作合力。这次主题教育时间紧、任务重，期间正赶上我部业务工作大事多、要事多。面对这种情况，部党组坚持把组织开展主题教育摆上重要议事日程抓紧抓好，我作为党组书记，认真履行第一责任人职责，其他部领导主动抓好分管单位的工作任务，切实把主体责任扛在肩上、抓在手上、落实到行动上。部主题教育领导小组办公室充分发挥职能作用，注重超前谋划，加强工作统筹。全部上下把主题教育与业务工作协调推进，直属机关各单位全力支

持、广泛动员、积极参与，各级领导干部主动发挥示范带头作用，确保我部主题教育高标准高质量开展。实践证明，只要步调一致、团结一心，就能形成上下联动的强大合力；只要领导带头、以上率下，就能形成主题教育深入开展的生动局面。

（三）必须坚持把“改”字贯穿始终，切实以工作质量和工作成效回应退役军人关切。主题教育期间，我们把“改”字贯穿始终，真改实改、攻坚克难。广泛开展“矛盾问题攻坚化解年”和“作风建设年”活动，全面排查问题，梳理出3个层面49个问题，形成问题清单，逐个拉条挂账、倒排工期、压茬推进，强力推动合理诉求解决和矛盾问题化解。以突出问题的解决推动作风不断好转，以全体党员干部的辛苦指数提升广大退役军人的幸福指数。实践证明，主题教育要取得实效，必须向问题叫板，有什么问题就解决什么问题，什么问题突出就重点解决什么问题，这样才能得到群众支持和拥护。

（四）必须坚持对标对表典型榜样，激发党员干部见贤思齐、矢志奉献的热情。我们大力发掘退役军人事务系统厚重的红色资源，把学习宣传“时代楷模”、“最美退役军人”贯穿始终，在全国退役军人工作会议上表彰401名全国模范退役军人，在部机关开展“重温烈士家书”等活动，通过榜样的力量充分激发党员干部的干事热情。特别是，我部在退役军人信息采集工作中发现的老英雄张富清，60多年深藏功名，一辈子坚守初心、不改本色，他的感人事迹受到习近平总书记批示肯定。张富清同志被中共中央授予全国优秀共产党员称号，被中宣部授予“时代楷模”称号，最近又被选作“共和国勋章”建议人选，为全党主题教育工作提供了典型、作出了贡献。广大党员干部深学细照笃行张富清的奉献精神，极大增强了宗旨意识、党性修养和群众观点，极大增强了淡泊名利、对党忠诚、永葆本色的思想自觉和行动自觉。实践证明，充分发挥先进典型的示范作用，能够更好激励党员干部守初心担使命，始终做到为民务实清廉。

（五）必须坚持从严从实督导，确保各项工作取得扎实成效。我部主题教育之所以成效明显，并得到广泛认可，与中央主题教育领导小组办公室和第二十二指导组的真诚关怀、悉心指导、严格把关是分不开的。范小建组长、刘越副组长等指导组同志先后10次来我部指导有关会议和活动，带队赴陕西、云南开展调研，严格把关专题民主生活会材料，提出许多有价值、有针对性的意见建议。部主题教育指导组对主题教育每个环节每个节点从严督导，坚决防止搞形式、放空炮、走过场。注重区分类别、区分层次，根据部机关、事业单位、社会团体的实际情况，有针对性地提出目标要求、具体任务和推进方式，做到“一把钥匙开一把锁”。实践证明，紧紧围绕关键环节、重要部位、重点工作严督实导、持续用劲，才能有效传导压力，形成协同联动的良好态势，真正达到预期目的。

在总结经验、肯定成绩的同时，也要清醒看到，我部这次主题教育还存在一些值得注意的问题，主要有：一些党员干部理想信念、宗旨意识、群众观点上的问题还没有从根本上解决；主题教育在各单位之间开展得不够平衡，部分党员干部对习近平新时代中国特色社会主义思想的理解和把握不够深刻，推动退役军人工作的能力素质有待进一步提高；有些群众反映强烈的突出问题整改还不够彻底，对深层次矛盾和问题解决不够到位，上下联动解决问题还没有完全形成合力；促进退役军人工作的体制机制还不够健全完善，制度执行上还不够坚决有力；我部干部职工来自近70个部门，人员来源广泛，还需要花更大力气推进干部队伍整合融合；退役军人事务系统刚刚组建，人员素质参差不齐，需要加大培训力度；党建基础还比较薄弱，标准化规范化水平有待进一步提高，基层党组织作用有待进一步发挥；等等。

三、巩固成果，奋力开创退役军人工作新局面

“不忘初心、牢记使命”，是加强党的建设的永恒课题，是全体党员干部的终身课题。第一批主题教育结束后，要继续做好学习教育、调查研究、检视问题、整改落实，敢于直面问题，勇于自我革命，切实把主题教育成果转化为推动事业发展的强大动力。

（一）巩固学习成果，强化理论武装。要继续在学懂弄通做实习近平新时代中国特色社会主义思想上狠下功夫，进一步提高政治站位，确保新时代退役军人工作始终沿着正确方向前进。一是继续坚持“原原本本学”，对主题教育要求的规定书目做到温故知新、常学常新，跟进学习习近平总书记最新重要讲话和关于退役军人工作的重要论述，不断加深对习近平新时代中国特色社会主义思想的理解。二是继续采取理论学习中心组学习、举办读书班等形式，组织党组成员每季度开展1次集体研讨，每季度进行1次学习成果交流，用好学习成果搞好宣讲辅导，充分调动党员干部学习积极性。三是加大对重大问题的研究力度，搞好顶层设计。部党组成员每年选定1～2个习近平新时代中国特色社会主义思想相关课题开展学习研究，确保科学理论往深里走、往心里走、往实里走。四是积极推进领导干部上讲台，组织各单位主要负责同志为党员干部介绍业务，以上率下形成良好学风，确保广大党员干部真正做到主题教育入脑入心，在原有学习基础上取得新进步、达到新高度。

（二）紧盯问题整改，筑牢工作基础。要继续以钉钉子精神做好整改落实“后半篇”文章，坚持“当下改”与“长久立”相结合，完善制度机制，提升工作质量和水平，不断夯实我部工作基础，进一步巩固提升主题教育成效。一方面，要继续对专项整治工作台账和主题教育问题清单进行动态管理、挂图作战，抓好整改落实，做到问题不解决不松劲，解决不彻底不松手，群众不认可不罢休，切实把“问题清单”转化为“成绩清单”。对于已经解决的问题，要总结经验，检验效果，逐项对照“回头看”，补缺补漏防反复；对于尚未解决的问题，各牵头单位要明确阶段目标、细化整改措施，确保整改任务落实到位。另一方面，要聚焦问题整改，立足当前、着眼长远，既着力治标又注重治本，既牢固树立标本兼治的整改意识，又着力提升一抓到底的整改能力。充分发挥纪检部门和组织人事部门监督整改落实的重要作用，把督查结果作为领导干部年度考核的重要依据。

（三）总结经验做法，提升工作水平。要把总结工作作为深化整改落实、巩固扩大主题教育成果的重要手段，使总结过程成为认识再提高、措施再完善、工作再推进的过程。一是总结推广

学习宣传“时代楷模”张富清、黄文秀和“最美退役军人”等先进人物事迹，“重温烈士家书”，全国退役军人评选表彰等做法，打造我部“学习先进典型，传承红色基因”工作品牌，努力选树退役军人事务系统拿得出、立得起、叫得响的先进典型，延续主题教育成效。二是进一步贯彻落实主题教育期间制定的基层党组织建设质量提升三年行动计划，继续坚持党建与业务每半年“双述职”制度，组织开展模范机关、“两优一先”评选工作，完善机关党建工作流程，制定符合退役军人工作特点的党建工作业务指南，激发集中精力抓好党建的内生动力，不断提升党建工作标准化规范化水平。三是要充分运用信息化手段，发挥网上主题教育专栏和“MVA 青年学习荟”微信平台实效，推动线上学习、信息化办公，创新工作形式，有效协助系统各基层单位开展好第二批主题教育。

（四）聚焦作风建设，培塑优良部风。要牢固树立作风建设永远在路上的意识，持续抓牢不松懈。一是坚决贯彻中央八项规定精神及其实施细则，持之以恒反“四风”正作风，严守党的政治纪律和政治规矩，坚决反对“七个有之”，自觉用党章、《中国共产党廉洁自律准则》、《中国共产党纪律处分条例》规范约束言行，坚持依法用权、秉公用权、谨慎用权。二是继续推进“作风建设年”活动，着力整治思想站位不高、工作不负责不担当等妨碍工作开展、影响工作质量的问题，从思想观念、工作作风和领导方法上找根源、抓整改，培塑对党忠诚、纪律严明、真抓实干、雷厉风行、清正廉洁的工作作风。三是以正视问题的自觉和刀刃向内的勇气，找准工作短板，破解矛盾问题，推动工作上水平上台阶。要结合岗位职责，苦练业务基本功，提高办文办事办会效率和质量，在细节上体现严谨务实的作风，以优质服务保障广大退役军人合法权益。四是始终把纪律和规矩挺在前面，运用“四种形态”，切实以“咬耳扯袖、红脸出汗”筑牢第一道防线，督促党员干部始终知敬畏、存戒惧、守底线。加强纪律、政德和家风教育，更加注重立规执纪工作，确保制度成果转化为推动事业科学发展的实践成果。

（五）加强成果转化，助推事业发展。要把深化和拓展此次主题教育成果，同落实习近平总书记重要指示批示精神和党中央、国务院决策部署结合起来，同研究解决退役军人工作的突出问题结合起来，不断提高运用科学理论指导退役军人工作实践的能力。一是贯彻落实全国退役军人工作会议精神。指导督促各地各有关部门聚焦党中央、国务院新部署新要求，研究找准贯彻落实的切入点、落脚点，将中央既定的目标任务、政策要求细化实化。二是推动政策制定和执行落地。坚持制定政策和落实政策并重，重点加快推进《退役军人保障法》立法工作，同步抓紧其他政策的出台，下大力气指导督促各地抓好已有政策的落实。特别是中央决策部署中涉及我部重要任务还没有完成的，相关司局要抓紧推动。三是推进服务保障体系建设和运行。指导各地落实好习近平总书记“五有”和“全覆盖”重要指示要求，尽快健全制度、充实力量、规范服务、细化责任，实现实体化运行，有效发挥作用。四是扎实做好社保补缴工作。督促各地加强政策培训解读，做好人员摸排清点、经费测算申请、信息系统建设等工作，尽量简化手续、加快进度，切实把好事办好办实。

五是认真完成年度安置任务。2019 年全国计划分配军转干部、安置退役士兵、移交军休干部体量与 2018 年相当，要严格把控工作节奏，确保年度安置任务顺利完成。

任重道远须策马，风正潮平好扬帆。让我们更加紧密地团结在以习近平同志为核心的党中央周围，始终保持攻坚克难、砥砺前行的进取意识，始终保持吃苦耐劳、奋勇争先的拼搏精神，始终保持敢于担当、勇于创新的干事激情，努力开创退役军人工作新局面，以优异成绩迎接新中国成立 70 周年。

深入贯彻落实习近平总书记重要论述 努力开创新时代褒扬纪念工作新局面

——在全国褒扬纪念工作会议上的讲话

孙绍骋

（2019 年 9 月 5 日）

这次会议是退役军人事务系统组建后的第一次全国性褒扬纪念工作会议，目的是深入学习领会习近平总书记关于褒扬纪念工作的重要论述，贯彻落实全国退役军人工作会议精神，研究部署进一步加强和改进褒扬纪念工作，在全社会树立崇尚英雄、缅怀先烈的良好风尚。我就学习贯彻习近平总书记关于褒扬纪念工作的重要论述，做好新时代褒扬纪念工作，讲 4 点意见。

一、深入学习领会习近平总书记关于褒扬纪念工作的重要论述

党的十八大以来，习近平总书记从实现中国梦强军梦的战略高度，作出一系列重要指示批示，深刻阐明了做好新时代褒扬纪念工作的重大意义、目标方向和基本要求，为我们做好工作提供了基本遵循。加强新时代褒扬纪念工作，最重要的是深入学习领会习近平总书记重要论述的丰富内涵和精神实质，更好地武装头脑、指导实践、推动工作。

（一）做好新时代褒扬纪念工作，是为实现中华民族伟大复兴中国梦提供强大精神力量的迫切需要。习近平总书记指出，一个有希望的民族不能没有英雄，一个有前途的国家不能没有先锋。今天，中国正在发生日新月异的变化，我们比历史上任何时期都更加接近实现中华民族伟大复兴的目标。实现我们的目标，需要英雄，需要英雄精神。我们要铭记一切为中华民族和中国人民作出贡献的英雄们，崇尚英雄，捍卫英雄，学习英雄，关爱英雄。习近平总书记的重要论述，充分体现了中华民族崇尚英雄的红色基因。做好新时代褒扬纪念工作，对培养担当民族复兴大任的时代新人，凝聚党和国家事业永续发展的强大精神动力，具有重要历史意义。

（二）做好新时代褒扬纪念工作，是培育和践行社会主义核心价值观的重要内容。习近平总书记指出，理想之光不灭，信念之光不灭，我们一定要铭记烈士们的遗愿，永志不忘他们为之流血牺牲的伟大理想。对一切为党、为国家、为人民作出奉献和牺牲的英雄模范人物，我们都要发扬他们的精神，从他们身上汲取奋发的力量。习近平总书记的重要论述，充分体现了弘扬烈士

精神的时代呼唤。做好新时代褒扬纪念工作，对以烈士精神涵养社会主义核心价值观，在全社会营造崇尚英烈、缅怀英烈、学习英烈的浓厚氛围，具有重要时代意义。

（三）做好新时代褒扬纪念工作，是推进强军事业、建设一流军队的内在要求。习近平总书记指出，历史不能忘记，军人的英勇牺牲行为永远值得尊重和纪念。我们要在全社会树立崇尚英雄、缅怀先烈的良好风尚。对为国牺牲、为民牺牲的英雄烈士，我们要永远怀念他们，给予他们极大的荣誉和敬仰。习近平总书记的重要论述，充分体现了褒扬军人牺牲奉献精神的鲜明导向。做好新时代褒扬纪念工作，对激励广大青年从军尚武、献身国防，对锻造能打必胜的精兵劲旅，对实现中国梦强军梦，具有重要战略意义。

（四）做好新时代褒扬纪念工作，是维护烈属合法权益的重要举措。习近平总书记指出，生活一天比一天好，但我们不能忘记历史，不能忘记那些为新中国诞生而浴血奋战的烈士英雄。要加强对烈士陵园的规划、建设、修缮、管理维护。在烈士及烈属政策和实际工作上，我们还有许多事情要做。习近平总书记的重要论述，充分体现了人民领袖深切的英雄情怀。做好新时代褒扬纪念工作，对切实维护烈属合法权益，对英雄事业后继有人，具有重要现实意义。

习近平总书记关于褒扬纪念工作的重要论述内涵丰富、思想深刻，我们要深入学习贯彻，学思践悟，知行合一，充分认识做好新时代褒扬纪念工作的重大意义，以高度的政治责任感、历史使命感和现实紧迫感履行好工作职责，进一步推动褒扬纪念工作改革发展。

二、深刻认识新时代褒扬纪念工作面临的形势任务

党的十八大以来，以习近平同志为核心的党中央高度重视褒扬纪念工作。习近平总书记多次作出重要指示批示并率先垂范，每到一个革命历史纪念地都前往瞻仰，党的十八大以来习近平总书记前往祭扫的烈士纪念设施就有 20 多个。李克强总理多次作出重要批示，王沪宁同志多次主持会议研究部署工作，孙春兰同志多次主持研究协调有关重要问题，张又侠同志也多次作出批示。军地各级各部门认真贯彻落实党中央、国务院、中央军委决策部署，密切协作、真抓实干，褒扬纪念工作取得积极进展，得到社会各界充分肯定。

一是政策法规建设稳步推进。颁布出台《英雄烈士保护法》，首次以立法形式维护和捍卫英雄烈士合法权益。修订出台《烈士褒扬条例》，将英雄烈士保护纳入党和国家功勋荣誉表彰制度体系。制定印发《烈士纪念设施规划建设修缮管理维护总体工作方案》，对烈士纪念设施保护管理进行统筹设计。此外，还出台了烈士安葬、烈士公祭、烈士纪念设施保护管理等一系列配套政策，为做好褒扬纪念工作提供了制度保障。

二是烈士精神得到大力弘扬。国家立法设立烈士纪念日，党和国家领导人与首都各界群众每年 9 月 30 日向人民英雄纪念碑敬献花篮，公祭烈士上升为国家行为。设计新版《烈士光荣证》，拟于 2019 年正式启用，进一步提升烈士遗属的认同感和社会地位。顺利迁回 6 批 599 位在韩志愿军烈士遗骸，赢得国内外广泛赞誉。积极开展“纪念先烈 · 报效祖国”“铭记功勋 · 致敬英烈”“清明祭英烈”等宣传教育活动，引发社

会广泛关注和参与，营造了尊崇英烈的良好氛围。

三是纪念设施保护持续加强。建立了涵盖国家、省、市、县各级的烈士纪念设施分级保护体系，全国已有烈士纪念设施保护单位4300多个，每年前往祭扫纪念的群众达1.5亿人次。实施零散烈士纪念设施抢救保护工程，纪念设施整体建设水平大幅提升。境外烈士纪念设施修缮保护工作深入推进，与20个国家建立了修缮合作协商机制，完成在朝鲜、俄罗斯、卢旺达等国10余处纪念设施的修缮。

四是祭扫纪念活动广泛开展。每年烈士纪念日，2200多个县级以上人民政府组织开展烈士公祭仪式，数百万社会各界代表参加。围绕纪念抗战胜利70周年、红军长征胜利80周年、建军90周年等组织祭扫纪念活动，并以国家名义赴马来西亚、菲律宾等国祭扫抗战英烈。连续组织青年干部代表团赴朝祭扫交流，弘扬志愿军英烈精神。

虽然褒扬纪念工作取得了一定成绩，但距离中央的要求和人民群众的期盼还有不小差距，还存在一些短板和薄弱环节。比如在纪念设施硬件建设方面，许多地方烈士纪念设施年久失修、管理不善、破损严重的问题比较突出，尤其是一些地市级、县级纪念设施建设管理做得还很不够，需要在硬件建设上加大投入。还有许多设施纪念教育要素不全，展陈内容形式老旧，对瞻仰者特别是青少年缺乏吸引力、感染力。比如在统筹管理等软件方面，烈士纪念设施布局不合理的问题仍比较突出，纪念设施隶属关系还需进一步理顺。一些地方对纪念设施管理工作不够重视，基层力量配置比较薄弱，专业人才缺乏，社会参与还不充分。比如在营造社会氛围方面，社会上仍不同程度地存在理想信念淡化、乐于安逸享受、疏于奉献牺牲的现象，甚至出现一些歪曲诋毁英雄烈士的错误言行，造成不良社会影响。这就需要我们大力弘扬英烈精神，充分彰显社会主流价值。同时，也要不断创新宣传形式、拓宽传播渠道，壮大崇尚英烈的正面舆论，力求更好社会效果。比如在关心关爱烈属方面，尽管国家持续加大财政投入，烈属的物质生活得到较好保障，但优待优惠范围仍然比较有限，尤其是对烈属的精神激励还有许多工作要做，对烈属精神层面的关心慰问做得不够，烈属的荣誉感、获得感还不够强。

三、大力推进新时代褒扬纪念工作改革创新

做好新时代褒扬纪念工作，要坚持以习近平新时代中国特色社会主义思想为指导，深入贯彻习近平总书记关于褒扬纪念工作的重要论述，全面落实全国退役军人工作会议部署，进一步建立完善制度体系，推进纪念设施建设，加强舆论宣传引导，夯实工作基础，打造过硬队伍，把红色资源利用好、红色传统弘扬好、红色基因传承好，担当作为，开拓创新，锐意进取，努力开创新时代褒扬纪念工作新局面。

（一）完善新时代褒扬纪念政策制度。推动褒扬纪念工作持续健康发展，需要有完善的政策制度体系来支撑保障。要抓紧填补政策空白点，在深入宣传贯彻《英雄烈士保护法》和新修订的《烈士褒扬条例》的同时，进一步健全烈士祭扫制度和祭扫礼仪规范，建立失踪烈士遗骸搜寻保护工作机制，出台烈士纪念设施归口管理和定期排查、奖惩问责制度，同步修订烈士纪念设施保

护管理、烈士公祭、烈士安葬等规章。在设计制定相关政策制度时，要注意提升褒扬纪念的层次，体现党委政府的高度重视。要加强标准化建设，从设施建设、运营管理、祭扫服务等多方面探索制定不同层面的强制标准、行业标准、地方标准，构建褒扬纪念标准体系，全面提升专业化、规范化水平。注重总结发现地方制度建设、标准制定等方面的经验做法，有的可上升为全国性的法规政策及标准。要加大政策理论研究力度，力争在英烈保护机制、英烈精神弘扬、烈属权益保障、纪念设施功能发挥等方面，形成一大批优秀的研究成果，以理论创新推动政策制度的不断完善。

（二）扎实开展烈士纪念设施红色教育基地建设。烈士纪念设施是传承红色基因、弘扬英烈精神的重要载体，党和政府历来都重视烈士纪念设施基础建设。近期印发的《烈士纪念设施规划建设修缮管理维护总体工作方案》，从规划建设、修缮保护、管理维护、保护利用、制度保障等5个方面提出了21条具体措施，对烈士纪念设施建设进行了全流程、体系化的制度设计，是今后一个时期指导烈士纪念设施建设的重要文件，是中央统一印发的。各有关部门要密切联系、加强配合，科学制定配套政策和实施意见，增强措施办法的针对性和可操作性，确保《方案》落地见效。各地要扎实做好调研检查工作，全面摸清弄准本地区烈士纪念设施建设修缮情况，认真制定本地区提质改造总体规划和实施方案，并努力将其纳入“十四五”规划统筹推进。对于检查中存在问题的烈士纪念设施，要查明原因、明确措施、尽快整改。

（三）积极推进军人公墓建设研究工作。军人公墓规划建设是退役军人服务保障工作的新领域。要提高思想认识。规划好、建设好、管理好、维护好军人公墓，是加强退役军人服务保障体系建设的重要内容之一，有利于增强军人军属的获得感、自豪感、荣誉感，让军人成为全社会尊崇的职业。我们要坚决服从服务强军大局，充分认识这项工作的重要意义。要调动各方资源。军人公墓工作牵扯军地多个部门，涉及发展规划、征地用地、施工建设、经费保障、安葬纪念、管理维护、文化宣传等诸多方面，希望军地各相关部门群策群力、共同研究论证。同时，要注重发挥好有关社会力量的作用。要科学谋划设计。军人公墓作为新生事物，在推进过程中必然面临许多难点敏感问题，要对接好军事政策制度、殡葬事务等改革要求，加强研究论证，广泛听取意见，解放思想、创新谋划，积极稳妥推进。

（四）认真做好烈属抚恤优待工作。落实习近平总书记关于烈士烈属工作的重要指示，关键在于保障烈属的基本生活，维护他们的合法权益。要落实政策待遇，及时足额发放各项抚恤优待经费，不断加大医疗、住房、入学、入伍、就业等方面的优待力度，凸显国家重视和社会尊崇。要强化精神褒奖，庄重组织烈士光荣证颁授仪式，为烈属家庭悬挂光荣牌，坚持节庆期间开展走访慰问活动，邀请烈属代表参加重大庆典活动，提升烈属的荣誉感、获得感。要关心关爱烈属，主动靠前了解生活工作情况，帮助解决实际困难，动员社会力量送温暖献爱心，切实保障好烈属生活，让他们切实感受到关心温暖。

（五）着力营造尊崇英烈铭记功勋的浓厚氛围。加强舆论宣传引导是褒扬纪念工作的重要内容，也是推进工作的有效手段。《英雄烈士保护法》对强化精神引领、文化创作宣传、打击侵权行为等作出了明确规定，为加强英雄烈士保护提供了法律依据。要拓展宣传渠道，引导主流媒体加强英烈事迹宣传，支持各类文化企业、单位创作英烈文化作品，大力宣传英烈牺牲奉献精神。要创新方式方法，突出抓好著名英烈、重点活动、重要时节的宣传，加大网上传播力度，充分运用新技术新手段，以人民群众喜闻乐见的形式讲好英烈故事。要突出重点受众，推动英烈宣传进课本、进课堂，打牢尊崇英烈的思想基础，引导广大青少年树立正确的世界观、人生观、价值观。要加强舆论引导，及时主动发声，回应社会关切，坚决同各种歪曲、质疑、诋毁、贬损英烈的错误观点作斗争，依法打击各种丑化英烈的行为。

四、切实强化新时代褒扬纪念工作的组织保障

褒扬纪念工作政策性强、涉及面广、关注度高，是加强社会主义意识形态建设的重要内容，是体现民生温度的重要工作，也是退役军人工作的重要组成部分。各地各有关部门要自觉站在增强“四个意识”、坚定“四个自信”、做到“两个维护”的高度，进一步提高思想认识，加强组织领导，以严的要求、实的作风推动各项任务落实。

一是强化组织领导。党的领导是褒扬纪念工作的政治保证。各级党委工作机构要充分发挥好把方向、做决策、抓统筹、促落实的作用，积极协调解决褒扬纪念工作的重点难点问题，重大规划编制要做好科学决策，重点项目工程要搞好统筹保障，重要典型宣传要把好方向导向。要牵头整合本地区各部门烈士纪念设施资源，理顺隶属关系，实施统一保护管理，切实解决多头管理、交叉管理、资源分散的问题。要加强基础资料、基础数据、基本制度建设，完善烈士褒扬管理信息系统，实现烈士、烈士遗属和烈士纪念设施信息的互联互通。要建立考核评价机制，加大督导检查力度，对工作推进不力的要跟进指导督促，对出现问题的实行责任倒查，真正把工作要求变成有约束力的“硬杠杠”。

二是加强协调联动。褒扬纪念工作涉及宣传、党史文献、网信、外交、发改、教育、公安、财政、文化旅游和军队等各个方面，需要各方面切实担负起各自的工作职责，需要军地之间、部门之间、央地之间密切协同配合。要建立健全工作协调机制，工作情况定期通报，重大问题及时会商，重点任务共同推进，进一步统筹资源、形成合力，确保各项任务高质量完成。各级退役军人事务部门不仅要及时主动向党委政府汇报工作、反映情况、提出建议，当好党委政策决策的参谋，还要密切与军地各级各部门的沟通联系，做好联络工作的服务员，切实将党委政府的部署安排和各部门的协商共识抓细抓实抓出成效。

三是建强工作队伍。要加强思想引导，结合“不忘初心、牢记使命”主题教育，增强褒扬纪念工作队伍的使命感、荣誉感，引导他们怀着崇敬之情、带着热忱之心，缅怀褒扬烈士，关心关爱烈属。要配强工作力量，优化机构设置和人员配置，对没有设立专门管理机构的县级以上烈士纪念设施，要尽快设立保护管理机构、配备专职人员，确保所有烈士纪念设施都能得到有效保护。要关心关爱干部职工的生活和工作，增强广大干部职工的职业认同感、荣誉感和归属感。要提高队伍素质，完善人员职称评定、讲解员资质认定制度，健全激励约束机制，加强教育培训，着力

建设一支政治坚定、作风过硬、业务精湛、甘于奉献的工作队伍，为褒扬纪念工作提供有效保障。

最后，就做好烈士纪念设施建设管理工作，我再强调一下。一是要全面摸清底数。对本地区烈士纪念设施整体情况，要真正弄清楚、搞准确，原来有底数的也要重新核查，确保情况明、数据准，能满足当前的工作需要。要利用烈士褒扬管理信息系统实行动态管理，并逐步实现与烈士信息、烈属信息的互联互通。二是要制定详细规划。中央已印发《烈士纪念设施规划建设修缮管理维护总体工作方案》，各地要对照《方案》安排，尽快制定本地区细化落实方案，明确贯彻落实的时间表、路线图、任务书。三是要尽快组织实施。本地区规划制定后，各地要抓好落实，集中精力开展烈士纪念设施修缮保护管理工作，保质保量完成任务。对这项工作，钱部长还将在明天上午的会上作具体部署，各地要按要求抓紧抓实抓好。

做好新时代褒扬纪念工作，是传承中华民族气节血脉、弘扬英烈精神的重要举措，是秉承英雄烈士遗志、筑牢民族精神支柱的迫切需要，意义深远，责任重大，使命光荣。让我们更加紧密地团结在以习近平同志为核心的党中央周围，不忘初心、牢记使命，求实创新、开拓进取，努力开创新时代褒扬纪念工作的新局面，以优异成绩向新中国成立 70 周年献礼。

立足“为军”特色　培塑优良作风*

孙绍骋

（2019 年 10 月 10 日）

作风关系人心向背，关系事业成败。习近平总书记在中央和国家机关党的建设工作会议上指出，中央和国家机关作风状况直接关系党中央形象，关系党和政府在人民群众中的形象，要求中央和国家机关带头弘扬党的光荣传统和优良作风，让群众切身感受到新变化新气象。退役军人事务部是共和国“最年轻”的部委之一，作为退役军人事业的“起笔者”“第一棒”，我部自组建之初就把作风建设摆在突出位置，坚持高标准、严要求，注重打基础、立规矩，自觉培育军队和军人那种雷厉风行、敢打硬仗的作风，为推动退役军人事业发展进步提供了坚实有力保障。

一、突出“为军”内容，着力夯实作风建设的思想根基

坚持不懈学习习近平新时代中国特色社会主义思想。我们要求全体干部职工把《习近平谈治国理政》《习近平新时代中国特色社会主义思想学习纲要》等作为枕边书、案头卷，反复读、深入学，融会贯通、细照笃行。建部以来，组织 60 多次党组会、党组理论学习中心组学习，深入学习习近平新时代中国特色社会主义思想，各级党员领导干部结合学习谈认识谈体会，不断提高政治站位、树牢政治意识，把学习过程转化为提高党性觉悟的过程，转化为对以习近平同志为核心的党中央的绝对忠诚。通过举办读书班、成立青年理论学习小组等形式，着重抓好年轻干部理论武装，提高学习的针对性和实效性。定期邀请部外专家解读最新理论成果，教育引导干部职工自觉做习近平新时代中国特色社会主义思想的坚定信仰者、积极传播者和忠实实践者。

坚持不懈学习习近平总书记关于退役军人工作的重要论述。党的十八大以来，习近平总书记就退役军人工作作出一系列重要论述，系统阐释了新时代退役军人工作的地位作用、目标方向、重点任务、方法路径、组织领导等重大理论和实践问题，把我们党对退役军人工作规律的认识提升到新的高度，为我们做好退役军人工作提供了根本遵循，也为我们加强退役军人事务系统作风建设提供了行动指南。我们全面系统、及时跟进、联系实际深入学习习近平总书记关于退役军人工作的重要论述，努力掌握蕴含其中的马克思主义立场、观点、方法，做到深学细悟、有机转化，用以指导实践、推动工作。

* 刊载于《旗帜》杂志 2019 年第 10 期。

坚持不懈学习习近平强军思想。我们为司局级领导干部配发《习近平强军思想学习纲要》，邀请军事专家进行辅导解读，引导干部职工深刻理解习近平强军思想的科学内涵和精神实质。牢记习近平总书记"崇尚英雄、捍卫英雄、学习英雄、关爱英雄"的殷切嘱托，大力发掘退役军人事务系统厚重的红色资源，开展"重温烈士家书"、学习"时代楷模"张富清、部史部风展、主题演讲征文比赛等活动，组织青年干部走进沂蒙、赴朝祭扫交流、参加湘江战役红军烈士遗骸安葬仪式，赴毛主席纪念堂、中国人民革命军事博物馆、三军仪仗队接受教育，引导党员干部传承红色基因、坚守初心使命，切实忠诚于党、忠诚于人民、忠诚于马克思主义。

二、立足"为军"导向，着力丰富作风建设的方法手段

树立靶向找问题。我部干部队伍来自68个单位，可以说是"五湖四海"。一个部门有一个部门的传统，一个单位有一个单位的习惯，这客观上导致干部职工在工作作风方面未能做到整齐划一。为此，我们通过组织生活会、座谈会、谈心谈话、征求意见等方式，对作风问题"把脉问诊"，着力查找部机关存在的思想站位有待提高、工作推进力度不够、协调配合意识不强等困扰工作开展、影响工作质量的问题，使大家在找差距、知不足中，牢固树立"一盘棋"思想，着力发扬"绑腿跑"精神，团结协作、增进融合，努力做到合心合力合拍。

瞄准目标塑精神。把我部打造成增强"四个意识"、坚定"四个自信"、做到"两个维护"的政治机关，坚决落实党中央决策部署的行政机关，有力维护退役军人合法权益的服务管理机关，是我们的既定目标。实现这一目标，离不开优良作风保驾护航。为此，我们努力培塑"初始即严、一严到底""说了就算、定了就办""主动担当、相互配合""只争朝夕、驰而不息""真诚关爱、满腔热情"的作风，推动形成融合并蓄、步调一致的部机关文化，激发党员干部以饱满的精神状态和扎实的工作作风，积极投身退役军人工作这一神圣事业。

抓住关键促提升。火车跑得快，全靠车头带。司、处长是所负责单位的火车头，其思想观念、工作作风、实践能力直接影响到本单位干部精神面貌和整体水平。我们在"作风建设年"活动中，抓住关键少数，督促司、处长努力成为新时代党的优良作风的坚定践行者、示范带动者，充分发挥"领而导之"和先锋表率作用，团结带领大家在攻坚克难中提升谋思路、出主意、带队伍、抓落实的能力，发扬敢打攻坚战、善打阵地战、能打持久战的斗争精神，逐步形成"对党忠诚、纪律严明、真抓实干、担当敬业、清正廉洁"的优良部风。

三、围绕"为军"使命，着力强化作风建设的实际成效

深入践行宗旨使命。我们把广大退役军人对美好生活的向往作为奋斗目标，牢固树立"以退役军人为中心"的工作理念，想退役军人之所想、急退役军人之所急，努力解决和回应他们最关心、最直接、最现实的利益关切，使工作有"温度"、见"力度"。全力践行党的群众路线，深

入基层一线开展调研，到现实矛盾问题多、服务对象意见大的地方耐心倾听群众呼声，提出“沾泥土”“带露珠”“接地气”的措施办法。着眼出实招、谋实策、重实际、求实效，开展“退役军人矛盾问题攻坚化解年”活动，部本级挂牌督办1.2万件信访事项，已化解77%，带动地方挂牌督办1.6万件，有力推动了疑难信访事项及时就地化解。

有力贯彻中央部署。退役军人工作是党和国家全局工作的重要组成部分。我们牢固树立大局意识、全局意识，着力增强担当意识、发扬斗争精神，边谋划长远发展、边解决遗留问题，边着手顶层设计、边落实具体任务。按照习近平总书记重要指示精神，着力建立健全组织管理体系、工作运行体系、政策制度体系，重点做好退役军人服务管理体系建设、部分退役士兵社会保险补缴、提高抚恤补助标准、悬挂光荣牌、退役军人信息采集、信访等工作。对中央决策部署，坚持一个方向、一个声音、一个步调，不搞选择、不搞变通、不打折扣，以敢于较真碰硬、善于攻坚克难的作风，一板一眼抓好议定事项落实。2018年以来，推动建立从中央到村六级退役军人服务机构，截至2019年9月底，共建成退役军人服务中心（站）60多万个，基本实现了全覆盖，退役军人管理保障迈出新步伐、取得新成绩。

持之以恒反对“四风”。形式主义、官僚主义是桎梏工作的“恶之花”，是影响形象的“黑痦子”。我们把力戒形式主义、官僚主义作为作风建设的重中之重，持之以恒反对“四风”。认真落实中央《关于解决形式主义突出问题为基层减负的通知》精神，从部机关做起，从具体业务抓起，深挖作风积弊，简化业务流程，提升工作效率。针对基层反映我部机关工作节奏快，要求基层填表报数报材料多和急等问题，我们对形式主义问题进行大排查、大起底，着重从思想观念、工作作风和领导方法上找根源、抓整改，把基层干部从无谓的事务中解脱出来，从无效的忙乱中解放出来，大力营造作风建设新气象，推动退役军人工作不断开创新局面。

深入贯彻习近平新时代中国特色社会主义思想 推进退役军人事务领域治理体系和治理能力现代化

——在全国退役军人事务厅（局）长会议上的讲话

孙绍骋

（2019 年 12 月 19 日）

这次会议的主要任务是，以习近平新时代中国特色社会主义思想为指导，深入贯彻党的十九大和十九届二中、三中、四中全会及中央经济工作会议、全国退役军人工作会议精神，围绕推进退役军人事务领域治理体系和治理能力现代化，总结 2019 年工作，明确目标方向，部署明年任务，动员全系统振奋精神、再接再厉、锐意进取，不断把退役军人工作推向前进。下面，我讲 4 个问题：

一、攻坚克难、开新布局，2019 年退役军人工作取得明显成效

2019 年是新中国成立 70 周年，也是退役军人事务系统全部组建到位、奠基启新之年。在以习近平同志为核心的党中央坚强领导下，在军地相关部门密切配合下，各级退役军人事务部门坚决贯彻党中央、国务院决策部署，把握机遇、开拓创新，一些长期制约退役军人工作发展的体制机制障碍实现重要突破，许多积压多年的历史遗留问题得到有效解决，各级服务保障基础薄弱的状况有了较大改观，各项工作取得明显成效。

（一）党的领导全面加强。习近平总书记对退役军人工作十分重视，带头弘扬英烈精神，亲切会见全国退役军人工作会议参会人员和受表彰的模范代表，亲自推动服务保障体系建设，深入基层考察服务站点，多次作出重要指示批示。李克强总理多次主持召开会议，研究退役军人就业帮扶、教育培训等有关政策。孙春兰同志出席全国退役军人工作会议、部分退役士兵保险补缴暨服务保障体系建设推进会并作部署讲话，组织专题调研、协调解决难题。地方基本形成“五级书记”一起抓的良好态势。

（二）制度设计有序展开。党中央、国务院、中央军委印发重要政策文件，对退役军人工作进行了全流程顶层设计，各地及时制定配套措施。党中央、国务院召开全国退役军人工作会议，对当前和今后一个时期退役军人工作作出全面部署，各地普遍召开省委常委会、退役军人工作会，及时贯彻落实。《退役军人保障法》立法工作进展顺利，草案已提请国务院、中央军委审议。围绕解决突出难题，出台政策性文件 20 多个。开展重大问题调研论证，“十四五”规划编制已有

雏形。部本级依托中国社科院大学开展“退役军人管理保障”学科建设，江苏与新华社共建智库，安徽推动当地高校开设专门学科，拓展基础理论研究和专业人才培养阵地。

（三）重难点问题取得突破。加强退役军人服务保障体系建设，基本实现从国家一直到村庄（社区）的全覆盖，山西还将服务站延伸到部分机关事业单位和民营企业，内蒙古坚持上门服务，形成车轮上、马背上、驼峰上的流动服务站。出台《关于解决部分退役士兵社会保险问题的意见》，周密组织，稳妥实施，有效解决部分退役士兵的后顾之忧。出台进一步做好伤病残军人、军休干部和退休士官安置管理政策。全面采集退役军人和其他优抚对象数据，基本摸清底数，形成全国基础信息数据库。退役军人工作信息化建设全面推进、多点开花，上下贯通的信息网络初步形成。

（四）思想政治工作积极推进。隆重表彰全国模范退役军人、模范工作单位和个人，大力宣扬“老英雄”张富清等先进典型，深入开展“最美退役军人”学习宣传活动，营造学习先进、争当先进的良好氛围。规范悬挂方式，增强荣誉感，为近4000万家庭悬挂光荣牌。成功举办全国军休干部庆祝新中国成立70周年文艺汇演。探索加强退役军人党员教育管理，开设“退役军人微课堂”微信公众号，注重思想教育、政策宣传和舆论引导。北京专门设立“老兵之家”，天津建立退役军人党建工作联席会议制度，上海在中国第一高楼建立“红色讲堂”，江西创新“尊崇工作法”，四川设立退役军人服务综合党组织，为做好退役军人思想政治工作提供了借鉴。

（五）年度安置任务有效落实。积极支持国防和军队改革，圆满完成军转干部、退役士兵、复员干部、军休干部和退休士官安置任务。云南省连续第26年率先完成年度军转安置任务。开展“直通车”安置试点，改革中央垂管系统军转干部安置计划下达方式，调整完善自主择业军转干部到艰苦边远地区安置政策。试行退役士兵“两次移交、两次安置、实名下达”移交安置办法，会同有关部门做好退出综合性消防救援队伍的消防员移交安置工作。结合国家高职扩招计划、职业技能提升行动，加大退役军人参加学历教育、职业教育政策优惠力度。提高退役士兵就业创业税收优惠标准，扩大受益企业范围。各级共组织退役军人参加技能培训75万人次。举办专场招聘会4100次，达成就业意向20万人次。与保利、万科等大型企业签署退役军人专项招聘合作协议。西藏建立退役军人就业与市场需求“双清单”制度，甘肃探索“七个一批”就业新模式，新疆与当地6家高校达成教育培训合作协议，有力支持退役军人就业创业。

（六）服务保障水平持续提升。制定《关于加强军人军属、退役军人和其他优抚对象优待工作的意见》及优待目录清单，修订《伤残抚恤管理办法》。连续第15年提高重点优抚对象抚恤补助标准，平均提标幅度10%。调整军休干部和退休士官离退休费和补助标准，实行物业费发放制度改革，协调解决武警和公安现役部队跨军地改革军休干部经费纳入中央财政统一保障。出台《关于加强困难退役军人帮扶援助工作的意见》，建立帮扶援助机制，实现对困难退役军人普惠加优待的重大政策突破。河北、吉林、浙江、安徽、山东、湖北、湖南、广东、四川、贵州、陕西、青海等地设立关爱基金，解决退役军人困难有了稳定的资金来源。与银行、电信运营商签署合作协议，推动社会力量为退役军人提供优惠优待服务。

（七）拥军褒扬氛围持续浓厚。部署开展双拥模范城（县）创建活动，全国双拥模范命名表彰列为常设项目，修订命名管理办法和考评标准，协调解决部队和地方建设的一批急事难事。褒扬纪念工作扎实开展，修订《烈士褒扬条例》，出台《烈士纪念设施规划建设修缮管理维护总体工作方案》。提前谋划、及早布置，边境战争烈士祭扫工作总体平稳有序，云南、广西等地投入大量人力物力，作出积极贡献。举办全国“丰碑永铸·颂英烈”讲解员大赛，开展“清明祭英烈”“寻找英雄”等宣传教育活动。收殓鉴定烈士遗骸，举行湘江战役红军烈士遗骸安葬仪式，组织第六批在韩志愿军烈士遗骸归国和认亲活动，推动形成崇尚英雄、缅怀先烈的社会氛围。重庆与“今日头条”联合成功为32位烈士找到亲人。

（八）权益维护工作成效明显。出台规范退役军人信访工作的文件，推进信访制度化建设，覆盖部、省、市、县4级的信访信息系统上线运行。组织暗访督查、调研推动，开展“矛盾问题攻坚化解年”活动，加强信访事项转办督办。黑龙江搭建人民调解、法律援助和法律顾问“三位一体”新平台，福建实施退役军人服务管理“3+X”工作组机制，河南传承涉军维权“信阳模式”的老经验，推动矛盾问题攻坚化解。

（九）系统自身建设扎实推进。坚持把政治建设摆在首位，增强“四个意识”、坚定“四个自信”、做到“两个维护”，自觉在思想上政治上行动上同以习近平同志为核心的党中央保持高度一致。围绕“守初心、担使命、找差距、抓落实”的总要求，深入开展“不忘初心、牢记使命”主题教育。开展部机关“作风建设年”活动，组织退役军人工作大调研，促进主题教育与业务工作、作风建设有机融合。制定《2019—2022年全国退役军人事务系统干部教育培训规划》，大规模开展系统干部培训，部机关举办省部级专题研讨班、市县级局长示范培训班、系统师资培训班等各类培训班52期，培训6000多人次；各地举办培训班410期，培训5.6万人次。

总结一年以来的工作，主要有以下几个方面的体会：必须坚持以习近平新时代中国特色社会主义思想为指导，深刻领会核心要义和实践要求，为退役军人工作发展提供根本遵循。必须坚持把党的领导贯穿工作各方面全过程，充分发挥党总揽全局、协调各方的作用，为退役军人工作发展提供坚强保证。必须坚持把政策制度建设摆在突出位置，加快构建系统完备、科学规范、运行有效的制度体系，为退役军人工作发展提供制度支撑。必须坚持迎难而上、攻坚克难的改革创新精神，既敢闯敢试又蹄疾步稳，为退役军人工作发展提供不竭动力。必须坚持加强基础建设，健全工作机构，充实人员力量，提升能力素质，完善服务手段，为退役军人工作发展提供可靠保障。

2019年工作成绩来之不易，是在国内外风险挑战上升、经济下行压力加大，尤其是退役军人事务系统刚刚组建、各方面条件还不完全具备的情况下取得的。这得益于以习近平同志为核心的党中央英明领导，得益于各级党委政府高度重视和军地有关部门支持配合，得益于系统上下顽强拼搏、辛勤付出。我代表部党组向关心支持退役军人工作的各级党委政府和军地有关部门表示衷心的感谢！向系统广大干部职工致以崇高的敬意！

在肯定成绩的同时，必须清醒地看到，当前退役军人工作局面稳定的基础还比较脆弱，仍面临不少困难和矛盾：退役军人事务领域历史遗留问题多，时间跨度长，解决起来难度很大；退役军人政策制度“碎片化”问题没有彻底解决，整体设计亟待加强；工作基础还不牢固，有的机构虽然牌子有了，但尚未实体运转，人员力量还没配齐，能力素质没有跟上，保障措施尚没到位，离有效发挥作用还有不小差距；等等。这些都需要我们一步一个脚印，扎扎实实加以解决。

二、把握方向、守正创新，不断提升退役军人事务治理水平

党的十八大以来，习近平总书记对退役军人工作作出一系列重要论述，特别强调要建立健全组织管理体系、工作运行体系、政策制度体系，满腔热忱为退役军人服务，深刻阐明了新时代退役军人工作的地位作用、目标原则、职责任务、实践要求和组织保障等重大问题。这是推进退役军人事务领域治理体系和治理能力现代化的根本遵循。前不久召开的十九届四中全会重点研究了坚持和完善中国特色社会主义制度、推进国家治理体系和治理能力现代化的重大问题。退役军人工作是国家治理体系的重要组成部分，它伴随人民军队成立而产生，在革命、建设、改革的不同历史阶段，其方针原则、体制机制、政策制度始终与当时的形势任务要求相适应，始终对经济社会发展、国防和军队建设发挥着重要推动作用。当前，随着中国特色社会主义进入新时代，世情党情国情军情深刻变化，对完善和发展退役军人工作政策制度提出了新的更高要求。我们要深入学习贯彻习近平总书记重要指示精神，按照四中全会部署，适应推进国家治理体系和治理能力现代化的新要求，适应广大退役军人对美好生活的新期待，在坚持和巩固经过实践检验的好制度好机制基础上，重点围绕建立健全“三个体系”，加强政策制度创新，着力固根基、扬优势、补短板、强弱项，不断推进退役军人事务领域治理体系和治理能力现代化，让退役军人成为全社会尊重的人、让军人成为全社会尊崇的职业。

（一）建立健全坚强有力的组织管理体系。围绕推动党委领导下的行政部门、服务体系、社会力量“三驾马车”同向发力的组织管理体制，着力在以下 4 个方面下功夫。

一是坚持和完善党对退役军人工作集中统一领导的体制。充分发挥党的领导核心作用，推动全系统增强“四个意识”、坚定“四个自信”、做到“两个维护”，坚决把维护习近平总书记党中央的核心、全党的核心地位落到实处；积极争取各级党委对退役军人工作的重视支持，健全重大事项请示报告、重大决策督促检查、重点任务分解落实制度；建立党建工作与业务工作深度融合制度，形成抓党建、带队伍、促业务的工作格局。

二是坚持和完善行政部门履行主体责任的体制。根据形势任务变化，适时开展“三定”回头看，优化职能职责、机构设置和人员编制，不断健全权责清单。制定指导督促落实的政策措施，强化事中事后监管，建立政策落实第三方评估机制。研究制定退役军人事务行政执法责任制和责任追究制度，规范行政复议、行政应诉。建立基层工作联系点、干部职工联系退役军人制度，推开领导干部定期接访走访，增进与服务对象的感

情，掌握更多第一手情况，提高制定和落实政策措施的针对性、有效性。

三是坚持和完善服务体系发挥重要平台有效抓手的体制。进一步落实退役军人服务中心（站）“五有”和“全覆盖”要求，理清职责界限、明确服务规范、充实工作力量，探索专武干部参与乡镇服务站工作模式，真正实现实体运转；加快涉退役军人工作事业单位转隶步伐，实现应转尽转；推进事业单位建设改革，转变思路，盘活资源，探索集团化管理、市场化运作模式，研究建立集经营、服务、教育于一体的管理体制，建设一批区域性综合实力强、辐射范围广的骨干单位，不断提升服务保障能力和水平。

四是坚持和完善社会力量作为必要补充有益支持的体制。根据实际需要，通过及时设立新的社会组织、主动协调相关方面、发动退役军人参与，不断争取更多社会力量支持推动退役军人工作；健全鼓励支持社会力量参与退役军人工作的政策制度，通过税收减免优惠、纳入表彰范围、加大宣传力度等方式，充分调动其积极性，发挥应有作用；规范退役军人关爱协会、基金会等社会组织运行，通过健全党组织、严格年检审计、报告重大事项等制度，加强必要监管，加快形成优化政府购买服务、推进社会专项服务、鼓励实行自我服务、倡导开展志愿服务相互补充的管理格局。

（二）建立健全顺畅高效的工作运行体系。围绕各级组织机构高效运转，推进各项工作任务落地落实，着力在以下 4 个方面见成效。

一是坚持和完善系统、部门、军地密切协作的合力共为机制。退役军人工作涉及面广，必须充分调动各方面的资源优势，形成推进工作的强大合力。完善系统联动机制，对上，一般事项定期报告、重大事项及时报告、紧急事项立即报告；对下，重要部署及时通报、政策制度及时解读、请示事项及时答复。完善部门协同机制，相关信息互通共享，重大问题及时会商，重点工作合力推进。完善双拥工作和军民共建机制，创新双拥模范城（县）创建命名管理和检查考核办法，推行军地相互支持需求“双清单”，狠抓重点问题解决，不断巩固和加强军政军民团结的大好局面。

二是坚持和完善责任逐级压实、压力层层传导的工作落实机制。制度的生命力在于执行，必须建立一套权威高效的推动落实长效机制，形成任务部署、监督检查、追责问责、整改落实的“工作闭环”。建立考核评价制度，将退役军人工作纳入各级党委、政府年度工作绩效和领导班子考核，作为双拥模范城（县）考评重要内容，制定考核办法和指标体系，强化考核考评结果运用。建立健全督查督办制度，对各级各部门落实退役军人工作情况实行督导，把压力传导至各级各方面。建立责任追究制度，对工作推进不力的地区或单位，予以通报、约谈、挂牌督办，对相关责任人追责问责。

三是坚持和完善信访渠道畅通、苗头抓早抓小、问题联动处置的风险防范机制。退役军人工作事关政治安全和社会大局稳定，必须强化风险意识，坚持底线思维，落实属地责任，多措并举、综合施策。完善退役军人诉求表达机制，建立依法逐级走访、信访事项首办责任及终结制度，推动信访事项及时就地解决。完善矛盾问题排查预警机制，建立积案“销账”制度，减存量、控增量、防变量。建立人民调解、行政调解、司法调解相结合的矛盾调解制度，完善法律援助机制，依法化解矛盾问题。完善重大决策风险评估机制，健全社会公示听证、专家咨询、合法性审查等制度，把风险化解在决策之前。

四是坚持和完善运用信息技术手段开展精准服务、动态管理的高效运转机制。广泛运用互联网、大数据、人工智能等技术手段开展工作，既是大势所趋，也是提升退役军人工作效能的重要抓手。建好各级退役军人工作信息化平台，实现全国标准统一、上下互联、左右互通，提升办公自动化水平。用好信息化平台，推行“互联网+退役军人服务”，动态掌握对象信息，提供精准精细服务。管好信息化平台，强化保密措施，依法保护个人信息，确保系统和数据安全可控。

（三）建立健全系统完备的政策制度体系。围绕构建以《退役军人保障法》为主干，以《退役军人安置条例》《军人抚恤优待条例》《烈士褒扬条例》等法规为支撑，以相关部门规章、规范性文件为配套的一系列政策制度，坚持科学立法，立改废释并举，着力在以下6个方面求突破。

一是坚持和完善理论武装、荣誉激励、教育管理、机制约束相结合的思想政治工作制度。建立理论武装制度，推进退役军人学习贯彻习近平新时代中国特色社会主义思想常态化，加强人民军队优良传统和社会主义核心价值观教育。完善模范退役军人表彰奖励、“最美退役军人”学习宣传、悬挂光荣牌、给立功受奖军人家庭送喜报、军人退役集中欢迎等机制，营造参军受尊崇、退役受尊重的浓厚氛围。建立退役军人现实表现与享受荣誉和优抚待遇挂钩机制，强化正向激励、反向约束。

二是坚持和完善国家需要与个人优长相结合的发挥退役军人作用制度。树立人岗相适、人事相宜导向，完善计划安置制度，归集专项岗位，推广“直通车”安置方式；健全学历教育和职业技能培训相结合的教育培训体系，坚持“订单式”“定向式”“定岗式”培训模式，完善就业创业扶持政策，加大税收、金融等优惠力度，努力让退役军人更高质量就业，始终成为社会主义现代化建设的重要力量。

三是坚持和完善普惠与优待叠加、待遇与贡献匹配、保障水平与经济发展适应的待遇保障制度。建立统筹平衡的抚恤优待量化标准体系，逐步消除抚恤优待制度城乡差异。根据经济社会发展和财政承受能力，健全待遇水平动态调整机制。建立享受国家定期抚恤补助对象资格确认制度和冒领待遇追偿追责机制，确保优抚资金准确、安全发放。完善社会优待制度，拓展目录清单，实行区别化优先优惠机制，使退役军人和其他优抚对象充分分享改革发展成果。

四是坚持和完善内容个性化、措施精准化、方式多元化的关爱服务制度。建立健全服役相关信息脱密共享、随安置计划一并移交、常态化信息采集制度，为每名服务对象建档立卡，实现信息实名归集、精准识别。建立精准服务制度，实行服务站点工作人员包干负责，提供个性化服务。落实困难帮扶援助制度，健全方式多元化服务机制，坚持常态化走访慰问，及时传递党和政府的温暖。

五是坚持和完善以弘扬英烈精神、维护英烈权益为核心的褒扬制度。健全烈士评定和备案制度，完善英烈荣誉保护协调机制，推行纪念设施巡查巡检。健全英烈文化研究、挖掘、传播工作机制，加强英烈事迹与故事的挖掘搜集、整理宣传，展现英烈风貌。完善烈士纪念设施规划、建设、修缮、管理维护制度，健全境外烈士遗骸搜寻保护部际议事协调机制。健全烈士祭扫制度和礼仪规范，加大烈士遗属异地祭扫保障力度。

六是坚持和完善服务部队练兵备战、解决军人后顾之忧的助力强军制度。适应军事政策制度改革要求，完善军队退役人员及时移交机制，走出一年多次移交、两次安置退役士兵的路子；完善随军家属就业和军人子女教育优待政策，积极解除军人后顾之忧，更好地服务部队集中精力备战打仗。

三、持续发力、做实做细，以钉钉子精神抓好2020年退役军人工作各项任务

2020年是全面建成小康社会、开启全面建设社会主义现代化国家新征程的交汇之年，也是深化国防和军队改革的收官之年。退役军人工作总体要求是：以习近平新时代中国特色社会主义思想为指导，全面贯彻党的十九大和十九届二中、三中、四中全会精神，认真落实全国退役军人工作会议部署要求，着力建立健全组织管理体系、工作运行体系、政策制度体系，坚持制定政策与推动落实齐抓，健全机构与发挥实效并重，破解难题与防控风险结合，深入开展“思想政治工作年”“基层基础基本建设年”活动，综合施策、久久为功，不断推进退役军人事务领域治理体系和治理能力现代化，为维护改革发展稳定大局、实现“两个一百年”奋斗目标作出积极贡献。

（一）持续推进制度建设，加快形成退役军人事务领域治理体系基本架构。一是加快立法步伐。推动出台《退役军人保障法》，抓好学习贯彻落实。制定修订《退役军人安置条例》《军人抚恤优待条例》《烈士褒扬条例》等法规，加快制定相关配套政策制度。二是坚持规划牵引。根据国家总体规划进程，编制“十四五”退役军人事业发展规划，谋划未来5年发展蓝图，加强重点工程项目规划布局。三是强化理论支撑。建立理论研究专家智库，充分发挥“外脑”作用。围绕重难点问题，组织军地高校、科研机构集智攻关，为制定政策、深化改革提供理论支持。持续推进“退役军人管理保障”学科建设。四是鼓励先行先试。按照顶层设计与分层对接相结合的要求，鼓励各地结合实际、积极探索，不断创造更多鲜活经验。

（二）加强思想政治引领，确保退役军人始终成为党执政的可靠力量。这是中央领导同志高度关注的问题，也是各级退役军人事务部门的一项重要职责。一是出台一个意见，就是关于加强退役军人思想政治工作的指导意见，系统回答谁来做、做什么、怎么做等问题，为各级开展工作提供依据。二是深化一项活动，就是全国模范退役军人、模范拥军人物、“最美退役军人”、“最美拥军人物”等典型学习宣传活动，发挥示范引领作用。

（三）做好移交安置和拥军优属工作，努力为部队减压卸负、为官兵排忧解难。一是高标准完成接收安置任务。科学编制、严格落实年度安置计划，优化机关、事业单位和国有企业接收安置退役士兵的比例，不断提高安置质量。会同相关部门研究制定军改后的军转安置政策。完善、推广“直通车”安置办法，继续推进“阳光安置”。会同相关部门研究制定国家综合性消防救援队伍消防员退出和移交安置政策制度。按照部队“两

征两退”改革部署，配套做好移交安置工作。二是扎实做好双拥共建工作。开展双拥模范城（县）创建活动，召开全国双拥模范城（县）命名表彰大会，对新时代双拥工作作出全面部署。深入开展助力随军家属就业工程，积极协调子女教育优待，推动解决战场设施建设、后勤保障支持等问题，进一步浓厚关心支持国防和军队建设的社会氛围。

（四）更加注重作用发挥，激励广大退役军人积极投身现代化建设。一是充分发挥优势特长。对退役军人当中的立功受奖人员等先进典型，充实到宣讲优良传统、辅导国防教育、开展公益活动等队伍之中，让他们在引领社会主义核心价值观方面率先垂范。对退役军人中的优秀党员，培养选拔进基层组织班子、选聘到党建指导员队伍之中，让他们在巩固基层政权、加强基层治理中尽显才能。贵州安顺遴选优秀退役军人担任“兵支书”，在基层社会治理中发挥重要作用，明年部里将会同相关部门组织推广。对退役军人中素质过硬、甘愿奉献的同志，选拔到新疆、西藏等边疆民族地区，让他们在戍边稳边、促进民族团结等方面再立新功。对退役军人中适合从事消防等工作的人员，遴选到应急保障队伍之中，将适龄人员编入民兵预备役队伍，组建志愿者服务队，让他们在支援地方抢险救灾、应对突发事件等方面当好主力。二是注重提升能力素质。加大退役军人学历教育力度，完善教育培训助学金办法，制定退役军人教育培训承训机构管理措施，研究设立退役军人实训基地。编写教育培训通识教材，规范培训内容，开展全员适应性培训，搭建终身培训网络学习平台。三是加强就业创业扶持。建设全国退役军人就业创业信息系统，促进供需信息有效对接。探索政法、交通、船舶、消防等行业直招专招退役军人模式。加强与大型民营企业合作，积极吸纳退役军人就业。开展全国退役军人创业大赛，激发创业热情。加强创业导师团队建设，充分发挥传帮带作用。

（五）关心关爱退役军人，解决他们最关心最现实的利益问题。一是全力推进部分退役士兵保险补缴。这项工作已经开展一年，各地做了大量工作，但进展还不平衡。要加快工作进度，加强风险防范，确保明年上半年完成集中补缴任务。二是持续提升优抚保障水平。抓好《关于加强军人军属、退役军人和其他优抚对象优待工作的意见》贯彻落实。做好部分优抚对象提标工作，研究重大功勋人员抚恤优待办法。换发伤残人员证件，研制服务对象优待证。继续推进银行、电信、保险等领域提供优先优惠服务，逐步向其他行业领域拓展。三是加强军休服务管理。加快实施军休小区综合治理，推进军休服务管理机构用房规划建设，改善军休住房保障条件。积极适应社会化服务发展方向，建立完善“开门办所、融入社会、购买服务、资源共享”的服务管理模式。同时，做好自主择业军转干部、复员干部、自主就业士兵、无军籍职工移交安置和服务管理工作。

（六）加强褒扬纪念工作，推动传承英烈精神、维护英烈权益成为社会自觉。一是大力弘扬英烈精神。围绕庆祝抗日战争胜利75周年和志愿军入朝作战70周年，组织第七批在韩志愿军烈士遗骸迎回、烈士纪念日公祭祭扫等活动，公布新一批国家级抗战纪念设施、遗址名录及著名抗日英烈、英雄群体名录，推出一批弘扬英烈精神的优秀文艺作品，营造铭记英烈功勋、传承英烈精神的浓厚氛围。配合抓好《英雄烈士保护法》执法工作，依法处理诋毁英烈言行，坚决保护英烈荣誉。二是提升烈士纪念设施保护管理水平。落实《烈士纪念设施规划建设修缮管理维护总体工作方案》，实施提质改造、改陈布展工程。开展境内外烈士及纪念设施普查，推动修缮保护。推进境外烈士遗骸搜寻保护工作，建立遗骸 DNA 数据库。三是开展军人公墓建设研究。研究出台军人公墓建设意见，制定建设标准，稳妥慎重推进。

（七）深入学习运用新时代“枫桥经验”，毫不松懈做好矛盾风险防范化解工作。部里决定明年全国两会前召开现场会，在全系统推广运用新时代“枫桥经验”，防范风险、化解矛盾。一是认真做好信访工作。落实信访事项首办责任制，加大交办转办督办力度，用好信访信息系统，逐步规范信访秩序。二是持续推动矛盾化解。开展矛盾问题攻坚化解“回头看”，将“问题清单”转化为“成绩清单”。用好用活挂账、约谈、通报、问责措施，确保“事事有着落，件件有回音”。

四、抓基层、打基础、强基本，切实提高服务保障水平

退役军人事务系统组建时间不长，底子薄、力量弱、任务重，必须下大力抓基层、打基础、强基本。明年将开展“基层基础基本建设年”活动，全面提高系统履职尽责能力，促进服务保障水平上层次。

（一）突出加强政治建设。这是对退役军人工作者的第一位要求。必须旗帜鲜明讲政治，以习近平新时代中国特色社会主义思想武装头脑，深入学习习近平总书记关于退役军人工作的重要论述，自觉在思想上政治上行动上同以习近平同志为核心的党中央保持高度一致，坚决维护习近平总书记党中央的核心、全党的核心地位。要巩固深化“不忘初心、牢记使命”主题教育成果，加强系统各级机关、保障单位党的建设，以党的政治建设为统领，推动党建和业务深度融合、相互促进，为事业持续健康发展提供根本保证。

（二）有效防控廉政风险。这是退役军人工作的保底工程。虽然我们这个系统不是行政审批事项集中的部门，但也存在一定的廉政风险。必须适应新时代全面从严治党新形势和退役军人工作的任务要求，持续推进系统党风廉政建设。要强化日常监督，系统梳理行政审批权、资格审核权、资金管理使用分配、评优评先权、内部人财物管理等方面的廉政风险点，完善制度、加强管理。要持续推进反腐倡廉教育，增强党员干部自律意识。要运用监督执纪“四种形态”，抓早抓小，防微杜渐，持之以恒正风肃纪，营造风清气正、干净干事的良好环境。

（三）牢固树立基层导向。这是做好工作的重要方法。各级机关要积极争取当地党委、政府的重视支持，继续推进基层服务中心（站）建设，严格落实“五有”要求，把机构建实、把人员配强，尽快实体运转、真正发挥作用；要坚持眼睛向下、重心下移，落实基层工作联系点制度，多到基层一线去，多到服务对象中间去，多到矛盾集中的地方去，体恤基层、了解情况、解决问题。各级服务保障机构要同退役军人多交流多交心，及时帮助他们解决困难、解疑释惑，以实际行动赢得他们的理解信任支持。

（四）全面夯实基础工作。这是新部门开展工作的当务之急。要完善基础制度，进一步厘清职责界限，细化任务清单，制定工作规范，优化工作流程，明确质量标准，建立评价体系。要强化基础资料管理，做好公文流转、安全保密、档案整理、政策汇编等工作，尤其要加强退役军人档案管理，确保万无一失。要重视基础数据建设，不仅要掌握服务对象的基本信息，也要摸清所属系统的全部情况，为科学决策提供有力的数据支撑。要持续推进全国退役军人信息化工程国家平台（一期）建设，以信息化为服务保障提质增效。

（五）大力提升基本能力。这是干好工作的必要前提。系统干部职工来自多个部门，不少同志以前未接触过这项工作，迫切需要加强学习、实践历练、提升能力。要开展系统全员培训，部里将组织编写业务解读、汇编授课提纲、制作相关视频，为各地培训提供资料参考。各地要通过岗位练兵、轮岗交流、挂职锻炼、承担大项任务等方式，使他们见世面、壮筋骨、长才干。要持续抓好作风建设，坚持初始即严、一严到底，说了就算、定了就办，培塑退役军人事务系统良好作风形象。

退役军人工作正处在改革发展的历史新起点上，责任重大、使命光荣。让我们更加紧密地团结在以习近平同志为核心的党中央周围，高举习近平新时代中国特色社会主义思想伟大旗帜，深入贯彻习近平总书记关于退役军人工作重要论述，牢记使命、勇于担当、真抓实干，不断开创退役军人工作新局面！

在全国褒扬纪念工作会议上的总结讲话

钱 锋

（2019 年 9 月 6 日）

在大家的共同努力下，全国褒扬纪念工作会议圆满完成各项议程，即将结束。这次会议意义重大、内容重要，对做好新时代褒扬纪念工作具有十分重要的作用。昨天，孙绍骋部长作了讲话，深刻阐释了习近平总书记关于褒扬纪念工作的重要论述，全面总结了近年来褒扬纪念工作取得的成绩，客观分析了当前工作中存在的问题及面临的新形势、新使命、新要求，科学提出了工作目标和工作思路，并对今后一个时期的重点任务进行了部署安排。孙绍骋部长的讲话立意高远、总揽全局、目标明确、重点突出，既有深刻的思想性，也有很强的针对性和指导性，是我们做好新时代褒扬纪念工作的重要指引。会上，6 个部门、6 个省份和 3 个烈士纪念设施保护单位先后作了很好的发言和经验介绍，褒扬纪念司同志对相关政策法规进行了解读，大家对下步如何贯彻落实也进行了分组讨论。

这次会议虽然时间短，但主题突出、内容丰富、交流广泛、讨论深入，达到了统一思想、明确要求、理清思路、指导实践的目的。大家一致认为，这次会议有三大收获：一是进一步深化了思想认识，增强了使命感。大家认为，习近平总书记关于褒扬纪念工作的重要论述，高屋建瓴、内涵深刻，充分体现了习近平总书记强烈的英雄情怀、长远的战略谋划、非凡的政治智慧，为做好新时代褒扬纪念工作提供了根本遵循。大家表示，一定要深刻学习领会党中央和习近平总书记的决策意图，切实把思想和行动统一到习近平总书记重要论述上来，增强“四个意识”、坚定“四个自信”、做到“两个维护”，把使命记在心中、把责任扛在肩上，踏踏实实做好褒扬纪念工作。二是进一步明确了职责，增强了方向感。大家认为，刚刚闭幕的全国退役军人工作会议，对推进新时代褒扬纪念工作作出了重要部署。大家表示，新修订的《烈士褒扬条例》将英雄烈士保护纳入党和国家功勋荣誉表彰制度体系，中共中央办公厅、国务院办公厅、中央军委办公厅印发的《烈士纪念设施规划建设修缮管理维护总体工作方案》，是对现有褒扬纪念工作政策法规体系的进一步完善，对明确目标任务、破解现实难题、推进工作发展提供了制度保障。大家纷纷表示要认真贯彻落实相关政策文件精神，扎实工作，推动各项任务落实。三是进一步认清了形势，增强了紧迫感。大家感到，当前褒扬纪念工作面临的形势任务还比较艰巨，全社会崇尚英烈的氛围还不够浓厚，褒扬纪念工作体制机制还不够健全，烈士纪念设施规划建设水平还有待进一步提升，宣传英烈精神的方法手段还有待进一步加强。大家表示一定要抢抓机遇、乘势而上，明确职责任务，分阶段逐项推进。下面，我再强调几项重点工作。

第一，学好用好政策，全力打通政策落地的“最后一公里”。《英雄烈士保护法》、新修订的《烈士褒扬条例》及《烈士纪念设施规划建设修缮管理维护总体工作方案》，是指导今后一段时期做好褒扬纪念工作的纲领性文件，这些政策文件能不能真正落到实处，不是简单开个会、发个文就能实现的，关键要靠各级退役军人事务部门，特别是基层工作的扎实开展。各地要做好新闻宣传、政策解读、答疑解惑工作，加大宣传力度，营造落实政策的良好舆论氛围，通过信息公开、新闻发布会、主动上门服务等多种方式，扩大政策知晓面；要尽快制定贯彻落实措施和实施办法，做好与既有政策的衔接与过渡，增强落实政策的针对性和可操作性，明确目标任务、分工方案、工作进度和完成时限；要在发挥英烈保护机制，提升烈属荣誉感、获得感上下功夫，在弘扬烈士精神、加强烈士纪念设施保护管理上做文章，把地方的经验和做法固定下来，并推广开来，配合和支持部里的政策创制工作。

第二，强化荣誉属性，切实做好烈士纪念日光荣证颁授工作。新修订的《烈士褒扬条例》最大亮点就是将英雄烈士保护纳入党和国家功勋荣誉表彰制度体系，这是崇尚英雄、尊重英烈的生动体现。条例修订对烈士评定备案程序和烈士光荣证颁授均作了原则性规定，即将启用的新版《烈士光荣证》是褒扬纪念工作领域的重大政策调整和制度改革。各地要按照新修订的《烈士褒扬条例》、《〈烈士光荣证〉颁授办法》及部里的有关规定，细化方案，组织好相关工作。烈士纪念日已临近，各地要精心策划好首次《烈士光荣证》颁授仪式，并将此项活动与烈士公祭活动统筹考虑、统筹安排，制定工作方案和应急预案，确保仪式庄重肃穆，切实让烈属感受到党和政府的关爱及全社会的尊崇。同时，要将《烈士光荣证》颁授工作常态化、规范化，首次颁授仪式后，各地要结合颁授办法和工作经验，规范颁授工作，并且深入细致地了解烈属情况，有针对性地做好后续思想政治和关爱帮扶工作。

第三，抓住有利契机，加快推进烈士纪念设施提质改造升级。中央领导高度重视烈士纪念设施保护管理工作，2019 年以来先后多次就烈士纪念设施状况作出批示，要求对烈士纪念设施全面检查、督促整改、加强管理。为此，各地要积极行动起来，结合“不忘初心、牢记使命”主题教育检视问题、整改落实的要求，在年内全面摸清本地区烈士纪念设施的底数情况，补充完善烈士褒扬管理信息系统，部里将在年底组织进行数据集中审定。同时，对保护管理问题进行自查自纠，对标对表提出整改措施，部里将适时对各地整改情况进行检查。各地要以中央印发《烈士纪念设施规划建设修缮管理维护总体工作方案》为契机，强化省级层面对烈士纪念设施的统筹指导，在明年 5 月 1 日前制定出台本地区方案和具体贯彻落实措施报部备案，并研究提出烈士纪念设施提质改造总体规划和分布实施方案，同时将烈士纪念设施提质改造纳入“十四五”规划统筹推进，着力打造内涵丰富、环境优美的精品烈士纪念设施。

第四，丰富宣传形式，充分发挥红色教育的

主阵地作用。做好褒扬纪念工作要学会用好舆论宣传手段，开展内容丰富、形式多样的立体化宣传，充分利用报刊、广播、电视、网络及新媒体手段，宣传英烈精神内涵，增强宣传教育感染力，使人们在潜移默化中接受红色文化熏陶。抓住重大活动、重要时间节点，通过英烈事迹宣讲、开设专栏、组织专题报道、制作公益宣传片等方式，不断拓展褒扬纪念工作的深度和广度。各级烈士纪念设施保护单位要提高政治站位，立足烈士纪念设施红色资源优势和特点，通过“走出去、请进来”，积极配合做好“不忘初心、牢记使命”主题教育及“我和我的祖国”等活动。2019 年烈士纪念日期间，围绕庆祝新中国成立 70 周年，部里将组织开展“不忘初心牢记使命 铭记英烈再铸辉煌”系列宣传活动，以英雄烈士保护纳入党和国家功勋荣誉表彰制度体系的重大意义为主线，集中宣传《英雄烈士保护法》颁布实施以来的经验做法和成绩，各地要结合实际积极组织，切实增强宣传效果，营造良好氛围。

第五，关心关爱烈属，全面提升烈属的荣誉感和获得感。保障好、照顾好、关爱好烈士遗属，使之充分享受改革开放和经济社会发展的成果，既是党和政府的责任，又是一项光荣的政治任务，也是新时期做好褒扬纪念工作的重要组成部分。各地必须以高度的责任感做好烈士遗属的关心帮扶、抚恤优待和祭扫服务工作。一方面，要注重强化精神激励，精心组织烈属祭扫活动，做好祭扫服务保障，认真落实颁授《烈士光荣证》工作，动员社会力量为烈士遗属送温暖献爱心，定期走访慰问烈属，组织烈士遗属等代表参加中央和地方安排的一系列重大活动，切实提升烈士遗属的荣誉感、获得感；另一方面，要大幅提高物质保障水平，着眼全方位维护烈属权益，不断完善烈属优待制度，严格落实烈士褒扬金、定期抚恤金等政策，进一步强化政府主体责任，妥善解决烈属生活、医疗、住房和子女教育、就业等方面存在的实际困难，积极为烈士遗属解决后顾之忧。

新时代褒扬纪念工作体系已经初步建立，各级工作队伍已经基本到位。人是工作创新发展的决定性因素，据我们了解，许多褒扬纪念战线的工作人员都是新兵，加强褒扬纪念队伍建设迫在眉睫。各级烈士褒扬工作者要以做工作开创者的责任、以做精神传承者的自觉、以做烈属暖心人的热情，做褒扬纪念工作的主力军，为新时代褒扬纪念工作创新发展聚智聚力，作出应有贡献。同志们回去后，要及时进行汇报请示。第一时间汇报会议精神，既要汇报褒扬纪念工作的现状、面临的现实困难和问题，又要提出下步工作安排的建议，切实增强党委和政府对褒扬纪念工作的组织领导。要尽快进行工作部署。及时召开本地区工作部署会，不折不扣地传达会议精神，尽快研究制定本地区工作方案和具体贯彻落实措施，做到传达部署到位、责任落实到位。要加强部门联动。建立与宣传、网信、发改、教育、财政、公安、应急、文化旅游和当地驻军等相关部门的协同配合机制，定期梳理工作中存在的热点难点问题，分析研究解决办法，主动对接各项任务，形成工作合力。要建立健全督导检查机制。完善考核制度和指标体系，严格追责问效，对于工作推进不力的单位和个人，要进行责任追查，确保各项工作稳步向前。各级退役军人事务行政机构要发挥好主管部门职责，加强统筹协调，多在创新工作体制机制上下功夫、在破解“疑难杂症”

上下功夫、在提高执行力上下功夫，努力形成齐抓共管、共同推进褒扬纪念工作的良好局面。

最后，我还要强调一点，各地一定要统筹安排好国庆节前后相关活动，高标准、高质量做好烈士纪念活动。要围绕庆祝新中国成立 70 周年这条主线，组织好新部成立后的首届全国英烈讲解员大赛，组织好首次新版《烈士光荣证》颁授仪式，组织好烈士纪念日纪念活动等，并按照部里烈士纪念日期间的总体宣传工作安排，注重宣传引导，讲好英烈故事，激励社会各界尊崇荣誉、积极投身国家建设发展，始终成为爱国奉献、忠诚担当、奋发有为的积极力量。

同志们，做好褒扬纪念工作，意义重大、任务艰巨、使命光荣。让我们更加紧密地团结在以习近平同志为核心的党中央周围，担当作为、开拓创新，奋力谱写褒扬纪念事业新篇章，更好服务经济社会发展、服务国防和军队建设，为实现中国梦强军梦作出新的更大贡献！

在全国退役军人事务系统宣传思想工作座谈会上的讲话

钱 锋

（2019 年 11 月 19 日）

今天我们召开全国退役军人事务系统宣传思想工作座谈会，主要任务是以习近平新时代中国特色社会主义思想为指导，深入学习贯彻习近平总书记关于宣传思想工作的重要思想和关于退役军人工作的重要论述，认真落实党的十九大和十九届二中、三中、四中全会及全国宣传思想工作会议、全国退役军人工作会议精神，总结工作、分析形势、明确方向、部署任务，不断提高退役军人事务系统宣传思想工作治理能力和水平，推动退役军人事务系统宣传思想工作进一步发展。

本次会议是退役军人事务系统组建以来的第一次宣传思想工作座谈会，部党组对这次会议高度重视，作为部重点工作纳入计划、专门进行部署。

自 2018 年退役军人事务系统组建以来，宣传思想工作主动担当、积极作为，取得了显著成绩，产生了良好反响。一是理论宣传持续加强。将学习宣传贯彻习近平新时代中国特色社会主义思想，特别是习近平总书记关于退役军人工作的重要论述作为首要任务，切实抓紧抓好。加强理论研究阐释，不断推进深化和转化，孙绍骋部长亲自撰写《做好退役军人服务管理保障工作的根本遵循——深入学习贯彻习近平总书记关于退役军人工作的重要论述》《立足新部组建特点全力推进“三个机关”建设》《在坚守初心使命中全心全意为退役军人服务》等理论文章。大力宣传以习近平同志为核心的党中央对退役军人工作的高度重视、对退役军人的关心关爱，在全国退役军人工作会议召开期间，协调中央各大媒体刊发《奋力开创新时代退役军人工作新局面——以习近平同志为核心的党中央关心退役军人工作纪实》《尊崇之光照亮退役之路——党的十八大以来退役军人工作成就综述》等文章，筑牢全社会认识和理解退役军人工作的思想基础。二是舆论引导富有成效。针对退役军人关心关注的热点问题，紧贴政策出台进度，积极做好新闻发布和跟踪解读。2018 年“八一”前夕在国新办组织召开退役军人事务部首场新闻发布会，部领导集体出席。2019 年定期召开新闻发布会，先后有 40 多家媒体刊发新闻宣传稿件 100 多篇，中国网直播观看人数 191 万人，评论数量 3.3 万条，反响积极热烈。2019 年全国两会期间，孙绍骋部长出席“部长通道”并接受媒体采访，相关报道在全网传播总量达 6 万余条。围绕信息采集、部分退役士兵社会保险补缴、双拥工作、困难帮扶等主题，组织召开新闻通气会。针对极少数人打着“退役军人”旗号实施违法犯罪的案件、网上制售假冒光荣牌等舆情，发出权威声音，鲜明表达态度，澄清模糊认识。三是社会宣传积极热烈。围绕重大事件重要节点，做大做强正面宣传，在全国退役军人工作会议、全国退役军人事务厅（局）长会议，以及“八一”、退役军人事务部成立一周年前后，精心组织开展主题宣传、形势宣传、成就宣传，形成强大主流舆论场。向社会发布全国模范退役军人、全国退役军人工作模范单位及个人先进事迹，精心开展向张富清同志学习、“最美退役军人”、“崇尚英雄·精忠报国”、“铭记功勋·致敬英烈”等系列宣传教育活动。结合庆祝改革开放 40 周年、新中国成立 70 周年等系列重要活动，大力宣传退役军人工作成就，宣传退役军人先进典型事迹，营造浓厚社会氛围。四是平台建设稳步推进。搭建部门户网站、部政务微信公众号、《中国退役军人》杂志“一网一微一刊”立体化宣传平台。部门户网站精心设计专题专栏，共发布 4900 余条消息；部政务微信公众号共发布 240 余条消息，点击率突破 10 万次的文章 50 余篇，粉丝关注量近 80 万人。《中国退役军人》杂志立足于建成面向和服务全国退役军人的权威专业期刊，着力构建退役军人事务系统宣传思想工作的主渠道和主阵地。五是制度体系建立健全。坚持把制度建设摆在突出位置，为宣传思想工作提供制度保障。围绕宣传思想工作，出台《关于规范新闻宣传工作的通知》《关于规范加强退役军人事务领域政务信息和新闻宣传工作的意见》，并制定退役军人事务部新闻宣传平台投稿发布及采访有关规定。着眼工作效果，出台《关于规范开展退役军人工作题材宣传文化活动的通知》，搭建起退役军人事务系统宣传思想工作制度的“四梁八柱”，不断提高工作科学化、规范化水平。

退役军人事务系统宣传思想工作取得的进展成效，得益于党中央、国务院的坚强领导，得益于中央宣传部门的有力指导、军队有关部门的积极支持和广大媒体的关心帮助，得益于包括今天到会各位在内的退役军人工作者的辛勤付出。在此，我代表退役军人事务部党组和孙绍骋部长，向大家表示衷心感谢！

下面，我就进一步做好退役军人事务系统宣传思想工作讲几点意见，与大家交流探讨。

一、提高政治站位，充分认识宣传思想工作的地位作用

宣传思想工作是一项政治性很强的工作，对做好退役军人工作，具有重要的政治意义和现实意义。要增强“四个意识”、坚定“四个自信”、做到“两个维护”，深刻认识宣传思想工作的重要性、必要性、紧迫性，增强做好工作的自觉性和主动性，以强烈的政治敏锐性和时代使命感，推动工作出新出彩、有力有效。

宣传思想工作，是退役军人整体工作的重要方面。退役军人工作千头万绪、纷繁复杂，是一项系统工程。做好退役军人工作，离不开务实管用的政策制度办法，也离不开积极有效的宣传思想工作。宣传思想工作在退役军人整体工作中居于重要位置、有着重要作用，是前端性工作而不

是末端性工作，在退役军人领域重大政策出台、重要举措实施前，及时吹风透气，加强宣传解读，加深广大退役军人对政策的理解认识，有效避免误解误读；是重点性工作而不是边缘性工作，将宣传思想工作与退役军人业务工作同部署、同谋划、同开展、同实施，融入业务工作全过程和各方面，能够确保宣传思想工作在动态把握整体工作进程的前提下，靶向服务、精准服务业务工作；是主动性工作而不是被动性工作，通过积极有效的宣传思想工作，变“要我宣传”为“我要宣传”，能够从推一步走一步、亦步亦趋的被动状态中解放出来，努力当好退役军人工作的主角、主唱，有力推动退役军人整体工作发展。

宣传思想工作，是引导社会舆论的必要手段。针对政策制度问题，党的十八大以来特别是退役军人事务系统组建以来，中央出台了一系列维护退役军人和其他优抚对象合法权益的政策文件，制定了一系列措施办法。如何全面、准确解读阐释这些政策文件和措施，把党和政府的关怀温暖传递给广大退役军人，是宣传思想工作的重要职责使命。针对思想认识问题，在新媒体和自媒体迅猛发展的今天，如何通过积极主动的宣传思想工作，抢占意识形态阵地，在众声喧哗中有效引导社会舆论，解开退役军人的“思想疙瘩”，是大势所趋、时代所需。

宣传思想工作，是凝聚奋进力量的有效方式。退役军人管理保障是关系军队稳定和社会大局稳定的大问题。这就需要我们在做好退役军人工作，大力提升广大退役军人获得感、幸福感、安全感的同时，高度重视、切实做好宣传思想工作，通过开展昂扬向上的新闻宣传和积极主动的思想引导，着力唱响主旋律、弘扬正能量，充分激发广大退役军人和其他优抚对象的自豪感、荣誉感、责任感，促进他们在理想信念、价值理念、道德观念上，紧紧团结在一起，凝聚迈步新征程、建功新时代的强大信心和决心，为服务党和国家事业作出更大贡献。

二、把握根本遵循，大力推动党的科学理论在退役军人事务系统落地生根

注重理论指导、强化理论武装，是我们党的优良传统和宝贵经验。习近平新时代中国特色社会主义思想，是中国共产党坚持和发展马克思主义的最新理论成果，是当代中国马克思主义、21世纪马克思主义。必须将学习宣传贯彻习近平新时代中国特色社会主义思想特别是习近平总书记关于退役军人工作的重要论述，作为退役军人事务系统宣传思想工作的首要政治任务，持续加以推进。

一方面，要深入学习宣传习近平总书记关于退役军人工作的重要论述。党中央和习近平总书记高度重视退役军人工作，习近平总书记亲自谋划设计、亲自部署推动组建退役军人管理保障机构，并在退役军人就业安置、双拥共建、烈士褒扬、优待抚恤等方面作出一系列重要论述，系统阐释了新时代退役军人工作带有方向性、根本性、战略性的重大问题。这些重要论述贯通历史和现实、衔接理论和实践，是习近平新时代中国特色社会主义思想的重要组成部分，为我们做好退役军人工作指明了前进方向。我们要把解读阐释习近平总书记重要论述作为根本任务、首要职责、全程工作，牢牢抓在手上，推动在退役军人事务系统往深里走、往心里走、往实里走。

另一方面，要深入学习宣传习近平总书记关于宣传思想工作的重要思想。以习近平同志为核心的党中央始终高度重视宣传思想工作，习近平总书记总揽全局、高瞻远瞩，亲自谋划、亲自指导、亲自推动，先后就宣传思想工作发表一系列重要讲话、作出一系列重要指示，特别是 2018 年 8 月 21 日全国宣传思想工作会议上发表重要讲话，为当前和今后一个时期宣传思想工作指方向、定思路、明要求，为做好新形势下的宣传思想工作提供了根本遵循。退役军人事务系统宣传思想工作，必须把习近平总书记关于宣传思想工作的重要思想作为“准绳”和“墨线”，认真学习、全面把握、深入宣传这一重要思想，把这一重要思想切实转化为推动退役军人事务系统宣传思想工作的理念、思路、举措、方法，进一步认清形势、统一思想，把握规律、明确方向，更好承担起自身的时代使命。

需要强调的是，习近平总书记关于退役军人工作的重要论述和关于宣传思想工作的重要思想，都是习近平新时代中国特色社会主义思想的重要组成部分，在精神实质上是一脉相承的，在实践要求上是高度一致的。要将学习宣传习近平总书记关于退役军人工作的重要论述和关于宣传思想工作的重要思想紧密结合起来，真正融会贯通，学懂弄通做实。要紧密结合工作实际，找准结合点、把握着力点，抓好贯彻落实，切实发挥退役军人事务系统宣传思想工作在传达方针政策、引领意识形态、反映社情民意、引导社会舆论、凝聚各方力量等方面的积极作用，为退役军人事业改革发展提供强大动力。

三、坚持守正创新，切实增强宣传思想工作的实际成效

习近平总书记在全国宣传思想工作会议上强调，宣传思想战线进入了守正创新的重要阶段。退役军人事务系统宣传思想工作，要根据形势发展变化，始终围绕退役军人中心工作，服务退役军人工作大局，以“守正”为基础，以“创新”为关键，坚持本源、勇闯新路，不断增强宣传思想工作传播力、引导力、影响力、公信力。

一要立足思路理念守正创新。一方面，宣传思想工作本质上是政治工作，巩固马克思主义在意识形态领域的指导地位、巩固全党全国人民团结奋斗的共同思想基础，是宣传思想工作的根本任务。这就要求退役军人事务系统宣传思想工作必须守政治方向之正，坚持政治定力；守舆论导向之正，坚持价值定力；守宣传阵地之正，坚持改革定力。要始终坚持党的领导，坚持马克思主义的指导地位，任何时候都不能偏离本源、迷失方向、走上歧途。另一方面，宣传思想工作是引领风气之先的工作，其所面临的形势任务、所处的社会环境，决定了比以往任何时候都更加需要创新。特别是退役军人事务系统白手起家、平地起楼，没有现成的经验可以套用，更需要树立创新意识、发扬创新精神。这就要求我们立足形势发展新变化、事业发展新要求、退役军人新期待，打破思维定式、摒弃传统观念、破除路径依赖，解放思想、开拓创新，与时俱进做好退役军人事务系统宣传思想工作。

二要面向内容形式守正创新。举旗帜、聚民心、育新人、兴文化、展形象，是宣传思想工作的使命任务，也是新形势下宣传思想战线的光荣

职责。退役军人事务系统宣传思想工作，要不忘初心、牢记使命，紧紧围绕这一职责任务来展开、来推进，这是必须牢牢守住的“正”。退役军人是一个充足丰盈的“故事库”，蕴藏着丰富多彩的宣传素材，我们要加强搜集整理、挖掘提炼，讲出新故事、呈现新内容，这是应当紧紧盯住的“新”。同时，如何讲好退役军人工作的故事、讲好广大退役军人的故事，提高宣传思想工作的效果，很大程度上取决于以什么形式来呈现故事。这就要求我们在坚持“内容为王”的基础上，着力创新表达形式、展现方式，把新闻做出彩，把故事讲出味，使“有意义”的新闻“有意思”、“有深度”的故事“有温度”。

三要针对方法手段守正创新。一方面，当前，新一轮科技革命带来传播格局深刻变革，云计算、大数据、物联网、区块链、人工智能等快速发展，移动应用、社交媒体、问答社区、网络直播、聚合类平台、自媒体公众号等新应用新业态不断涌现，媒体格局和舆论生态正在重塑。退役军人事务系统宣传思想工作，要积极探索新举措、新手段、新方法，加强退役军人领域传播手段和话语方式创新，多运用个性化制作、可视化呈现、互动化传播的方式开展宣传。另一方面，当前互联网的社会动员能力越来越强，要在巩固传统媒体阵地的同时，加强对网络传播特点和规律的把握，唱响网络主旋律、弘扬网络正能量。

四要围绕部门特色守正创新。做好退役军人事务系统宣传思想工作，需要把准退役军人事务的特点、特色，注重针对性、精准性、实效性。要突出“军”的内涵，大力宣传军人那种雷厉风行、敢打硬仗的作风，宣传军人那种甘于奉献、勇于牺牲的精神，宣传军人那种主动担当、无私无畏的境界，引导广大退役军人把独特的精、气、神，从军营带到地方，将传统发扬光大。要彰显“红”的色彩，充分发挥退役军人事务系统红色资源丰富厚重的优势，挖掘利用各种红色设施，持续开展缅怀先烈、崇尚英雄、致敬模范等宣传教育活动，引导广大退役军人传承红色基因、坚守初心使命，始终忠诚于党、忠诚于国家、忠诚于人民。

四、加强党的领导，不断提升宣传思想工作治理能力和水平

习近平总书记在全国宣传思想工作会议上，对加强党对宣传思想工作的全面领导提出明确要求。我们要贯彻习近平总书记重要讲话精神，全面加强退役军人事务系统宣传思想战线党的领导，努力提升治理能力和水平，推进治理体系和治理能力现代化，确保始终沿着正确方向前进。

一要把握宣传规律。宣传思想工作和退役军人工作都有自身的独特规律，把不住规律、摸不准脉象，就很难把工作做好做实、出新出彩，甚至有可能适得其反。要找准时机。既不能一味抢时间、赶进度，也不能后知后觉，千呼万唤始出来。什么提前宣传，什么同步宣传，什么延后宣传，都需要科学谋划、巧妙安排。要注意尺度。哪些可以宣传，哪些不能宣传；可以宣传的新闻宣传到什么程度，才能既保障受众的知情权，又不至于引发不良社会反应，都应当精心研判、精准把握。要注重效果。宣传思想工作成功与否，根本要看是否取得了预期效果、达到了预期目的。这就要求宣传思想工作接地气、能听懂、有内容，富有吸引力、感染力、凝聚力，能够满足受众的

心理期待，可以解答相应的疑难问题。

二要增强斗争精神。要压紧压实责任，严格落实意识形态工作责任制，做到守土有责、守土担责、守土尽责。要敢于发声亮剑，当战士不当绅士，旗帜鲜明批驳退役军人事务领域各种错误思想言论，坚决消除各种歪理邪说、歪风邪气的干扰。

三要提升能力素养。退役军人工作和宣传思想工作都是专业性很强的工作，没有“两把刷子”“两板斧子”，是干不出漂亮活的。要跟上时代节拍，顺应退役军人工作和宣传思想工作形势发展变化，不断掌握新知识、熟悉新领域、开拓新视野。要加强对《中国共产党宣传工作条例》的学习宣传贯彻，不断锤炼脚力、眼力、脑力、笔力，多推出沾泥土、带露珠、冒热气的宣传报道，努力成为政治过硬、本领高强、求实创新、能打胜仗的退役军人事务系统宣传思想工作者。要彻底摒弃形式主义、官僚主义，树立问题导向，强化问题意识，把准退役军人事务系统宣传思想工作领域的主要矛盾和重点问题，突出“实”、力戒“虚”，做“实功”、谋“实策”、出“实招”、求“实效”，推动退役军人事务系统宣传思想工作上台阶提水平。

四要凝聚工作合力。做好退役军人事务系统宣传思想工作，需要充分借助外脑、外力，握指成拳，形成合力，这是我们的宝贵经验和深刻体会。要加强与宣传职能部门、各大主流媒体的沟通交流，及时了解宣传思想工作方针政策和安排部署，准确掌握宣传思想工作最新动向和舆情热点。要牢固树立“一盘棋”“一家人”理念，畅通退役军人事务系统上下、左右联系的渠道，互相沟通情况、交流经验、推进工作。要着眼全媒体时代的新形势、新任务、新要求，大力推动退役军人事务系统媒体融合发展，有效构建互联共享、便捷高效、纵向到底、横向到边的退役军人工作“大宣传”格局。

同志们，做好退役军人事务系统宣传思想工作任务艰巨、使命光荣。让我们紧密团结在以习近平同志为核心的党中央周围，深入学习贯彻习近平新时代中国特色社会主义思想，勇于担当、敢于作为，不负时代、不辱使命，推动退役军人事务系统宣传思想工作常做常新、常做常深、常做常精，为促进退役军人工作发展进步发挥应有作用，为实现“两个一百年”奋斗目标、实现中华民族伟大复兴的中国梦作出应有贡献！

在优抚事业单位改革发展座谈会上的讲话

钱　锋

（2019 年 12 月 11 日）

在年底工作非常繁忙的情况下，专门把大家请来，召开座谈会，主要目的是贯彻落实中央领导同志的重要指示精神和孙绍骋部长的工作要求，全面了解各地优抚事业单位转隶的实际情况，掌握在转隶过程中遇到的困难问题，听取对优抚事业单位改革发展以及明年优抚工作的意见建议。今天，大家利用一天的时间，汇报了情况，交流了意见，听后深受启发，收获很大。会后，部里的同志要认真梳理汇总、借鉴运用，抓好转化、促进工作。下面，我讲三点意见。

一、认清优抚事业单位的重要地位和作用

优抚事业单位包括优抚医院和光荣院，是服务保障部分重点优抚对象、服务国防和军队建设的重要平台，自成立之日起就承担着光荣的使命和任务。1935 年 10 月，中央红军到达延安后，为解决伤残战士的医疗问题，中央红军当时的卫生部门创建了红军荣誉军人残废医院，这是我国最早的优抚医院，也就是现在的陕西荣誉军人康复医院的前身。毛泽东同志非常重视这所医院的建设，中央委任何长工同志为院长，并将红军荣誉军人残废医院改名为荣誉军人学校。新中国成立前后，国家为安置和照料部分重残军人，解决好带病回乡或患有严重慢性病的复员军人的医疗问题，兴办了一批荣誉军人学校、教导院和休（疗）养院。20 世纪 70 年代末，为解决各地反映的复员退伍军人精神病患者收治问题，满足他们的医疗需求，一些地区相继兴建了一批复员退伍军人精神病院。现在的优抚医院大多是这些荣誉军人学校、教导院、休（疗）养院和复退军人精神病院逐步发展而来的。光荣院原名烈属养老院，最早一批建于 1958 年。20 世纪 50 年代末期，随着社会各项福利事业迅速发展，孤老烈属集中供养的问题也提上了日程。为了保证对孤老烈属的日常生活照料，在全国主要是革命老区相继建立了 400 余所烈属养老院，主要接收无亲属照顾的老年烈属。随着优抚工作的发展，烈属养老院逐步扩大接收孤老复员军人、孤老伤残军人。1978 年全国第七次民政工作会议后，正式使用“光荣院”称谓，之后各项建设和管理不断得到巩固和加强。

纵观优抚事业单位的建设发展，可以说始终与国家的革命、建设和改革息息相关，与优抚对象的切身利益、祖国的强军事业紧密相连。进入新时代，优抚事业单位面临新形势、新任务，绝

不是可有可无，它是退役军人服务保障体系的重要组成部分，肩负着更加繁重的使命，发挥着更加重要的作用。首先，优抚事业单位是服务国防和军队建设的重要阵地。目前每年约有 800 名残疾军人离开部队，滞留部队还有 9000 人左右，随着部队军事训练和备战打仗任务的加重，伤病残退役军人的数量会不断增加。做好伤病残退役军人的接收安置和集中供养，有助于部队减轻负担、聚焦备战打仗主业。同时，做好优抚对象的养老工作，可使现役军人解除后顾之忧，安心为部队作贡献。其次，优抚事业单位是服务保障优抚对象的重要平台。优抚对象为国家独立、民族解放和国防建设作出了重要贡献，是有功于国家、有功于人民的特殊群体。如今，他们有的常年卧病在床，有的终生残疾，有的年逾古稀。通过优抚医院、光荣院提供的医疗和集中供养，服务好、保障好这部分优抚对象，确保他们病有所医、老有所养、安享晚年，是优抚工作的根本宗旨，是优抚事业单位的根本职责。最后，优抚事业单位是推动军人成为全社会尊崇职业的重要载体。服务保障好伤残、孤老优抚对象，不仅能够充分体现党和政府对革命功臣的关心关爱，也能在全社会树立鲜明价值导向，引导社会各界关爱尊崇优抚对象，这项工作本身就是一部鲜活的爱国拥军教材。另外，在优抚医院治疗的残疾军人、在光荣院集中供养的烈属等优抚对象，每一个人都有不平凡的牺牲奉献故事。要利用好优抚事业单位的教育资源，努力在全社会营造尊崇军人的社会环境。

二、正视优抚事业单位建设发展存在的矛盾问题

几十年来，在各级共同努力下，优抚事业单位始终坚持“全心全意为优抚对象服务”的宗旨和“小综合、大专科”的建设发展方向，逐步改善基础设施和院容院貌，不断推进规范化建设，在医疗、保健、康养、职工队伍建设等方面取得了长足进步，较好完成了优抚对象医疗供养保障任务。但也面临许多矛盾和发展瓶颈，我们要坚持问题导向，找准症结，对症下药。综合大家的意见，我认为主要存在 5 个方面的问题。

一是功能定位模糊。优抚事业单位在设立之初没有赋予其面向社会提供公共医疗和养老服务的职能，但随着形势任务发展及优抚政策的变化，特别是随着时代推移，符合集中供养条件的优抚对象越来越少，不少优抚事业单位实际上承担了部分社会公共服务职能。同时，优抚医院承担了大量集中供养的职能，与光荣院服务内容交叉重叠。

二是管理体制不顺。优抚事业单位很难享受国家卫生和养老机构的政策优惠，优抚医院业务管理与其他医院脱节。加之优抚事业单位实施分级管理，资产属于当地政府，造成所有权、管理权、处置权分离，整合改革难度较大。

三是运行方式落后。优抚事业单位作为预算制管理的事业单位，人、财、物的管理受到严格约束，缺乏自主权，运行的机动性、灵活性差。大多数优抚事业单位的薪酬受公益一类事业单位的限制，“大锅饭”“平均主义”的现象普遍存在。人才进不来、留不住，优抚事业单位发展缺乏人才支撑，没有后劲。

四是服务保障能力不足。优抚事业单位基础设施设备严重落后于当地经济社会发展和同级别的医疗养老机构，不少医院没有电子计算机断层扫描（CT）、核磁共振（MRI）等设备。据统计，

2018年约80%的优抚医院没有开展过手术。加之很多省级、市级优抚医院地处经济欠发达的县（区），绝大多数光荣院位于县（区）、乡（镇），多数优抚事业单位规模较小，辐射能力不强，发展受限。

五是资金保障渠道单一。优抚事业单位一直主要靠财政资金投入，只能保证基本的“人头费”，基础设施建设、大型设备经费等需要申请或自筹，加之资金分配“撒胡椒面”，造成优抚事业单位资金保障严重不足。目前，有的省级优抚医院、光荣院尚不及民政部门管理的康复医院和养老院、福利院。伤残军人的生活条件不如低保户、五保户。

还有一个突出问题，就是转隶不理想，阵地丢失严重。目前工作的重中之重是抓转隶，这是优抚事业单位改革发展的前提。做好优抚事业单位的转隶工作，是贯彻落实党中央、国务院关于深化机构改革决策部署的具体措施。根据统计的结果，优抚医院、光荣院转隶后与转隶前相比，数量大幅减少，由原来民政部门管理的1671个（优抚医院246个，光荣院1425个），减少为现在的600个（优抚医院128个，光荣院472个）。尽管存在着与多院合一、产权不好划分等困难，但也有一些合并办院且效益非常好的优抚事业单位转隶过来，这说明我们还是有很大的努力空间的。我在2018年的厅局长会议总结讲话时说过，为军服务的部门要有军的色彩、军队的作风，要能打仗打胜仗，抓转隶不是去攻城略地，而是守山头、守阵地，我们连本该属于我们的阵地都守不住，还打什么仗。大家要切实把优抚事业单位转隶移交作为一项重要任务，主动向当地党委、政府领导和机构改革管理部门汇报情况。对于产权明晰的优抚事业单位，在不降级、不减人、不改变机构性质前提下整体转隶移交。对于多院合一等情况，加强与民政等相关部门的沟通协调，做好资产资金管理和产权确认，妥善处理相关问题，确保产权清楚、资产明晰。同时要加大对市县级退役军人事务部门的工作指导力度，积极主动、想方设法促进转隶，切实做好转隶工作。我们在督导工作中，在双拥模范城（县）考评中会重点予以关注。总的一句话，该转隶过来的都要转隶过来。

三、积极探索推进优抚事业单位的改革创新发展

中央领导同志对优抚事业单位建设改革高度重视，明确提出要求。前期我们在深入研究的基础上，形成了改革的初步思路。

优抚事业单位改革的指导思想是：以习近平新时代中国特色社会主义思想为指导，深入贯彻习近平总书记关于退役军人工作重要论述，坚持服务优抚对象、服务人民群众的原则，坚持政府主导、公立性质、优抚属性，坚持优抚事业单位姓“军”为“兵”办院宗旨，坚持统筹协调，一体推进，把优抚事业单位建设成为服务练兵备战的重要资源、保障退役军人的必要平台、参与公共服务的有益补充，使之在促进军人成为全社会尊崇职业中发挥自身的优势作用。

改革的目标是：理顺体制机制，转变管理方式，整合现有资源，加强横向联合，不断提高优抚事业单位服务保障能力和水平，努力构建布局合理、功能明确、特色鲜明、富有活力和可持续发展的优抚对象医疗、养老体系。具体要处理好

以下 6 个方面的关系。

一是处理好“医”与“养”的关系。明确优抚医院承担“医”的职能，根据各医院实际，探讨将优抚医院更名为退役军人医院、退役军人康复医院和退役军人精神病医院。退役军人医院为综合性医院，退役军人康复医院和退役军人精神病院为专科医院。强化光荣院承担“养”的职能。将集中供养、优惠医养、优先服务相结合，在为残疾军人、孤老退役军人提供医疗供养服务的同时，也为其他优抚对象和人民群众提供优惠医养服务和公共卫生服务。

二是处理好“特殊”和“普遍”的关系。对于优抚事业单位来说，特殊性主要体现在服务对象特殊，优抚医院姓“优抚”，光荣院姓“光荣”。但特殊性是寓于普遍性之中的，特殊性不能离开普遍性单独存在。优抚事业单位的“普遍性”就是其医、养的职能与公共卫生体系、公共养老体系的基本要求是一致的，也就是说，优抚医院首先是医院，光荣院首先是养老院。以往我们更多重视其特殊性，接下来要在保证优抚属性的基础上在普遍性上下功夫。要推动“两个纳入”，即将优抚医院纳入国家公共医疗服务体系，光荣院纳入国家养老服务体系，使其能够享受与公立系统医疗养老机构同等的政策待遇。推动优抚事业单位与高水平医院或养老机构深度合作共建，实现人才共培、资源共享、优势互补，逐步提高优抚事业单位服务水平。

三是处理好“编制内”和“编制外”的关系。从大家的发言中可以看出，人才流失是当前制约优抚事业单位发展的重要因素。要探索固定的财政保障与灵活的薪酬制度相结合的运行模式。建立高端人才引进绿色通道，优先解决编制、从优提供待遇。建立与知名医院、高等院校等联合办医机制，采取课题或项目合作、科室联合等方式，探索“不求所有，但求所用”的灵活用人机制。

四是处理好“属地”和“跨区域”的关系。当前绝大部分优抚医院和光荣院，服务范围都限于本辖区内。要打破属地限制，实现跨区域管理、跨区域服务。探索市级或者省级统筹，或者建立更高级别的管理中心，统一规划优抚医院和光荣院布局，提高资源利用效率，促进统筹协调发展。

五是处理好“财政资金”和“社会资本”的关系。在保障优抚事业单位公立性质的前提下，鼓励社会资本进入优抚事业单位，可以采取股份制，或合资共建共管等方式，建立专项基金，鼓励社会捐资。以目前优抚医院发展水平及优抚对象需求为基础，遴选一批有发展潜力的特色学科，如精神病科、康复科等，给予专项资金支持，做精做强特色专科。充分利用政府购买服务和志愿者服务等渠道，动员引导社会力量支持优抚事业单位建设，全面提升医疗康复供养水平。

六是处理好“管理”和“运营”的关系。将优抚事业单位分类集成为综合性优抚医院、康复专科医院、精神病专科医院、光荣院 4 类，探索依托区域内条件较高、实力较强、辐射面广的优抚医院和光荣院，分别建立医（养）联体平台，开展专科化连锁或是医养结合项目连锁运营，实现资源的集约利用，形成规模效应和品牌效应。也可采取管办分离的办法，将优抚事业单位“打包”托管，由退役军人事务部门负责总体监管，由具备医养资质且具有丰富管理经验的公司负责集团化式运营。

优抚事业单位改革复杂程度高，专业性强，涉及面广。既要引入社会资本，又要保证公立性质；既要改革薪酬制度，又要符合政策法规；既要探索新的用人方式，又要妥善安置现有工作人员；既要面向社会创收，又要保证优抚对象医疗及供养待遇。需要深入研究、广泛论证、稳步推进。接下来我们拟逐步开展5项工作：一是加强与卫生健康、民政、医保等部门沟通协商，就明确优抚医院医疗功能、光荣院融入养老体系等问题深入研究。二是研究制定《优抚医院、光荣院改革指导意见》，确定改革的指导思想、工作目标等内容。三是推动将“优抚医院提质改造工程”和“光荣院改扩建工程”纳入国家“十四五”规划范围。四是指导和帮助优抚医院建立和拓展与军地优质医院资源的帮扶、合作的渠道。五是选取2～3个省（区、市）对优抚事业单位集团式运营以及薪酬、制度、用人方式等改革进行试点。同时我们也鼓励各地因地制宜，解放思想，勇于创新，不断探索新方式，为优抚事业单位改革发展提供成功经验。

优抚事业单位的建设改革是优抚事业健康发展的重要内容，任务艰巨，责任重大。希望大家在各级党委政府的坚定领导下，切实把优抚事业单位转隶及改革发展作为当前的重要任务，认清形势，振奋精神，齐心协力，狠抓落实，不断适应经济社会发展的新形势、不断满足优抚对象的新需求、不断开创改革发展的新局面，为国防和军队建设作出新的更大贡献。

在全国部分退役士兵保险补缴工作暨退役军人服务保障体系建设推进会上的总结讲话

方永祥

（2019 年 1 月 27 日）

这次会议是经党中央批准召开的，也是厅（局）长会后不久，专题研究部署全国部分退役士兵保险补缴、退役军人服务保障体系建设两项任务的一次重要会议。昨天，我们聆听了孙春兰同志的重要讲话，进一步提升了政治站位，明确了工作方法、步骤和努力方向。实地参观了天津市退役军人服务保障机构，听取了部分省份的经验介绍和 3 个中央单位的很好意见，感到很受教育、很有启发。刚才，我们又深入学习了《关于解决部分退役士兵社会保险问题的意见》等文件，讨论交流了解决部分退役士兵社会保险问题操作规程和解释口径。大家一致感到进一步掌握了政策、开阔了视野、学到了方法、增强了信心，达到了统一思想、明确任务、厘清思路、推动落实的目的。下面，我就抓好这次会议精神贯彻落实，讲三点意见。

一、深化思想认识，切实增强抓好“两项任务”落实的使命感、责任感和紧迫感

专门召开这次会议，传达贯彻习近平总书记系列重要指示，专题研究部署“两项任务”，意义重大、影响深远。我们一定要深刻体悟习近平总书记和党中央、国务院、中央军委对退役军人工作的高度重视，对广大退役军人的关心厚爱，对维护广大退役军人合法权益、让军人成为全社会尊崇职业的坚定决心意志，提高政治站位，紧贴实际抓好会议精神贯彻落实。

第一，深刻理解把握“两项任务”的特殊重要性。推进退役军人服务保障体系建设，切实把广大退役军人的工作和生活保障好，事关党长期执政根基巩固，事关党和政府同广大退役军人的密切关系，事关打通退役军人服务保障工作“最后一公里”落地落实，是推动退役军人政策精准落地、破解退役军人事务工作瓶颈难题，把党和政府的关心关爱实现好的重要保障。妥善解决部分退役士兵社保补缴问题，是促进部分退役军人养老医疗保障待遇落实的一项重要政策举措，是新发展理念在退役军人工作领域的一次生动实践，是在现有政策制度大框架内，充分盘活用足政策空间的一次有益探索。抓好“两项任务”，既是朝前谋划，又是化解历史难题，更是不断夯实新时代退役军人工作根基的阶段性重要工作，

具有特殊的重要性。

第二，充分认清“两项任务”的艰巨复杂性。当前，退役军人事务工作面临着需要同时推进历史遗留问题化解、年度工作完成和新时代退役军人工作顶层设计等任务，在新部门开局起步、人少事多的情况下，要完成好涉及人事、编制、财政、人社、医保、税务等诸多政策的“两项任务”，任何一个环节、任何一个事项、任何一个具体对象的工作标准、要求都很高，需要我们打一场全面、有序、扎实、细致的硬仗。春兰同志昨天对这“两项任务”的艰巨复杂性都作了充分的阐述，大家已实实在在感受到了压力，工作筹划和展开后可以预计和一些难以预计的矛盾问题肯定不少。面对这场攻坚战，我们必须坚定信心、迎难而上，攻城拔寨、务求必胜。

第三，清醒看到“两项任务”的现实紧迫性。中央对“两项任务”的安排部署是政治上的战略考量，对我们如期完成好“两项任务”提出了很高的政治要求。当前，退役军人工作面临的形势任务严峻复杂。需要特别注意的是，2019 年是新中国成立 70 周年大庆，大事要事多，越是形势任务复杂、时间紧迫、任务繁重，越要自觉从增强“四个意识”、坚定“四个自信”、做到“两个维护”的高度，从政治和全局特别是政治安全的高度来认识尽快推进和完成好“两项任务”。必须精准务实高效、积极稳妥推进落实，紧张快干、严实作为，倒排工期、压实责任，以坐不住、等不起、慢不得的紧迫感抓好“两项任务”。

二、坚持高标准高质量，抓紧推进退役军人服务保障体系建设

结合前期研究起草退役军人服务保障体系建设有关政策文件工作，我感到落实好习近平总书记等中央领导同志有关重要批示精神，需要着重把握好几点。

第一，突出服务功能。要强化服务意识。服务保障体系要树牢和坚持以退役军人为中心的工作导向，切实增强为退役军人服务的光荣感、使命感，带着责任感情，强化使命担当，全心全意为退役军人服务。要细化服务内容。对就业创业扶持、走访慰问、帮扶解困、信访接待、权益保障等服务事项，要列为各级退役军人服务中心（站）建设和工作情况的重要考评指标，逐一细化、量化、规范化。同时，要紧贴实际，创造性地开展生活、医疗、住房、精神抚慰和脱贫等方面工作，把服务做到退役军人心坎上、最需要的地方上。要优化服务模式。依托社会基本公共服务体系，积极盘活用好社会资源和退役军人自身力量，通过政府购买服务、社会专项服务、鼓励自我服务、倡导志愿服务和成立关爱退役军人协会等方式，推动各项服务工作更加规范化、专业化、便捷化、信息化、人性化。要改进服务作风。各级退役军人服务中心（站）建设，都要体现新机构新面貌新作风，一组建运行就要立起严格、规范、廉洁、务实、高效的标准要求，确保能把政策落实和关心关爱做实做细做深入，坚决杜绝行政化倾向，防止和克服隐形“四风问题”，实打实树新风、树形象。

第二，把握联系区别。要把握好服务中心与行政部门的关系。成立服务中心的一个主要考虑，就是尽量把行政机关有限的行政资源从事务工作中解脱出来，更好地把精力集中到研究本地区退役军人事务政策制度、工作筹划部署和重难点问题解决等方面上来，把一些想干但覆盖不了、想

干但干不过来，特别是服务性保障性延伸性的工作，交由服务中心来承担，把领导与指导、承办与交办、共同实施与单独承担区分和结合起来，让决策、实施、落实、考评在体系内形成一个完整的闭环链条，以提高领导实效、工作成效、服务水平。在完成服务这个闭环过程中，退役军人事务部门必须加强跟进政策指导，决不能当“甩手掌柜”。把握好各级服务中心（站）的职责联系。各中心（站）的共同职责是聚力提升退役军人服务保障水平，努力打造退役军人之家，发挥好凝聚人心、增进认同、化解矛盾、促进和谐的作用，让退役军人有强烈的归属感、荣誉感、获得感。但层级不同，实际担负职责任务也应有所侧重。地级以上退役军人服务中心，主要是协助做好党建、思想政治工作、信访及舆情处置、军烈属和伤病残退役军人及其他优抚对象服务管理、服务对象信息数据采集的管理分析、就业创业服务管理、下级中心上报需要帮助协调解决的问题等相关事务，当好行政部门执行政策、落实政策的有力助手。同时，要注意建好用好工作大数据资源，及时向本级退役军人事务部门梳理反馈情况信息，特别是阶段性、倾向性矛盾问题要提供原汁原味一手情况信息和建议，当好行政部门的外脑，促进本级退役军人事务部门不断改进完善工作，提高行政能力和水平。县级以下退役军人服务中心（站），着重提供面对面、个性化、一对一服务，做好大量艰苦细致、具体的事务工作。充分发挥社区楼道、战友亲朋、社会资源的工作优势，定时不定时地深入退役军人群体中，力求做到“知道退役军人在哪里、思想工作和生活状况怎么样、需要什么帮助、能提供什么服务”等情况，突出把“最后一公里”的服务保障工作落细落小落实，发挥好服务员、宣传员、信息员、联络员作用，做好稳心、安心、贴心、暖心、忠心工作，维护好退役军人权益。

第三，体现军的特色。各级退役军人服务保障机构在建设和工作开展过程中，都要注重贯彻党的领导主题、凸显军的要素。会上已征求大家对《规范退役军人工作系统办公场所和服务场所政治文化环境建设暂行办法》的意见。在这个文件基础上，推进中还要把握好 3 个方面：一要注重激发广大退役军人始终听党的话、跟党走的政治本色。我在部队工作这么多年，感到广大退役军人最根本的本色就是对党绝对忠诚。要加强扎实有力、富有成效的思想政治工作，接续发挥我党我军政治工作生命线的强大威力，把党的主张转化为广大退役军人的思想自觉和行动自觉，教育启发他们始终做到离军不离党、永远跟党走。二要注重营造退役军人之家的温馨暖心环境氛围。要从一幅标语、一段视频、一张挂图到一个军礼、一声问候、一次交流、一杯热水等一举一动、一点一滴，体现习近平总书记和党中央对退役军人工作的重视和关心，体现社会各界对退役军人的尊崇、情怀、质感和温度，在润物无声、以文化人、以情动人中，强化退役军人的仪式感、归属感、尊崇感。三要注重熏陶引导退役军人倍加珍惜“生命里有了当兵的历史”的特殊荣光。因地制宜、简约高效地加强退役军人服务保障机构各场所的政治文化环境建设，办好当地电视电台、报刊有关军的特色栏目，大力宣扬现役和退役军人先进典型、先进事迹，让退役军人宣讲当兵的历史。同时，加强反面警示教育和典型案例剖析，引导退役军人不忘初心使命，自觉弘扬人民军队光荣传统和优良作风，干在新时代、活出精彩人生。

这里特别强调，要多向当地党委、政府和编制部门汇报工作、反映困难、争取支持，不能因组建服务中心影响到退役军人事务部门行政编制数量，退役军人事务部门也不能随意借调挪用服务中心（站）工作人员力量。

三、全力抓好社会保险补缴政策落实，依法保障退役士兵权益

要准确理解、积极推进、有序有效落实退役士兵社会保险补缴政策。

一是政策把握要全面精准。这是做好工作的前提。我国的社会保险险种不一，不同时期、不同地域、不同群体标准不一，政策相对复杂。目前形成的部分退役士兵社会保险政策既没有脱离整个社会保险政策框架，又针对这些退役士兵特殊性拿出专项方案，掌握起来有一定难度。讨论中，大家对政策适用对象、补缴年限、缴费基数等政策已经明确，但还有两个方面对退役士兵的倾斜照顾需要把握。一方面是明确入伍时间为参保时间。明确这个时间起点是为了解决部分未参保退役士兵的参保问题。同时也为达到法定退休年龄、参保年限未满 15 年，延缴 5 年后仍不足最低缴费年限的，打开了可以一次性趸交的政策口子。另一方面是允许补缴断缴部分。文件明确，政府对服役期限内的通过单位与个人结合的方式予以补缴，服役期补缴后达不到缴费年限的断保部分，个人可以自愿补缴。这个规定实际突破了现行的不允许补缴政策，对退役士兵是一个很大的政策红利。当前，当务之急是要抓好政策的学习培训。部里要专门举行一次政策培训，希望各地逐级抓好培训，保证每名负责这项工作的干部都能熟悉掌握并运用好政策。

二是政策落实要统筹协调。退役士兵保险政策牵一发而动全身，不是简单的业务上的事，也不是哪个地方的事，更不是某个层级的事。要强化系统思维、法治思维、底线思维，加强统筹衔接，协调有序推进。要注重新老政策衔接。这次出台的社会保险政策与原劳动部等部门的政策既有延续，又有创新突破，各地要进行认真梳理，搞好政策对账，最大限度地发挥国家各项政策集成效应。要注重与国家政策对标衔接。这些年，部分地方制定出台了退役士兵社会保险方面的政策，在这方面，务必做好与国家政策的“对标”，既不能任意加码，也不能“偷工减料”，确保国家政策政令畅通、不折不扣。要注重部门之间衔接。这项工作涉及部门多，每个部门都承担着重要任务，从退役士兵申报办理到完成补缴，有一个很长的工作链条，一个程序卡了壳，其他程序就断了供，作为业务主管部门，要强化跟踪服务意识，全过程为退役士兵服好务，特别是力争像政府服务大厅一样，搞“一站式”和“最多跑一次”服务，提高他们对政策、对关爱的满意度。要注重工作进度衔接。这项工作谁进度快谁主动，希望大家不要有畏难情绪，更不要有“等、靠、要”的想法，要切实结合当地实际，争取往前赶，在较短时间内完成这项任务。

三是风险防控要积极主动。这是检验工作质量的重要标准，也是对各级工作能力的一次考验。做好这项工作关键是要用心、用情、用法。用心，就是要加强调查研究、早做预案。政策出台后，会有相对集中的咨询政策的情况，短期内怎么应对，长期工作怎么开展，一定要有清晰的“路线图”“施工图”，既要耐心做好政策宣讲，还要

有序展开保险补缴工作，更要有效化解不同群体间的攀比。用情，就是要增进服务对象情感认同。要积极学习借鉴天津、河北、宁夏等地经验，关口前移，主动进村入户，加大帮扶力度、开展走访慰问、对困难人员一人一策帮助解决问题，让他们真正感受到党和政府的关怀。要总结推广可复制的经验做法，引导和帮助退役士兵通过就业创业解决养老、医疗等方面的难题。用法，就是依法依规办事。要坚守政策制度原则底线，不为解决一时一事的问题突破政策底线，不得擅自乱开口子，引发攀比连锁反应。

同志们，这次在天津召开会议、专题部署“两项任务”，各级党委政府切实要提高政治站位，加强组织领导，确保中央各项决策部署落到实处。要树立全国“一盘棋”理念，加强跨省之间、省内异地之间的协调配合，妥善解决信息认定、参保补缴等问题。要加强疑难问题的研究会诊和请示报告，上下合力把好事办好。2019 年适当时机，部里将开展“两项任务”专项督查，推动各地抓好落实，确保为新中国成立 70 周年大庆营造良好环境氛围。

同志们，退役军人管理保障机构组建时间不久，责任重大、任务艰巨、使命光荣。我们要坚持以习近平新时代中国特色社会主义思想为指导，增强“四个意识”、坚定“四个自信”、做到“两个维护”，团结协作、担当作为，切实维护退役军人合法权益，服务改革发展稳定大局，以优异成绩迎接新中国成立 70 周年！

奋力开创新时代退役军人就业创业工作新局面

方永祥

（2019 年 4 月 17 日）

当前，退役军人就业创业工作，既有许多有利条件，也面临更大压力。站在新的历史起点，全面做好新时代退役军人就业创业工作，必须进一步提高政治站位，创新工作思路，突出工作重点，抢抓机遇，稳步推进。

一、牢牢把握新时代就业创业工作根本遵循

习近平总书记高度重视包括退役军人在内的就业创业工作，作出了一系列重要论述，特别是系统阐释了新时代退役军人就业创业工作带有方向性、根本性、战略性的重大问题。习近平总书记的重要论述，为做好新时代退役军人就业创业工作提供了根本遵循。我们要深刻学习领会，吃透精神实质，全面准确贯彻落实。

积极贯彻以退役军人为中心的工作导向。做好退役军人就业创业工作，是坚持以人民为中心发展思想的具体体现。要切实把退役军人对美好生活的向往作为工作和奋斗的目标，坚持民生为本，就业为根，把退役军人自主就业创业工作放在心上、扛在肩上，把退役军人自主就业的工作抓起来。

积极推进退役军人由军事人力资源向经济社会发展重要力量转化。一方面，要围绕实现党在新时代的强军目标，谋划推进和创新完善退役军人就业创业工作，促进广大官兵安心服役、建功军营，激励更多优秀人才从军报国、建设强大国防。另一方面，要把广大退役军人作为宝贵人力资源开发好、使用好，主动回应解决退役军人将军事专长转化为经济社会建设职业技能所面临的实际困难，加大就业创业技能培训和支持帮扶力度，进一步激发他们的奋斗热情，发挥他们的聪明才智，强化他们的荣誉责任，更好地融入社会，成为各行各业的建设者、生力军，为经济社会发展持续贡献力量。

坚持把促进就业创业作为维护军人合法权益和社会大局稳定的重要举措。要坚持问题导向，增强忧患意识，始终带着责任、带着感情，全心全意为广大退役军人服务，真心实意为他们排忧解难，切实维护好他们的合法权益；要不等不靠，主动作为，不断做好退役军人就业工作来维护社会大局稳定。

---

* 刊载于《中国退役军人》杂志 2019 年第 5 期。

二、创新构建新时代退役军人就业创业工作新格局

当前和今后一个时期退役军人就业创业工作总的要求是，以习近平新时代中国特色社会主义思想为指导，深入贯彻习近平总书记关于退役军人工作重要论述，全面落实党中央、国务院关于就业创业工作的决策部署，以退役军人为中心，坚持政策优先、狠抓末端落实，坚持市场主导、强化政府推动，坚持自愿选择、引导合理预期，构建形成“以实现高质量充分就业为牵引，教育培训、服务管理同向发力”的工作格局，确保退役军人在享受普惠性政策和公共服务基础上给予特殊优待，努力开创新时代退役军人就业创业工作新局面。

加强教育培训，夯实军事人力资源转化基础。由于职业的特殊性，军人维护的是国家安全利益、国家主权和统一，他们共同生产的是国家安全产品，在部队练就的是打仗本领，而不是就业技能，退役后缺乏就业创业的专业能力素质，迫切需要补上这一短板。解决这个问题，要以实现充分就业为导向，以适应性培训为基础，建立技能培训与学历教育互为补充的教育培训体系，切实打通从专业技能提升到稳定就业、成功创业的培训链路。

提高就业质量，积极引导充分就业。回到地方实现各种形式的充分稳定就业，是退役军人融入社会、服务社会、再立新功的基点。扶持自主就业退役军人充分就业、稳定就业，是退役军人事务工作的重中之重，也是检验我们工作成效的一条硬指标、硬杠杠。要进一步摸准需求、因人施策、精准扶持，把促进高质量充分就业与下岗再就业困难帮扶统一起来，努力实现就业数量和就业质量“双提升”。

强化创业指导，支持鼓励创业创新。创业是更高层次的就业。退役军人创业工作具有示范和带动作用，要聚焦重点方向，优化创业环境，积极审慎指导扶持退役军人理性创业、成功创业，推进创业带动就业。

加强服务管理，提升退役军人保障水平。对自主就业退役军人实施常态化、规范化服务管理，是新时代退役军人就业创业工作的一项重要职责。要针对自主就业退役军人流动性大、服务管理难的特点，充分发挥各级服务保障机构职能作用，坚持思想引领与落实待遇、规范管理与精准服务并重，激励和引导广大退役军人为改革发展和社会稳定作出积极贡献。

三、加强组织领导，为退役军人就业创业工作提供坚强保障

各级退役军人就业创业部门组建时间不长，推进退役军人就业创业工作开局启新、传承发展，必须把加强组织领导摆在突出位置，全面加强机关自身建设，全面提升队伍素质和工作能力，以坚强有力的组织领导推动各项工作落实。

压实领导责任。各单位要增强“四个意识”、坚定“四个自信”、做到“两个维护”，切实把退役军人就业创业工作摆到党和国家工作全局思考谋划，以高度的政治自觉，把中央决策部署贯彻到工作的全过程各方面，创造性抓好落实。要健全领导责任制，建立专人负责、分级负责的制度机制，把工作任务分解到部门、具体到单位、落实到岗位、量化到责任人，切实做到领导重视

到位、职责明确到位、力量投入到位、资源保障到位、督导落实到位。

健全工作机制。重点抓好4个机制的建设。一是信息分析机制，加强就业创业工作相关数据信息的采集监测，搞好与军地有关部门的数据比对分析。二是考核管理机制，重点加强对中介服务和承训机构的监管考核。三是督导检查机制，将就业创业工作纳入各级退役军人事务工作重点内容，结合年度考核、“双拥”评比等活动组织督导检查。四是研判评估机制，要强化风险意识，充分考虑稳定因素和安全问题，深入研究评估，加强联防联控，维护社会大局稳定。

加强队伍建设。始终把作风建设抓在手上，以过硬的作风推动各项工作落实。抓紧组织全员业务培训，全面提升干部队伍政策理论水平和解决实际问题的能力。高度重视廉政建设，树好退役军人事务部门应有形象。

在宁夏军地合力做退役军人工作经验推广交流会上的总结讲话

方永祥

（2019 年 11 月 12 日）

在大家的共同努力下，宁夏军地合力做退役军人工作经验推广交流会即将圆满完成各项议程。一天半的时间，大家深入学习领会习近平总书记等中央领导同志有关重要指示批示，深入学习贯彻党的十九届四中全会精神，通过实地参观见学、观看专题视频、听取经验介绍、交流学习体会、讨论推进措施，进一步统一了思想、厘清了思路、明确了方向。大家一致认为，这次会议是在全党全军全国各族人民深入学习贯彻党的十九届四中全会精神之际召开的，时机重要、意蕴深远，充分体现了党中央、习近平总书记对退役军人工作的高度重视，对军地合力做退役军人工作相关经验的充分肯定，更加坚定了军地共同做好退役军人工作的信心决心。大家一致感到，会议紧紧围绕贯彻落实习近平总书记等中央领导同志有关重要指示批示精神，聚焦总结推广宁夏等地经验做法，军地代表相互交流学习、共商推进对策，更加明确了合力做好新时代退役军人工作的思路目标。大家一致表示，回去以后，及时将会议精神和会议期间的所看所思所悟向主要领导汇报好，组织所属系统传达好，形成合力落实好，不断推进退役军人工作创新发展。下面，我再强调几点。

一、进一步把军地合力做退役军人工作的思想共识凝聚统一好

各地各部门要以贯彻落实这次会议精神为契机，进一步深化认识、凝聚共识，不断增强军地合力做好退役军人工作的责任感、使命感。

一要自觉对标习近平总书记重要指示批示精神。习近平总书记等中央领导同志高度重视退役军人工作，并作出有关重要指示批示。退役军人事务部、军委政治工作部、军委国防动员部，多次赴宁夏等地调研、加强指导，深入总结经验做法，形成了可学习、可借鉴、可推广的经验成果。客观地看，这些工作成果还是初步的，是贯彻落实习近平总书记等中央领导同志有关重要指示批示的“上篇文章”，推广转化、推进落实的“下篇文章”仍很艰巨。各级各部门要深刻领会会议精神，切实把思想和行动统一到习近平总书记关于退役军人工作重要论述和重要指示批示精神上来，统一到党中央、国务院、中央军委关于退役军人工作的决策部署上来，实现退役军人工作在政治、社会和军事效益上产生更大的叠加效应。

二要深入贯彻落实党的十九届四中全会决策部署。退役军人工作制度体系建设是国家治理体系和治理能力现代化的重要组成部分，健全军地合力做退役军人工作制度机制是题中应有之义。党的十九届四中全会，明确强调要求“统筹完善社会救助、社会福利、慈善事业、优抚安置等制度”“健全退役军人工作体系和保障制度”“完善双拥工作和军民共建机制，加强军政军民团结”。昨天，会议就贯彻落实党的十九届四中全会精神，推进退役军人事务领域治理体系和治理能力现代化提出了明确要求。各级各部门要深入学习领会党的十九届四中全会精神，丰富拓展军地合力做退役军人工作的宁夏和浙江、山东等地经验，切实把省军区系统双向兼职的体制优势、联系军地的职能优势、双拥共建的政治优势、遍及城乡的力量优势、情感互通的身份优势，转化形成军地合力做退役军人工作的制度机制，切实提高政策设计、机制构建和推动工作的质量效能，积极推动退役军人事务领域治理体系和治理能力现代化。

三要积极跟上新时代退役军人工作的创新要求。习近平总书记强调指出，实践创新和理论创新永无止境。开创新时代退役军人工作新局面，没有现成的经验可循，也不能简单套用某一个经验模式。宁夏和浙江、山东在军地合力上做得好，关键是他们敢于实践、善于创新。不创新就不可能走在前面，我们学习他们的经验，就是要勇于实践创新，敢试敢闯，担当作为，以点促面，让宁夏和浙江、山东“盆景”变为全国“风景”；迭代升级，让“宁夏经验1.0版”，在全国转化生成“加强版”；固化成果，让军地合力做退役军人工作的创新实践，上升为推进新时代退役军人工作创新发展的制度机制保证。

二、进一步把军地合力做退役军人工作的重点任务完成落实好

退役军人事务系统组建以来，军地各级给予了高度关注和大力支持，不同领域各个层次的相关工作取得了阶段性成果。进一步形成整体合力、系统推进，还有大量工作需要做。

一是深入抓好“一文一会”两项重大任务。党中央、国务院、中央军委印发了关于加强新时代退役军人工作的有关文件，对退役军人工作作了权威性、体系化规范设计，是新时代退役军人工作的纲领性文件；全国退役军人工作会议，对当前和今后一个时期退役军人工作作了总体部署和具体安排，具有里程碑意义。各级各部门要把“一文一会”的部署要求，逐一细化明确任务，共同抓好贯彻落实。要搞好统筹规划。准确把握习近平总书记和党中央战略决策部署，聚焦退役军人工作重难点问题和矛盾症结，加强统筹谋划，注重协调沟通，确保远有长期规划、近有具体目标，落实有思路、推进有举措。要厘清压实职责。关于加强新时代退役军人工作有关文件的任务分工，对8类27个方面73项具体工作任务，逐一明确牵头部门、协办单位，有的需要军地协同、有的需要上下联动、有的需要横向配合。希望各级各部门层层压实责任，主动搞好对接。要推进落地落实。各级要加强协调督促，对议定事项，要说了就算、定了就办，及时向领导报告情况、推动落实。军地相关部门要加强本系统本领域内工作落实的督导检查。

二是深入推进服务保障体系建设和部分退役

士兵社会保险补缴两件大事。这是习近平总书记和党中央赋予我们的两项重要政治任务，必须不折不扣、高质量地完成好。深入推进服务保障体系建设，总的要求是在机构建起来、编制人员到位的基础上，把重心放在建机制、强素质上。认真对照中办、国办印发的关于加快推进退役军人服务保障体系建设文件、退役军人事务部等 5 部门出台的基层退役军人服务中心（站）建设工作规范和部里印发的基层退役军人服务中心（站）工作指南等文件要求，进一步规范工作流程和服务标准，强化基础资料、基础数据、基本制度建设。针对人员新、业务不熟等情况，持续组织开展分级、分类、分专题培训，让一线工作人员尽快掌握政策、熟悉业务、了解情况，全面提升业务水平、服务意识和实操能力。深入推进部分退役士兵社会保险补缴，总的要求是坚持质量和进度相统一，有力有序平稳推进。目前这项工作进展参差不齐，快的已接近尾声，希望再接再厉、善始善终；慢的刚刚起步，希望加快进度，迎头赶上。要坚持高位推进，积极争取列入党委政府“一把手”工程，解决好“有人干事、有钱干事”的问题，确保按期完成任务。要简化工作程序，学习借鉴浙江“一次申请、一窗受理、联动办理、限时办结”的做法，让退役军人最多跑一次。要加大宣传力度，让更多退役士兵了解政策、熟悉办理流程，主动做好社会保险补缴工作。同时，要密切军地配合，妥善解决档案遗失等疑难问题。

三是深入做好 2019 年工作收官和明年工作谋划两个方面。关于 2019 年任务，各级各部门要认真对照中央有关决策部署，对照上级工作要点和本级工作计划，全面梳理盘点哪些工作完成了、哪些工作需要加快进度，抓紧查漏补缺，该调整的尽快调整，该加大力度的要全力以赴，确保各项任务圆满完成。关于明年工作筹划，要在全面深入总结工作的基础上，认清形势任务，把准起点定位。要突出重点，紧紧围绕深入学习贯彻党的十九届四中全会精神这条主线，聚焦编制退役军人工作“十四五”规划、组织双拥模范城（县）创建评比等重大任务，以及提升年度正常工作质效等方面，做到整体筹划、体系设计，早动手、早谋划，争取主动，开好局、起好步。

三、进一步把广大退役军人的积极作用发挥运用好

军地携手做好退役军人工作，关键是要把退役军人“服务管理好”“作用发挥好”。我理解，退役军人的积极作用，主要体现在政治、社会和军事 3 个方面。

一是让他们成为巩固党长期执政的可靠力量。首先，要巩固广大退役军人思想政治基础。紧紧围绕深入学习贯彻习近平新时代中国特色社会主义思想，增强“四个意识”、坚定“四个自信”、做到“两个维护”，充分利用军地优势资源，积极搭建军地共育平台，创新探索军地联教载体，深入开展以政治纪律、红色传统、遵纪守法等为主要内容的教育实践，持续引导广大退役军人坚定政治信仰、站稳政治立场，永远听党话、跟党走。当前，要加快推进退役军人思想政治工作实质性破题，部里正在调研起草加强退役军人思想政治工作的意见，各地也要积极开展针对性调研，深入研究吃透退役军人思想政治工作特点规律、

作用机制、工作重点等，回答好“谁来做、做什么、怎么做”等重大问题。需要强调的是，各级退役军人服务中心（站）也要抓紧探索开展和加强退役军人思想政治工作，不能满足于完成一般性的事务工作，切实把退役军人思想政治工作的分内之责担起来。其次，要善于用好退役军人中蕴藏的强大正能量。深入挖掘宣传张富清等退役军人重大典型，组织开展“最美退役军人”学习宣传和“模范退役军人”评选表彰，全面展示退役军人在各条战线的良好精神风貌。推动退役军人典型走进军营，在军官转业、老兵复退等时机，安排优秀退役军人谈体会、讲经验，引导拟退役人员走好融入社会的第一步。推广宁夏、浙江、山东等地在党报党刊开设退役军人宣传专栏等做法，用好新兴媒介，多角度全方位讲好退役军人故事，激励广大退役军人争当党的事业的推动者、时代主旋律的弘扬者、社会正能量的传播者。再就是，要发挥好退役军人党员的先锋模范作用。希望其他地方要学习借鉴宁夏、山东的经验做法，对优秀退役军人党员加强培养培训，推荐通过法定程序进入基层组织班子积极发挥作用。

二是让他们成为经济社会发展的重要力量。着眼推进退役军人由军事人力资源向经济社会发展重要力量转化，着力提高安置质量、加大教育培训力度、推动实现稳定充分就业。一个是，进一步强化刚性措施、拓展安置渠道，坚持匹配贡献的安置导向，加强军地协作配合优化退役移交安置程序，探索完善“直通车”式安置办法，积极推荐选派优秀退役军人到城乡社区和退役军人服务中心（站）工作，鼓励支持到边远艰苦地区工作，充实加强基层力量。另一个是，进一步增强教育培训的针对性有效性，落实高职院校扩招和职业技能提升三年行动计划，提高退役军人的扩招占比率，组织退役军人全员适应性培训，上好回归社会的第一课，走开网下网上、机构基地培训模式的路子，让有意愿的退役军人都能参加适合自己的培训，下大力提高就业技能培训覆盖率、相关资质证书获取率和稳定就业率。同时，部队也要加强退役前技能培训储备、就业形势政策宣讲和职业规划指导，共同推动军地职业技能资格互认。再一个是，进一步强化就业创业扶持，建立退役军人就业信息服务平台，打通就业信息堵点，落实就业创业税费减免等优惠政策，注重扶持退役军人成功创业，吸纳更多的退役军人就业，积极帮助退役军人解决好创业立项和融资难等实际困难，合力做好家属随军就业和军烈属子女就业创业扶持工作。

三是让他们成为应急应战的骨干力量。宁夏军区着眼把助力做好退役军人工作成果向国防动员转化，向后备力量拓展，在全区形成了“若有战、召必回”的生动局面，特别是石嘴山市产业帮扶、编建民兵、应急应战“三位一体”的做法，给大家留下了深刻印象。下一步，一方面要进一步深入挖掘退役军人潜力，尽可能把退役军人中有消防、通信、卫勤等专业技能特长，以及遂行过抢险救援、重大演训任务的实力底数动态掌握清楚，优先编入预备役和基干民兵队伍，切实发挥抢险救灾、应急备战作用。另一方面要进一步发挥退役军人参加国防教育的特有作用，选聘优秀退役军人担任革命烈士纪念馆、街道社区讲解员和国防教育、中小学校外辅导员、军训教练员，定期举办退役军人“进机关、进校园、进企业、进社区、进农村”国防教育宣讲活动，通过讲英烈故事、讲部队风采、讲光荣传统、讲荣誉责任，引领增强全民国防观念。

四、进一步把军地合力做退役军人工作的制度机制固化发挥好

宁夏探索形成的“党委领导、政府主导、军区助力、社会参与”的工作格局，构建的国防动员系统、退役军人事务部门与宣传、扶贫、公安、民政、信访、旅游、交通、卫生等部门联动机制，这些制度机制为有效凝聚各方力量、共同做好退役军人工作提供了重要的制度机制保障。下一步，要将总结推广这方面经验做法，放在推进退役军人事务领域治理体系和治理能力现代化的总体布局中，进一步探索实践、丰富完善。

一是强化党的领导。要把党的领导贯穿于凝聚军地合力做退役军人工作的全过程，不断健全党委领导下的退役军人事务工作组织管理机制，坚持高位筹划推动，统合军地力量，确保中央决策部署有效落实。各级党委要发挥统筹协调作用，注重吸纳军队人员参与，通过兼职任职、融合办公、定期会商等形式，健全机构、畅通渠道，实现军地高效联动。

二是健全工作机制。军地合力能否真正合起来、坚持好，机制是关键、是保障。要常态联系联络，完善党委议军、双拥工作、军民融合等制度，共同研究商议退役军人工作，遇有重要情况及时通气协商。要加强督导检查，结合各自职责加强工作指导和效果评估，将军地合力做退役军人工作纳入各级党政领导班子和领导干部综合考核评价内容，纳入双拥模范城（县）评比表彰考评内容。要注重成果转化，把军地合力做退役军人工作中积累形成的有效经验做法，及时固化为制度机制。

三是发挥整体效能。各级各部门要坚持以退役军人为中心的工作导向，真心真情真诚服务退役军人。退役军人事务部门要发挥牵头主抓作用，加强政策制度的研究制定，紧盯退役军人工作中重难点问题，大胆创新、担当尽责；各成员单位要发挥好专项主办、整体配合作用，积极履行退役军人工作职责，为做好退役军人工作提供政策、人力、资金等支持保障。省军区系统要积极发挥联系军地、协调助力作用，对接配合退役军人事务部门、退役军人服务中心（站），在帮扶解困、权益维护、双拥共建等方面，传递好习近平总书记和党中央对退役军人的关心关爱。同时，军地要发挥各自优势，通过设立关爱基金、帮扶援助基金和组建志愿者团队等方式，鼓励吸纳更多社会力量积极参与，努力营造尊崇军人、尊重退役军人的浓厚社会氛围。

在退役军人事务部2019年全面从严治党暨党风廉政建设工作会议上的讲话

林国耀

（2019年4月26日）

今天，部党组召开全面从严治党暨党风廉政建设工作会议，学习贯彻十九届中央纪委三次全会和国务院第二次廉政工作会议精神。下面，我就学习贯彻中央纪委三次全会精神、做好2019年工作，讲3点意见。

一、深入学习领会中央纪委三次全会精神，把思想统一到党中央对全面从严治党面临形势的判断和任务部署上来

在中央纪委三次全会上，习近平总书记作了重要讲话，赵乐际同志作了工作报告。习近平总书记的重要讲话，站在新时代党和国家事业发展全局的高度，充分肯定党的十九大以来全面从严治党取得新的重大成果，深刻总结改革开放40年来我们党进行自我革命、永葆先进性和纯洁性的宝贵经验，对深入推进全面从严治党作出战略部署，对领导干部特别是高级干部贯彻新形势下党内政治生活若干准则提出明确要求，为推进新时代全面从严治党向纵深发展指明了方向。赵乐际同志的工作报告，以习近平新时代中国特色社会主义思想和党的十九大精神为指引，回顾了2018年纪检监察工作，总结了改革开放40年来纪检监察工作基本经验，部署了2019年纪检监察工作任务。习近平总书记的重要讲话和赵乐际同志的工作报告为当前和今后一个时期全面从严治党和党风廉政建设工作指明了方向，是我们开展工作的基本遵循，一定要深入学习领会，吃透精神实质，掌握精髓要义，明确具体要求，为推进部内全面从严治党不断深入打下坚实的思想基础。

（一）深刻认识全面从严治党面临的新形势。习近平总书记的重要讲话，回顾总结了党的十九大以来全面从严治党取得的成效，作出了“反腐败斗争取得压倒性胜利、全面从严治党取得新的重大成果”这一重大判断，极大地振奋了党心民心。党的十八大以来，在以习近平同志为核心的党中央坚强领导下，反腐败斗争在坚持中深化、在深化中发展，不断有力向前推进。从“处于胶着状态”，到“压倒性态势正在形成”，到“压倒性态势已经形成并巩固发展”，再到“取得压倒性胜利”，虽然只是几个字的变化，但这个变化生动折射出我们党反腐败取得的重大成就，体现了党中央全面从严治党的信心决心。

同时，我们要清醒地认识到，反腐败斗争形

势依然严峻复杂。习近平总书记在中央纪委三次全会上强调指出，反腐败斗争已经取得压倒性胜利，但对形势的严峻性和复杂性一点也不能低估。所谓压倒性胜利，就是改变了局面，但不是彻底解决问题。从反腐败的长期性来看，压倒性胜利只是这场持久战取得的一个重要阶段性成果，距离彻底胜利还有很长的一段路要走。从腐败的发生机制看，习近平总书记深刻指出，权力是最大的腐蚀剂，我们党全面领导、长期执政，党员、干部时刻面临被“围猎”、被腐蚀的风险。从党的十九大以来管党治党的实践看，腐败存量不少、增量仍在发生，一些典型案例更是暴露出许多深层次问题。正因如此，反腐败斗争不能退，也无处可退，必须坚定不移向纵深推进。

我们一定要时刻保持头脑清醒，切实把思想统一到党中央对形势的判断上来，既要看到重大成就，坚定必胜信心，又要看到问题挑战，增强忧患意识，保持政治定力，以永远在路上的坚韧和执着扎实推进全面从严治党和反腐败斗争。

（二）倍加珍视改革开放40年来管党治党的宝贵经验。在中央纪委三次全会上，习近平总书记用“五个必须”深刻总结改革开放40年来党进行自我革命、永葆先进性和纯洁性的宝贵经验。第一，必须坚决维护党中央权威和集中统一领导，确保全党步调一致、行动统一。这是最高政治原则和根本政治规矩。第二，必须坚持治国必先治党、治党务必从严，确保党成为中国特色社会主义事业的中流砥柱。这是马克思主义执政党建设的基本规律，也是我们党自我革命的内在要求。第三，必须坚持以人民为中心，确保立党为公、执政为民。这是党的根本政治立场。第四，必须坚持改革创新、艰苦奋斗作风，确保党始终走在时代前列。这是党和国家事业全面开创新局面的重要保证。第五，必须坚决同消极腐败现象作斗争，确保党永葆清正廉洁的政治本色。这是必须长期抓好的重大政治任务。习近平总书记强调，“在进行社会革命的同时不断进行自我革命，是我们党区别于其他政党最显著的标志，也是我们党不断从胜利走向新的胜利的关键所在”，必须不断进行自我革命，同一切影响党的先进性、弱化党的纯洁性的问题作坚决斗争，实现自我净化、自我完善、自我革新、自我提高。“四个自我”是勇于自我革命的生动实践和具体体现，是从严管党治党、使党永葆先进性和纯洁性的制胜法宝。

赵乐际同志回顾改革开放40年来纪检监察工作的发展，总结了做好纪检监察工作5个方面的认识和体会。一是始终坚持强化党的全面领导的根本原则，坚决维护党中央权威和集中统一领导，保证党的路线方针政策和党中央重大决策部署贯彻落实。二是始终坚守协助党委推进全面从严治党的职责定位，坚定不移推进党的建设新的伟大工程，不断以党的自我革命推动党领导的社会革命。三是始终坚持以人民为中心的政治立场，着力解决群众反映强烈、损害群众利益的突出问题，不断厚植党执政的政治基础和群众基础。四是始终肩负起推进反腐败斗争的重大任务，坚持标本兼治、固本培元，构建不敢腐、不能腐、不想腐的有效机制。五是始终铭记“打铁必须自身硬”的重要要求，以改革创新精神加强纪检监察机关自身建设，当好党和人民的忠诚卫士。

习近平总书记提出的5条宝贵经验和赵乐际同志总结的5条认识体会，是对纪检监察工作的规律性认识，是做好新时代纪检监察工作、推进全面从严治党不断深入的重要遵循。我们一定要深刻理解、倍加珍惜、自觉运用，在新的历史实践中不断深化发展。

（三）准确把握全面从严治党的新任务。习近平总书记就以全面从严治党巩固党的团结统一，为决胜全面建成小康社会提供坚强保障，提出六项任务。第一，深入贯彻落实党的十九大精神，不断强化思想武装。强调要坚持用习近平新时代中国特色社会主义思想武装头脑，抓住贯彻党的十九大精神这条主线，经常对表对标，及时校准偏差。各级党组织要旗帜鲜明坚持和加强党的全面领导，自觉把本职工作放在党中央工作大局中考量和部署。第二，加强党的政治建设，保证全党集中统一、令行禁止。强调要结合执行党纪处分条例，加强党的政治工作，注意考察党员、干部的政治表现。要贯彻落实新形势下党内政治生活若干准则，让党员、干部接受经常性政治体检。要从讲政治的高度来审视、从思想和利益根源上来破解形式主义、官僚主义问题。各地区各部门党委（党组）要履行主体责任，紧盯形式主义、官僚主义新动向新表现，拿出有效管用的整治措施。第三，弘扬优良作风、同心协力实现小康。强调要把刹住“四风”作为巩固党心民心的重要途径，对享乐主义、奢靡之风等歪风陋习露头就打，对“四风”隐形变异新动向时刻防范。第四，坚决惩治腐败，巩固发展压倒性胜利。强调要坚持靶向治疗、精确惩治，突出重点削减存量、零容忍遏制增量。要聚焦党的十八大以来查处的重点对象，把在党的十九大后仍然不知敬畏、胆大妄为者作为重中之重，深挖细查、严惩不贷。要打通不敢腐、不能腐、不想腐内在联系，在严厉惩治、形成震慑的同时，扎牢制度笼子、规范权力运行，加强党性教育、提高思想觉悟，一体推进不敢腐、不能腐、不想腐。第五，强化主体责任，完善监督体系。强调要增强监督实效，各级党委（党组）特别是书记要强化政治担当、履行主体责任，把每条战线、每个领域、每个环节的党建工作抓具体、抓深入。第六，向群众身边不正之风和腐败问题亮剑，维护群众切身利益。

赵乐际同志强调，纪检监察机关要善于从政治上观察、分析、解决问题，紧紧围绕党和国家工作大局，紧扣党中央重大决策部署，督促各级领导干部改进作风、担当作为、狠抓落实，推动党中央大政方针落地见效。要坚持稳中求进工作总基调，抓好 8 项重点工作：一是持之以恒学习贯彻习近平新时代中国特色社会主义思想，深入开展“不忘初心、牢记使命”主题教育。二是以党的政治建设为统领，坚决破除形式主义、官僚主义。三是创新纪检监察体制机制，切实把制度优势转化为治理效能。四是做实做细监督职责，着力在日常监督、长期监督上探索创新、实现突破。五是持续深化政治巡视，完善巡视巡察战略格局。六是有力削减存量、有效遏制增量，巩固发展反腐败斗争压倒性胜利。七是持续整治群众身边腐败和作风问题，让人民群众有更多更直接更实在的获得感、幸福感、安全感。八是按照政治过硬、本领高强要求，从严从实加强纪检监察队伍建设。

习近平总书记部署的 6 项全面从严治党任务，以及赵乐际同志安排的 8 项纪检监察重点工作，明确了 2019 年全面从严治党和党风廉政建设的工作目标和重点，我们一定要准确把握，坚决贯彻落实。

（四）深刻领会关于领导干部贯彻新形势下

党内政治生活若干准则的重要要求。习近平总书记针对党内政治生活中出现的新情况新问题，对领导干部特别是高级干部贯彻执行新形势下党内政治生活若干准则提出了8项要求。一要深刻理解“四个意识”的特定政治内涵，自觉纠正落实“两个维护”存在的温差、落差、偏差等问题。二要切实担负起政治责任、领导责任、工作责任，对党中央决策部署坚定坚决、不折不扣、落实落细。三要严守政治纪律，在重大原则问题和大是大非面前立场坚定、旗帜鲜明。四要严格执行重大问题、重要事项和个人有关事项报告等制度，对党忠诚老实、光明磊落。五要正确维护党中央权威，对来自中央领导同志家属、子女、身边工作人员和其他特定关系人的违规干预、捞取好处等行为，对自称同中央领导同志有特殊关系的人提出的要求坚决抵制。六要保持健康的党内同志关系，倡导清清爽爽的同志关系、规规矩矩的上下级关系，坚决抵制拉拉扯扯、吹吹拍拍等歪风邪气。七要带头贯彻民主集中制，坚决服从组织决定和组织分工。八要带头建立健康的工作关系，不把管理的公共资源用于个人或单位“结人缘”、拉关系、谋好处。这些具体的、明确的要求，是对我们最基本的政治要求，是规范党内政治生活、提高政治能力的良方。部内各级领导干部要坚持以身作则、以上率下、认真落实，为部内全体党员干部带好头、作表率。

二、切实贯彻落实中央纪委三次全会部署，把各项工作落实落细

深入学习习近平新时代中国特色社会主义思想、认真贯彻落实中央纪委三次全会部署，是当前一项重要政治任务，是加强部内党的建设、推进全面从严治党不断深入的重要内容，是建设高素质党员干部队伍、推动退役军人工作高质量发展的内在需要和重要保障。

当前，部内政治生态总体上是好的。建部以来，部党组认真贯彻落实习近平总书记重要指示批示和党中央决策部署，切实履行管党治党政治责任，坚持抓班子、带队伍，自觉接受监督，部内党的建设和党风廉政建设不断加强，干部干事创业氛围比较浓，遵守党的纪律和国家法律的情况也比较好。在看到成绩的同时，我们必须保持头脑清醒。用党中央的要求来衡量，放到全党全国的大局下来考量，拿退役军人事业发展和部内干部队伍建设的需要来比对，部内工作还存在不小的差距。主要是新部成立时间不长，机关党员干部队伍需要进一步融合，工作需要进一步磨合，有的工作质量和效率还需要进一步提高；一些党员干部包括有的领导干部政治学习有差距，对全面从严治党、党风廉政建设和反腐败工作认识不到位，主动担当作为尽责不够；有的单位和领导干部风险意识不强，认为自己主要做事务性工作，没什么权力，对廉政风险认识不到位、排查不深入；有的干部组织观念、纪律和规矩意识不强，廉政这根弦绷得不够紧，对自己要求不严；等等。

忽视风险，是最大的风险；看不到问题，是最大的问题。一定要时刻牢记习近平总书记“全面从严治党永远在路上”的告诫和嘱托，全面贯彻中央纪委三次全会部署，采取更加有力的措施，以党的政治建设为统领全面推进党的建设，一体推进不敢腐、不能腐、不想腐。习近平总书记提

出的全面从严治党6项任务，以及赵乐际同志部署的纪检监察8项任务都要完成好。这里我强调以下5个方面：

（一）突出抓好党的政治建设。政治建设是党的根本性建设，决定党的建设方向和效果。必须把党的政治建设放在首位，一以贯之学习贯彻习近平新时代中国特色社会主义思想，一以贯之增强“四个意识”、坚定“四个自信”、做到“两个维护”，一以贯之贯彻落实全面从严治党方针和要求，确保党的十九大精神和党中央重大决策部署坚决贯彻落实到位。这是最重要的政治纪律和政治规矩。增强“四个意识”、坚定“四个自信”、做到“两个维护”都是具体的、历史的、实践的，必须切实把自己摆进去、把职责摆进去、把工作摆进去，从知行合一的角度审视自己、要求自己、检查自己，始终在政治立场、政治方向、政治原则、政治道路上同以习近平同志为核心的党中央保持高度一致。要旗帜鲜明坚持和加强党的领导，自觉把退役军人工作放在党中央工作大局中考量、谋划、推动，创造性地贯彻落实习近平总书记重要指示批示和党中央决策部署，着力解决突出问题、化解重大矛盾，助力国防和军队建设，服务中华民族伟大复兴。要认真学习贯彻党章党规党纪，特别是新出台的《中共中央关于加强党的政治建设的意见》《关于加强改进中央和国家机关党的建设的意见》《中国共产党重大事项请示报告条例》《中国共产党党组工作条例》，严肃党内政治生活，严明党的纪律，发展积极健康的党内政治文化，维护部内风清气正良好政治生态。

（二）继续巩固拓展作风建设成果。作风建设关系我们党能不能长期执政，能不能履行好执政使命。要持之以恒落实中央八项规定及其实施细则精神，持而不息反对和纠正“四风”。要一个节点接着一个节点坚守，对享乐主义、奢靡之风等歪风陋习要露头就打，对“四风”隐形变异新动向要时刻防范，对顶风违纪要从严查处，对典型案例点名通报曝光。要从坚持政治原则、严明政治纪律的高度，坚决破除形式主义、官僚主义。要深刻认识形式主义、官僚主义是对“两个维护”的最大破坏，背后是政绩观错位、责任心缺失、价值观走偏、权力观扭曲，甚至是严重腐败。2019年3月，中共中央办公厅发出《关于解决形式主义突出问题为基层减负的通知》，将2019年作为“基层减负年”。部机关要带头转变作风，切实加强统筹谋划，采取有效措施，深化形式主义、官僚主义集中整治，切实把为基层减负任务落实好，让各级退役军人事务部门集中精力干实事。要坚持以退役军人为中心，强化宗旨意识，全心全意做好退役军人服务管理保障工作，想他们所想、急他们所急，着力解决他们最关心最直接最现实的利益问题。

（三）强化日常监督，用好“四种形态”。“惩前毖后、治病救人”是我们党的一贯方针，监督执纪“四种形态”是这一方针的重要体现和具体运用。对各级党委（党组）及组织人事部门来说，对干部进行严格要求、严格监督、严格管理，是一项重要职责，绝不是一说监督就是纪委、纪检监察组的事。在监察全覆盖的过程中，纪检监察的监督是有重点的，就是盯住各级领导班子和领导干部这个关键少数，大量的监察对象和党员干部是应该由党委（党组）来直接领导管理的。监督执纪“四种形态”里，第一种形态红脸出汗是监督的主要方式。部内各级党组织和领导干部要强化担当，敢抓敢管。要运用好“四种形态”特别是“第一种形态”，多做咬耳扯袖、红脸出汗的工作。“第一种形态”长期坚持是很难的。今天批评这个、明天批评那个，时间长了自己就犹豫了，就会开始后退。这里面就有认真不认真、敢不敢的问题了，作为领导干部要敢于担当，敢于斗争，不能怕得罪人。要加强对党员干部的经常性监督和全方位管理，做到真管真严、敢管敢严、长管长严。要注重抓早抓小、防微杜渐，发现干部苗头性问题，立即制止、纠正，进行批评教育，促其反省改正，做到“不贰过”；干部违纪违法了该处理就处理，决不做“老好人”“墙头草”。要把“惩前毖后、治病救人”方针落实好，对被处理的干部要不放弃、常关心、重监督，不能任其“自生自灭”。被处理的干部也要正确面对，倍加珍惜组织给予的机会，不侥幸、不回避、不对抗，真诚悔错改错，不再重蹈覆辙。

（四）着力构建“不敢腐、不能腐、不想腐”一体推进的有效机制。我们是新部，没有历史包袱，目前还没有发现严重违纪违法问题，但没有发现不代表就没有，现在没有也不代表以后不发生。对我们来讲，全面从严治党的要求是一样的，有贪必肃、有腐必惩的决心是坚定的，对腐败“零容忍”的态度是坚决的。在这方面，我们部没有例外。必须紧盯选人用人、行政审批、工程项目及资金管理使用等重点领域和关键环节，对腐败问题发现一起查处一起，决不姑息，强化不敢腐的强大震慑。同时，要强化标本兼治，更加注重预防，深入分析日常监督、问题线索处置和审查调查中发现的问题，加强廉政风险排查和防控，建立健全制度，扎牢不能腐的笼子。要加强理想信念、宗旨意识、优良传统教育，加强纪律教育、警示教育，增强党员干部廉洁自律意识，为党员干部划出纪律红线，使铁的纪律转化为党员干部的日常习惯，增强不想腐的自觉。

（五）进一步加强纪检干部队伍建设。实现纪检工作高质量发展，必须建立一支高素质的纪检干部队伍。部党组对此是重视的，机关纪委已经成立了，机关各党支部也配备了纪检委员。各级党委也要高度重视。要切实加强各级纪委自身建设，配齐配强纪委班子，建立健全纪委议事规则和工作制度，适应工作需要配备必要的工作力量，加强内控建设，加强对内部权力运行的监督制约。要认真贯彻“打铁必须自身硬”的政治要求，带头加强党的政治建设，增强“四个意识”、坚定“四个自信”、做到“两个维护”；带头自觉同以习近平同志为核心的党中央保持高度一致，坚决维护党中央权威和集中统一领导；带头建设让党中央放心、人民群众满意的模范机关，不断提高政治站位、政治觉悟、政治能力，当好人民的忠诚卫士。各级纪检干部要深入学习习近平新时代中国特色社会主义思想，学习贯彻习近平总书记关于全面从严治党重要论述，敢于斗争、善于斗争，依规依纪依法全面履行职责，自觉接受监督。要加强纪检干部培训。驻部纪检监察组将与部机关党委（人事司）联合组织部机关、直属单位专兼职纪检干部培训班，并邀请省级退役军人事务厅（局）纪检监察组负责人参加，加强沟通交流。

三、加强协作配合，在全面从严治党上同向发力

推进全面从严治党，加强党风廉政建设，各级党委（党组）负主体责任。派驻纪检监察组作为中央纪委国家监委的派出机构，是监督的再监督，代表的是中央纪委国家监委，主要任务就是对驻在部门开展监督，这是我们的第一职责、基本职责。驻部纪检监察组开展监督，目的就是做到“两个维护”，落实党中央重大决策部署，推动部内形成良好政治生态，确保退役军人事业的顺利开展，确保我们这支队伍健康成长。在这一点上，我们和部党组的目标是一致的。主体责任和监督责任要相互贯通，相互配合，在全面从严治党上实现同向发力。

（一）部内各级党组织要认真落实全面从严治党主体责任。一要增强责任意识。最近，中央印发的党组工作条例，再次明确党组要“坚持全面从严治党，担当管党治党主体责任”“履行党风廉政建设主体责任”。部内各级党组织特别是领导干部要进一步提高思想认识，提升政治站位，强化政治担当，切实把思想认识统一到党中央对全面从严治党的形势判断和任务部署上来，不断增强推进全面从严治党的责任感、自觉性和坚定性，做到敢于负责、勇于担当，抓好班子、带好队伍，层层传导压力，一抓到底、抓出实效。

二要明确任务要求。要深入学习和准确理解全面从严治党的内涵，认真贯彻落实党中央关于全面从严治党的总体部署和中央纪委国家监委的具体部署、工作要求。部党组要增强看齐意识，经常自觉对标党中央要求，认真贯彻落实习近平总书记重要指示批示和党中央决策部署，重点在选好用好干部、坚决纠正损害退役军人利益的行为、强化对权力运行的制约和监督、领导机关纪委查处违纪、支持驻部纪检监察组查处违纪违法问题、发挥表率作用等方面下功夫，贯彻落实好《党组讨论和决定党员处分事项工作程序规定（试行）》。部内各级党组织要对照部党组全面从严治党任务清单和责任清单，梳理细化本单位具体任务，保证全面从严治党各项工作落到实处。

三要完善制度机制。要完善落实党风廉政建设责任制的机制，强化“一岗双责”。各级领导班子对本单位本部门党风廉政建设负全面领导责任，主要负责人为第一责任人，做到重要工作亲自部署、重大问题亲自过问、重点环节亲自协调、重要案件亲自督办或积极配合，班子成员根据各自分工抓好职责范围内的工作落实。要坚持以上率下，一级做给一级看，一级带着一级干，层层抓好落实。加强任务分解、部署和检查考核，将考核结果作为业绩评定、奖励惩处、选拔任用的重要依据。部机关纪委、直属单位纪委和各级纪检干部要认真履行监督责任，抓好执纪监督，强化对本部门、本单位全面从严治党情况的监督检查和问责，倒逼责任落实。

（二）驻部纪检监察组将切实发挥监督职能。在这里，我也向大家通报一下 2019 年驻部纪检监察组的重点工作，希望大家自觉接受监督，养成在受监督和约束的环境中工作生活的习惯。同时，欢迎大家对驻部纪检监察组的工作进行监督。

第一，突出重点强化政治监督。牢牢把握派驻监督本质上是政治监督，进一步严明政治纪律，确保习近平总书记重要指示批示、确保党的重大

决策部署在退役军人事务部得到全面贯彻落实。一是围绕“两个维护”强化政治监督，持续开展监督检查，及时跟踪了解习近平总书记重要指示批示和党中央决策部署贯彻落实情况，督促深化习近平总书记重要指示批示贯彻落实情况“回头看”，推动自查自纠，及时发现问题，认真做好整改。二是围绕压实主体责任强化政治监督，坚守“监督的再监督”职能定位，强化督促检查，推动完善主体责任清单，严格执行“四项报告制度”。督促和指导部机关纪委做好工作。三是围绕营造良好政治生态强化政治监督，重点监督领导班子民主生活会开展情况和选人用人情况。四是围绕防范化解重大风险强化政治监督，督促强化政治担当，坚持底线思维，抓好抓实退役军人领域重大风险排查和防控，切实维护国家安全和社会政治稳定。

第二，持之以恒强化日常监督。坚持把监督挺在前面，发挥近距离、全天候、常态化优势，努力提高监督质量。一是深入调查研究，与部机关各司（厅）、直属单位逐一开展深入互动交流，全面了解主要业务、重点工作、全面从严治党等情况，提示风险、明确要求，及时了解、动态掌握部内情况，适时深入全国退役军人事务系统调研了解有关情况，准确把握“树木”和“森林”关系，加强政治生态分析研判。二是督促加强廉政风险防控工作，督促梳理排查廉政风险，制定权力清单和责任清单，加强廉政风险防控机制建设。三是前移监督关口，紧盯部内选人用人、审批项目、经费管理、大宗采购、工程（项目）招标等重点领域和关键环节开展监督。

第三，坚持从严开展审查调查。坚持把纪律挺在前面，“严”字当头，持之以恒正风肃纪。一是拓宽线索来源渠道，注重从工作调研、专项检查、审计等渠道发现问题。二是持续督查落实中央八项规定及其实施细则精神，加强教育提醒和监督检查，从严查处顶风违纪问题。督促深化形式主义、官僚主义集中整治工作，严肃查处空泛表态、应景造势、敷衍塞责、出工不出力等问题。三是持续深化运用监督执纪“四种形态”，依规依纪依法开展审查调查工作。

驻部纪检监察组将认真落实《关于深化中央纪委国家监委派驻机构改革的意见》，定期将监督情况向中央纪委国家监委报告。

（三）加强沟通协作形成合力。2018年10月，中央印发了《关于深化中央纪委国家监委派驻机构改革的意见》。为落实好深化派驻机构改革任务部署和工作要求，建立健全体制机制，2019年1月，部党组出台了《关于支持配合保障驻部纪检监察组履行职责的规定（试行）》，制定了任务和责任清单，细化为7个方面56项具体任务，涉及部内全部10个司（厅）和所有直属单位，并明确了每项任务的完成时限和要求。

《规定》出台后，总体上执行得比较好。党组成员之间经常交流情况、交换意见。部机关党委、机关纪委、办公厅等能主动对接，加强沟通，报送情况。但是，仍然存在执行不到位的情况。比如，有的司、直属单位没有按照要求向组里通报重要事项和工作情况；一些向上报告或提交有关部门的报告没有按要求送组里；有的不能按照时限完成任务；有的工作或文件征求意见比较随意，对是否需要征求把握不准，时间要求太急；等等。这些问题表面上看是工作落实不到位，实际上反映了有的领导干部思想重视不够，认识不到位。部党组印发的文件、作出的部署都不落实，是说不过去的。

制度的生命力在于执行。部党组出台《规定》，就是为了实现主体责任与驻部纪检监察组监督责任相向而行、同向发力、同频共振。《规定》贯彻执行得怎么样，是政治意识强不强的重要表现，是“两个责任”落实到位不到位的重要标准，是一个单位、一个部门纪律和作风状况的重要反映。希望大家能够重视起来。各单位要组织一次专门学习，明确任务、要求、责任处室和人员，与驻部纪检监察组主动对接，按照要求抓好落实。驻部纪检监察组将加强对《规定》执行情况的监督检查，适时进行通报，对执行不力的要批评、要督促整改。驻部纪检监察组也将加强与部党组的情况沟通和工作会商，共同把中央纪委三次全会部署贯彻落实到位。

同志们，让我们紧密团结在以习近平同志为核心的党中央周围，不忘初心、牢记使命，积极进取、奋发有为，同向发力、共同努力，不断加强党风廉政建设，推进全面从严治党向纵深发展，不松劲、不停步、再出发，为退役军人工作高质量发展提供坚强保障。

在退役军人事务部专兼职纪检干部培训班开班式上的讲话

林国耀

（2019 年 9 月 17 日）

在“不忘初心、牢记使命”主题教育第一批刚刚结束之际，驻部纪检监察组会同部机关党委共同举办退役军人事务部机关专兼职纪检干部培训班，并邀请驻各地厅（局）纪检监察组负责人参加，这既是对主题教育的深化，也是提升系统纪检干部队伍素质能力的有力举措。随着全国退役军人事务系统机构组建完成，业务逐渐展开，系统上下包括纪检干部普遍反映需要加强业务培训和学习交流。特别是面对深化纪检体制改革、国家监察体制改革、纪检监察机构改革三大改革一体推进新形势，面对在更深层次更高水平上实现“转职能、转方式、转作风”新要求，纪检监察干部尤其要加强学习，增强本领。培训班的主要任务是：深入学习贯彻习近平新时代中国特色社会主义思想特别是习近平总书记关于退役军人工作重要论述，学习贯彻全国退役军人工作会议精神，提高退役军人事务系统纪检监察干部履职能力、工作水平，交流研判退役军人工作领域党风廉政建设工作的规律性、行业性、普遍性问题，促进系统纪检监察工作高质量发展，为退役军人事业发展提供坚强保障。下面，我从 4 个方面谈谈学习思考和认识，既是开班动员，也是与大家作个交流。

一、深入学习习近平总书记关于退役军人工作重要论述

党的十八大以来，习近平总书记从实现强国梦、强军梦的战略高度，立足国际战略格局和国家安全形势的深刻变化，把退役军人工作同建设巩固国防和强大人民军队一体谋划和推进，提出了一系列重大战略思想、重大理论观点、重大决策部署，作出了一系列重要论述，深刻回答了新时代退役军人工作中带有方向性、根本性、战略性的重大问题，为新时代做好退役军人工作提供了根本遵循。学习贯彻习近平总书记关于退役军人工作重要论述，是全系统的重要政治任务，也是系统纪检监察机构落实“两个维护”的具体体现。对系统纪检监察干部来说，这不仅是提升履职能力的要求，更是一份政治责任。在学习中，尤其要注意把握 3 个方面。

（一）深刻领会习近平总书记关于退役军人工作重要论述的丰富内涵和精髓要义。习近平总书记关于退役军人工作重要论述，高屋建瓴、

统揽全局、内涵丰富、思想深刻，系统深刻地阐明了退役军人工作的重要意义、目标任务、方针原则、总体要求、方法路径等若干重大问题，具有很强的理论性、思想性、指导性，为开创新时代退役军人工作新局面提供了根本遵循和重要指引。我感到，重点要理解把握以下5个方面。

一是关于退役军人工作的重要意义。习近平总书记指出，退役军人管理保障是关系军队稳定和社会大局稳定的大问题。军转安置工作是实现“两个一百年”目标、实现中华民族伟大复兴的中国梦的重要力量。坚如磐石的军政军民团结，永远是我们战胜一切艰难险阻、不断从胜利走向胜利的重要法宝。这些重要论述，贯通历史、现实、未来，蕴含治国理政的政治智慧和强军兴军的战略谋划，为做好退役军人工作提供了强大的思想引领和精神动力，要求退役军人事务系统党员干部充分认清新时代退役军人工作的职责使命、责任担当，积极主动地投身于服务中国梦强军梦的伟大实践。

二是关于退役军人工作的目标任务。习近平总书记指出，组建退役军人管理保障机构，维护军人军属合法权益，让军人成为全社会尊崇的职业。要把退役军人事务全面抓起来，建立健全组织管理体系、工作运行体系、政策制度体系，满腔热忱为退役军人服务。这些重要论述，深刻把握了改革强军事业的特点规律，准确界定了退役军人工作的战略定位，集中反映了广大官兵和退役军人的殷切期盼，要求退役军人事务系统党员干部紧紧围绕目标，不断改进创新服务管理保障工作，建立健全集中统一、系统完备、职责清晰、运行高效的体制机制。

三是关于退役军人工作的方针原则。习近平总书记指出，要坚持为经济社会发展和军队建设服务的方针，贯彻妥善安置、合理使用、人尽其才、各得其所的原则，推进退役军官安置管理保障体制机制改革和政策制度创新，逐步完善服务保障体系和相关政策法规。这些重要论述，体现了党中央关于做好退役军人工作的决策意图，指明了新时代退役军人服务管理保障工作的前进方向，要求退役军人事务系统党员干部围绕中心、服务大局，在深化改革和创新发展中，统筹推进接收安置、待遇保障、荣誉激励、教育管理等各项工作。

四是关于退役军人工作的总体要求。习近平总书记指出，在国家层面加强对退役军人管理保障工作的组织领导，健全服务保障体系和相关政策制度。中央国家机关、地方各级党委和政府要强化大局观念，把支持深化国防和军队改革当作分内的事，拿出一些特殊措施和倾斜政策，主动帮助做好退役军人、职工安置工作。这些重要论述，明确了中央和地方在退役军人工作上的总体职能定位，阐释了“大局观”“分内事”“一盘棋”思想，要求退役军人事务系统党员干部勇于担当、主动作为，凝心聚力、团结协作，进一步加强体系建设，提升管理保障水平，服务国防和军队改革。

五是关于退役军人工作的方法路径。习近平总书记指出，军转安置工作要适应全面深化改革新形势，按照深化干部人事制度改革、国防和军队改革新要求，推进体制机制创新，为促进军队干部队伍建设、为安置和使用好军转干部提供更可靠更有效的制度保障。这些重要论述，深刻揭示了深化改革和完善制度对于退役军人工作的特殊意义，提供了做好退役军人工作的具体方法和科学路径，要求退役军人事务系统党员干部抓住新时代新发展新机遇，以改革促发展，用制度管长远，着力从制度和政策层面研究解决面临的困难和问题。

（二）深刻领悟习近平总书记开创退役军人事业新局面的强烈历史担当和非凡战略眼光。我们党领导的退役军人工作，始终紧贴中国革命、建设、改革各个历史时期任务要求。随着时间推移、形势变化，退役军人工作逐渐呈现出职能交叉、政策不平衡、不统一等问题，也存在着政策滞后、制度“空白”等缺陷。一些体制性障碍、结构性矛盾、政策性问题成为阻碍退役军人工作发展的瓶颈。怎样克服这些问题，开创新时代退役军人工作新局面？习近平总书记以马克思主义政治家的政治智慧、理论勇气、卓越才能和驾驭全局能力，亲自谋划设计新时代退役军人工作大战略，擘画新时代退役军人工作大手笔，把退役军人管理保障工作纳入全面深化改革的总体部署中，谋篇布局新时代退役军人工作。为全面加强党对退役军人工作的集中统一领导，统筹协调调度各方力量筑牢了政治根基，夯实了基层基础。主要体现在以下几个方面。

一是推动组建退役军人管理保障机构。2015年，在中央军委改革工作会议上，习近平总书记指出：“在国家层面加强对退役军人管理保障工作的组织领导，健全服务保障体系和相关政策制度。”在习近平总书记的亲自推动下，2017年10月党的十九大决定组建退役军人管理保障机构，《深化党和国家机构改革方案》进一步明确退役军人管理保障机构的职责。2018年3月，习近平总书记在出席十三届全国人大一次会议解放军和武警部队代表团全体会议时指出：“组建退役军人管理保障机构对于更好为退役军人服务、让军人成为全社会尊崇的职业具有重要意义，要把好事办好办实。”2018年3月17日，十三届全国人大一次会议表决通过了关于国务院机构改革方案的决定，退役军人事务部正式批准组建。2018年4月16日，退役军人事务部挂牌成立。经过全系统共同努力，截至2019年3月底，全国县级以上退役军人事务厅（局）全部挂牌运行。

二是推动建立起全国退役军人服务保障体系。按照习近平总书记重要指示批示，积极推动建立全国退役军人服务保障体系，打通服务退役军人的“最后一公里”。在各省市区党委和有关部门的通力配合下、在全系统的共同努力下，2019年2月26日退役军人事务部直属单位国家退役军人服务中心正式挂牌成立，目前从中央到村（社区）六级服务机构已实现全覆盖。全国共建成退役军人服务中心（站）63万余个，一个横向到边、纵向到底的退役军人服务保障体系已经初步形成。

（三）深刻体悟习近平总书记的强军为民情怀。一要深刻体悟习近平总书记对人民军队的关心厚爱。1991年1月，新中国成立以来的第一次全国双拥工作会议在福州召开，习近平总书记当时任福州市委书记，曾赋诗《军民情·七律》：“挽住云河洗天青，闽山闽水物华新。小梅正吐黄金蕊，老榕先掬碧玉心。君驭南风冬亦暖，我临东海情同深。难得举城作一庆，爱我人民爱我军。”2014年“八一”建军节前夕，习近平总书记于福建看望慰问双拥模范代表时说，作这首七律是为了表达人民军队爱人民、人民军队人民爱的鱼水深情。党的十八大以来，习近平总书记多次对双拥工作作出重要指示，指出：“坚如磐石的军政军民团结，永远是我们战胜一切艰难险阻、不断从胜利走向胜利的重要法宝。”习近平总书记强调，新形势下，双拥工作只能加强、不能削弱。军地合力，军民同心，我们就一定能实现“两个一百年”奋斗目标、实现中华民族伟大复兴的中国梦，共同创造更加美好的未来。

二要深刻体悟习近平总书记对退役军人的深厚感情。2014 年在接见第六次全国军转表彰大会暨军转安置工作会议代表时，习近平总书记动情地说：“见到大家感到十分亲切，因为我也是一名军转干部。”并指出，军转干部是党和国家的宝贵财富，我们要倍加关心、倍加爱护。2017 年党的十九大报告中，习近平总书记向全党全国全社会提出“维护军人军属合法权益，让军人成为全社会尊崇的职业”。2018 年 3 月 12 日，习近平总书记在出席十三届全国人大一次会议解放军和武警部队代表团全体会议时指出：“必须做好退役军人管理保障工作。该保障的要保障好，该落实的政策必须落实，不能让英雄流血又流泪。”在 2019 年新年贺词中，习近平总书记特别强调“要关爱退役军人，他们为保家卫国做出了贡献”。春节前夕，习近平总书记赴天津考察，专门走进社区退役军人服务管理站，再次强调“各级党委和政府要高度重视，切实把广大退役军人合法权益维护好，把他们的工作和生活保障好”。

三要深刻体悟习近平总书记对英雄先烈的尊崇。对千千万万为国牺牲的英烈、浴血奋战的英雄，习近平总书记时刻牵挂于心。习近平总书记强调：“一个有希望的民族不能没有英雄，一个有前途的国家不能没有先锋。”2015 年 9 月 2 日，习近平总书记在人民大会堂向 30 名代表颁发中国人民抗日战争胜利70周年纪念章，指出：“我们要铭记一切为中华民族和中国人民作出贡献的英雄们，崇尚英雄，捍卫英雄，学习英雄，关爱英雄，戮力同心为实现‘两个一百年’奋斗目标、实现中华民族伟大复兴的中国梦而努力奋斗！”甘肃酒泉卫星发射中心东风革命烈士陵园、山东临沂华东革命烈士陵园、井冈山革命烈士陵园、淮海战役烈士纪念塔、晋绥边区革命纪念馆等地，都留下了习近平总书记缅怀英烈的足迹。2019 年 7 月 26 日在京会见全国退役军人工作会议全体代表时，看到 94 岁的老英雄张富清，习近平总书记俯下身，双手紧握住老人的手，同他亲切交谈并致以诚挚问候，称赞道：“你是全党全国人民的楷模。”当时我就在现场，亲身感受到领袖的崇高风范和殷殷关切，深受感动和教育。习近平总书记率先垂范，在全社会掀起了尊崇英雄、缅怀先烈、关爱退役军人之风，以英雄旗帜凝聚了民族精神，彰显了浩然正气，汇聚起全社会关心关爱退役军人的磅礴伟力。

习近平总书记始终对人民军队满怀深情，始终对广大退役军人热忱关爱，拳拳之心、殷殷深情化作强烈的责任意识、历史担当，统筹国际国内两个大局，统筹国防军队建设和经济社会发展，开创了退役军人工作理论和实践发展的新局面，再次展现了“我将无我”的大境界和“不负人民”的大作为，为全党树立了榜样。习近平总书记关于退役军人工作重要论述，是我们党深化对退役军人工作规律性认识的重大成果，是习近平新时代中国特色社会主义思想的重要组成部分，为做好新时代退役军人工作提供了强大思想武器和科学行动指南。我们要把学习习近平总书记关于退役军人工作重要论述作为重要政治任务，全面系统学、及时跟进学、联系实际学，真正做到学深悟透、融会贯通。要在学习中不断提高政治站位和政治觉悟，不断增强学习贯彻的自觉性和坚定性。要把学习的过程转化为提高党性觉悟的过程，转化为对以习近平同志为核心的党中央的绝对忠诚，自觉扛起“两个维护”的特殊历史使命和重大政治责任，作为贯穿我们纪检监察各项工作始终的一条政治红线，以我们的实际行动和工作成效确保习近平总书记关于退役军人工作重要论述和重要指示批示精神在退役军人事务系统得到全面贯彻落实。

二、深刻认识退役军人事务系统党风廉政建设和反腐败工作形势

形势决定任务，决定工作方针和方法。重视分析形势，是我们党重要的思想方法和工作方法。认清形势，既是正确决策的前提，又是把握规律、推动工作的先导。

（一）自觉把思想认识统一到党中央对党风廉政建设和反腐败工作形势的判断上来。认清形势，首先要认识到，退役军人事务系统是党和国家机关的重要组成部分，退役军人事务工作是党和国家事业的重要组成部分，退役军人事务系统党风廉政建设和反腐败工作是党和国家党风廉政建设和反腐败工作整体的重要组成部分。必须牢固树立政治意识、大局意识、核心意识、看齐意识，自觉在党和国家工作大局和全局下分析系统形势，自觉地把思想认识统一到党中央对党风廉政建设和反腐败工作形势的判断上来。

关于当前的形势，习近平总书记在十九届中央纪委三次全会上指出，党的十九大以来，全面从严治党“取得了新的重大成果”，“反腐败斗争已经取得压倒性胜利，但对形势的严峻性和复杂性一点也不能低估”。对这一重大判断，可以从 3 个方面来把握。

第一，要把握“新的重大成果”。这是党的十九大以来全面从严治党成果不断巩固、深化和拓展的集中体现。用习近平总书记的话说，就是“党的集中统一领导更加坚强有力，党的建设新的伟大工程全方位加强，全面从严治党实效性不断提高，党内政治生态进一步改善，党在新时代新征程中焕发出更加强大的生机活力”。

第二，要把握“压倒性胜利”。从党的十八大以来，在以习近平同志为核心的党中央坚强领导下，反腐败斗争在坚持中深化、在深化中发展，不断有力向前推进。从“处于胶着状态”，到“压倒性态势正在形成”，到“压倒性态势已经形成并巩固发展”，再到“取得压倒性胜利”，虽然只是几个字的变化，但这个变化生动折射出我们党反腐败取得的重大成就，体现了党中央全面从严治党的信心决心。

第三，要把握“严峻性和复杂性”。对反腐败斗争形势的严峻性和复杂性“一点也不能低估”。所谓压倒性胜利，就是改变了局面，但不是彻底解决问题。从反腐败的长期性来看，压倒性胜利只是这场持久战取得的一个重要阶段性成果，距离彻底胜利还有很长的一段路要走。从腐败的发生机制看，习近平总书记深刻指出，权力是最大的腐蚀剂，我们党全面领导、长期执政，党员、干部时刻面临被“围猎”、被腐蚀的风险。从党的十九大以来管党治党的实践看，腐败存量不少、增量仍在发生，一些典型案例更是暴露出

许多深层次问题。正因如此，反腐败斗争不能退，也无处可退，必须坚定不移向纵深推进。

（二）清醒认识退役军人事务系统党风廉政建设和反腐败工作面临的问题。退役军人事务系统从上到下组建时间都不长，机构是新的，队伍也基本上是新的，职能和业务在不断拓展，还处在人员的磨合和业务的融合过程中。从反腐败方面看，系统上下基本上没有历史“包袱”。从部机关和地方绝大部分机构来看，这个判断目前都是适用的。但是，决不能因此就盲目乐观。必须提高政治站位和政治觉悟，把退役军人事务系统放到党和国家工作全局中、放到新时代全面从严治党新形势下，用好纪律和法律两把尺子，全面审视我们的业务、队伍和纪律、作风状况，看到差距，看到问题，看到风险。

首先，要努力把握退役军人事务系统的最大实际，看到差距。系统的实际情况是我们研判形势、作出决策的出发点。刚才说到系统组建时间不长、比较新，这是实际。然而，关键还不在于此。作为这次党和国家机关改革中新设立的机构，最突出的特点主要表现在：一是政治性强，中央高度重视。退役军人事务部是习近平总书记亲自谋划设计、推动成立的，退役军人各项工作往往涉及党政军地各个方面，政治要求高。二是服务群体庞大而特殊，全社会高度关注。从信息采集工作看，目前系统服务管理保障对象总数超过3800万人。算上家属，这个数字就更庞大了。这个群体英雄人物多、先进事迹多，经历党和部队长期培养，总体上具有比较高的素质和比较强的能力，是一支不可忽视的重要力量。三是退役军人工作历史欠账多，退役军人对系统上下高度期待。近年来退役军人上访维权问题突出，反映问题多样，诉求复杂，历史欠账和政策空白并存，问题解决起来难度和压力比较大。系统上下必须高度自觉地坚持党对退役军人工作的绝对领导，增强“四个意识”、坚定“四个自信”、做到“两个维护”，始终在思想上政治上行动上与以习近平同志为核心的党中央保持高度一致；必须坚持以退役军人为中心，满腔热忱为退役军人服好务，加大改革创新力度，加强政策制度顶层设计，不断解决好退役军人最关心、最直接、最现实的利益问题，使广大退役军人成为支持党和国家事业发展、维护政治和社会稳定的重要力量；必须坚持“严”字当头，加强系统上下纪律和作风建设，打造一支政治过硬、本领高强、纪律严明、作风优良的退役军人工作队伍，为退役军人事业发展提供坚强保障。

对照党中央的要求，对照退役军人工作的需要，对照广大退役军人的期待，作风建设方面的差距是明显的。系统还不同程度地存在官僚主义、形式主义问题。比如政策制度建设系统性、针对性、操作性不够强，“碎片化”“打补丁”仍然存在，有的结合本地实际细化不够，上下一般粗，可操作性不强，影响了实际成效。比如，抓落实不到位，部署动员多，分类指导、靠前指导相对少；习惯于简单按政策制度办，坚持高标准严要求不够。比如，以退役军人为中心的理念还不牢固，一些党员干部习惯于按自己的想法办事，主动了解对接退役军人的需求不够，主动为退役军人服务的意识还需要进一步增强。退役军人工作无小事，作风建设无小事，一个很小的问题可能影响很大。我们的工作人员可能只是在细节问题上注意不够，态度不够热情主动，服务对象不高兴，就可能带来一些不良影响。这样的问题要注意避免，一定要高标准、严要求，满腔热忱、积极主动地为退役军人服务，切实把工作做到位。

其次，要高度关注重点领域、关键岗位和重要环节，看到廉政风险。有不少同志认为，我们叫退役军人事务部门，主要是做事务性的服务工作，没有什么权力，不存在什么廉政风险。这个认识不对。看不到风险，就是最大的风险，实际上是纪律和规矩意识不强的表现。有的领导干部简单地把廉政风险归于行政审批事项，认为“权小钱少无事”，没有审批权就没有风险，缺少对本单位本部门业务关键领域、重点环节廉政风险的排查；有的虽然认识到了风险点，却又自认为“自己没有可能出现廉政风险”。然而，事实情况并非如此。

目前，退役军人事务主要由权益维护、退役安置、就业创业、教育培训、军休服务、优待抚恤、褒扬纪念、双拥工作等业务构成，其中每个领域都或多或少有一定的权力，存在一定的廉政风险需要引起关注。一是在权益维护工作中，重点关注信访办理、统计分析、事项督办及临时性救助帮扶等工作中可能存在的廉政风险。二是在退役安置工作中，要针对转业干部、转业士官、复员干部等不同群体特点，重点关注安置申请、材料接收审核、安置途径选择、人员到岗等环节可能存在的廉政风险。三是在就业创业工作中，重点关注创业项目发布及申请、优惠政策落实、就业创业扶持资金等方面存在的廉政风险；关注退役军人培训机构名录制定、培训资金管理使用等可能存在的廉政风险。四是在军休服务工作中，重点关注政策性资金使用、军队离退休干部服务管理机构日常运转、购买社会化服务等方面的廉政风险。五是在优待抚恤工作中，重点关注优抚对象资格的审核认定、迁移登记、待遇核查、待遇调整、优抚金发放管理、核查监管等方面的廉政风险，防范冒领、套取、侵占、挪用等问题发生；还要关注在双拥城市、双拥模范评选等评优评先评奖工作中的廉政风险。六是在褒扬纪念工作中，重点关注烈士评定及烈士纪念设施级别评定工作中的风险；纪念设施建设、修缮维护等工作中的廉政风险。

最后，要重视调查研究，高度关注存在的苗头性倾向性问题。我们说，系统上下基本上没有历史“包袱”，不是说就没有任何问题。从部机关来看，一些干部包括领导干部存在纪法观念不强、风险意识淡漠的问题。一些单位和党员干部对党章党规党纪和法律法规学习不够、了解不深，还未入脑入心，甚至对一些已经三令五申、反复强调的纪律要求仍模糊不清。“千里之堤，溃于蚁穴”，必须重视，必须及时提醒纠正。从廉政风险的一般性规律来说，要紧盯行政审批权、资格审核权、资金管理使用分配、评优评先权、内部人财物管理等当中的廉政风险。从违纪违法问题发生规律来说，由于我们这个系统事权、具体执行都相对集中在基层，具体的廉政风险呈现由上往下逐级递增的特点。

（三）客观看待纪检监察工作自身存在的不足。与退役军人事务部门一样，系统纪检监察机构特别是派驻机构组建时间也不长，我们自身的不足也是客观存在的。

一是在政治站位上，对政治监督的本质属性把握不够，如何站在讲政治的高度，站在践行“两个维护”的高度，站在立起政治纪律、政治规矩的高度审视监督工作做得不够，思想自觉、政治自觉、行动自觉仍有落差。

二是在日常监督上，派驻机构“驻”的优势发挥不够，目前日常监督主要依靠信访举报线索，离开了信访举报线索就失去了目标，如何及时发现、精准发现问题，如何把近距离、常态化、可视化的优势转化为监督效能还有落差。机关纪检干部履职意识不强，存在不愿监督、不敢监督、不善于做监督工作的情况。

三是在能力建设上，知行合一还做得不够。如何适应纪检监察体制改革的新要求，把学习力转化为工作能力，提高政策把握和实际操作能力还有差距。

四是基层监督力量薄弱。我们在调研中了解到，某县负责监督县退役军人事务局的驻政府办纪检监察组编制仅 3 人，要监督政府办等 19 个单位；某市某区监督区退役军人事务局的派驻第三纪检监察组则要监督 15 个单位，监督效果很难保证。

三、忠实履职尽责，努力实现纪检监察工作高质量发展

忠实履行党章和宪法赋予的职责，努力实现新时代纪检监察工作高质量发展是当前纪检监察工作的努力方向和任务要求，总的来说要求我们牢牢把握党章、党规、党纪和宪法、监察法赋予的职责，增强“四个意识”、坚定“四个自信”、做到“两个维护”，坚持“三个一体推进”，即一体推进不敢腐、不能腐、不想腐，一体推进纪检体制改革、监察体制改革、纪检监察机构改革，一体推进更深层次、更高水平的转职能、转方式、转作风。从退役军人系统实际看，要牢牢把握以下 3 个方面。

（一）加强廉政教育，特别是警示教育。廉政教育的目的首先在于从思想的源头抓起，筑牢拒腐防变的思想道德防线，教育干部树立正确的世界观、人生观、价值观，过好权力关、利益关。要通过平时加强廉政教育，时时提醒，在干部出现苗头性、倾向性问题时及时发现并纠正，防止小问题酿成大错误。这是对干部最大的关爱。

第一，要加强理想信念教育。理想信念是共产党人精神上的“钙”，没有理想信念，精神上就会“缺钙”，就会得“软骨病”。干部有了坚定的理想信念，站位就高了，心胸就开阔了，就能坚持正确政治方向，做到“风雨不动安如山”。干部要成长，就必须用真理武装头脑，加强党性修养，筑牢信仰之基、补足精神之钙、把稳思想之舵。要加强对党忠诚的教育，教育干部严守党的政治纪律和政治规矩，始终在政治立场、政治方向、政治原则、政治道路上同党中央保持高度一致。要巩固深化“不忘初心、牢记使命”主题教育成果，教育干部始终做到以人民为中心。做退役军人工作，就是要坚持以退役军人为中心，做好服务管理保障工作，切实维护好退役军人和其他优抚对象的合法权益，想问题、做决策、办事情都要想一想是不是站在退役军人的立场上，是不是有助于解决退役军人的难题。

第二，要加强纪律教育。习近平总书记指出，“党面临的形势越复杂、肩负的任务越艰巨，就越要保持党的团结统一，党的团结统一靠什么来保证？要靠共同的理想信念，靠严密的组织体系，靠全党同志的高度自觉，还要靠严明的纪律和规矩”。党员干部必须严格遵守党的纪律，强化守

纪律、讲规矩的意识。面临的形势越复杂，肩负的任务越艰巨，就越要加强纪律教育、严明党的纪律。要督促党员干部认真学习熟知党的纪律，这是严格遵守党的纪律的前提，要认识到纪律是各级党组织和全体党员必须遵守的行为规范，是落实“两个维护”的重要保证，真正从学习中得到警醒、得到启示，时刻把党章、党纪熟记于心。领导干部要发挥模范带头作用，带动全体党员遵规守纪。

第三，要加强警示教育。反面典型是镜子，是前车之鉴，非常直观，以反面典型为戒，干部可以知道应该做什么、不能做什么，做了不该做的事情会受到怎样的处罚，从而有所敬畏。要选好典型，选择针对性强的案件进行深度剖析、深挖根源。要督促干部联系个人思想和工作实际，经常对照正反两方面典型，对照党章党规党纪找找差距、摆摆问题，“一日三省吾身”。

（二）发扬斗争精神，做实做细监督第一职责。习近平总书记在中央党校中青年干部培训班上发表重要讲话强调，胜利实现我们党确定的目标任务，必须发扬斗争精神，增强斗争本领。斗争精神是监督工作的重要属性，监督重在发现问题，是容易得罪人的事，但恰恰敢于监督、敢于唱“黑脸”才能最大限度地帮助干部、挽救干部。加强监督，要注意把握 3 点。

第一，要聚焦聚力，突出重点。

一是突出政治监督。习近平总书记指出，在党的六项纪律中，政治纪律最重要、最根本、最关键。党的十八大以来发现的管党治党的所有问题，从本质上看都是政治问题，都是“四个意识”不强的问题，都是对党不忠诚不老实的问题。换言之，纪委监委的政治监督，就是坚决同各种违背党的原则、违反党规党纪和国家法律法规、破坏党的团结统一、损害党的领导，特别是损害党中央权威和集中统一领导的现象、问题及有关的人和事作坚决斗争，督促、推动各级党组织、广大党员干部和公职人员增强“四个意识”、坚定“四个自信”、做到“两个维护”。这其中，最根本最重要的监督职责就是“两个维护”——坚决维护习近平总书记党中央的核心、全党的核心地位，坚决维护党中央权威和集中统一领导。纪检监察机关作为党和人民的忠诚卫士，“两个维护”是我们所肩负的特殊使命和重大责任，是纪检监察机关的初心、初衷，任何时候都不能模糊、动摇、放松。

加强政治监督，重点要做到“五个紧盯”“五个聚焦”：一是紧盯理论武装，聚焦学习贯彻习近平新时代中国特色社会主义思想和党的十九大精神开展监督，着力查找学做“两张皮”问题；二是紧盯政治忠诚，聚焦贯彻习近平总书记重要指示批示和党中央重大决策部署开展监督，着力查找贯彻落实打折扣、搞变通，有令不行、有禁不止等问题；三是紧盯政治担当，聚焦党组落实管党治党政治责任开展监督，着力查找党的领导弱化、管党治党“宽松软”等问题；四是紧盯政治立场，聚焦贯彻落实以人民为中心的发展思想开展监督，着力查找违反中央八项规定精神特别是形式主义、官僚主义等问题；五是紧盯政治生态，聚焦党组织净化政治生态情况开展监督，着力查找贯彻民主集中制、选人用人有无违反党的政治纪律和政治规矩、搞“七个有之”的“两面派”“两面人”。

二是做实做细日常监督，重点是紧盯“四个关键”：紧盯关键少数、关键项目、关键岗位、关键节点。紧盯关键少数就是要善于抓住“牛鼻子”，盯住本单位领导班子和领导干部，推动主体责任落实，实现“四两拨千斤”。紧盯关键项目就是要强化精准思维、突出问题导向，盯住党中央关于退役军人工作的重大决策部署落实，重点发现不作为、不负责、不担当，贻误工作、劳民伤财等形式主义、官僚主义问题。紧盯关键岗位，就是要对系统中权力集中、管人管钱管物、廉政风险高、容易受到腐化侵蚀的岗位加大监督检查力度，做好干部日常教育管理。紧盯关键节点，就是要抓住春节、端午、中秋、国庆等重要时间节点强化警示教育宣传、重申纪律要求，严肃查处违反中央八项规定精神问题，加大通报曝光力度。

第二，要抓早抓小，防微杜渐。

必须坚持把纪律挺在前面，发挥近距离、全天候、常态化优势，前移监督关口，拓宽监督渠道，积极发现问题，高度关注媒体曝光等途径反映的问题，主动监督、及时监督，增强监督实效。坚持抓小不放松，对小毛病小问题，该提醒的提醒、该教育的教育、该处理的处理，防止小错变成大错、小问题变成大问题。坚持抓早不放手，把问题线索作为日常监督的重要切口，定期研判、分类处置，对苗头性、倾向性问题或轻微违纪问题及时谈话函询、约谈提醒、批评教育、责令整改，取得“未病先防”“小病防变”的效果，防止养痈为患。坚持抓快不放缓，对违规违纪问题快查快办，“有病”马上治疗，发现问题及时处理。这样既有利于防微杜渐，也有利于教育挽救干部。

第三，要精准精细，确保成效。

要围绕高质量发展，强化精准思维，精准把握监督的职责、任务、对象和原则，严格按照规定权限、规则、程序开展工作，做到敢于监督、善于监督、规范监督。要持续深化“三转”，细化规范谈话函询、初步核实、专项检查、专题调研等监督方式，强化监督。

一是精准发现问题。发现问题是本职，不善于发现问题是不称职，能发现的问题没有发现是失职，发现问题不报告不处置是渎职。要精准发现问题，必须把监督挺在前面，要通过驻点调研、深度访谈、座谈交流、参加会议、查阅资料等方式，深入被监督单位靠前监督，将调研与察访结合起来，将督导与检查贯通起来。对被监督单位承担党中央交办的重大任务要挺到第一线进行现场监督、实地察看，及时发现问题、报告问题、纠正偏差。

二是精准把握政策。关键是两条。一条是实事求是，以事实为依据、以法规为准绳，区别不同情况、准确认定。一条是惩前毖后、治病救人。对迷途知返、真心回归正道的要依纪依法从宽处理，对拒不认错甚至对抗组织审查的要依纪依法从严处理。重点是“三个结合”，即惩戒与教育结合、严管与厚爱结合、激励与约束结合。

三是精准作出处置。关键是用好监督执纪“四种形态”，充分运用第一种形态，妥善运用第二种形态，准确运用第三种形态，果断运用第四种形态，实现政治效果、纪法效果、社会效果有机统一。在处置涉及问责时，要用好新修订的问责条例，准确把握和领会政策要求，严格落实“三个区分开来”要求，既防止问责不力，又防止问责泛化简单化，规范和强化问责工作。

（三）加强惩处力度，发挥纪法震慑作用。退役军人事务部门是新成立的，没有历史“包袱”，有的单位目前还没有发现严重违纪违法问题，但没有发现不代表就没有，现在没有也不代表以后不发生。对我们来讲，全面从严治党的要求是一样的，有贪必肃、有腐必惩的决心是坚定的，对腐败“零容忍”的态度是坚决的，惩治这一手任何时候都不能松、不能丢。在这方面，退役军人事务系统没有例外。必须紧盯选人用人、行政审批、工程项目及资金管理使用等重点领域和关键环节，对腐败问题发现一起查处一起，决不姑息，强化不敢腐的强大震慑。要认真贯彻执行党章党规党纪和宪法、监察法及其他法律法规，严格依照规定的程序和手续开展审查调查工作，规范行使审查调查权。要自觉树立安全是审查调查底线的意识，提高审查调查安全工作能力，压实安全责任，筑牢安全根基，切实把安全工作贯穿于审查调查全过程。

四、加强自身建设，切实提高履职尽责能力

习近平总书记对纪检监察队伍既寄予厚望，又严格要求。在中央纪委三次全会上，习近平总书记强调纪检监察机关要忠诚于党、忠于人民，建设忠诚干净担当的纪检监察铁军，强调纪检监察干部要经得起磨砺、顶得住压力、打得了硬仗。要发挥光荣传统，讲政治、练内功、提素质、强本领，成为立场坚定、意志坚强、行动坚决的表率。

一要政治过硬。首先是信念坚定。根本的是强化理论武装，用党的最新理论武装头脑。当前最主要的是学懂弄通做实习近平新时代中国特色社会主义思想，做到日积月累、学深悟透、融会贯通、真信笃行。要从中学立场、学观点、学方法，找题目、找思路、找答案。学出信念、学出担当、学出自信。同时要对党忠诚。要把忠诚体现到对党的信仰的忠诚上，体现到对党的组织的忠诚上，体现到对党的理论路线和方针政策的忠诚上，归根到底一句话，带头做到“两个维护”，既要有高度的理性认同、情感认同，又要有坚决维护的定力和能力。

二要本领高强。这是履好职的必备条件，从事纪检监察工作既要有看家本领，也要有“两把尺子”。看家本领体现在专业素养，要主动适应新形势新要求，不断学习专业知识、提高专业能力、建设专业作风、树立专业精神，着力提高运用理论政策的本领、调查研究的本领、执纪执法监督的本领、狠抓落实的本领。“两把尺子”体现在纪法精通。要认真学习党章党规和宪法法律，带头学法学纪、守法用法，真正做到心中有法、执法懂法、办事依法。

三要铁面无私。要敢于斗争，敢于为党和人民的利益唱黑脸、当包公，在大是大非面前敢于亮剑、敢于斗争，同时又要讲究斗争策略、善于斗争。要公正执纪执法，管好用好手中惩恶扬善的利剑，既不能蒙尘，也不能成为“双刃剑”。公正无私，不搞选择性、随意性、任性监督执纪执法。要做到自身干净，纪检监察干部被“围猎”的风险更大，要清醒认识“两个不是天然”，即纪检监察干部不是天然进入保险箱，不是天然具有免疫力。任何时候都要拒腐蚀、永不贪，不掉链子，坚决防止“灯下黑”。

四要担当尽责。习近平总书记讲“当干部就要有担当，有多大担当才能干多大事业，尽多大责任才会有多大成就”。从这个角度讲，担当就是担责。从监督的角度讲，要做到有为、有力、有效。有为，就是要在日常监督、长期监督上

积极探索、勇于创新，勇于攻坚克难，不断拓宽、拓展监督的渠道、方式、内涵。有力，就是要坚持“初始即严、一严到底”，始终保持高压态势，使监督常在、形成常态。有效，就是“两个责任”全面落实、风险得到有效防范、监督效能全面提升。

最后，希望大家能珍惜此次培训机会，严守纪律、心无旁骛，争取学有所获，得到新的提升，为今后的工作打下坚实基础。预祝大家在培训期间学习生活愉快。

在退役军人事务部2019年新任司局级干部集体廉政谈话会议上的讲话

林国耀

（2019年11月29日）

对新提任的领导干部进行集体廉政谈话，是例行谈话，也是制度安排，目的是给大家提个醒，筑牢拒腐防变的思想防线，压实“一岗双责”责任，以便大家更好地履职尽责。2019年以来，驻部纪检监察组分别与各业务司局进行了互动交流，有些要求和提醒当时也都点到了。今天我主要讲3个方面的内容：第一，旗帜鲜明讲政治；第二，攻坚克难敢担当；第三，清正廉洁知敬惧。概括起来，就是忠诚、干净、担当。

一、旗帜鲜明讲政治

讲政治是我们党一以贯之的要求，也是我们党的优良传统。我们党历来高度重视讲政治。毛泽东同志讲，没有政治，就没有灵魂。邓小平同志讲，什么时候都要讲政治。党的十八大以来，习近平总书记把讲政治提到了更高高度，指出政治问题，任何时候都是一个根本性的大问题。作为中央和国家机关，我们首先是政治机关，政治属性是第一属性，讲政治是第一要求。作为领导干部，政治能力是第一能力，讲政治是终身课题。政治水平不会随着职务的提升自然提高，相反，随着职务的提升，对领导干部政治上的要求更高了。如果不加强政治历练，很容易在政治上迷失方向。尤其我们从事的是退役军人事务，政治性更强，我们做的每一项工作都事关国防和军队建设大局，都关系社会大局稳定，我们干任何一项工作都要从政治上审视，决不能在政治方向上走偏了、走歪了，更不能走错了。

讲政治的内涵十分丰富，不仅包含政治立场、政治方向、政治原则、政治道路，也包含政治定力、政治鉴别力、政治敏锐性和政治能力等，其中最突出、最重要的是要严守政治纪律和政治规矩。当前最根本、最紧要的就是要带头做到“两个维护”，这是我们领导干部的第一政治要求、政治自觉和政治行动。在这方面，我们不仅要有高度的理性认同、情感认同，更要有坚决的维护定力和能力。要深刻认识到，“两个维护”不是抽象的，而是具体的；不是口头的，而是行动的；不是有条件的，而是无条件的；不是片面的，而是全面的；不是一时一地的，而是随时随地的，必须以高标准、严要求来落实“两个维护”，时时、事事、处处做到“两个维护”。

第一，要把做到“两个维护”体现在坚决落

实好习近平总书记重要指示批示和党中央重大决策部署的行动上。开展任何工作，都要自觉同党的基本理论、基本路线、基本方略对标对表，同习近平总书记重要指示批示对标对表，同党中央重大决策部署对标对表，确保习近平总书记重要指示批示、党中央重大决策部署件件有落实，绝对不能打折扣、搞变通。

第二，要把做到“两个维护”体现在履职尽责、做好本职工作的实效上。要做到守土有责、守土负责、守土尽责，不断有新作为、新进步。各司（局）、各直属单位都要贯彻落实党中央决策部署，要结合自身特点抓落实，更重要的是要体现履职尽责，要有实效。在这方面，要强化“最初一公里”的意识。我们离中央最近，如果我们对中央政策没有理解把握好、解释宣传好，失之毫厘，下面就会差之千里，执行起来就会出现很大偏差。毛泽东同志讲，领导机关的基本任务是什么？就是了解情况，把握政策。讲得很透彻。制定好政策，防止出偏差，就要了解好情况，所以务必重视“最初一公里”。同时要力戒形式主义、官僚主义，把“最初一公里”与“最后一公里”打通，形成有效的落实机制。下去调研督查，搞退役军人服务体系建设，就是要打通退役军人工作“最后一公里”。打不通，就落实不下去，工作肯定会有偏差。

第三，要把做到“两个维护”体现在日常言行上。作为领导干部，一定要明白哪些事能做，哪些事不能做；哪些事该这样做，哪些事该那样做；哪些事可以简化程序，哪些事只能按程序办；哪些事由自己决定，哪些事该请示报告，这是起码的政治要求，都要搞得明明白白。包括哪些事可以自己决定，哪些事要集体研究决定，要清楚。作为司领导，司务会要健全起来。在政治问题上任何人都不能越过红线，越过了就要严肃追究其政治责任，有些事在政治上是不能做的，做了就要付出代价，谁都不能拿政治纪律、政治规矩当儿戏。比如个人重大事项报告违规、妄议中央大政方针，又比如个人主义、自由主义、宗派主义、搞团团伙伙，再如为个人营造声势等。作为领导干部一定要严守政治纪律和政治规矩，做政治上的明白人。同时，要切实负起政治责任，树一方正气，营造良好的政治生态。在这方面要注意防止 3 种倾向，即同事关系要防止庸俗化倾向，敢于同陈规陋习说不；工作关系要防止利益化倾向，坚决杜绝市场交易；上下级关系要防止攀附化倾向，决不能让正常的上下级关系异化为人身依附关系。

作为派驻纪检监察组，加强政治监督是我们的首要职责，肩负着“两个维护”的特殊使命和重大责任。这次四中全会对政治监督的内涵又有新的拓展，把党的理论和路线方针政策纳入政治监督的范畴。下一步我们将按照中央纪委国家监委的要求，推进政治监督常态化、具体化，确保党中央重大决策部署到哪里，监督检查就跟进到哪里。

二、攻坚克难敢担当

担当是领导干部的职责所在。习近平总书记讲，领导干部要有担当，有多大担当，就能干多大事业，就能有多大作为。不敢负责、不敢担当不是一个称职的领导干部。这次主题教育，一个重要任务就是干事创业敢担当，把敢担当提高到了更加重要的位置，这是新时代大力倡导、迫切需要的。

我们讲一个时代有一个时代的使命，新时代是奋斗的时代，也是大有作为的时代。历史的人要做历史的事，对于退役军人事务系统的领导干部来讲，历史赋予我们最大的事就是要把退役军人的权益维护好、保障好、发展好，使退役军人有更多的获得感、幸福感、尊重感，让军人成为全社会尊崇的职业。这是我们的工作目标，也是价值导向。大家生逢其时，又是新部的中坚领导力量，一定要认清形势和使命，把自己的职责与时代要求、工作目标紧密结合起来，履行好应该担当的责任。

担当既是领导干部的重要职责，也是对领导干部定力、胆略、党性、作风、能力的综合检验。看一个领导干部能不能担当、敢不敢担当主要看关键节点时的态度和表现。什么是关键节点？就是碰到困难、挑战、风险时你是怎么应对的，具体讲就是“三个面前”，即在困难面前是迎难而上还是一筹莫展，在挑战面前是勇于斗争还是惊慌失措，在风险面前是敢于闯关还是望风而逃。这“三个面前”就是个试金石，一试就出来，是最直接的考验。这里送大家两句话：应该做的事，不管风吹雨打，顶着压力也要干；应该负的责，不管雷霆万钧，冒着风险也要担。

具体不展开，这里重点强调斗争精神，这是敢于担当的具体体现，也是最重要的体现。

党的十八大以来，习近平总书记多次强调要发扬斗争精神，在2019年秋季中央党校中青班开学典礼上，习近平总书记又对斗争精神作了全面、系统的阐释，对斗争的方向、立场、原则、策略、艺术作了深刻的论述，要求领导干部要做敢于斗争、善于斗争的战士，这为我们发扬斗争精神、提高斗争本领提供了根本遵循。我理解，新时代的斗争精神有新的历史内涵和特点。党的十八大以来强调，必须准备进行具有许多新的历史特点的伟大斗争，与过去以阶级斗争为纲完全不同，不是争权夺利的斗争，也不是我斗你、你斗我的斗争，而是那种敢于直面矛盾、敢于较真碰硬，敢于履职尽责、敢于善作善成的精神状态，是那种迎难而上、攻坚克难、逢山开路、遇水架桥的奋斗姿态，而这种精神状态和奋斗姿态是我们这个时代最需要的。

作为领导干部，我们要把斗争精神与时代要求联系起来，与部门岗位职能职责联系起来，与自身的工作和思想实际联系起来，更好地履职尽责、担当负责。具体讲，有以下几个方面。

一要勇于破解难题。习近平总书记指出，我们共产党人的斗争，从来都是奔着矛盾问题、风险挑战去的。要在真刀真枪解决问题、破解难题中展现担当作为。退役军人事务领域历史遗留问题多，一些问题相互交织、叠加，躲不开也绕不过，加上新部刚刚成立不久，基层基础还比较薄弱，我们要从现实出发，坚持问题导向，把解决突出问题作为重点和优先，认真梳理各类问题，根据轻重缓急，把握节奏，稳步推进。要坚持目标导向，对照总体任务要求，寻找差距和不足，及时采取措施，补短板。要坚持结果导向，力戒形式主义、官僚主义，以工作实效为衡量标准，力求每一个时期、每一个阶段都有新的进步。

二要善于化解风险。涉军领域风险多、情况复杂。新部成立以来，在相关部门和大家的共同努力下，总体局面有了很大的改变，但不能掉以轻心。2019年是退役军人事务部化解矛盾风险“矛盾问题攻坚化解年”，各地也比较重视，在现有工作的基础上，要进一步深入排查，做好预警预测。特别要站在治理体系和治理能力现代化的角度，更加注重源头治理、系统治理、依法治理、综合治理，在这些方面多想办法，努力化解各种风险。同时要时刻紧绷防范风险这根弦，注意化解风险中的次生风险，出台政策措施要做好充足的风险评估，不能因为工作问题、政策问题引发新的风险。

三要敢于坚持原则。在是非面前、在重大原则问题上要旗帜鲜明、立场坚定，决不能拿原则做交易。面对歪风邪气要敢于发声，敢于站出来说话，敢于表明自己的态度，不能沉默失语，更不能无动于衷、退避三舍。对违反纪律等不良行为要坚决斗争、坚决纠正，决不能养痈遗患。在这方面，司局级主要领导要切实负起责任，带好班子，管好队伍。带队伍就是带风气、树正气、鼓士气，风气如果坏了，队伍就不会有战斗力。

四是面对失误要敢于承担责任。人非圣贤，孰能无过，工作中出现一时失误并不可怕，可怕的是不敢正视错误、承担责任。古人云："过也，人皆见之；更也，人皆仰之。"说的就是正确对待失误。不能因怕丢面子而丢了里子，更不能用一个错误去掩盖另一个错误。面对失误敢负责也是担当，要把纠正失误、总结教训的过程作为成长进步的阶梯。这既是一种党性修养，也是一种对党的事业负责的态度。

三、清正廉洁知敬惧

清正廉洁是党员领导干部应有的政治品格和道德操守，同时也是一种人生智慧。做到廉洁自律，不仅要加强党性锻炼和道德修养，而且需要学一点唯物辩证法的知识，多储备一些人生的智慧。干部提拔后有几种情况容易出问题：有的干部职务提升之后，自我陶醉、自命不凡、弹冠相庆、忘乎所以，与提拔之前判若两人；有的干部刚提拔时还小心谨慎，时间久了或在一个岗位经营久了，逐步放松自己，胆子越来越大，私欲膨胀、行为出格；有的干部原来素质不错，但经不住权、钱、物、色的诱惑和各种"围猎"，逐步放松警惕，丧失底线，最后沦为腐败分子。近期中央和国家机关工委通报了一批案例，都很典型，触目惊心，教训深刻。在这里和大家讲，学点唯物辩证法知识很有必要。

第一，廉洁是幸福之源。对于领导干部来说，能力有强有弱是正常的，但清正廉洁不是可有可无的、可强可弱的。有一句话讲得很好，"没有能力，工作未必归零，但是没有廉洁，能力一定归零"。廉洁出问题，一切等于零。廉洁是"1"，如果出了腐败，人生就是"0"。如果出大问题，那就不是归零的问题，再加上政治、经济、名誉、家庭等方面的负面影响，人生就是负数。生活中归零还可以重新再来，但是发生腐败大案，只怕是没有重新开始的机会了。所以当我们苦苦追求幸福的时候，别忘了廉洁也是幸福之源，只有做到廉洁自律，才能享有幸福的人生。

第二，有权不可任性。什么叫任性？任性就是由着性子，毫无约束，甚至胡作非为。权力作为一种支配性的力量，容易使人自我扩张、自我膨胀，超越一定限度就表现为任性，随心所欲，为所欲为。最后就会像断了线的风筝，随风飘荡，节节败退。苏联部长会议主席雷日科夫在苏联解体后讲过一句很经典的话，"权力应当成为一种负担，当它是负担时就会稳如泰山，而当权力变成一种乐趣时，那么一切也就完了”。抗战中期，一名美国记者从延安采访结束回到重庆，盛赞共产党人的正直、理想主义和牺牲精神，宋美龄说：“如果你讲的有关他们的话是真的，那我只能说他们还没有尝到权力的真正的滋味。”这句话很深刻。所以，当领导干部一定要弄清楚权力是什么，搞明白权力有哪些属性和特质，树立正确的权力观。

权力至少有4层含义：权力首先是一件“公用品”，姓公不姓私，任何人都不能把权力作为谋取私利的工具，这是权力的本质；权力也是一份“责任书”，与所要担负的责任相对应，权力越大责任越重，这是权力的内涵；权力还是一把“双刃剑”，严以用权可以给人带来机遇和成功，失去自律和监督的权力也可以给人带来挑战和风险，这是权力的特点；权力更是一件“身外物”，不是自身固有的，也不是可以永远拥有的，生不带来，死不带去，不能盲目迷恋，这是权力的属性。认清了这些，就能正确认识权力的“身份”，弄明白权从哪里来、权要怎么用，行使权力时就会把权力当负担，不任性。

第三，要心存敬畏，不要心存侥幸。古人曰：“君子之心，常存敬畏。”敬畏之心就是要求对事业有进取之志，有所作为；对权力有畏惧之心，有所不为，就是要求对人民、对组织、对党纪国法要有真真切切的敬惧之心，就是要用“怕”字来约束自己，时刻如履薄冰、如临深渊。作为领导干部，我们要始终把敬畏之心作为人生的重要信条，时刻做到心有所畏、言有所戒、行有所止。

侥幸之心则是一种投机心理、赌徒心态，突出表现就是碰运气。心存侥幸、必有不幸。一个人如果心存侥幸，胆子就会越来越大，进而在错误的道路上越滑越远、越陷越深。正是在这种侥幸心理的支配下，最终走上了不归路。天上是不会掉馅饼的，天上掉馅饼之时就是地上有陷阱之时。这种侥幸心理的要害是低估了我们党反腐败的决心和力度，高估了自己的伎俩和本领，错估了法纪的威严和力量。法国哲学家狄德罗讲过：“人生最大的错误，往往是侥幸引诱我们犯下的，当我们犯下了不可饶恕、无法宽恕的错误之后，侥幸隐匿得无影无踪，而在我们下一个拿不定主意的时候，它又光临了。”这话讲得多么深刻！作为领导干部一定要克服这种心态，千万不要被侥幸心理蒙住了双眼。

第四，自律才有自由。自由不是绝对，是有限制的。一个人只有在纪律和道德的要求和规范下做事，才能享有自由，否则就会走向自由的反面，受到惩罚。有一则寓言故事很有启发，说的是，玻璃总是抱怨窗框的束缚，总想挣脱它，有一天终于如愿了，没想到玻璃刚离开窗框，就哗啦一声摔成了碎片。现实中这样的例子还很多。世上没有不受约束的自由，如果有，那就离灭亡不远了。记得一位哲人说过：“自制是金光灿灿的马缰，能约束自己的人，最有威信。”这话用来形容自律十分恰当。我在2018年集体廉政谈话时说过，自律最大的敌人是找借口，要从小习惯、小病灶、小爱好改起，一个人如果在小事小节上过不了关，就很难在大是大非面前辨得清，所以越是在进步之时，越要在自身修养上下功夫，保持清醒的头脑。作为领导干部要常念《廉洁自律准则》的真经，《廉洁自律准则》共8条，前4条是对党员的，后4条是对党员领导干部的，8条准则都高于一般群众要求。我们经常讲道德高线是共产党人的理想信念追求，纪律底线是我们党的先进性对一个党员的基本要求，法律红线是任何人都不能去踩的。作为领导干部，第一，要有高线意识。对领导干部来讲，守底线是不够的，要有更高要求，不仅要有底线意识，更要有高线意识，要发挥表率和榜样的作用，没有高线意识，底线也是很难守住的。第二，要有底线意识。从严治党，要靠纪律，坚守纪律底线是为了治病救人，六项纪律都有具体化的要求，都要把握好。第三，要有长线意识。就是警钟长鸣、常鸣，时时警惕，筑牢思想防线。

第五，监督是真正的爱护。监督的目的是及时发现问题，纠正偏差。监督不是找茬子，也不是跟谁过不去。监督就像一面镜子，只有经常照镜子，修正自己的行为，才会避免走弯路、犯错误。从这个角度讲，监督是领导干部的“护身符”，是被监督者的福分。领导干部要习惯于在监督下工作，自觉接受监督，真心接受来自上级与下级的监督、党内与党外的监督、组织与群众的监督、社会与媒体的监督，把监督作为一种警诫，把自己更多地放在时间的放大镜、实践的扫描仪、群众的探照灯下接受监督，这也是一个领导干部应有的政治觉悟。

作为派驻纪检监察组，监督是我们的基本职责、第一职责。我在驻部纪检监察组成立时说过，驻部纪检监察组要当好“五个员”，即“两个维护”的监督员、政治生态的护林员、干部成长的保健员、正风肃纪的战斗员、机构改革的保障员。通过一年多来的监督实践，我们也深刻认识到，监督工作是一项政治性、业务性很强的工作，要实现监督工作高质量发展还有很长的路要走，还要在实践中不断探索创新。在座的各位都是我们的监督对象，我们在监督大家的同时也希望大家监督我们，并对我们的工作多提宝贵意见，希望大家一起努力，共同维护好新部风清气正的政治生态。

满腔热忱　精准服务
努力开创退役军人服务保障事业新局面
——在全国退役军人服务中心主任会议上的讲话

朱天舒

（2019 年 12 月 20 日）

在全国退役军人事务系统以满腔热忱的政治自觉和政治热情，深入学习贯彻习近平总书记关于退役军人工作重要论述和党的十九届四中全会、全国退役军人工作会议精神之际，部党组研究批准召开全国退役军人服务中心主任会议，并列席全国退役军人事务厅（局）长会议，充分体现了部党组对退役军人服务保障工作的高度重视。这次会议是全国退役军人服务机构组建后召开的第一次全国性会议，内容重要、影响深远，对于我们统一思想、明确目标、坚定信心、精准服务，具有十分重要的制度安排意义。

党中央、国务院高度重视退役军人服务保障工作。2019 年初专门部署建立贯通中央到村的六级退役军人服务保障机构。党的十九届四中全会作出推进国家治理体系和治理能力现代化的决定，要求健全退役军人工作体系和保障制度。中央和国务院相关领导同志分别主持召开专题会议部署推进服务保障体系建设。部党组把服务保障体系建设作为退役军人事务工作重要的政治任务，高位统筹谋划、强势推进落实。部领导分头带队赴各地调研督导，为高标准、高效率推进服务保障体系建设提供了坚强领导和有力指导。这些都极大增强了我们做好新时代退役军人服务保障工作的信心和决心。

一年来，全国退役军人服务系统深入学习贯彻习近平总书记重要指示精神，增强“四个意识”、坚定“四个自信”、做到“两个维护”，坚决落实中央决策部署，强化全心全意为退役军人服务工作理念，聚焦广大退役军人对美好生活的向往，白手起家、干事创业，积极探索实践、勇于破解难题、主动创新作为，退役军人就业创业服务、走访慰问、帮扶解困、信访服务和自身建设等各个方面工作富有成效，服务机构职能作用有效发挥，服务保障工作取得了显著成绩。

刚刚召开的全国退役军人事务厅（局）长会议，对年度退役军人事务工作进行了总结部署，特别是绍骋部长的讲话，是我们做好服务保障工作的根本指导，大家要认真学习领会，抓好贯彻落实。借这个机会，讲 4 点意见。

一、要提升政治站位，始终保持服务工作正确方向

2020年是我们党和国家发展史上非常关键和重要的一年。各级服务体系要把目前面临的形势和任务分析透，把服务体系建设的现状把握准。具体讲，要做到“四个搞清楚”。

一是要把中央指示搞清楚。习近平总书记在2019年新年贺词中特别强调，“要关爱退役军人，他们为保家卫国做出了贡献”。1月17日，习近平总书记考察天津市和平区新兴街道朝阳里社区退役军人服务管理站，再次强调军人是一个值得尊崇的职业，要加强退役军人管理保障工作，把退役军人的问题解决好，使参军入伍没有后顾之忧。党中央、国务院对加强新时代退役军人工作、加快推进退役军人服务保障体系建设作出了统一部署安排。我们要深刻学习领悟习近平总书记重要指示精神，坚决按照中央决策部署，按照全覆盖，实现有机构、有编制、有人员、有经费、有保障的目标，认真对标对表，强化政治担当、责任担当、使命担当，切实做到不折不扣、一以贯之、全面落实。

二是要把环境背景搞清楚。明年是全面建成小康社会、开启全面建设社会主义现代化国家新征程的交汇之年，是贯彻党的十九届四中全会精神、落实推进国家治理能力和治理体系现代化决策部署的开局之年，是深化国防和军队改革的收官之年，也是我们服务保障体系承接业务、全面运行的奠基之年。这些大环境大背景，对退役军人服务保障工作的政治要求更高，对提升服务保障能力水平的要求更高，对服务国家大局、完成工作任务的要求更高，对此各级必须高度关注、清醒认识，切实将其作为谋划工作、指导建设的基本着眼点。

三是要把政策制度搞清楚。退役军人服务机构遍布全国，服务保障对象多，关联军地部门多，涉及业务领域多，工作直接服务于经济社会发展和国防军队建设，是推进国家治理体系和治理能力现代化的有机组成部分和重要内容。绍聘部长围绕推进退役军人事务领域治理体系和治理能力现代化，深刻阐述、具体明确了需要重点坚持和完善的14个方面政策制度和体制机制，这也为服务体系建设发展指明了路径方向。大家必须深入学习贯彻，并着眼推进退役军人服务保障领域治理能力和治理体系现代化，切实使工作方向、工作思路、工作标准适应服务体系建设形势任务的需要。

四是要把工作部署搞清楚。这是开展一切工作的首要前提，我们必须认真学习领会全国退役军人工作会议和全国退役军人事务厅（局）长会议精神，准确把握退役军人年度工作的整体部署，以此为基本遵循和依据，从政治高度、工作全局，牢牢把握服务体系建设的正确方向，明确新年度的建设任务、服务保障任务和总体要求，抓好年度工作落实。

二、要坚持科学统筹，牢牢把握服务保障工作重点

习近平总书记强调，在任何工作中，我们既要讲两点论，又要讲重点论，没有主次，不加区别，眉毛胡子一把抓，是做不好工作的。什么是重点？就是贯彻“一个意见”（加强新时代退役军人工作有关文件）、开展“两项活动”（思想政治工

作年、基层基础基本建设年）、健全“三个体系”（组织管理、工作运行、政策制度体系）、落实“七个重点”（部年度7个方面的工作部署）。根据当前的形势任务和退役军人工作的整体部署，结合服务体系建设运行的实际情况，要重点突出3项工作。

一是要重点抓住服务机构实体建设不放松。首先，要抓好编制落地、人员到位。据最近的统计数据显示，全国服务机构编制10万余人，平均到位率为81.6%，越到基层力量不足的问题越突出。各级要切实采取有力举措，抓紧督导编制人员到位，确保开门服务、有人办事、实体运行。其次，要抓好“退役军人之家”建设。六级服务机构，发挥职能作用的重中之重在乡镇街道。要突出加强乡镇街道服务站的“退役军人之家”建设，抓好规划设计，加大经费投入支持力度，充分发挥好就业创业服务、信息动态管理、远程维权服务、政治军事文化阵地、司法援助服务、心理调适慰藉、医疗康养咨询服务、志愿组织服务、困难帮扶服务等“九大功能”。最后，要抓好信息化建设。要紧紧围绕“互联网+退役军人服务”，扎实抓好信息平台建设，既要提供好传统的面对面服务，又要实现键对键的精准保障，以信息化推动服务体系建设现代化。

二是要重点抓住服务主业不放松。要抓住就业创业服务这个根本，多措并举、广开渠道，推动退役军人充分就业、高质量就业。要抓住权益维护服务这个焦点，切实增强基层服务站的吸附功能，依法就地、真心实意为退役军人解决矛盾问题，打好有效防范化解风险的主动仗，坚决做到问题不解决不撒手、矛盾不化解不终结，切实维护社会大局和国家安全稳定。要抓住政治功能发挥这个关键，以开展“思想政治工作年”为抓手，加强思想政治引领和教育管理，确保他们“一日为兵，终生做党的忠诚战士”，始终成为党执政兴国的可靠力量。要抓住优抚帮扶服务这个基础，扎实做好建档立卡工作，全面落实优抚待遇，广泛动员社会力量，精心做好困难退役军人的帮困解难工作，切实兜好民生底线，真正践行以退役军人为中心的服务理念。

三是要重点抓住制度机制保障不放松。要加强顶层规划设计。明年是“十三五”规划的收官之年，我们要抓紧谋划退役军人服务保障领域未来5年的工作，突出重点建设任务，搞好研究论证，拿出时间表路线图任务书，积极推动各级党委政府将其纳入当地的“十四五”规划编制，为服务事业提供坚强制度保障。要加强规范化标准化建设。围绕厘清行政机关与服务机构的职能任务，抓紧研究建立层次分明、权责清晰的服务事项清单，重点界定厘清乡镇街道和村社区两级服务站的职责；围绕强化服务机构建设管理，抓紧建立分层分类、精准精细的服务机构星级标准考核评价体系。要建立完善全维闭合的服务机制。“四中心两站”六级服务机构，一级有一级功能作用，一级有一级职责任务，要着力打造一级联一级、层层抓落实的服务链条，切实形成层级指导、分级服务、行之有效的工作机制。

总之，针对上述重点工作，希望大家在服务保障工作的谋篇布局中要充分考虑，在领导精力上要更加关注，在各种要素资源配置上要全力保障，真正抓紧抓好、抓出成效。

三、要注重改革创新，努力破解体系建设发展难题

习近平总书记指出，抓创新就是抓发展，谋创新就是谋未来。依靠改革创新破解发展难题，是推动服务保障体系建设发展前行的内在要求。多年来的工作经验告诉我们，大事抓住了就有新突破，难事解决了就是大贡献，矛盾问题克服了就能推动事业建设发展上台阶。我们要继续强化创新的意识，提高创新的能力，拿出创新的举措，推动服务保障体系建设实现跨越式发展。

一是要创新服务手段。当前，随着信息时代的迅猛发展，人们的交往联络方式、社会服务保障模式发生了深刻变化。我们应充分运用互联网、大数据、移动客户端等现代新技术、新手段，通过点对点、键对键，为退役军人提供更加方便快捷、更加精准优质的服务，让“信息多跑路、服务对象少跑腿”，推动服务保障水平实现质的飞跃。

二是要创新服务模式。要加强各级关爱退役军人协会、退役军人关爱基金会的建设和运行管理，不断充实服务保障力量；要广泛鼓励、动员和引导社会各界支持参与，积极探索引入政府购买服务、社会专项服务、鼓励自我服务、倡导志愿服务等方式，促进服务工作从单一化向社会化转变；要加快形成政府部门主导、社会力量参与的服务保障工作新格局。

三是要创新服务机制。发挥好服务保障职能作用，关键是要搞好协调工作、统筹各方力量。要建立部门联动机制，紧紧依靠各级党委领导小组、信访工作联席会议，加强与政法综治体系、脱贫攻坚体系、基层党群服务中心等协同融入，从制度机制上建立完善有效的共商、共议、共担保障机制，确保遇事全力以赴解决，形成强大服务合力。

四是要创新服务治理。要积极学习借鉴新时代“枫桥经验”，扎实开展提升服务机构治理能力和服务水平 3 年行动，着力打造“枫桥式”退役军人服务站点，不断提升广大退役军人自我管理、自我教育、自我服务和自我化解矛盾问题的能力，努力实现退役军人服务“小事不出村，大事不出镇，矛盾不上交”。

五是要创新服务文化。要着眼退役军人服务特点，树好文化形象，培育文化理念，建强文化阵地，丰富文化活动，不断汇聚起热爱、建设、奉献退役军人服务事业的磅礴力量。要加强退役军人志愿服务引领，以推进退役军人社会应急保障志愿服务工程建设为抓手，激励引导退役军人赓续人民军队优良传统，积极参与社会志愿服务，充分发挥辐射带动作用，浓厚社会崇军尚武文化，激发参军拥军热情，推动全社会对退役军人的尊重、对军人职业的尊崇。

四、要注重全面过硬，切实打造一支高素质的服务工作队伍

服务体系建设的发展目标和任务部署确定之后，关键要靠一支高素质的服务工作队伍来抓落实、作保证。我们各级服务机构的领导干部要充分认清队伍建设的极端重要性，着眼提升基本能力、夯实基础工作、加强基层建设，围绕人心聚起来、队伍建起来、事情做起来、规矩立起来、基础强起来的思路，扎扎实实抓好服务工作队伍建设，才能确保退役军人服务事业行稳致远、持

续发展。

一是要加强理论武装。要学懂弄通做实习近平新时代中国特色社会主义思想，自觉在思想上政治上行动上同以习近平同志为核心的党中央保持高度一致。要巩固深化“不忘初心、牢记使命”主题教育成果，推动教育常态化制度化，激励服务系统广大干部职工更加奋发有为推进退役军人服务保障事业创新发展。

二是要加强能力素质建设。要广泛开展大学习大培训大练兵活动，全面提升服务工作队伍政策理论水平和解决实际问题的能力。要加强服务队伍的职业道德建设，规范服务标准，规范服务礼仪，规范服务行为，带着感情、带着温度、带着质感服务好退役军人，让他们切实感受到温暖、感受到尊崇。要加强岗位能力标准体系建设，建立健全考评激励机制，激发广大干部职工干事创业热情，让服务队伍永葆生机活力。

三是要加强作风建设。我们服务队伍直面退役军人，身处化解矛盾、解决问题的第一线，一言一行都代表着党和政府的形象，加强作风建设显得尤为重要。要以“功成不必在我、功成必定有我”的精神境界，立起建设发展的高标准，凝聚首任首为的新共识，跑好开篇起航的第一棒。要坚持求真务实的作风，把退役军人的呼声作为作风建设的第一信号，把服务对象的需要作为作风建设的第一需求，以退役军人关心的热点和难点问题为工作重点，有什么问题就重点解决什么问题，需要什么就重点帮助解决什么。要努力做到干一件成一件精一件，切实以一流服务标准、一流服务成绩，让退役军人认可满意。

四是要加强党风廉政建设。我们从一开始就要把党风廉政建设摆上突出位置，坚持初始即严、全面从严、一严到底，立规矩、明纪律、严作风，切实把服务机构建成宣传党的主张、贯彻党的决定的政治机构，建成服务退役军人的坚强战斗堡垒。要严格落实管党治党责任，建立健全管思想、管工作、管作风的从严管理体系，始终把纪律规矩挺在前面，严防发生违法违纪问题。要深入整治形式主义、官僚主义，特别是退役军人服务工作中的不作为、慢作为、敷衍塞责等问题。要坚持靠制度管人、靠机制干事，努力营造风清气正的氛围，着力打造忠诚干净担当的退役军人服务队伍，全面塑造退役军人服务保障体系的崭新形象。

做好新时代退役军人服务保障工作责任重大、未来可期。我们要更加紧密地团结在以习近平同志为核心的党中央周围，全面落实党中央、国务院决策部署，在部党组坚强领导下，以更大的勇气担当，更实的举措办法，更优的业绩成效，努力开创退役军人服务保障事业新局面！

全国退役军人工作

退役军人事务部工作情况

2019年是全国退役军人事务系统组建到位、奠基启新之年。一年来，各级退役军人事务部门坚持以习近平新时代中国特色社会主义思想为指导，全面贯彻党的十九大和十九届二中、三中、四中全会精神，深入贯彻落实习近平总书记关于退役军人工作重要论述和党中央、国务院决策部署，紧紧围绕让退役军人成为全社会尊重的人、让军人成为全社会尊崇的职业这一目标，狠抓“三个机关”建设，坚持固本培元、改革创新，坚持综合施策、持续发力，实现平稳起步、良好开局，为促进经济社会发展、服务国防军队建设作出了积极贡献。

一、党的领导持续加强

坚持将旗帜鲜明讲政治作为根本要求，增强“四个意识”、坚定“四个自信”、做到“两个维护”，坚决把党的领导贯彻落实到退役军人工作各方面各环节。一是持续用习近平新时代中国特色社会主义思想武装头脑。坚持在学懂弄通做实上狠下功夫，先后组织61次党组会、党组中心组集体学习研讨，系统学习习近平总书记重要指示批示和中央最新精神，深刻领会习近平新时代中国特色社会主义思想的精神实质，进一步筑牢同以习近平同志为核心的党中央保持高度一致的思想自觉、政治自觉和行动自觉，确保退役军人工作始终保持正确政治方向。二是深入开展“不忘初心、牢记使命”主题教育。把开展主题教育作为一项重大政治任务，把学习教育、调查研究、检视问题、整改落实贯穿全过程。通过集体学习、脱产培训、交流研讨等方式，系统学习政治理论和党规党纪，进一步坚定初心信念、强化使命担当；派出12个调研组赴18个省份开展专题调研，指导推动社会保险补缴、服务体系建设等重点工作；针对3个层次49个问题，挂账督办、逐项整改；将开展“作风建设年”“重温烈士家书”等活动作为自选动作，大力培塑对党忠诚、纪律严明、真抓实干、担当敬业、清正廉洁的工作作风。三是大力推进全面从严治党。坚持以党的政治建设为统领，制定落实《履行全面从严治党主体责任实施办法》，成立直属机关党委、纪委，开展基层党组织标准化规范化建设。严明政治纪律和政治规矩，从严整治形式主义、官僚主义，改进文风会风，精简会议13个、发文数比控制数少20个。完善廉政风险防控机制，全力支持配合驻部纪检监察组工作，保障退役军人工作规范健康发展。

二、中央决策部署落实有力

坚决贯彻中央决策部署，扎实推进各项中央交办重大任务，确保落实到位。一是组织召开全国退役军人工作会议。习近平总书记和李克强、王沪宁等中央领导同志亲切会见全体参会人员和受表彰模范代表，孙春兰副总理出席会议并作重要讲话。会议研究部署事关退役军人工作长远发展的重大问题，表彰一批全国模范退役军人、全国退役军人工作模范单位及个人，社会反响热烈。二是积极推动法律政策出台。提请中央印发关于退役军人工作重要文件，明确目标方向、基本思路、重点任务和创新举措，对退役军人工作进行全流程顶层设计。起草《退役军人保障法（草案）》，立法进展顺利，报请国务院、中央军委审议。三是全力构建服务保障体系。出台加快推进退役军人服务保障体系建设的意见，各级建成服务中心（站）64.3 万个，落实编制 10.8 万个，基本实现从国家一直到村庄（社区）的全覆盖。印发服务中心（站）建设与工作规范、基层服务中心（站）工作指南等，提升服务质量、发挥功能作用。四是稳妥推进部分退役士兵社会保险补缴工作。印发《关于解决部分退役士兵社会保险问题的意见》，召开天津会议专门部署，成立工作专班，扎实做好数据摸底、政策宣传、经费测算、资金保障等工作，将很大程度解除符合条件退役士兵养老和医疗后顾之忧。五是建立困难退役军人帮扶援助机制。出台《关于加强困难退役军人帮扶援助工作的意见》，进一步提高救急济难水平，推动建立困难退役军人帮扶援助新机制。六是精心组织参加新中国成立 70 周年有关庆祝活动。组织退役军人和其他优抚对象代表参加国庆 70 周年文艺晚会、招待会、庆祝大会、群众游行方阵、向人民英雄敬献花篮仪式等任务，配合完成退役军人事务领域纪念章发放对象统计工作。参与国庆 70 周年大型成就展布展工作，配合做好“我和我的祖国”等群众性主题宣传教育活动，大力宣传以共和国功勋张富清、李延年为代表的优秀退役军人，以先进典型引领广大退役军人退伍不褪色、建功新时代。

三、组织管理体系基本建成

组织管理体系不断完善，党委领导下的行政部门、服务体系、社会力量“三驾马车”同向发力的工作格局基本形成。一是推动决策议事协调机构和行政机构建设。全国县级以上党委退役军人事务工作领导机构普遍成立，政府行政机构全部组建到位。二是加快事业单位设立转隶工作。成立国家退役军人服务中心，指导各地成立服务中心（站）、转隶 4000 余家事业单位，探索优抚事业单位做大做强的办法措施。三是充分发挥社会力量作用。接收转隶中国爱国拥军促进会等 4 家涉退役军人全国性社会组织，推动将中国拥军优属基金会改设为中国退役军人关爱基金会，与 11 家大型商业银行、3 家电信运营商签订拥军优抚合作协议，与 2 家大型民营企业签订实施安置战略合作协议，指导各地设立关爱退役军人协会、基金会，规范引导更多社会力量支持、参与、推动退役军人工作。

四、工作运行体系不断完善

坚持优化、协同、高效原则，持续完善工作运行体系。一是推动建立系统、部门、军地密切协作的合力共为机制。推动将退役军人工作纳入地方党政班子和领导干部考核内容，建立系统上下信息联动机制，使各方协同有力、系统运转高效。二是推动建立责任逐级压实、压力层层传导的工作落实机制。制定退役军人事务核查督办有关办法，加强工作考评、督查督办、追责问责，形成“工作闭环”。三是推动建立信访渠道畅通、问题联动处置的风险防范机制。推进信访制度化建设，完善退役军人诉求表达、矛盾化解等制度，建成覆盖部、省、市、县四级的信访工作网络。四是推动建立运用信息技术手段开展精准服务、动态管理的高效运转机制。编制全国退役军人信息化建设总体方案实施要点及地方平台建设指南，全面推进退役军人工作信息化建设，上下贯通的信息网络和标准统一的综合管理平台初步建成，有力提升全系统工作效能。

五、政策制度体系初具框架

坚持以推进立法为制度根基、以编制规划为战略导向、以出台政策为具体抓手，逐步完善退役军人工作政策制度体系。一是加快推进立法进度。起草《退役军人保障法（草案）》，修订《烈士褒扬条例》《伤残抚恤管理办法》。二是研究编制“十四五”退役军人工作专项规划。开展重大问题调研论证，对未来五年退役军人事业发展框架、重点任务、专项工程进行长远谋划，规划编制已有雏形。三是推进政策制度出台。制定军休人员移交管理、垂管系统接收军转干部、职业技能培训等政策文件 20 多个，完成第一阶段 664 件政策文件清理工作。同时，与中国社会科学院大学合作开展“退役军人管理保障”学科建设，为制度设计提供智力支撑。

六、安置就业任务顺利完成

贯彻妥善安置、合理使用、人尽其才、各得其所的原则，扎实做好安置就业工作。一是落实年度接收安置任务。全年接收 6 万名军转干部、40 多万名退役士兵、1900 多名复员干部、1.2 万名军休干部和退休士官。二是创新退役安置举措。探索实施军转干部“直通车”式安置办法，试行政府安排工作退役士兵“两次移交、两次安置、实名下达”移交安置办法，协调央企提供 1.6 万个工作岗位，大力推进“阳光安置”，联合做好国家综合性消防救援队伍退出消防员移交安置工作，确保新旧体制平稳衔接。三是积极扶持就业创业。结合高职扩招计划、职业技能提升行动，加大退役军人参加学历教育、职业教育政策优惠力度，指导各级组织退役军人教育培训 75 万人次，54 万名退役军人报名高职扩招。提高退役士兵就业创业税收优惠标准，与保利、万科签署退役军人就业合作协议，拿出岗位 2.6 万个。指导各地举办专场招聘会 4100 次，达成就业意向 28 万人次。四是改革军休服务管理。协调将武警和公安现役跨军地改革军休干部有关经费统一纳入中央财政保障，大幅提升军休干部待遇保障水平，举办全国军休干部庆祝新中国成立 70 周年文艺汇演，开展军休养老服务需求调研，核实军休实力底数，统筹推进退休人员住房改善和服务管理用房建设。

七、优待褒扬水平不断提升

坚持抚恤优待本质属性，增强褒扬激励功能，让广大服务对象切实感受到党和政府的关心温暖。一是发扬双拥工作传统优势。部署开展双拥模范城（县）创建活动，修订命名管理办法和考评标准，建立军地互提需求、互办实事的“双清单制”，协调解决了一批困难问题。二是提高优待抚恤标准。较好落实退役军人和其他优抚对象待遇，连续15年提高重点优抚对象抚恤补助标准，平均提标幅度10%，并着重向在乡老复员军人倾斜。三是加强纪念设施管理保护。推动出台《烈士纪念设施规划建设修缮管理维护总体工作方案》，联合相关部门研究制定具体落实措施；深化中朝、中俄、中韩合作交流，加快我国在境外烈士纪念设施建设。四是发挥褒扬纪念功能作用。将英雄烈士保护纳入党和国家功勋荣誉表彰制度体系，启用《烈士光荣证》，举行湘江战役红军烈士遗骸安葬仪式，举办第六批在韩志愿军烈士遗骸归国仪式和认亲活动，开展“清明祭英烈”“寻找英雄”等宣传教育活动，组织全国“丰碑永铸·颂英烈”讲解员大赛和主题书画展，营造致敬先烈、崇尚英雄的社会氛围。

八、权益维护工作有序推进

坚持全心全意为退役军人服务，始终带着责任和感情做工作，切实维护退役军人和其他优抚对象合法权益。一是加大政策落实督查力度。周密组织首次退役军人事务综合督查，直奔问题、明察暗访、摸排线索，加大督查督办力度，持续推动问题解决。二是认真做好矛盾化解工作。深入开展“矛盾问题攻坚化解年”活动，建立区域协调机制，合力攻关解决重难点问题，退役军人和其他优抚对象满意度不断提升。

九、服务管理能力持续强化

坚持服务保障与教育管理并重，着力提升服务对象获得感、幸福感、荣誉感，引导激励他们听党话、跟党走。一是加大关心关爱力度。规范光荣牌悬挂服务管理，为近4000万家庭悬挂光荣牌。指导各地经常性开展走访慰问、帮扶解困、关心关爱活动，切实解决退役军人生产生活实际困难。二是加强典型宣传引领。隆重表彰全国模范退役军人，深入开展“最美退役军人”学习宣传活动，配合推出老兵生活探访纪实节目《本色》，激励退役军人干事创业、向上向善。三是抓好信息平台建设。基本建成退役军人基础信息数据库，采集近4000万条数据。推行“互联网+退役军人服务”，国家层面完成15个原有业务信息系统迁移整合、13个新系统研发上线。

十、系统建设有力加强

以夯实基础为着眼，以能力提升为牵引，以技术运用为驱动，全面推进系统建设。一是优化机关内部运行。建立习近平总书记重要指示批示贯彻落实情况“回头看”工作常态化机制，向中办、国办定期报送中央领导同志批示件办理情况和重点工作进展情况。开展部机关“三定”回头看，建立健全各项规章制度，加强信息公开、行政复议、财务管理等工作，进一步提高政务运行规范化水平。二是强化系统干部队伍建设。

印发《关于做好2019年干部培训工作的通知》，制定《2019—2022年全国退役军人事务系统干部教育培训规划》，举办首次省部级退役军人事务工作专题研讨班，举办市、县两级退役军人事务局长示范培训班，为各地抓好培训工作提供模板和遵循。全年共举办各类培训班51期，参训人员5500多人次；各省累计举办培训班超过410期，参训人员达5.6万余人次。

政策法规

2019年，退役军人政策法规工作紧紧围绕深入学习贯彻习近平新时代中国特色社会主义思想，全面贯彻党的十九大和十九届二中、三中、四中全会精神，贯彻落实习近平总书记关于退役军人工作重要论述和重要指示批示精神，积极推进各项工作，确保实现预期目标。

一、《退役军人保障法》立法工作

推动制定《退役军人保障法》列入《国务院2019年立法工作计划》。坚决贯彻习近平总书记关于退役军人工作重要论述和重要指示批示精神，落实党中央、国务院决策部署，坚持改革创新，按照科学立法、民主立法、依法立法的要求，在广泛征求中央和国家机关、军委机关有关部门意见的基础上，对《退役军人保障法（草案）》作了进一步修改完善，按照立法工作要求，会同有关部门抓紧推进。

二、退役军人事务政策法规清理工作

全面推进清理工作，经过全面查找，反复对比，逐一审核，邀请法律专家协助审核，广泛征求中央和国家机关、军委机关意见，取得初步成果。

三、政策理论问题研究工作

制定《退役军人事务部课题研究管理办法》，规范理论课题研究工作。突出退役军人工作基础理论、长远建设问题、亟须解决的现实矛盾等重点，从退役军人法律救济机制构建、诚信体系研究、教育培训承训机构绩效考评体系建立、烈士纪念设施规划建设等方面，确定20个研究课题，面向国内高校、科研机构及其他社会力量，遴选确定承研机构。加强与承研机构沟通联系，有效发挥“外脑”作用，不断提升政策理论研究水平。

四、行政复议工作

行政复议工作继续坚持“以人为本，复议为民”，切实履行法律赋予的行政复议职责，积极受理行政复议案件，创新工作方式方法，保证办案质量，提高办案效率，支持合理诉求，坚决纠正违法行政行为，切实维护退役军人及其他优抚对象合法权益。

思想政治和权益维护

2019年，思想政治和权益维护工作坚持以习近平新时代中国特色社会主义思想为指导，认真学习贯彻习近平总书记关于退役军人工作重要论述和重要指示批示精神，攻坚克难，开拓创新。

一、深入推进退役军人思想政治和党员教育管理工作

从完善政策制度体系、加强党员教育管理、开展荣誉表彰奖励、做好先进典型宣传等方面着力，积极营造尊重退役军人、尊崇军人职业的浓厚氛围。

（一）完善退役军人思想政治和党员教育管理政策制度体系

一是开展理论研究。分别委托军事科学院、中国社会科学院开展“新时代退役军人思想政治工作研究”“流动退役军人党员教育管理研究”课题研究并形成报告，为完善退役军人思想政治和党员教育管理政策制度体系提供理论依据。

二是出台规范性文件。研究制定《应邀以退役军人身份参加大型活动着装办法（试行）》，对应邀以退役军人身份参加大型活动的着装行为，特别是着服役期间军装的行为进行统一规范。制定出台《退役军人事务工作表彰奖励办法》，对退役军人事务领域的表彰奖励进行系统规范。起草形成《关于加强退役军人思想政治工作的意见》初稿，政策制度体系逐步完善。

（二）积极推进退役军人党员教育管理工作

一是组织专题调查研究。会同中央组织部相关业务部门，赴广西、四川、浙江、河南、甘肃、吉林等地就退役军人党员教育管理工作进行调研，摸排情况，研究对策。邀请专家学者分赴宁夏、天津、浙江、江苏、贵州、河南等地围绕退役军人思想政治工作进行调研，并推广贵州安顺发挥退役军人村干部作用助力脱贫攻坚的经验做法。

二是加强党员教育管理。指导各地做好退役军人党员组织关系转接工作。指导各级退役军人事务机构协助基层党组织落实好“三会一课”等组织活动。加强与流动在外的退役军人党员的联系，按照组织关系一方隶属、参加多重组织生活方式，帮助流动党员就近就便参加组织生活，及时动员具备条件的转移组织关系。

（三）规范并组织开展退役军人表彰奖励工作

一是调整退役军人事务领域表彰奖励项目。

2019年5月6日，经中央批准同意，退役军人事务领域表彰奖励项目调整为3个：全国模范退役军人、全国退役军人工作模范单位及个人，表彰周期5年；全国双拥模范城（县）、全国双拥模范单位（含爱国拥军模范单位、拥政爱民模范单位）、全国双拥模范个人（含爱国拥军模范个人、拥政爱民模范个人），表彰周期4年；退役军人服务保障先进单位及个人（含军休工作先进单位及个人、先进军休干部），表彰周期5年。

二是组织开展全国模范退役军人、全国退役军人工作模范单位及个人评选表彰。会同中央组织部、人力资源社会保障部、中央军委政治工作部等军地有关部门，表彰401名全国模范退役军人、91个全国退役军人工作模范单位和76名全国退役军人工作模范个人。2019年7月26日，中共中央总书记、国家主席、中央军委主席习近平在京会见受表彰代表并合影留念，中共中央政治局常委、国务院总理李克强，中共中央政治局常委、中央书记处书记王沪宁参加会见，社会反响热烈。

（四）持续开展退役军人先进典型宣传工作

一是学习宣传以张富清同志为代表的英模人物。认真落实习近平总书记关于向张富清同志学习的重要指示精神，及时研究制定工作方案并印发通知，要求全国退役军人事务系统并号召广大退役军人以张富清为榜样，积极弘扬奉献精神，万众一心奋斗新时代。会同中央宣传部在主要媒体刊播发张富清、胡兆富、朱再保、张贵斌等一批老英模的先进事迹。会同中央宣传部、中央军委政治工作部及湖北省委，于2019年7月31日在人民大会堂举行“时代楷模”张富清同志先进事迹报告会。会同中央网信办、中央军委政治工作部开展“寻访英雄”网络互动活动，于2019年11月2日在湖北省来凤县举行启动仪式。

二是深入开展“最美退役军人”学习宣传活动。会同中央宣传部、中央军委政治工作部授予王富国等19名退役军人和国网江苏电力（如东公司）退役军人党员服务队“最美退役军人”称号。《闪亮的名字——最美退役军人》发布仪式在中央电视台国防军事频道和全国20多家省级卫视陆续播放，举办致敬“最美退役军人”主题音乐会、创作歌曲《永远是个兵》、拍摄纪录片和公益广告，学习宣传活动高潮迭起。

三是做好退役军人典型的常态化宣传。指导制作电视节目《本色》和《老兵你好》，并协调在“学习强国”客户端等平台联动播出，两个节目均被国家广电总局评为2019年第三季度广播电视创新创优节目。在主流媒体开设“退役军人风采录”“优秀退役军人风采”等专栏，并充分发挥部官方网站及“退役军人事务部”“中国退役军人”微信公众号等新媒体平台作用，持续宣传优秀退役军人典型事迹。

（五）组织参加“庆祝中华人民共和国成立70周年”系列活动

一是配合做好“庆祝中华人民共和国成立70周年”纪念章统计颁发工作，集中报送退役军人事务部负责统计的拟颁发对象信息，指导各地做好纪念章发放工作。

二是组织部分老一辈军队退役英模、民兵英模和支前模范、退役军人事务领域先进模范、重点优抚对象代表等286人参加国庆70周年系列活动，传递党和国家对退役军人的礼遇关怀。

二、加快推进服务保障体系建设

2019年4月，退役军人事务部会同相关部门出台推进退役军人服务中心（站）建设的指导性文件。9月，印发《基层退役军人服务中心（站）工作指南》。经过各地、各相关部门共同努力，截至12月底，全国已建立各级退役军人服务中心（站）64.3万个，基本实现了从国家一直到村庄（社区）的全覆盖。

三、严格核查督办，维护合法权益

（一）出台退役军人事务核查督办有关办法

2019年3月27日印发退役军人事务核查督办有关办法，为核查督办工作提供基本遵循，更好推动政策落实、工作落实、责任落实，更好维护退役军人和其他优抚对象合法权益。初步建立职责明确、协调一致、规范有序、务实高效的退役军人事务核查督办工作体系。

（二）组织开展综合督查和平安建设考评

根据中央有关要求，2019年11月下旬至12月中旬组织开展退役军人事务综合督查。5个督查组分赴10个省（区、市）开展督查，走访县（区）退役军人事务部门55个、县级及以下退役军人服务中心（站）168个，并向中央呈报督查工作报告。按照中央有关要求，对31个省（区、市）开展平安建设（综治工作）、推动退役军人工作政策落实的相关情况进行考评。

（三）扎实推进“互联网＋督查”平台留言办理工作

探索建立“统、筛、转、核、督、报”六步工作法，不断提高“互联网＋督查”平台留言办理质量和效率。收到国务院“互联网＋督查”平台转交的一般性留言线索共计3批次172条，其中需要核查办理的35条。按照国务院办公厅督查室有关要求，已报送办理情况报告。

四、积极主动做好信访工作

（一）深入开展“矛盾问题攻坚化解年”活动

2019年4月，部署开展“矛盾问题攻坚化解年”活动，指导推动各地化解一批信访突出矛盾问题，切实维护退役军人合法权益。5月、8月分两批向各地交办挂账督办重点信访事项，并根据地方反馈意见逐件登记、审核、销账。10月，召开攻坚化解疑难问题精准协调推进会，对各地的重点疑难案件进行现场办公、精准协调、集中化解。

（二）着力提高退役军人信访工作水平

2019年4月，出台指导性意见，为退役军人信访工作提供指导和遵循。先后举办3期退役军人信访工作培训班，提升各级思想权益（信访）部门政策理论水平和化解矛盾问题能力。7月1日，上线运行退役军人信访信息系统，基本建成覆盖中央、省、市、县四级的退役军人信访工作网络并不断优化完善，提高信访工作信息化水平。

规划财务

2019年，规划财务工作紧紧围绕退役军人工作大局，坚持问题导向，积极发挥职能作用，着力打基础、抓重点、破难点，推动各项业务工作平稳有序开展。

一、着力提升预算、绩效管理水平

（一）强化财政资金保障

统筹编报部门预算。按照中央要求，加强资金统筹，优化预算结构，全力保障思想政治和权益维护、信息化建设、拥军优抚、褒扬纪念等重点工作任务，报送2020—2022年支出规划和2020年部门预算，申请2020年预算，包含9个一级项目和33个二级项目。组织编报中央对地方转移支付预算。协调对接财政部门，保障重点业务和新增单位专项资金需求。

（二）狠抓预算执行

2019年是退役军人事务部完整预算执行的第一年。执行中，优先统筹使用各项资金，保障重点或急需工作需要，注重执行动态监控，通过关键节点提醒、月度预算执行调度会、排名通报制度等措施，以紧抓支出进度倒逼工作任务落实。

（三）全面实施绩效管理

落实《中共中央　国务院关于全面实施预算绩效管理的意见》，研究出台《退役军人事务部预算绩效管理暂行办法》，使绩效管理覆盖项目预算管理全过程，建立健全退役军人事务部绩效管理制度体系，提高预算资金支出效益。日常管理中，注重绩效管理与预算管理的深度融合，预算编制环节保证绩效目标的完整科学，绩效管理覆盖部所有财政项目，填报绩效指标近1600条6400项；预算执行环节加强绩效目标执行监控，组织评估每项指标完成情况，编制报送部绩效监控报告；决算环节绩效目标的总体完成评价，完成绩效自评和绩效评价。

二、扎实做好财务管理和审计工作

（一）夯实财务基础工作

完善制度建设，及时跟进主管部门新出台的制度规定，先后制定《关于规范差旅伙食费和市内交通费有关事项的通知》《关于原始发票丢失后办理报销有关事项的通知》。及时做好日常报销、工资发放、个税代扣及申报、住房公积金核定及汇缴、国库集中支付等相关工作。规范设计会计核算体系，及时、全面、真实记录和提供财务会计信息。做好部门决算、结转结余资金核定、住房改革支出决算有关报表和日常财务报表的编制报送工作。

（二）严格财务审核把关

做好日常会计监督，坚持依法依规办理日常会计事项，合理设计内部控制机制，规范审核程序，严格会计凭证事前与事后的审核、复核工作。

（三）推动财务信息化建设

组织开发财务管理一体化系统，预算管理、财务报销、资产管理等相关事项通过线上流转。2019年，财务管理系统进行较大规模更新53次，优化和完善问题262项，完成网上报销1069次。

（四）做好内部审计工作

建立健全内部审计制度，起草《内部审计工作规定（试行）》。积极配合外部审计，配合审计署完成退役军人事务部机关2019年度预算执行审计工作，及时向国办和审计署报送督办件落实情况和审计整改报告等材料。配合审计署调研工作4次，积极协调各司按照要求向审计署提供材料。开展内部审计，组织第三方审计机构对4家社会组织开展了以“摸清家底、防范风险”为目标的内部审计工作，对4家社会组织年审材料中财务相关内容进行审查。

三、全面开展规划编制和统计调查工作

（一）启动退役军人事业“十四五”退役军人工作专项规划编制

建立规划编制工作机制。成立退役军人事务部规划工作领导小组，召开领导小组会和部规划工作座谈会，建立了与河北、山东省厅并行研究机制，印发工作方案和通知，组织各地推进规划研究编制工作。开展规划前期研究。组织对15个规划重大问题进行研究，先后赴山东、河北、湖北、天津、四川等地调研，召开部分地区“十四五”规划编制工作座谈会，听取地方、部分退役军人和有关专家意见，基本形成退役军人工作领域“十四五”规划基本思路。向国家发展改革委报送了希望纳入国家“十四五”规划基本思路重点内容等规划材料，组织研究编制工程项目实施方案，与国家发展改革委对接规划和重大工程的编制工作。组织做好“十三五”社会服务兜底工程有关项目实施工作。组织各地开展2020年中央预算内投资计划草案编制工作。

（二）做好统计调查工作

健全制度基础，印发《退役军人事务部统计工作管理办法》《退役军人事务部关于防范统计造假弄虚作假责任规定》《退役军人事务统计调查制度（试行）》，修订完善《系统机关和直属事业单位统计报表》，进一步规范指标体系，减轻基层工作负担，基本形成退役军人统计调查一套表。举办两次统计培训班，部署安排全系统退役军人事务统计调查工作，初步建立了全系统统计调查工作体制机制。提升统计调查服务决策能力，对全系统机关和直属事业单位机构情况进行了摸查，初步掌握系统机构、人员和资产情况等底数，为研究事业单位改革提供数据支撑。组织开展部级课题“退役军人事务统计指标体系和实施机制研究”，联系指导课题组完成课题研究任务。提高统计调查信息化水平，组织开

发统计业务管理信息系统，并进一步探索开发网络版系统。

四、稳步推进全国退役军人工作信息化建设

（一）贯彻落实中央精神

全力推动全国退役军人信息化工程立项。阶段性完成开展退役军人和其他优抚对象信息采集工作。根据信息数据采集和数据分析比对结果布置完成数据修正。

（二）组织成立领导机构

成立退役军人事务部网络安全和信息化领导小组，制定《退役军人事务部网络安全和信息化工作规则》《2019 年退役军人事务部网络安全和信息化工作要点及任务分工》，明确部信息化建设管理的工作流程、工作要点和责任分工。在全国退役军人信息化建设总体方案基础上，印发信息化建设指导文件，规范引导全国退役军人工作信息化建设方向。

（三）加紧建设综合信息数据库

依托退役军人和其他优抚对象信息采集数据，建设完成退役军人和其他优抚对象信息资源平台。研究制订《退役军人事务数据元》系列标准草案稿。编制退役军人身份编码体系方案。确保服务对象“一人一号、一号畅行”，为专享化、便捷化的精准服务提供支撑。建设基础数据管理系统。实现业务系统和信息资源平台数据的联动更新，为构建退役军人综合信息数据库奠定基础。

（四）扩展在线业务办理和服务渠道

上线退役军人事务部一体化政务服务平台。开通网上信访、自主择业等在线服务，完成“最多跑一次”线上政务服务平台的搭建任务。开展退役军人服务 App 军休模块试点工作。在移动端为军休老干部提供活动报名、一键呼叫、寻找老战友等休养、关怀和组织服务。

（五）构建系统内业务协同办理环境

完成全国优抚信息管理系统等 15 个原有业务系统的迁移，对其中的 12 个系统进行整合共享改造，提高业务办理的标准化水平。新建信访、社会保险补缴等 13 个业务系统。完成内网综合办公平台建设。开展退役军人事务部视频会议及无纸化会议系统建设，制定《部党组会议室视频会议及无纸化会议系统建设实施方案》。编制完成《退役军人视频会议系统建设指南》，指导各地建设视频会议系统。

（六）初步完成应用支撑平台建设

完成部省两级的主体建设，实现与信访、社会保险补缴等业务系统的整合对接。制定暂行管理办法及技术方案。编制完成应用支撑平台与系统整合共享的标准规范 22 项。对各省退役军人工作信息化负责人及相关工作人员开展应用支撑平台技术培训，为应用支撑平台的省级部署做准备。

（七）完善网络基础设施建设

初步完成退役军人事务部电子政务内网基础环境建设，取得审查合格证。完成部电子政务外网及互联网硬件设备采购及安装调试、数

据交换区建设、专享政务云建设。完善部电子政务外网安全防护措施，达到等级保护三级标准建设要求。积极推进退役军人事务系统非涉密网络建设，省级部门的接入率达到100%，市级部门的接入率达到98.27%，县级部门的接入率达到98.46%，基本建成全国退役军人事务信息高速公路。

（八）开展运行维护工作

持续开展终端运维工作。按照分级保护相关要求，持续推进终端安全加固工作。建立健全运维工作体系。制定《信息系统运行环境及基础设施运维工作方案》《网络与信息系统安全应急预案》等运维管理制度，确保部机关网络持续安全稳定运行。

移交安置

2019年，退役军人移交安置工作围绕服务深化国防和军队改革、服务经济和社会改革发展稳定大局，狠抓政策创制，狠抓改革创新，以深化贯彻落实中央决策部署，积极推进各项工作安排落地落细为主线，以攻克难点工作任务为重点，以夯实基础为保障，呈现新的面貌。

一、政策制度建设工作

坚决落实习近平总书记关于退役军人工作重要论述和重要指示批示精神，协调以中办、国办名义部署解决部分退役士兵社会保险问题，着力解决符合条件退役士兵因下岗失业等原因出现的养老、医疗等基本保障问题。抓好政策贯彻实施，组织在山东省齐河县开展全流程试点，制定工作指南、流程图、典型案例示范片。第一时间发布新闻通稿、答记者问，解读中央决策精神，传递党和政府关怀，激发正能量。国家层面组织开展培训20余场次，多次下发相关解释说明，及时制定资金管理使用办法，协调中央财政下拨专项资金。研发补缴专题信息系统，基本实现“让数据多跑路，退役军人少跑腿”目标。截至2019年年底，全国已通过系统录入329万余人，初审169万余人。

联合有关部门制发《关于加强困难退役军人帮扶援助工作的意见》，聚焦退役军人特点诉求，结合服务管理现实需要，对帮扶援助的对象情形、方式方法、保障标准、办理程序等事项作出规范和明确，有助于进一步提高救急济难水平，推动建立健全多元、高效、有力的退役军人保障体系。

联合应急管理部制发国家综合性消防救援队伍消防员退出和移交安置工作的文件，有效保证消防救援新旧体制平稳衔接、消防救援人员正常更替。

二、改革创新工作

坚持问题导向，改进中央垂管系统接收安置军转干部办法，将垂管系统军转安置计划由所在省下达改由中央有关部门统一下达。

在中央国家机关和事业单位率先探索实施军转干部“直通车”式安置服务，组织78家中央单位拿出367个直通岗位，指导北京等5省市开展试点，积累经验、提供样本。

联合中央军委政治工作部制定《关于进一步规范退役士兵移交安置工作有关具体问题的通知》，针对当前军地在移交安置工作中的一些难点、断点问题提出解决意见，重点对安排工作退役士兵和自主就业退役士兵离队报到接收、退役士兵安排工作手续办理、退役士兵放弃安排工作待遇选择灵活就业的申请程序和相关待遇等问题进行明确、作出规范。进一步压实军地责任，增强刚性约束，加强业务衔接，维护退役士兵合法权益，健全军地移交安置工作机制，提高移交安置工作科学化水平。

退役军人事务部会同有关部门出台文件，妥善解决跨军地改革集体转制部队退役军人落户工作问题。会同有关部门出台意见，解决因出生日期认定不一致导致军转干部落户困难等问题。

在全国试行符合政府安排工作条件退役士兵“两次移交、两次安置、实名下达”的移交安置办法，得到广泛认可。

三、年度移交安置工作

军地双方把完成年度安置任务作为学习贯彻习近平总书记关于退役军人工作重要论述和重要指示批示精神，落实中央决策部署的政治要求，作为检验退役军人工作的重要标准，用圆满完成年度安置任务的实际行动为新中国成立70周年献礼。北京等17个省（区、市）专门召开会议，省（区、市）主要领导同志亲自对做好退役军人安置工作作出部署、提出要求。各级退役军人事务部门积极研究解决新机构新人员面临的新矛盾新问题，强化责任担当，坚持在学中干、在干中学，全面落实中央关于退役军人移交安置工作的各项要求。云南省连续第26年率先在全国完成年度军转安置任务。

按照中央确定的安置方针、政策，各地结合实际，坚持完善现行政策制度与探索创新安置办法并重，有序推进工作，把中央的方针政策落实落细。上海市依托信息化平台、广东省通过制定完善军转干部考核赋分等12个工作办法，规范了工作程序，使安置各环节在阳光下运行。山东省放宽军转干部配偶随调在工作地域和户籍方面的条件限制，允许配偶户籍在军转干部安置地但单位不在同一市（区、县）的可以随调，解决军转干部事实上的“两地分居”问题。多地坚持量化退役士兵服役贡献、积分排序、按序选岗，通过新闻报刊、政府网站、悬榜公示等形式，落实安置政策、考核成绩、安置单位、选岗结果“四公开”制度，推动形成政策公开透明、程序公正规范、结果科学合理的阳光安置工作机制。

各地出台政策措施积极支持国防和军队改革，有效促进和保障了退役军人移交安置任务完成，落实3万多名计划分配军转干部和5万多名符合政府安置条件退役士兵岗位安置任务。军转干部安置方面，5000余名师团职干部得到重点安置，一批功臣模范和长期在艰苦边远地区及特殊岗位工作的军转干部得到照顾安置，9000余名随调随迁家属子女得到妥善安置。安徽、江西、海南、四川、云南、新疆等多个省份军转干部安置在党政机关（含参公单位）的比例超过95%。退役士兵安置方面，河北省取消文化课考试，组织公开选岗，为现役士兵安心服役、专谋打赢提供有力保障。山西省出台文件，规范退役士兵待安排工作期间服务管理工作。辽宁省、江苏省加强政策研究，创新工作思路，积极探索事业单位管理岗、专业技术岗接收安置退役士兵，拓宽安置渠道。上海市采取事业单位专项招聘、行政执法类公务员定向招考等措施，提升安置质量。协调中央企业进一步加大退役士兵安置岗位开发力度，提供1.6万多个工作岗位。符合政府安排工作条件退役士兵岗位落实率、安置到机关事业单位的比例均有提升。

就业创业

2019年，就业创业工作坚持以习近平新时代中国特色社会主义思想为指导，坚决贯彻党中央、国务院关于退役军人就业创业的决策部署，坚持需求牵引、问题导向，提升培训质量，加大扶持力度，规范服务保障，全力推动退役军人稳定就业、创业创新，奋力开创退役军人就业创业工作新局面。

一、着手基础研究，谋划就业创业基础建设

一是开展"退役军人管理保障"学科建设。与中国社会科学院大学正式建立试点合作关系，召开学科建设研讨会，深入研讨研究生招考、师资配备、教材编撰、课题研究等问题。发布全国"退役军人管理保障"方向研究生招生公告。

二是开展信息化建设。以信息化推进资源共享和供需有效对接，通过高效优质服务加强精细管理，打通"堵点"，摸清底数，逐步建成全国贯通、实时共享、上下联动的退役军人就业创业服务管理信息平台，经反复论证需求，形成系统建设初稿。

三是开展课题研究。委托军科系统工程研究院等机构深入研究"自主择业军转干部管理服务体系""退役军人教育培训体系""退役士兵教育培训与就业支持"课题，推进"十四五"退役军人事业发展规划重大问题前期研究项目"自主择业转业干部待遇政策与服务管理体系研究"，集中攻关退役军人事务领域基础理论和重难点问题，为推进政策创制提供理论支撑。

二、聚焦高职扩招，提升教育培训针对性

一是协同教育部等6个部门印发《高职扩招专项工作实施方案》，给予退役军人单列计划、单独招生、免文化考试，以及学费减免、助学金资助等专项优惠服务，为提升退役士兵学历层次、提高就业能力提供政策保障，指导各地宣传推动退役军人积极报考。

二是拟订《关于调整退役士兵教育培训有关政策的通知》，调整退役士兵教育相关政策，加大教育资助力度，为退役士兵学历教育"松绑"，为健全教育培训体系奠定基础。

三是联合多部门印发《关于全面做好退役士兵职业教育工作的通知》，全面推动退役士兵接受职业教育，提升退役士兵就业创业能力，促进退役士兵充分稳定就业。

四是会同人力资源社会保障部出台《关于做好退役军人职业技能培训工作的通知》，落实《职

业技能提升行动方案（2019—2021年）》，加强职业技能培训，提升就业创业能力。

五是研究编制退役军人教育培训承训机构目录和管理办法、承训机构绩效考评体系，加强承训机构管理。

六是指导各地开展教育培训工作。指导开展全员适应性培训，帮助退役军人开拓思路、转换观念、汲取经验、少走弯路，尽快实现角色转换。指导开展灵活多样的职业技能培训，引导承训机构根据退役军人特点和就业市场需求，聚焦先进制造业、新兴产业、现代服务业，定制社会需求大、就业前景好的专业课程，培养素质过硬、技艺精湛的行业人才。指导各地开展创业项目指导、企业经营管理等创业培训，提升退役军人创业能力。

三、突出减税降费，推进就业创业提质增效

一是联合财政部、税务总局印发《关于进一步扶持自主就业退役士兵创业就业有关税收政策的通知》，加强就业创业帮扶，实现扩围、提标历史性突破。

二是研究编制《适合退役军人就业的职业目录》，为退役军人提供就业参考，引导开展教育培训。

三是进一步加大公务员招录力度。在军队服务5年（含）以上的高校毕业生士兵退役后可以报考面向服务基层项目人员定向考录职位，同服务基层项目人员共享定向考录计划，并在2020年国家公务员招考公告中首次明确；支持各地结合乡村振兴、脱贫攻坚等战略，设置一定数量基层公务员职位面向退役军人招考。

四是选派退役军人参与社会治理、稳边固边、脱贫攻坚等重点工作，鼓励退役军人到党的基层组织、城乡社区担任专职工作人员。

五是强化创业服务。指导各地开展“最美退役军人”、创业大赛等活动，制作宣传片，宣传退役军人就业创业典型和优惠政策。鼓励各地在创业孵化基地和创业园区设立退役军人专区或单独建园，结合实际开展创业指导，鼓励社会资本设立退役军人创业基金，提升退役军人创业成功率。

四、围绕接收安置，推动服务保障规范发展

一是贯彻落实中央军委意见，配合军委相关部门，联合印发改革期间自主择业军转干部安置工作有关问题的通知，完善艰苦边远地区待遇、受处分处罚后待遇及管理教育等政策。规范档案审核、移交工作，指导各地核实人员、落实待遇，做好自主择业军转干部和复员干部接收安置工作。

二是研究制定关于进一步规范军人退役养老保险关系转移补缴工作的通知，完善工作规程，解决现实矛盾，推动退役军人养老保险政策待遇落实。

三是切实抓好“三群体、两系统”（自主择业军转干部、自主就业士兵、复员干部，退役金发放系统、自主择业信息工作平台）基础工作建设，全面摸排自主择业军转干部基本情况，掌握地方待遇落实情况，研究住房补贴政策意见，有序推进系统平台移库工作。统计各省（区、市）自主择业军转干部服务机构转隶和运行情况，编印《自主择业军队转业干部政策汇编》，组织开展自主择业军转干部待遇保障政策培训班。

军休服务管理

2019年，军休服务管理工作紧紧围绕深入学习贯彻习近平新时代中国特色社会主义思想，全面贯彻党的十九大和十九届二中、三中、四中全会精神，全面落实全国退役军人工作会议和全国退役军人事务厅（局）长会议精神，坚持把使命记在心中、把责任扛在肩上、把工作抓在手里的理念，落实政治要求抓职能转型，聚焦改革方向抓长远谋划，坚持问题导向抓业务建设，圆满完成年度各项工作。

一、聚力集中攻关，完成安置任务

着眼改革强军需要，加快军休人员安置步伐，全年安置军休人员近1.2万人，5年来首次突破万人。

一是打通政策堵点。围绕解决影响制约军休人员移交安置突出矛盾问题，研究出台军休人员安置管理、伤病残军人退役安置政策，明确加快住房落实、加强医疗保障、完善优待措施、提高补贴标准等刚性措施，进一步创造移交安置条件。

二是解决滞留难题。认真研究解决离退休干部和伤病残军人滞留部队问题，配合军队有关部门，加快研究制定解决方案。

三是完善工作机制。在军地之间搭建起协调高效的移交安置工作链条，努力做到军休人员“随退随审、即交即接”。

四是加强协同督导。会同军队有关部门召开年度移交安置工作推进会，建立军地会商、定期通报制度，密切协调对接，压实各方责任，解决矛盾问题。赴北京、广东、福建等安置任务较重的省市进行实地督导调研，层层传导压力，确保责任到位、落实到位。

二、突出工作重点，破解难点问题

坚持以落实政治待遇、生活待遇为核心，竭力为老干部办实事、解难题，切实提升军休服务保障能力和水平。

一是调整规范待遇政策。出台专门政策，大幅调整基本离退休费，提高有关补助补贴标准，实行住房物业服务补贴制度改革。

二是改革经费保障渠道。经与军地有关部门反复磋商，将武警跨军地改革6个警种部队军休干部有关经费统一纳入中央财政保障。

三是加快落实正常待遇。为最大限度缩短待遇落实时间差，积极协调军地有关部门，及时测算下拨年度军休经费。

四是倾力解决遗留问题。就部分军休干部住房货币补差适用政策、经费保障渠道、测算发放办法等事宜，印发出台政策文件，落实解决补助经费，从根本上解决了困扰军休工作多年的历史遗留问题。积极开展实地调研活动，设法破解老旧小区改造和加装电梯等重点难题。

三、创新方式方法，提升服务效能

坚持以满足军休干部多元化需求为目标，推动提升服务管理工作水平。

一是丰富军休文化建设。围绕陶冶道德情操、丰富精神生活，组织指导各地广泛开展主题鲜明、形式多样、富有特色的文体活动。为庆祝新中国成立70周年，军休系统层层发动、精心组织，自下而上举办全国军休干部文艺汇演，进一步展示军休干部爱党爱国爱军的精神风貌，宣传正能量。

二是开辟信息化服务渠道。研发军休服务App，实现丰富服务内容、缩短服务半径、拓展服务手段等功能，引导军休干部参与服务管理，全面推动军休服务管理适时化、透明化、精准化，不断提高服务对象的满意度。

三是加强实力底数核查管理。以推进部、省、市、区（县）、机构“五级联网”为契机，结合退役军人信息数据采集工作，部署开展了历时10个月的全国军休实力底数核查工作，初步构建了军休信息数据“存量有底、增量有序、变量有据”的动态管理机制。

四是注重强化业务培训。举办军休人员待遇经费政策和服务管理培训班、全国军休移交安置政策和业务培训班，深度解读文件，细致答疑解惑，帮助各地进一步理清工作思路、明晰政策脉络、提高履职能力。

拥军优抚

2019年，拥军优抚工作坚持以习近平新时代中国特色社会主义思想为指导，攻坚克难、守正创新，积极适应军地改革新形势，努力满足广大服务对象新期盼，各项工作有序推进，成果丰硕。

一、政策创制工作有序展开

修订完成《伤残抚恤管理办法》，进一步规范了伤残抚恤管理工作。着眼优待工作长远发展，结合优待对象现实需求，推进制定《关于加强军人军属、退役军人和其他优抚对象优待工作的意见》和优待目录清单，构建优待体系框架，为今后一个时期优待工作提供基本遵循。启动《军人抚恤优待条例》《光荣院管理办法》《优抚医院管理办法》《军人残疾等级评定标准》等政策法规的修订工作，搭建与社会发展水平相适应、与国防和军队改革相衔接、与退役军人和其他优抚对象特殊地位相匹配的政策法规体系。

二、服务保障水平明显提升

积极争取中央财政支持，从2019年8月1日起，以10%的幅度再次提高了抚恤补助标准，全年下拨抚恤补助经费共计505亿元，保障优抚对象的生活水平与经济社会发展水平相适应。这是自改革开放以来，国家第26次提高残疾军人残疾抚恤金标准，第29次提高“三属”定期抚恤金标准和“三红”生活补助标准。探索引导社会力量参与拥军优抚服务，与11家银行、3家电信运营商分别签署了拥军优抚合作协议，加强了优待力度，拓展了社会优待范围。充分发挥优抚系统资源优势，组织100余名优抚对象分两批到陕西省荣誉军人康复医院短期疗养，丰富活动内容，提高服务质量，切实增强了优抚对象荣誉感和获得感。与财政部、中央军委国防动员部等部门沟通，研究建立中央基础与地方补充相结合的义务兵家庭优待金制度。推进伤残人员证印制换发工作，为优抚对象提供更加方便、优质的服务。

三、事业单位改革深入推进

认真贯彻落实中央领导同志关于对拥军优抚事业单位改革的指示批示精神，对优抚医院、光荣院和军供站基本情况进行统计摸排和分析，进一步完善数据库，确定改革发展基本思路。指导各地加快推进优抚事业单位和军供站转隶工作，已基本完成转隶。举办优抚事业单位负责同志培训班、全国重点军供站站长能力素质培训班，切实提升系统人员素质，打造专业化人才队伍，为改革发展打下坚实基础。召开优抚事业单位改革发展座谈会、全国军供站发展建设座谈会，深入了解发展建设中存在的短板弱项，总结推广好的经验做法，为下一步改革工作提供了有益借鉴。

四、重点工作顺利完成

印发《关于规范为烈属、军属和退役军人等家庭悬挂光荣牌工作的通知》，指导各地按要求落实。截至2019年6月底，基本完成为既有对象家庭悬挂光荣牌的任务。制定《光荣牌悬挂服务管理工作规定（试行）》，统一标准，提出加强管理的措施，形成长效机制。配合中央媒体，对悬挂光荣牌工作进行集中宣传，取得良好社会反响。组织优抚对象代表参加新中国成立70周年系列庆祝活动，充分彰显优抚对象的尊崇地位，体现了党和国家的关心关爱。完成退役军人和其他优抚对象信息集中采集阶段工作，及时总结报送工作情况，指导各地推进退役军人和其他优抚对象信息采集常态化开展。

五、双拥工作成效显著

一是双拥模范创建工作积极推进。积极协调争取，将双拥模范命名表彰活动从以往临时项目调整为常设项目。修订《双拥模范城（县）创建命名管理办法》《全国双拥模范城（县）考评标准》，为双拥模范城（县）创建提供基本依据。召开全国省（区、市）双拥办主任会，部署双拥模范城（县）创建工作。会同军地有关部门组成6个调研组，完成21个省份专题调研，在全社会兴起双拥模范城（县）创建新热潮。

二是军民关切问题得到有效解决。探索建立军地互提需求、互办实事的“双清单”制，取得初步成效。指导各地双拥办深入开展助力随军家属就业工程，加大军人子女教育优待力度，重点解决移防换防部队官兵家属就业、子女就学等问题，想方设法帮助官兵解除后顾之忧。协调军队有关部门，为地方解决了一批军地土地置换等难题，发挥双拥优势助力地方经济社会发展。

三是双拥社会氛围日益浓厚。开展“八一”、春节期间走访慰问，进一步扩大了双拥工作影响力和号召力。结合双拥模范命名表彰工作，召开部分双拥模范代表座谈会，协调媒体开展广泛宣传。完成中国双拥网迁移，及时宣传报道各地双拥工作的经验做法和典型事迹。组织《中国退役军人》杂志、《中国社会报》等媒体，开展新时代双拥工作风采主题征文，凝聚拥军优属、拥政爱民的强大力量。指导各地组织“最美拥军人物”“好军嫂”等评选表彰，引领爱国拥军的社会风尚，奏响爱党爱国爱军的主旋律。

褒扬纪念（国际合作）

2019年，褒扬纪念工作坚持以习近平新时代中国特色社会主义思想为指导，深入贯彻习近平总书记关于褒扬纪念工作重要论述，全面落实全国退役军人工作会议部署，进一步建立完善制度体系，推进纪念设施保护，加强舆论宣传引导，夯实工作基础，打造过硬队伍，努力把红色资源利用好、红色传统弘扬好、红色基因传承好，积极推动褒扬纪念和国际合作交流工作开创新局面、展现新气象。

一、政策制度法规不断创新

一是认真贯彻《英雄烈士保护法》，修订《烈士褒扬条例》，将英烈保护纳入党和国家功勋荣誉表彰制度体系，启用烈士光荣证，规范烈士光荣证颁授仪式。二是统筹推进烈士纪念设施规划建设修缮管理维护工作，推动以中办、国办、军办名义印发《烈士纪念设施规划建设修缮管理维护总体工作方案》，并制定印发具体贯彻落实措施。三是联合相关部门编撰出版《英雄烈士保护法释义》，加强普法宣传。

二、祭扫纪念活动有序组织

一是精心组织烈士纪念日向人民英雄敬献花篮仪式，协调29个部委负责同志、组织66名在京老战士和烈属代表参加。全国近3000个地方人民政府举行了烈士公祭仪式。二是做好烈士祭扫组织服务工作，先后5次下发通知提出要求，4次召开专题研讨会部署工作，会同有关部门8次组成联合工作组现场指导，坚持日报告制度，圆满实现烈士祭扫活动平稳有序、安全文明。三是完成评定备案烈士160名，指导20多个省份以省级人民政府名义在烈士纪念日隆重举行烈士光荣证颁授仪式。《烈士英名录》编撰顺利推进，已收录烈士165.1万名。为庆祝新中国成立70周年，成功举办“丰碑永铸·颂英烈”主题书画展。四是在中朝建交70周年之际，组织中国青年干部代表团等团组赴朝祭扫交流，推动中朝青年、文化、民间合作交流，服务中央对朝外交大局。

三、纪念设施保护持续加强

一是组织召开首次全国褒扬纪念工作会议，部署贯彻《烈士纪念设施规划建设修缮管理维护总体工作方案》。二是积极协调将烈士纪念设施提质改造工程纳入“十四五”规划统筹推进。充分发挥纪念设施红色教育主阵地作用，全面查清烈士纪念设施底数，重点督导15个省份有关纪念设施保护工作，维护烈士和烈属权益。三是举办首届“丰碑永铸·颂英烈”全国英烈讲解员大赛，2700多名讲解员参加比赛，进一步提升讲解员队伍能力素养。四是深入推进境外烈士纪念设施修缮保护工作，完成驻朝志愿军烈士褒扬代表处人员轮换，举行坦赞铁路纪念园和平壤兄弟山等7处烈士陵园开工仪式，完成老挝勐赛、纳莫等烈士陵园修缮主体工程。

四、遗骸收殓保护稳步实施

一是贯彻落实习近平总书记重要指示批示精神及其他中央领导同志有关要求，全面完成湘江战役红军烈士遗骸发掘收殓和DNA鉴定，隆重举行“湘江战役红军烈士遗骸安葬仪式”。二是庄重迎接第六批在韩志愿军烈士遗骸归国，开展在韩志愿军烈士遗骸身份鉴定比对，确认6名在韩志愿军烈士身份并找到亲属，烈士纪念日前夕隆重举行志愿军烈士认亲仪式。

五、英烈精神弘扬有声有色

一是联合10部委开展“传承·2019清明祭英烈”宣传教育活动，结合第六批在韩志愿军烈士遗骸归国安葬，连续3天全网全景直播，累计观看数量超过1亿人次，央视新闻“英雄回家”话题阅读量超2.8亿人次，在全社会激荡起强烈的英雄情怀。二是会同中央宣传部在中央广播电视总台《新闻联播》及《人民日报》重要版面持续开展“为了民族复兴·英雄烈士谱”专题宣传活动，已宣传英烈500余人次。三是配合庆祝新中国成立70周年，精心策划“红色九月”宣传活动，以全国褒扬纪念工作会议、英烈讲解员大赛、湘江战役红军烈士遗骸安葬、在韩志愿军烈士认亲、烈士纪念日公祭、烈士光荣证颁授仪式等活动为重要节点，持续稳步推进宣传热潮，电视、网站、微博、微信、抖音等媒体参与26亿人次，在全社会营造了尊崇烈士、关爱烈属的浓厚氛围。

六、国际合作交流成效显著

一是退役军人事务国际合作服务中央对外工作大局取得积极进展。退役军人事务部领导先后率团访问德国、塞尔维亚、赞比亚并出席坦赞铁路纪念园动工仪式；访问比利时、奥地利，并率团赴韩国迎接迁回在韩志愿军烈士遗骸；访问以色列、土耳其，交流退役军人事务相关工作，打开了外事工作新局面。二是“走出去、请进来”成效显著。全年退役军人事务部出访团组共到访欧亚美非等15个国家，访问40余个政府机关和业务主管部门，签署部门间合作协议1份；接待德国、津巴布韦、韩国、朝鲜、俄罗斯、老挝等来访团组100余人次，进一步拓展国际交流渠道。三是外事规章制度不断健全。初步形成全方位、全系统、全覆盖外事管理内部规章制度格局。四是做好外事服务部中心工作。调研主要国家退役军人服务管理工作情况，并汇编成册。汇总编印出国报告并做好出访成果共享转化。编制《退役军人事务部外宣材料》宣传册，积极讲好退役军人领域的中国故事。

退役军人教育培训

2019年，退役军人教育培训工作坚持以习近平新时代中国特色社会主义思想为指导，深入学习贯彻习近平总书记关于退役军人工作重要论述和重要指示批示精神，紧跟新时代退役军人工作要求和退役军人需求变化，积极开拓思路、创新方法，以教育培训和教材编写工作为重点，加大安置服务、就业创业等保障支撑力度，全力推动各项工作稳步发展。

一、加强教育培训工作研究

（一）开展退役军人教育培训体系研究

根据退役军人事务部关于“十四五”规划工作要求，将“建立健全退役军人教育培训体系”列为前期研究项目，联合浙江大学就新时代退役军人教育培训工作面临的形势任务、目标原则、发展路径等进行了研究，并形成专题报告，为相关工作的宏观规划和具体开展打下了理论基础。同时，积极研究推动将退役军人教育培训有关配套保障，纳入“十四五”退役军人工作专项规划重大工程项目，以更好帮助退役军人融入社会、提升就业创业能力。

（二）开展退役军人培训教材体系研究

完成“退役军人教育培训体系建设”课题研究。围绕构建目标、基本构架、主要内容、实现路径、推进举措等方面，形成立足于“通专结合”，以“2+4+X”为基本构架，以“观念引导、知识更新、能力提升、素质拓展”为建设核心的退役军人培训教材体系框架。

二、扎实做好各类教育培训工作

（一）圆满完成常规性培训任务

2019年7月，组织3100余名分配至北京地区的计划安置军转干部开展适应性培训。12月，在清华大学为分配到中央单位的军转干部开展专业性培训，根据安置岗位不同，分为党政管理、社会事业、企业发展3个培训班，共计986人参加，由30余名清华大学教师、16名党政领导、50余名专家学者组成授课团队，开设了90余门课程。

（二）积极探索就业创业示范培训

2019年3月，在四川省成都市举办退役军人就业培训班，得到各方较好评价。8月，举办2019年度自主择业军转干部就业创业示范培训班，共有248名学员参加。采取集中授课和就业推介相结合的方式，组织73家企业946个岗位入场招聘，最终与企业达成初步意向的学员共473

人次，较好达到预期目的。12月，在浙江省杭州市召开退役军人就业创业示范培训座谈会，全国模范退役军人代表、原自主择业军转干部就业创业导师代表近50人参会，分析当前退役军人就业创业培训工作形势，交流示范培训工作经验做法。

（三）扩大网络培训范围领域

打造“再启航——退役军人在线学习平台”。持续为北京地区计划安置军转干部提供适应性培训网络课程，为天津、广西桂林等地提供计划安置军转干部岗前专业培训。利用高校优质资源，为全国自主择业军转干部搭建教育培训网络课堂。全年利用网络资源和平台培训退役军人9.54万人次。

三、积极探索就业创业相关服务新路径

（一）加强制度建设

拟定全国退役军人就业创业导师工作暂行规则，并开展调研论证等相关工作。

（二）组织开展就业招聘双选会

联合不同地方多家单位举办多场退役军人就业创业培训，分别举行专场招聘会，在构建多方合作机制方面进行有益探索。在军委政治工作部及相关军兵种支持下，全年开展6场“送政策、送技能、送岗位进军营” 试点活动。

（三）推动培训就业综合服务

发挥“再启航”平台作用，开发手机App和微信公众号，在山东省淄博市、河北省保定市试点开展为退役军人提供“在线职业培训＋创就业服务＋数据化管理运营”一体化培训就业服务。

2019年6月，参加由人力资源社会保障部、湖北省政府主办的第二届全国创业就业服务展示交流活动，获得优秀项目奖。

四、加快推进教材编写修订工作

（一）圆满召开培训教材工作座谈会

先后在江西省九江市、青海省西宁市召开座谈会。广泛征求意见建议，交流经验做法，为提高教材质量打下基础。

（二）加快推进教材编写修订工作

一是结合军转干部教材使用情况，组织力量对《实用公文写作》《中国国情概要》《公务礼仪知识手册》等进行修订，发行近7万册。二是为满足自主择业军转干部和自主就业退役士兵的就业创业需求，修订编写退役军人就业创业指导用书。三是积极推进退役军人先进事迹报告集的资料收集、甄别、整理、编写等有关工作。

五、提高有关服务保障质量

平稳组织近2800名军转干部参加中央单位和北京市市级单位接收安置军转干部统一笔试，并为安置工作提供全程数据信息服务。为中央企业接收安置退役士兵工作提供数据统计报送服务，为北京市接收安置符合政府安排工作条件的退役士兵提供电子预落户和安置选岗服务，为北京市复员干部和自主就业退役士兵提供电子预落户服务，为广东省军转干部安置提供网上报名服务。

退役军人服务中心（站）建设

2019年，退役军人服务中心（站）建设工作坚持以习近平新时代中国特色社会主义思想为指导，深入学习贯彻习近平总书记关于退役军人工作重要论述和重要指示批示精神，按照党中央、国务院决策部署，坚持建立机构与发挥作用齐抓共进，主动作为，服务体系建设取得丰硕成果，服务保障工作成效明显。

一、服务机构建设全面覆盖

按照中央部署要求，退役军人服务机构建设蹄疾步稳、如期落地。国家退役军人服务中心2019年2月26日正式挂牌成立，圆满完成“三定”工作，人员逐步到位。各省之间互相走访考察，互相观摩学习，加强经验交流互鉴。全国31个省（区、市）和新疆生产建设兵团分别采取新增编制、综合调剂、按比编配、调整重组、资源整合等多种办法落实服务机构编制，并在人员调配、办公场地、服务场所、窗口设置、经费和物资保障等方面给予大力倾斜。全国现已建成服务中心（站）64.3万个，实现国家到村六级服务机构“五有”和“全覆盖”要求基本落地，横向到边、纵向到底、全面覆盖的服务保障体系基本形成。

二、服务规章制度逐步完善

着眼规范服务机构建设，围绕机构设置、场所建设、职责职能、部门分工、工作要求、责任追究和文化环境建设，联合印发服务机构建设与工作规范，出台文件进一步规范退役军人工作机构政治文化环境建设。着眼规范服务工作流程，制定下发基层退役军人服务中心（站）工作指南。着眼健全服务工作运行机制，出台了全国退役军人服务中心（站）系统信息报送办法。各省（区、市）结合区域特点，着眼加快体系建设、加强服务管理、提升服务水平，普遍出台了指导性意见、规范性文件。各级服务机构积极适应新职能新任务，及时建立规章制度、完善工作机制、规范内部管理，确保体系建设和各项工作有力有序。

三、服务运行模式创新有为

坚持机构挂牌与实体运行同步推进，积极探索创新服务方式。协调军网开设“军转创业”服务平台，收集发布8000多个全国性、地方性退役安置法规政策及规范性文件；各级服务机构通过退役军人工作门户网站、微信公众号等，及时提供服务信息，打造了24小时不断线的服务平台。充分动员社会资源，积极引进志愿者和社会服务组织，探索建立关爱退役军人基金、关爱退役军人协会，进一步拓展充实了服务力量。加强区域和部门联动，跨省联办区域性“金秋招聘月”活动收到良好社会效益，党政职能部门之间、军地之间联合做好退役军人服务工作，形成了强大服务合力。基层机构开展“一窗办”“上门办”“帮你办”服务，增强了服务便利性。各地创新举措办法，提供了方法多样、形式丰富、力量多元的有效服务。

四、服务能力素质不断提升

着力加强服务队伍能力建设，全面开展大学习、大培训。围绕建强服务体系的“前沿指挥部”，提升省、市两级服务中心统筹指导、协调落实的能力，举办首期70人参加的全国省级退役军人服务中心主任培训班，两期500余人参加的全国市（地）级退役军人服务中心主任培训班。全系统广泛开展学习培训，通过入职培训、集中培训、以会代训等多种培训形式，采取集中授课、典型发言、实地参观、研讨交流等方式，对服务机构专职工作人员进行了全员培训轮训，提升了各级服务机构工作人员的业务水平和能力素质。按照下沉两级培训要求，各级服务机构集中组织各类业务培训班300多期，培训服务工作业务骨干5万多人次。2019年12月19—20日，全国退役军人服务中心主任会议顺利召开，进一步明确工作方向，部署重点任务。

五、服务保障功能有效发挥

各级服务中心（站）始终牢固树立全心全意为退役军人服务的思想，用心用情用力服务退役军人。通过信息采集服务挖掘宣传张富清等重大先进典型，协助开展“最美退役军人”学习宣传活动，教育引导广大退役军人退役不退志、退伍不褪色。积极承接协办部分退役士兵社会保险补缴工作，为退役军人和其他优抚对象信息采集和悬挂光荣牌提供有力服务。强化基层服务站的党员之家、党员活动室建设，有效发挥退役军人党员教育管理功能。加大走访慰问和帮扶解困服务工作力度，协调社会各界提供更多优惠服务。积极做好就业创业服务，协助落实优惠政策，各级服务机构举办承办招聘会1300多场次。认真做好信访接待服务工作，积极开展矛盾问题化解攻坚。

地方退役军人工作

北京市

2019年，北京市退役军人事务系统牢固树立首善意识，坚持以退役军人为中心、以改革创新为突破口，紧密结合工作实际，抓紧研究制定措施，注重凝聚多方力量，全市退役军人工作实现良好开局。

一、机构建设情况

2019年3月19日，成立由市委书记任组长，市长、市委组织部部长、卫戍区主要领导、主管副市长任副组长的市委退役军人事务工作领导小组，统筹协调推进全市退役军人工作。7月31日，领导小组召开第一次会议，传达学习习近平总书记关于退役军人工作的重要指示批示和中央有关会议精神，审议市委退役军人事务工作领导小组工作规则、办公室工作细则及2019年工作要点，部署全市退役军人工作。

16个区全部成立区委退役军人事务工作领导小组，各区区委书记任组长，区政府、区委组织部、区武装部等单位负责同志任副组长。各领导小组涵括成员单位30个，基本覆盖退役军人事务工作相关领域，加强了工作合力。

坚决贯彻落实“五有”和“全覆盖”要求，以市委、市政府办公厅名义印发《北京市建立健全退役军人服务保障体系工作方案》，强化退役军人服务保障工作。2019年4月9日，北京市退役军人服务中心正式挂牌成立。随后，16个区、333个街道（乡镇）、6649个社区（村）均成立退役军人服务中心（站），街道（乡镇）、社区（村）两级退役军人服务站由党组织书记兼任站长。

坚持机构挂牌与实体运转、规范建设与规范服务一体推进，及时建立退役军人工作台账，提供针对性服务，做到“三个明确”“三个公开”，即明确服务标识、工作职责、工作制度，公开组织结构图、办事流程图、服务事项指南。一批有特色有亮点的退役军人服务中心（站）相继涌现，在全市进行经验推广，促进整体发展。

二、政策法规工作

着眼改革急需、工作急需、退役军人急盼，出台移交安置、就业创业、拥军优抚、褒扬纪念、教育培训、待遇落实、荣誉激励等方面文件制度60余个，对8部法律法规提出修订意见37条。

对北京市退役军人事务系统规范性文件集中清理4次，系统梳理与退役军人工作相关的政策法规1500多件。做好机构改革期间权力清单调整工作，梳理北京市退役军人事务权力事项27项，逐项编制责任清单。

发挥首都智力资源优势，广泛征集退役军人工作专家人选，共涉及 11 个领域 33 名专家。积极与首都高校科研院所对接，探索建立合作研究基地。围绕退役军人服务保障体系、政策制度改革等领域开展 13 项重点课题研究，编印《北京退役军人工作调研成果汇编》，推进成果转化。

三、思想政治和权益维护工作

大力宣传党和国家对退役军人工作的高度重视、对广大退役军人的关心关爱，为全市 58.2 万户服务对象家庭悬挂光荣牌。组织完成“全国模范退役军人”“全国退役军人工作模范单位及个人”“最美退役军人”评选表彰推荐工作，北京市 2 个单位和 12 名个人被评为全国模范，1 名同志荣获全国“最美退役军人”称号，广泛开展先进典型学习宣传活动，掀起“学习先进、崇尚先进、争当先进”的热潮。

组织近 400 名代表，参与向人民英雄纪念碑敬献花篮仪式、国庆致敬方阵、国庆观礼、庆祝大会等 7 场重要活动。制定《北京市服务保障民兵预备役人员参加新中国成立 70 周年国庆首都阅兵优待规定》，筹措慰问资金 4030 万元，深入一线慰问参阅官兵，树立崇军尚武、当兵光荣的正确导向。

加强退役军人党员教育管理，抓好组织关系转接工作，解决“口袋党员”问题，做好经常性思想工作，引导退役军人党员始终听党话、跟党走。

推动将退役军人事务工作纳入平安北京建设考核体系，对各区、有关市级单位工作落实情况开展考核。

四、移交安置工作

以市委、市政府名义印发《关于做好 2019 年度军队转业干部安置工作的通知》，联合市委组织部、市发展改革委、北京卫戍区等 9 个部门印发《关于进一步做好由政府安排工作退役士兵就业安置工作的实施意见》，确保军转干部安置率达 100%、符合政府安排工作条件退役士兵 100% 由市、区机关企事业单位和中央企业接收安置。全年顺利接收安置军转干部 2000 多人，其中，40 多名师职干部由市委组织部安置，团职及以下干部 1900 多人，市级单位安置超过 60%，区级安置不到 39%。实施“直通车”安置，按照公开直通岗位、网上报名选岗、组织专业测试、确定接收人选的程序，直通安置超过市级单位安置的 40% 左右。加强全市统筹，将海淀部分安置任务调剂至朝阳、石景山、丰台等区，有效缓解区级安置压力。接收安置政府安排工作退役士兵 300 多人，其中事业单位安置 200 多人，占安置总人数的比例为历年最高。顺利完成 700 多名文职干部转改落户工作。

开展 11 次“军转政策进军营”活动，完成 5330 人次退役军人适应性培训、专业培训和进高校培训。与中国人民大学签订军转干部进高校专项培训合作协议，组织 54 名优秀军转干部开展首期培训，分期分批对 2000 余名计划分配军转干部开展专业培训。

五、就业创业工作

接收自主择业军转干部、复员干部和自主就业退役士兵，积极推进相关工作落实。

加强政策整体设计，军地机关部门联合印发

《关于促进新时代北京市退役军人就业创业工作的实施意见》《关于进一步加强新时代北京市退役军人教育培训工作的实施意见》。联合清华大学连续第6年举办“自主择业军队转业干部就业与创业高级研修班”，通过名师授课、交流讨论、参观见学等多种形式，提升自主择业军转干部就业创业综合能力。

开展重点面向退役军人职业技能提升行动，指定10所师资力量强、学员就业率高的市属高等职业学校作为退役士兵教育培训示范校，由市财政全额补贴两年学费、住宿费、技能鉴定费等，为“脱下军装上大学”搭建绿色通道。首次举办“送政策、送培训”进军营活动，为驻京部队士兵提供培训4200余人次。

提高退役士兵就业创业税收优惠标准，多家银行将退役军人纳入创业担保贷款支持范围，采取专项措施提供服务，累计减免退役士兵创业税收600余万元。各级举办退役军人专场招聘活动60余场，组织672家事业单位、国有企业、优秀民企等提供岗位11 326个，涉及信息技术、城市运行、金融、教育、文化、旅游各个行业，退役军人参加5330人次，达成就业应聘意向1827个。截至2019年年底，北京市有4200余名退役军人创办企业，95%以上为自主择业军转干部，占全市自主择业军转干部总数的20%左右。

六、军休服务管理工作

圆满完成中央下达的年度接收安置任务，全年接收安置军休干部3300多人，约占全国安置人数的1/3。优化简化接收安置工作程序，修订《移交协议书》等24个模板范本，4次召开军地接收安置工作业务培训会，主动对接需求，组织人员到移交任务重的空军、海军等部队大单位开展集中审档，受到军地相关部门的充分肯定。

组织16批次1800多名军休干部进行疗养，推行军休标准化服务、社会化服务、军休文化养老等创新举措，有效提升了军休服务管理水平，在全国军休领域发挥了示范引领作用。

高标准完成全国军休干部庆祝新中国成立70周年文艺汇演和协办保障工作，获得预赛第一名、3个复赛最佳节目奖。积极争取各级财政投入，全年军休保障经费达139.84亿元，比2018年增长9.59%。

成立军休干部服务管理工作咨询委员会，及时了解军休干部困难所需。创新开展军休服务机构星级评定，150多个军休所参加评定；举办第4届“北京军休榜样”评选活动，以军休干部为本的服务意识明显增强。

引进医疗、家政、养老驿站等军休干部社会化服务项目260多个，较好地满足了军休干部个性化、多元化需求。全市军休干部成立群众性文体组织700多个，丰富和活跃了军休干部文化生活。

军休服务管理水平不断提升。积极适应社会化服务发展方向，制定发布军队离退休干部服务和管理规范，探索开门办所、融入社会、购买服务、资源共享新模式。精心编排一批反映军休干部精神文化生活、弘扬社会正能量的优秀文艺作品，成功举办山西省军队离退休干部庆祝新中国成立70周年文艺汇演，充分展示山西军休干部爱党爱国爱军的精神风貌。下发《关于进一步做好伤病残军人退役安置有关工作的通知》，优化军休人员接收工作流程，加快档案材料审定速度，以刚性措施解决伤残军人长期滞留部队问题，切实为部队排忧解难。

七、拥军优抚工作

深入开展双拥模范创建活动，制定创建全国双拥模范城量化考评标准和考评方案，组织编写首都双拥工作专刊，拍摄宣传片，创作双拥主题歌曲。加大力度做好首都双拥模范奖评选工作，评选军地模范单位220个、模范个人400名，比上一届增加24%。

在北京市退役军人事务局增设双拥工作处，增加人员编制，16个区均设立双拥工作专门机构，配备专职人员。发挥首都双拥工作独特优势，协调解决了一批军地建设改革中的急事难事。落实市财政1000万元实事拥军项目，推出为现役义务兵父母投保健康综合险的举措，被中央电视台、《解放军报》等媒体宣传报道。

积极做好“稳后院、育后代”工作，制定下发《关于进一步做好驻京部队军人家属随军调京工作的通知》，开展随军家属进入教育行业孵化、“助力随军家属就业工程”试点，组织专场招聘会60场次，提供岗位5300多个。落实“优待+协调”机制，2900多名军人子女享受入学优待。

连续第15年提高重点优抚对象抚恤补助标准，平均提标幅度为10%，一至四级残疾军人护理费增幅达9.3%；调整军休干部和退休士官离退休费和补助标准，实行物业费发放制度改革；制定加强军人军属和优抚对象优抚工作、困难退役军人帮扶援助等政策措施，进一步提升服务对象的获得感、幸福感。与13家银行、3家通信运营商签署合作协议，推动社会力量为退役军人提供优惠优待服务。

八、褒扬纪念工作

将烈士纪念设施建设纳入重要规划，加大投入力度。积极开展“传承·2019清明祭英烈”宣传教育活动，各级烈士纪念设施（烈士墓）举办各类纪念活动1300多场次，参加活动人数累计30余万人。打造“北京烈士纪念设施电子地图”，60余万人参加网上祭扫活动。深入挖掘和宣传英烈精神，拍摄《不忘初心话英雄》16集系列宣传片和《闪亮的坐标》专题片，在北京市电视台和各区电视台播放。推出《北京红色英烈故事》《北京军休干部的故事》系列丛书，开展“重温红色记忆、传承红色基因”活动，营造崇尚英雄、缅怀先烈的良好社会氛围。

九、难点工作

采集退役军人和其他优抚对象数据，形成全市退役军人基础信息数据库。

推进开展部分退役士兵社会保险补缴工作，举办2次全市性保险补缴工作政策培训班，在全市16个区设立551个业务受理点。截至2019年年底，政策咨询量超过5万人，受理1.48万人，身份核查基本完成，身份信息完整率达99.86%。积极推进解决军休干部持卡就医问题，制定《北京市军休干部持卡就医实施方案》。军休干部信息数据库基本建立，军休干部医疗保障专业系统平台基本建成。推动解决军供分站历史遗留租赁合同纠纷、军供餐厅关停注销等难题。

十、自身建设情况

扎实开展“不忘初心、牢记使命”主题教育，期间发现问题61个，55个得到有效解决，6个持续推进整改落实。分2期对100多名处级干部、机关党员进行政治轮训，对100多名处级干部进行党的十九届四中全会精神专题培训。积极做好局机关人员选调工作，从全市10个委办局选调人员29名。胜利召开北京市退役军人事务局机关第一次党代会和第一届工会会员代表大会。扎实推进“双报到”工作，700多名在职党员参加社区活动4900余次。制定《中共北京市退役军人事务局党组理论学习中心组学习规定（试行）》和年度学习计划，全年组织理论中心组学习20次，交流研讨9次。制定《北京市退役军人事务局宣传工作管理办法》《信息工作管理办法》，2019年对外宣传退役军人相关新闻800余条次。

天津市

2019年，天津市退役军人事务系统思想政治工作深入开展，年度安置任务圆满完成，服务保障水平不断提升，权益维护工作稳妥推进，自身建设得到加强，各项工作取得明显成效。

一、机构建设情况

天津市委退役军人事务工作委员会先后组织召开全体会议、专题会议、委员会会议，部署落实举措，审议有关文件。召开全市退役军人工作会议，对当前和今后一个时期的退役军人工作作出全面部署。制定委员会工作规则、委员会办公室工作细则、核查督办暂行办法及实施细则、退役军人职业教育和技能培训工作协调机制、重点调研课题管理办法、行政规范性文件合法性审核暂行办法等制度，印发委员会《2019年工作要点》《2019年重点工作任务分工》。采取暗访检查、召开片会、随机抽查、入户走访等方式，面对面听取退役军人意见诉求，现场研究解决问题，指导各区开展退役军人政策和待遇落实情况集中排查，对重点任务分工等拉单挂账，开展4个批次督查督办，层层压紧压实责任。

2019年1月，全市16个区退役军人事务局均挂牌成立。9月，市委机构编制委员会办公室下达通知，明确市委退役军人事务工作委员会办公室秘书处加挂政策法规处牌子。

截至2019年12月底，成立市级退役军人服务中心1个，区级退役军人服务中心17个，乡镇（街道）退役军人服务站247个，村（社区）退役军人服务站5300个，实现了“五有”和“全覆盖”要求。制定并落实《关于进一步规范退役军人服务中心（站）建设的指导意见》《退役军人服务中心（站）建设工作规范实施细则》，推进党建工作平台化、软硬件建设规范化、职责任务清单化、服务内容标准化、服务管理智慧化、营造军人特色文化“六化”建设，实施稳心、安心、贴心、暖心、忠心“五心工程”，向社会公开服务内容、机构信息，主动接受退役军人和优抚对象的监督，有效提供政策咨询、诉求反映、帮扶解困等就近就地服务。

截至2019年12月底，在16个区、247个街镇建立关爱退役军人协会，在5325个居（村）委会建立关爱退役军人服务站，全面落实人员、办公、经费三保障，全市有1000多名局级处级科级退休党员干部从事协会工作。制定《关于推进市、区、街镇关爱退役军人协会和村居服务站标准化建设的意见》，大力推进标准化建设，在加强思想引导、“退役军人之家”建设、广交退役军人朋友、走访慰问帮扶、促进就业创业、宣传先进典型、接待来信来访等方面发挥了重要作用。协会积极推动建设有形的“退役军人之家”，有条件的单独设立，条件不具备的与党群服务中心、各级退役军人服务中心（站）共建共享。共建成区、街镇、村居“退役军人之家”202个，具备了理论学习、谈话谈心、荣誉展示、政策解答、法律咨询、医疗保健、文体休闲等功能。

二、思想政治和权益维护工作

认真落实《关于加强天津市退役军人党建工作的意见》，建立退役军人党建工作联席会议制度，召开退役军人思想政治工作座谈会，出台走访慰问帮扶退役军人常态化制度化措施，各级领导干部落实包联、谈心谈话制度，分层次、全覆盖式开展退役军人大走访活动，各级关爱退役军人协会结交退役军人朋友1.2万多人。元旦、春节期间，以市委、市政府名义向退役军人和其他优抚对象送对联福字、慰问信、慰问品等。组建73支退役军人文艺宣传队、演出队，组织“进军营、下社区、到企业”慰问演出66场，受众2万余人。选树宣传30名天津“最美退役军人”，王连山等10名同志被评为“全国模范退役军人”，和平区新兴街朝阳里社区退役军人服务站、河西区军队离休退休干部休养所等2家单位被评为“全国退役军人工作模范单位”，天津市荣复军人疗养院院长郑志文被评为“全国退役军人工作模范个人”，天津麒麟信息技术有限公司总设计师、退役军人孔金珠入选2019年度全国“最美退役军人”。

市委、市政府、天津警备区出台《关于加强新时代退役军人工作的措施》，退役军人事务部门会同有关部门制定出台社会保险补缴、移交安置、就业创业、拥军优抚、烈士褒扬等10余项政策措施，打通政策落实“最后一公里”。着力为新中国成立70周年大庆提供安全稳定环境，落实市委“战区制、主官上”工作机制，深入开展“矛盾攻坚化解年”活动，采取开门接访、进门约访、登门走访、上门回访和领导包联、带队督办等多种形式，推动退役军人信访问题及时就地化解，有力维护退役军人合法权益。

三、移交安置工作

召开全市退役军人安置工作会议，强化政策落实刚性。组织各委办局、中央驻津单位与计划分配军转干部见面洽谈，让退役军人与用人单位“零距离、面对面”双向选择，将用人单位安置结果纳入天津市政府绩效考核范围，顺利完成800余名计划分配军转干部移交安置任务。积极拓宽退役士兵安置渠道，推动将82家中央驻津企业全覆盖纳入年度退役士兵安置计划，召开“双向选择”招聘会，接收安置由政府安排工作的退役士兵400余名，在退役士兵待安置期间，扎实开展“穿上军装是保卫者，脱下军装是建设者，都是中国特色社会主义事业奋斗者”专题教育，引导退役士兵退役不褪色、建功新时代。加强自主择业军转干部服务管理，完成近300名自主择业军转干部移交安置任务，认真组织年度登记、个人信息采集，完善自主择业军转干部数据库，积极做好年度定期增资和月退役金的核算发放工作。本着按需施教、分类培训、注重实效的原则，认真组织计划分配军转干部全员适应性培训、岗前专业培训和进高校专项培训，积极帮助退役军人提升能力、尽快适应社会。

四、就业创业工作

按照“研究完善政策、突出教育培训、注重就业创业服务”的工作思路，会同有关部门制定出台《天津市关于促进新时代退役军人就业创业工作的实施办法》《关于确定天津市自主就业退役士兵创业就业税收扣减限额标准的通知》《关于印发2019年落实高职百万扩招任务的九项举措的通知》《关于2019年开展退役军人学历提升工作的通知》《关于做好退役军人就业创业工作的通知》等政策文件。建立由市教委、市财政局、市人力资源社会保障局、市退役军人局、市教育招生考试院和市关爱退役军人协会组成的天津市退役军人职业教育和技能培训工作协调机制，统筹协调全市退役军人职业教育和技能培训工作，明确8个市级退役军人职业技能培训基地。首次发布市级职业技能培训机构和专业目录，共涉及37所高职院校、技工学校等教育培训机构，121个专业。全市共1170名退役军人参加免费教育培训，6451名退役军人报名高职扩招并被录取。

会同市人力资源社会保障局，协调北京市退役军人事务局、河北省退役军人事务厅举办京津冀退役军人就业招聘活动。全市共组织退役军人专场招聘活动47场次，帮助3700余名退役军人达成就业意向。积极协调市委组织部、市民政局，在社区工作者统一招聘时，拿出100个名额定向招聘本市退役军人，并适当放宽年龄和学历限制条件。协调市公安局，在招录公安辅警时拿出一定岗位单独招聘退役军人，共招聘68名退役军人。推荐并组织滨海新区军地人才就业创业服务中心代表全国退役军人事务系统，参加第二届全国创业就业服务展示交流活动。

五、军休服务管理工作

全年接收安置军休干部和士官200多人，认真落实政治待遇、生活待遇，组织2600多名军休人员参加党建培训和康复疗养，按标准、按程序足额下拨各类经费。在河西区军休所召开“互联网+军休人员服务”现场会，完成军休数据中心建设。不断丰富军休人员文化生活，组织门球、象棋、台球“三项赛事”，市军队离休退休干部关心下一代工作委员会被中央组织部授予“全国离退休干部先进集体”称号，军休干部合唱团在全市“我和我的祖国”群众性合唱大赛中荣获金奖和最佳组织奖，参与创作演出的曲艺联唱《幸福军休》节目参加了全国军休系统庆祝新中国成立70周年文艺汇演。军休干部宣讲团宣讲150余场，各区军休干部捐款100余万元，关心下一代工作委员会资助学生300余人，家访500余次，取得良好的社会效益。

六、拥军优抚工作

健全双拥工作机制，及时调整充实各级双拥工作组织领导机构，修订完善双拥工作规则和职责制度，加强军地协调沟通，为服务练兵备战提供组织保障。运用双拥平台学习宣传习近平新时代中国特色社会主义思想特别是习近平强军思想，结合庆祝新中国成立70周年，组织开展“赞颂辉煌成就、军民同心筑梦”主题宣传教育活动，开展“社会一日”“走进军营”等活动。完成退役军人及其他优抚对象信息采集和悬挂光荣牌阶段性工作。调整完善优抚对象抚恤补助自然增长机制，继续提高优抚对象抚恤补助和义务兵家庭优待金标准，会同相关部门完善优抚对象医疗保障制度，落实优抚对象丧葬补贴待遇。推出现役军人和消防救援人员在津免费乘坐公共交通工具政策，推动与12家金融机构、3家电信企业为军人、退役军人及其他优抚对象提供优先优质优惠服务。春节、“八一”、国庆节期间，市领导带头走访慰问驻津部队官兵和部分退役军人，为退役军人和部分优抚对象发放“八一”慰问金。组织迎接老兵退伍、欢送新兵入营、送立功喜报等活动，帮助驻津部队解决营房建设、随军家属就业、子女入学入托等实际问题，开展双拥模范区创建，推动双拥主题公园、双拥永久标识建设，营造了军爱民、民拥军的浓厚社会氛围。

七、褒扬纪念工作

大力弘扬英烈精神，圆满完成清明期间烈士祭扫任务，清明期间全市共接待祭扫人员16.7万人次，其中烈士家属7100人次。开展“传承·2019清明祭英烈”宣传教育活动，全市退役军人事务部门在两台两报投稿230余篇，刊登180余篇，为13名烈士找到家人。超过1500余名优秀青年代表和4.6万名学生参加了“青春心向党·建功新时代”特别主题团日活动和“树立崇尚英烈的家国情怀”主题宣传教育活动。

组织开展英雄烈士纪念日活动，在市烈士陵园举行向革命先烈敬献花篮仪式，市主要领导同2000多名各界干部群众一起向革命先烈敬献花篮。举办首届“丰碑永铸·颂英烈”全国英烈讲解员大赛预赛，并推荐3名获奖选手代表天津市参加全国复赛，其中1名讲解员获得三等奖。在市退役军人事务局网站开设“平津战役英雄谱”专栏，每日介绍一位在平津战役中牺牲的烈士事迹。宣传贯彻《英雄烈士保护法》，组织开展《烈士英名录》编撰工作，加大烈士纪念设施维护管理，对全市烈士纪念设施开展排查摸底，调查统计各级烈士陵园爱国主义教育基地和国防教育基地建设情况，推动烈士及烈属合法权益保护，依法保护英烈姓名、肖像、名誉和荣誉。

八、部分退役士兵社会保险补缴工作

按照中央关于解决部分退役士兵社会保险补缴工作统一部署安排，2019年7月3日出台配套政策，利用报纸、网站、新媒体广泛开展政策宣传。按照有关要求，市退役军人事务局牵头，组织市人力资源社会保障局、财政局、医保局、民政局和国资委等11个部门成立工作专班，强化职能，密切协同，完善协调机制，推动“一门受理、协同办理”经办机制落实，先后15次对市、区两级退役军人事务、人力资源社会保障、医保、民政、国资及关爱退役军人协会等多个部门及40余家市管企事业单位，共1500余人进行政策培训和业务指导。赴16个区30余个基层退役军人服务站开展调查研究，推进社会保险补缴工作顺利开展。在基层退役军人服务中心（站）设立179个社会保险补缴办理点和16个审核点，设置专门窗口，张贴明显标识，建立工作台账，组织人员摸底，申请下拨财政资金、身份审核、核查认定等，申请受理工作全面完成。

九、自身建设情况

坚持以党的政治建设为统领，坚持用习近平新时代中国特色社会主义思想武装头脑、指导实践、推动工作，增强“四个意识”、坚定“四个自信”、做到“两个维护”。市退役军人事务局党组认真履行全面从严治党主体责任，扎实开展“不忘初心、牢记使命”主题教育，引导党员干部自觉在“守初心、担使命，找差距、抓落实”中锤炼党性、改进作风、提高能力、推动工作。与驻局纪检监察组联合开展“双联双评”，深入开展形式主义官僚主义、不作为不担当问题专项治理。狠抓工作队伍能力建设，市级组织培训7个批次1200余人次，区级业务培训实现全员覆盖。不断加强党对机关党委、机关纪委和工会、共青团、妇联等工作的领导，强化直属事业单位建设管理，为保障中心任务完成、推进工作有序有力开展奠定良好基础。

河北省

2019年，河北省退役军人事务系统坚持政治站位，勇于担当尽责，用心用情用力，持续深化“六个全覆盖”“三个常态化”，圆满完成年初预定的目标任务。

一、机构建设情况

2019年1月7日，省委成立退役军人事务工作领导小组，省委书记任组长，省长任第一副组长，省委副书记任常务副组长，省军区政委、副省长任副组长，省直有关部门主要负责人为成员，统筹负责全省退役军人工作，办公室设在省退役军人事务厅。各市（含定州、辛集市）、县（市、区）、雄安新区参照成立相应领导小组和工作机构，全省形成了“五级书记”一起抓退役军人工作的良好格局。3月31日，省委退役军人事务工作领导小组办公室设立秘书处。9月30日，省退役军人事务厅设立省退役军人信息中心，并将省退役军人管理服务中心更名为退役军人服务中心。

省退役军人事务厅等5部门联合下发服务中心（站）工作规范实施细则，明确了“两站三中心”机构设置、场所建设、工作任务、工作制度、工作要求等，对服务中心（站）的工作任务进行科学界定，强化规范运行。各级服务中心（站）严格落实实施细则和“六有”“四化”“五过硬”要求，对工作人员实行实名制管理，向社会公开服务内容，探索开展星级服务站创建，并将此纳入省重点工作大督查范围，不断提升服务保障水平。截至2019年年底，在开发区和人员较多的自然村新建立服务中心（站）465个，全省退役军人服务保障机构达到5.57万个，乡级以上服务中心（站）落实事业编制近万个，形成纵向到底、横向到边、人员到位的服务保障网络。打造信息和视频一体化平台，实现省、市、县、乡、村五级贯通。通过平台召开视频会议1200余场、培训会议800多场，有效提升了服务能力。

二、思想政治和权益维护工作

推动将优秀退役军人和退役军人管理服务工作先进单位、先进个人纳入省评比达标表彰固定项目。省、市、县三级共表彰优秀退役军人3147名；推荐评选全国模范退役军人20名、退役军人工作模范个人3名、退役军人工作模范单位2个、全国“最美退役军人”1名；选树宣传“最美双拥人物”“最美军嫂”各10名。

扎实做好全国退役军人党员教育管理试点工作，制定实施《关于加强退役军人党员教育管理服务工作的意见》，重点围绕解决“口袋党员”、流动党员管理、个别党员不愿意参加组织生活等问题，进行了积极探索。依托县级退役军人服务中心党组织，建立待安置退役军人党员组织关系临时接转和动态转出机制，确保组织关系及时落地；依托城市街道退役军人服务站党组织，充分发挥退役军人流动党员信息系统作用，建立流出地和流入地双向共管机制，做好登记联络和管理服务工作；探索在城市社区建立功能型党支部，丰富退役军人党员组织生活。同时，探索推行退役军人党员联系群众制度，逐人明确联系退役军人中的非党员、联系服务群众的职责，教育引导退役军人党员牢记初心使命，发挥好先锋模范作用。

三、移交安置工作

按照国家下达的安置任务，结合机关事业单位编制空缺和国有企业规模效益情况，科学合理编制安置计划。军转干部除个人自愿选择企业等单位外，其余都安置到机关和财政全额拨款事业单位；符合政府安排工作条件的退役士兵全部安排在事业单位和效益较好的国有企业。坚持把退役军人服役期间的表现作为安排工作的主要依据，牢固树立“部队表现好，地方安置优”的鲜明导向，军转干部采取档案评分和文化考试相结合的方式，退役士兵采取“积分排序、按序选岗”的方式，确保公平公正。通过“阳光安置”，国家下达的军队转业干部、符合政府安排工作条件的退役士兵全部安置到位。

四、就业创业工作

坚持把就业创业作为退役军人工作的“一号工程”，按照“摸底数、抓培训、促就业、强保障”的工作思路，全力以赴抓推进、抓落实，取得明显成效。根据退役军人基本情况，建立个体需求、市场岗位需求和经济社会发展需求“三本台账”，为精准培训打下基础。依托各市退役军人培训中心和相关培训机构，积极开展适应性培训，帮助退役军人尽快转变角色、融入社会；依托全省 320 家教育培训基地和 294 家实习实训基地，广泛开展职业技能培训，努力实现“培训即就业、离校即上岗”；坚持职业技能培训与学历教育并重，进一步提高退役军人就业的竞争力。

全省共开展适应性培训 1.7 万人、订单式培训 1.4 万人、创业培训 800 余人，帮助 8000 多名退役军人成功报考高职院校。建立河北省退役军人网上招聘平台，注册用人单位 2000 多家，提供岗位 4 万多个，注册退役军人 1.8 万多人。举办线下招聘活动 266 场，6000 多名退役军人实现就业。积极拓宽就业渠道，900 多人入职大兴机场消防员、京琼高速疏导员等工作岗位，全年共帮扶 2 万余名退役军人就业创业。

制定出台退役军人就业创业指导意见等 11 个文件，为退役军人就业创业创造了良好的政策环境。推动省、市、县三级成立退役军人就业创业促进会，发动社会力量帮扶退役军人就业创业。

五、军休服务管理工作

严格落实“随退随审、即交即接”工作机制，接收安置军队退休干部和退休士官 500 多人，超额完成接收任务。全面落实“两个待遇”，及时下拨各类军休安置补助经费，实现零误差。组织 2000 余名军休干部开展暑期疗养活动。组织全省军休机构积极参加庆祝新中国成立 70 周年文艺汇演，取得优异成绩。

试点运行军休安置服务管理信息系统，实现从中央到省、市、县、所五级联网，全省共录入军休干部个人信息 1.4 万余条、无军籍职工个人信息 5600 余条，军休干部及无军籍职工住房信息 1.9 万余条；录入各级军休服务管理机构 150 家、军休工作人员信息 1500 余条，为全省军休工作信息化建设奠定了坚实基础。

研究出台军队退休干部、退休士官档案审核管理等制度，不断完善各项工作机制，进一步提升军休工作规范化水平。

六、拥军优抚工作

完成省双拥工作领导小组人员调整，明确省双拥办设在省退役军人事务厅，确保各项工作开展。召开省双拥工作领导小组全体会议，审议通过了省双拥工作领导小组规则、成员单位双拥工作职责及办公室职责和工作制度，对做好新时代双拥工作作出安排部署。持续开展“助力强军·服务国防”关爱部队基层官兵万里行活动，走访慰问驻冀部队 1000 余个次、退役军人 452 万人次，发放慰问金（品）1.5 亿元。宣传推广涉县社会拥军志愿服务联盟有效做法，掀起全省社会力量拥军新热潮。

分别与中国建设银行河北省分行等 6 家银行、中国人寿保险公司河北分公司等 8 家保险公司签订了《拥军优抚合作协议》，累计提供优先优惠服务 2140 多万人次，办理贷款 33.45 亿元、优惠金额 736 万元，理赔 2639 人、保费优惠 666 万元、赔偿金 390 万元。

深入落实公共服务优待办法，共发放优待证 249.9 万个，有 260 个政府开办的旅游景区为退役军人门票免费，开通优先通道 1 万多个，开设优先窗口 2.3 万个，设置优先标识 4.2 万个；新悬挂光荣牌 13.2 万块，送立功喜报 5602 份。

积极指导各地做好直属单位转隶工作，全省 13 家优抚医院、120 家光荣院完成转隶，实现了应转尽转。对各市、县（市、区）300 多名业务骨干进行双拥优抚法律法规和政策培训，有效提升了能力素质和业务水平。组织全省 5300 多名立功受奖退役军人和其他优抚对象参加短期疗养，提升了他们的幸福感和荣誉感。从厅直属 3 家医院先后派出 8 支医疗队、60 余名专家，赴各地对优抚对象进行义诊活动，免费发放 8 万元药品。

积极协调财政部门下拨年度优抚对象抚恤补助、医疗补助和义务兵家庭优待金，保障了优抚对象医疗和生活待遇落实。全年审核办理残疾军人评残建卡 1318 卷、因公牺牲 4 卷。

七、褒扬纪念工作

出台做好烈士纪念设施修缮管理的若干措施，进一步摸清全省烈士纪念设施情况，开展专项整治行动，共排查出两大类 7 个方面问题，已全部整改完成。建立烈士纪念服务工作长效机制，以省委退役军人事务工作领导小组名义印发执行，推动烈士祭扫工作安全、平稳、有序。通过广播电视、报刊、网络及“两微一端”等媒体，广泛开展“传承·2019 清明祭英烈”主题宣传教育活动，清明节期间全省共 203 万名社会各界群众、1.1 万个单位在 150 处烈士陵园开展烈士纪念活动，接待了9000余名烈士家属；圆满完成“9·30”烈士纪念日向烈士敬献花篮仪式组织服务工作，在全省营造了缅怀革命先烈、传承红色基因的浓厚氛围。发起为烈士寻亲活动，经过多方面努力，已有22名烈士的后人得到确认。全面系统梳理审核、补充完善烈士英名信息，共完成烈士信息数据核对21万多条。组织开展河北省“丰碑永铸·颂英烈”英烈讲解员大赛，邀请有关专家按照好中选优的原则，推选出6名专业素质过硬的英烈讲解员进入全国复赛，取得三等奖1名、优秀奖3名，省退役军人事务厅荣获优秀组织奖。

八、提高帮扶救助质量

省退役军人事务厅会同民政厅、财政厅、住房城乡建设厅、医保局研究出台《关于加强困难退役军人帮扶援助工作的实施意见》，用足用好低保、医疗救助、临时救助、保障房、农村危房改造等政策，对生活困难的退役军人和其他优抚对象，开展“一对一”帮扶。针对部分退役军人面临的实际困难，进一步创新完善退役军人困难援助机制，省、市、县三级全部成立关爱退役军人基金会，全省投入财政引导资金及募集社会资金超过10亿元，对享受普惠政策后仍有困难的退役军人进行资助，开创了社会力量关心支持退役军人的新模式。全省各级关爱退役军人基金会共救助困难退役军人318人，发放救助金77.5万元。

九、社会保险补缴工作

及时成立工作专班，出台关于做好部分退役士兵社会保险继续工作的实施意见、解释说明、操作指南、缴费规程等政策规定。省级集中培训市、县业务人员1320人次，市、县两级培训3560人次，精准把握和执行政策规定。按照“一门受理、协同办理”的原则，推行受理申请、身份认定、养老医疗核查、缴费资金核算“一体化”服务，做到全省一个标准、一个口径、一个步调，确保政策范围内一个人不落，政策外情况一个口不开。

十、自身建设情况

认真落实“两个责任”和“一岗双责”，突出抓好机关党的建设，努力把全面从严治党要求体现到工作的各方面和全过程。围绕“守初心、担使命、找差距、抓落实”的总要求，深入开展“不忘初心、牢记使命”主题教育。厅机关建立52项规章制度，有效提升了工作制度化、规范化水平。大力推进“大学习大培训大调研”活动，举办市、县两级退役军人事务局长、服务中心主任等各类培训班14期，培训2132人次，干部队伍素质明显提升。

山西省

2019年，山西省退役军人事务系统积极推进退役军人组织管理体系、工作运行体系、政策制度体系建设，全力做好各项工作，顺利完成年初既定目标任务。

一、机构建设情况

省退役军人事务厅把机构组建作为基础性工程来抓，强力推进组织领导和服务保障体系建设。

一是全面完成机构组建任务。坚持建好机构、配强队伍、理顺职能和规范运行齐头并进，积极推动各级党委成立退役军人事务工作领导机构，加强对退役军人工作的组织领导和统筹协调。指导市、县如期完成退役军人事务局组建工作，全省退役军人系统机构改革任务全面完成。

二是有效形成服务保障体系。坚决贯彻落实“五有”和“全覆盖”要求，经省政府常务会议、省委常委会审议，出台《关于加强山西省退役军人服务保障体系建设的实施意见》，指导全省各级退役军人服务中心（站）建设。坚持典型引路，在吕梁市召开现场推进会，以点带面推动体系建设。截至2019年6月底，省、市、县三级退役军人服务中心和1440个乡镇（街道）、28 315个村(社区)退役军人服务站全部成立，构建起横向到边、纵向到底、覆盖全员的退役军人服务保障网络。

三是科学规范体系建设。组织10个调研组赴各市开展督导调研，抽查31个县（区）、41个乡镇（街道）、57个村（社区）服务中心（站）运行情况，针对人员不到位、专业能力欠缺、建设不规范等问题，督促限期整改。联合编办、人力资源社会保障等部门转发《退役军人服务中心（站）建设与工作规范（暂行）的通知》《基层退役军人服务中心（站）工作指南》，精准指导市县服务中心（站）建设，进一步提升服务工作规范化、专业化、便捷化水平。

二、思想政治工作

坚持示范引领，选树典型人物，大力宣传退役军人永葆本色、奋发作为、奉献社会的精神风尚。

一是加强退役军人党员教育管理。深入基层调研，研究提出进一步规范退役军人党员组织关系转接工作的意见建议并下发通知，指导各地分类管理退役军人党员，为组织关系转接提供“一站式”服务。

二是持续开展优秀退役军人学习宣传。联合评选山西“最美退役军人”10名，推荐“全国模范退役军人”11名，组织省内主流媒体集中宣传先进事迹，取得良好效果。成立山西优秀退役军人先进事迹巡回报告团，赴各地持续巡回宣讲，激励广大退役军人争当模范。

三是大力弘扬英烈精神。组织开展“传承·2019清明祭英烈”宣传教育活动，发出“铭记革命奋斗历程、传承英烈红色血脉”的号召，创新开展重点烈士纪念设施电子地图网上祭英烈活动，隆重举行省城各界向烈士敬献花篮仪式，积极营造弘扬英烈精神的浓厚氛围。指导完成“山西英烈展”，组织开展英雄烈士纪念设施调查摸底保护行动，取得良好的政治效果、法律效果和社会效果。

三、权益维护工作

坚持问题导向，树牢底线思维，全省初步实现“三个不发生”目标。

一是社会稳控扎实有力。坚持“属地管理、分级负责，谁主管、谁负责”原则，指导地市精准开展矛盾攻坚化解工作。实行各级退役军人部门领导干部包地区、包群体、包重点、包人员和带案下访“四包一带”工作制度，省、市、县三级班子成员带头接访。

二是走访慰问取得实效。全面走访，登门入户，见面谈心，灵活开展思想疏导、法治教育、矛盾化解和困难帮扶等工作，共走访慰问104.2万人次，为39 781名退役军人解决了实际问题，为1160名生活困难的人员办理低保、大病救助和一次性救济。

三是妥善解决遗留问题。多措并举解决退役士兵安置遗留问题，通过开展政策落实“回头看”，解决安置后未上岗、同工不同酬、未发放待岗生活费等问题。通过“空编接收”追加计划，解决省直遗留问题；协调2018年计划有剩余的中央和省属企业，跨地域安置各市不选岗退役士兵，有效遏制问题增量。

四、移交安置工作

紧扣年度安置任务，以改革创新的思路制定务实举措，以担当实干的作为推动政策落实，退役军人安置工作稳妥有序推进。

一是统筹开展军转干部安置。召开全省军转干部安置工作电视电话会议进行部署，严格安置程序，强化工作流程，扎实有序推进军转安置档案移交、考核赋分、培训教育、组织考试等工作。统筹考虑省直军转干部安置任务，结合用人单位历年接收数量、干部结构、用人需求和空编实际，按人数与岗位1∶1.3的比例编制安置计划。全省400多名军转干部全部完成选岗，党政机关和参公单位安置比例超过94%。

二是从严做好退役士兵安置。综合各市安置任务、退役士兵人数等情况，科学编制安置计划，提高了事业单位计划比例。召开全省退役士兵安置工作会议，部署工作任务，进行工作对接，推动各级全力做好退役士兵计划配套、量化评分、适应性培训、岗位调整、按序选岗等工作，安置到事业单位的比例比2018年有明显提升。

三是创新安置管理办法。针对退役士兵待安排工作期间“谁来管、管什么、怎么管”的问题，出台《关于做好新时代退役士兵待安排工作期间服务管理工作的意见（试行）》，细化待安排工作期间现实表现考评和养老医疗保险缴纳、补缴的具体办法。

五、就业创业工作

坚持把退役军人作为重要人力资源，带着感情、带着责任多点发力搭建平台、组织培训、举办招聘，有力推动就业创业工作。

一是打好政策“组合拳”。出台《关于促进新时代退役军人就业创业工作的实施意见》，印发《关于进一步扶持自主就业退役士兵创业就业有关税收政策的通知》，为推进全省就业创业工作提供政策支撑。举办“送政策进军营 送服务进基层”活动 134 场，培训人数达 11 444 人，发放资料 16 078 份，引导退役军人合理调整就业预期，科学规划职业发展。

二是奏响服务“前奏曲”。指导各地举办招聘会 119 场，入场退役军人累计 18 916 人次，达成就业意向 7166 人。联合举办山西退役军人网络预约出租汽车（迷彩网约车队）项目启动仪式，拓宽退役军人就业创业渠道，受到新华网、山西新闻网等媒体的广泛关注。组织“星火山西”创业创新大赛及系列活动，进一步激发退役军人创业创新热情。

三是练好培训“基本功”。下拨中央和省级配套教育培训经费 3565 万余元，完成培训 3893 人，实现有参训意愿退役士兵 100% 参训。联合印发《山西省高职扩招专项工作实施方案》，将符合政策的退役军人纳入高职扩招的范围，为退役军人接受高等教育提供有力保障。

四是打造特色“形象牌”。创新开展税军互动“五个一”（开展一轮宣传辅导、寄送一封慰问信、举办一期培训班、编写一本小册子、开展一次主题党日）活动，推动自主创业退役军人减税降费政策精准落地；举办首期全省退役军人创业大赛，全省退役军人就业创业平台正式上线，实现与山西人才网互联互通，更精准全面服务退役军人。

六、优待抚恤工作

按照贡献与待遇匹配原则，合理确定享受抚恤优待政策对象范围，给予区别化优先优惠，并形成动态增长机制，不断增强退役军人的获得感、幸福感。

一是部分优抚对象抚恤补助标准得到提升。调整部分优抚对象等人员抚恤和生活补助标准要求，下达优抚对象提标补助经费 5968 万元，一至四级分散供养残疾义务兵建房补助费 43.5 万元。调整一至四级伤残人员护理费标准，月均增长 200 元。督促市、县两级落实配套资金，确保及时足额发放。

二是信息采集数据校核精准真实。推动信息采集工作常态化，成立信息审核校对专班，实行问题数据日报制度，信息审核校对严谨细致，省级审核通过率 99.6%，同步开展对象数据修正和收尾工作。

三是悬挂光荣牌工作基本完成。把光荣牌悬挂作为重要政治任务，招标采购光荣牌分发给各市，省级带头举行悬挂启动仪式，指导市、县入户上门为 113 万余户烈属、军属和退役军人等家庭悬挂光荣牌，有效传递“牌子虽小、全家光荣”的价值导向，积极营造“尊崇英雄、关爱军人”的社会氛围。

四是部分退役士兵保险补缴全面铺开。印

发关于做好部分退役士兵保险补缴工作的实施意见，联合税务、社会保险、医保等部门举行业务培训，动员各级广泛开展宣传，督促各地连通全国统一信息管理系统。同时按照“一门受理、协同办理”原则，指导市、县全面推开退役士兵保险补缴申报受理工作。

七、双拥工作

一是广泛开展双拥宣传。春节、“八一”期间，精心组织开展以发扬爱国主义精神、激发军民双拥热情、服务强国强军目标为主题的走访慰问系列活动，在全省媒体播发双拥《慰问信》，印制双拥年画，采购慰问物品，组织各级党委、政府领导深入基层部队开展慰问，为广大官兵送上温暖和关怀。评选宣传双拥先进典型，拥军妈妈梁秀娥当选“感动山西”年度人物。

二是着力解决双拥热点难点问题。为贴近基层部队和一线官兵，全省累计投入资金13亿元，为驻晋部队办实事、解难题。接受安置随军家属520多人，优先安排3000多名官兵子女就近择优入学，实现随军未就业家属生活补助发放全覆盖。

三是命名表彰全省双拥模范。召开全省双拥模范城（县）命名暨双拥模范单位和个人表彰大会，命名表彰省级双拥模范城（县）58个、双拥模范单位96个、双拥模范个人95个，进一步激发各地爱国拥军热情。

八、自身建设情况

山西省退役军人事务厅高度重视干部队伍建设，始终聚焦“政治机关、行政机关、服务管理机关”目标要求，为退役军人工作提供坚强保障。深入开展“不忘初心、牢记使命”主题教育，中心组理论学习27次，召开专题民主生活会2次，梳理检视的108项问题整改到位103项。出台《党组工作规则》《贯彻落实中央八项规定精神的实施细则》等制度6项，完成5个基层党委、1个党总支、4个党支部、1208名党员组织关系转接，选举成立机关党委和机关纪委，成立机关工会、共青团、妇工委等群团组织，全厅党建工作逐步制度化、规范化。从严落实管党治党政治责任和“1+3”岗位职责，针对排查出的103项廉政风险点，制定措施128项。大力实施领导干部履职能力提升工程和一线骨干业务能力提升工程，举办市、县局长业务能力提升专题培训，统筹开展业务干部岗位技能培训、实践操作培训和理论知识培训10期，选派人员积极参加省内外各类培训轮训，着力打造一支政治可靠、清正廉洁、业务精湛、作风优良的工作队伍。

内蒙古自治区

2019年，内蒙古自治区退役军人事务系统紧紧围绕重点任务抓好工作落实，实现良好开局，取得积极成效。

一、机构建设情况

一是各级党委领导小组和退役军人事务行政管理机构按期组建完成。按照中央部署，自治区、盟市、旗县（市、区）三级党委退役军人事务工作领导小组及办公室、退役军人行政机构全部按要求成立。

二是事业单位转隶划转全部完成。自治区本级转隶事业单位5个；各地退役军人事务局共接收军休所、军休中心、军供站、光荣院、烈士陵园、培训基地等事业单位41个，其中，盟市接收24个，旗县（市、区）接收17个。

三是全区退役军人服务保障体系建立健全。2019年3月12日，自治区党委办公厅、政府办公厅印发建立内蒙古自治区退役军人服务保障体系实施方案，明确全区退役军人服务保障体系建设的总体要求、目标任务、时间进度、组织实施等，推动各盟市和自治区有关部门落实主体责任，加快工作进度。3月19日，自治区退役军人事务厅和党委编办联合印发《规范盟市级以下退役军人服务保障机构有关事宜的通知》，对盟市级以下退役军人服务中心（站）的机构设置、编制职数设置等有关要求作出进一步明确和规范，并多次深入盟市、旗县督促指导，确保全区“三中心两站”按照“五有”和“全覆盖”要求在5月底前全部组建到位。全区“三中心两站”认真落实中央关于加强退役军人服务中心（站）建设与工作规范、政治文化环境建设规范要求，加强规范化建设运行，认真开展创业扶持、走访慰问、帮扶解困、信访接待、权益保障等工作，着力搭建好政策咨询窗口、感情联络纽带、信息沟通渠道、帮扶援助平台，为推动政策落实做了大量深入细致的具体工作，取得积极成效。

二、思想政治工作

积极组织推荐全国模范退役军人、全国退役军人工作模范单位及个人评选推荐活动，自治区8名同志和2个集体受到全国表彰。各级召开全国模范退役军人、全国退役军人工作模范单位及个人先进事迹报告会、座谈会53场，“最美退役军人”宣传发布会13场，参加人员1.3万余人次。

评选全区模范退役军人60名，退役军人工作模范单位20个，模范个人20名，在全区退役军人工作会上进行表彰，大力宣传“时代楷模”

模范人物、自治区五大烈士和“北疆楷模”先进事迹，着力营造良好氛围导向。组织开展全区“最美退役军人”评选宣传工作，20名退役军人被评为内蒙古自治区首届“最美退役军人”。

推动组建全区三级退役军人应急救援志愿服务队伍，2019年12月4日，自治区主席为自治区退役军人应急救援志愿服务总队授旗。

三、权益维护工作

深入开展“退役军人矛盾问题攻坚化解年”活动，建立退役军人事务领域风险台账和防范化解风险隐患问题、责任、措施“三个清单”。全区通过开门接访、深入下访、领导包案等方式，解决信访问题，对生活困难的退役军人给予帮扶救助，同时做好思想教育引导工作。压实属地责任和部门责任，建立退役军人信访事项首办负责、转办交办、会商处置、排查化解等工作机制和值班带班制度，确保全区上下信息畅通、情况及时对接处置，有效推动矛盾化解和问题解决。

四、移交安置工作

2019年8月28日，成立自治区退役军人暨随军家属就业安置专项工作组，在自治区保障和改善民生工作领导小组领导下开展工作。11月11日，召开专项工作组第一次会议，听取2018年全区退役军人安置工作情况汇报，研究部署全区年度退役军人安置工作。

2019年10月9日，自治区退役军人事务厅、党委组织部、精神文明办公室、财政厅、人力资源社会保障厅、国资委、医保局、内蒙古军区政治工作局等10个部门联合印发《关于进一步加强由政府安排工作退役士兵就业安置工作的实施意见》，从提高安置质量、优化工作流程、落实待遇保障等方面提供政策规范。

制定自治区计划分配军转干部年度安置计划，全面落实退役军人和其他优抚对象服役表现量化评分等政策，按照公开公平公正的原则，大力推进“阳光安置”，安置政策、安置程序、安置办法和安置结果全面公开。强化退役军人安置编制保障，增强政府安排工作的政策刚性，要求各地计划分配军转干部的安置率、政府安排工作退役士兵的安置率达100%。强化退役军人安置编制保障，年内接收安置300多名计划分配军转干部、800多名退役士兵、600多名自主择业军转干部、30多名复员干部、150多名转非现役人员、130多名军队离退休人员，圆满完成年度安置任务。

五、就业创业工作

按照自治区12个部门联合印发的《关于促进新时代退役军人就业创业工作的实施意见》，制定并向社会发布退役军人职业技能培训承训机构及专业目录，加大教育培训力度。组织356名退役士兵参加了学历提升培训，4000多名自主就业退役士兵参加了各类职业技能培训，动员4191名退役士兵报名参加了高职扩招。与内蒙古师范大学签订退役军人教育培训协议，推动退役军人教育培训院校化高质量开展。下达“开放教育进军营计划”1000万元资金，下达退役士兵教育培训经费1700多万元。

积极搭建就业平台，各级召开退役军人专场招聘会92场次，8649名退役军人与用人单位达成了就业意向。组织退役军人参加了“春风送暖”“金秋招聘月”等大型就业创业服务活动。

协调自治区税务局、人民银行呼和浩特中心支行认真落实就业创业税收减免及创业贷款等相关优惠政策。推动成立“内蒙古退役军人就业创业促进会”。各级累计开发公益性岗位1139个，一些就业愿望强烈、自身就业难度大、家庭生活困难的退役军人得到兜底就业安排。

六、拥军优抚工作

全区各级双拥工作领导机制进一步健全，党政领导深入驻军部队和优抚对象、困难退役军人家庭走访慰问，推动解决问题。2019年9月19日，召开自治区双拥工作领导小组全体会议，对全区双拥工作进行部署。制定印发《内蒙古自治区双拥模范城（旗县、市区）命名管理实施细则》《内蒙古自治区双拥模范城（旗县、市区）考评标准》及领导小组工作规则、成员单位工作职责等工作制度。9月28日，举办全区双拥工作干部培训班，双拥工作模范城（旗县、市区）创建考评工作全面展开。全年全区各级党政领导共慰问驻军部队128个，优抚对象、困难退役军人206户，送去慰问金1084万元，各级退役军人服务中心（站）走访慰问退役军人3.4万余人次。

及时下拨优抚事业经费，重点优抚对象抚恤补助标准提高了10% ~ 15%。及时下拨中央优待抚恤和生活补助金、医疗补助金、优抚事业单位扶助金，按要求安排自治区财政补助经费，指导各级足额、准确发放到位，有效保障优抚对象享受相关待遇。与10多家驻区银行单位、中国联通内蒙古分公司、中国电信内蒙古分公司等对接并签署拥军优抚协议，为退役军人量身定制优惠政策，提供优质服务，切实体现尊崇和优待。

建立健全走访慰问制度和困难退役军人帮扶援助机制，对重点优抚对象坚持开展经常性走访慰问，做好精神慰藉、人文关怀，对生活严重困难的退役军人，在享受社会保障待遇后，根据困难程度，再给予帮扶援助，保障基本生活。各级退役军人事务部门在春节、“八一”和“十一”等时间节点，做到对重点优抚对象、老弱病残、下岗失业、生活困难退役军人走访慰问全覆盖。“八一”“十一”期间，组织乌兰牧骑深入边防一线、军休、光荣院等单位及荣誉军人家庭等进行慰问演出，累计演出200场次、1.8万人次观看，进一步丰富了部队和退役军人的业余文化生活。

七、褒扬纪念工作

强化褒扬纪念，大力开展《英雄烈士保护法》宣传教育活动，开展“传承·2019清明祭英烈”和“9·30”烈士纪念日公祭等系列宣传教育活动，全区16.1万余人次赴烈士陵园、纪念馆参加祭扫纪念活动。开设网站专题、设置微博话题，鼓励引导网上祭扫，全区网上祭英烈专题页面献花敬礼留言参与人数达320万人次。

加强英烈纪念设施保护，自治区下拨专项经费对烈士纪念设施进行修缮维护，对英烈纪念设施进行专项督查。加强光荣院、优抚医院、军休所、军供站等事业单位管理，常态化做好安全检查和维护，确保安全有序运营。

常态化做好光荣牌悬挂工作，建立悬挂台账，及时更新完善信息数据，结合入伍、退役、自然减员情况动态管理，形成长效工作机制，注重在悬挂过程中体现仪式感，尊重个人意愿选择悬挂或摆放方式。全年为全区烈属、军属和退役军人等家庭悬挂光荣牌 51 万块；光荣牌制作严格招投标程序，严格审核验收，保证了质量标准。常态化做好退役军人和其他优抚对象信息采集工作，同步开展信息数据完善和比对工作，着力解决底数不清、情况不明等突出问题，为做好服务保障工作奠定了基础。

八、部分退役士兵社会保险补缴工作

2019 年 5 月 15 日，召开全区退役军人工作推进电视电话会，对部分退役士兵社会保险工作进行部署。7 月 11 日，印发关于做好部分退役士兵社会保险补缴工作的通知，为落实中央部署要求提供了政策抓手。11 月 27 日，召开全区部分退役士兵社会保险补缴工作调度会，对精准高效、攻坚推动部分退役士兵社会保险补缴工作进行再动员、再部署。

两次组织盟市、旗县（市、区）相关部门 1100 多名工作人员开展培训，培养了业务骨干。向盟市、旗县（市、区）、苏木乡镇（街道）、嘎查村（社区）发放社会保险补缴政策《操作指南》《解释口径》《告知书》等宣传册 7.5 万余份，张贴《公告》4.2 万余张，发放申请表 1.7 万余份，在《内蒙古日报》、内蒙古卫视等主流媒体和厅官网、微信公众号等新媒体发布政策公告、政策解释、工作流程、工作专班热线电话等信息 5000 余条，确保政策宣传到位。年内社会保险补缴信息系统录入 51 635 人，初步受理 48 332 人，通过初审 41 317 人。

九、自身建设情况

突出抓好自身建设，加强新时代退役军人工作有关意见的贯彻落实。自治区党委退役军人事务工作领导小组办公室制定自治区方案和具体措施及工作分工，要求各级各部门将贯彻落实工作作为重要政治任务抓紧落实，并将贯彻落实情况纳入党政领导班子考核评价内容和双拥模范城（县）考评重要内容，列为全区督查工作重点。

同时，就加强学习培训和组织领导等方面提出明确要求。2019 年 10 月 21—25 日，举办自治区各有关部门、各盟市学习贯彻培训班，认真开展业务培训和政策解读工作，推动学习贯彻工作在自治区退役军人事务系统和各级党委退役军人事务工作领导小组成员单位全覆盖。

辽宁省

2019年，辽宁省退役军人事务系统扎实开展“不忘初心、牢记使命”主题教育，上下一心、攻坚克难，倾力建设新机构、打造新队伍、开创新局面，实现高起点开局、高层次推进、高质量发展。

一、机构建设情况

辽宁省14个市、100个县（区）退役军人事务局全部组建运行，省、市、县、乡（街道）、村(社区)五级1.7万余个退役军人服务中心(站)全部挂牌运行。省委书记批示：“乡镇街道保障体系由各县区统筹派驻保障，确保保障有力”，全省各地因地制宜，采取乡镇（街道）服务站作为县（区）级服务中心分支机构，实行“区管街用”“县管乡用”模式，有力保障了基层一线退役军人工作力量。

各地退役军人服务中心（站）严格按照“三牌一室一窗口”标准建设，“三牌”即室外悬挂“退役军人服务站”标志牌，便民服务大厅悬挂“退役军人服务”标志牌，办公室门口设置“退役军人服务站工作室”标志牌；“一室”即退役军人服务站工作室；“一窗口”即设立退役军人服务窗口。各级退役军人服务中心（站）在管理服务上实现“三个一”，即一套制度流程、一本服务台账、一个退役军人名册，提供面对面、一对一的个性化服务。

二、思想政治和权益维护工作

（一）思想政治工作

坚持典型引路抓导向，深入挖掘、及时宣传辽宁鞍山深藏功名65载的张贵斌先进事迹。辽宁省委授予张贵斌同志“优秀共产党员”和“辽宁好人·时代楷模”荣誉称号，多家中央主流媒体宣传报道，全系统开展“远学张富清、近学张贵斌”学习活动。

组织开展全国“最美退役军人”先进事迹报告团辽宁报告会。16名退役军人、2个退役军人工作单位、2名退役军人工作个人受到国家荣誉表彰，省级评选表彰了10名“辽宁好人·最美退役军人”。

组织6名支前模范和新中国成立前入伍老战士到北京参加庆祝新中国成立70周年“致敬”方阵群众游行，发放中共中央、国务院、中央军委颁发的“庆祝中华人民共和国成立70周年”纪念章7680枚。

（二）权益维护工作

信访机制体系逐步完善。研究制定了退役军

人信访工作12项具体措施，夯实“五级书记抓信访”责任，形成退役军人信访工作新秩序。各级党委、政府和退役军人事务部门坚持执行领导接访制度，省政府领导同志多次接待来访对象，倾听呼声，解决问题。

解决遗留问题初见成效。开展落实退役士兵安置政策“回头看”工作和“退役军人矛盾问题攻坚化解年”活动，实行一案一策、挂账督办、台账销号、定期通报，解决2300多名退役士兵安置历史遗留问题，矛盾攻坚化解持续发力。部分退役士兵社会保险补缴工作积极稳妥推进。

帮扶解困援助多措并举。与司法厅联合印发《关于加强退役军人事务人民调解工作的意见》；与省总工会联合开展了生活困难退役军人职工帮扶和送温暖活动。

三、移交安置工作

（一）军转干部安置工作

将军转安置工作纳入省政府对各市政府的绩效考评体系，高位推动、多部门联动，为做好安置工作提供强有力的组织保障。改进档案审查移交办法，建立通报约谈、军地联合督导、绩效考评机制，实行安置政策、计划、程序和结果“四公开”，实现军地、省市安置部门谋划、部署、进度“三同步”。圆满完成千余名计划分配军转干部安置任务，140余名团职和功臣模范及长期在艰苦边远特殊岗位工作的军转干部得到照顾，实现军队、军转干部和用人单位“三满意”。

开展军转干部进高校专项培训试点，确定大连理工大学、辽宁大学、辽宁警察学院等7所高校为培训基地，实施“1+1培训模式”和“双导师培训机制”，共计培训军转干部1800余人。

（二）退役士兵移交安置工作

接收安置符合政府安排工作条件的退役士兵1800余人。各级退役军人事务部门加强沟通协调，落实中央企业用人计划，积极筹集地方安置岗位，组织实施政府“阳光安置”，做到安置对象、安置程序、安置岗位、考核成绩、选岗结果“五公开”。

通过完善制度体系、创新工作方式，安置质量大幅提升，退役士兵全部安置在机关、团体、事业单位和国有企业。近200人进入事业单位管理岗和专技岗，300多人分配到市、县（市、区）、乡镇（街道）退役军人服务管理中心（站），新组建的退役军人服务体系人员配备得到有效补充。

四、就业创业工作

（一）政策制定工作

会同省直20多个部门出台《关于促进新时代退役军人就业创业工作的实施意见》《关于进一步扶持退役士兵和重点群体创业就业有关税收优惠政策》等一系列政策措施，初步搭建起就业创业政策框架。进一步规范自主就业退役军人接收安置程序，制定了《辽宁省自主择业军转干部退役金发放实施细则》，组织开展了全省自主择业军转干部退役金发放年度审核工作。

（二）平台搭建工作

开展全省促进退役军人就业创业服务系列活动，组织开展专场招聘、专属岗位招聘、现场推介会、现场政策咨询等系列服务活动。全年开展各类活动109项573次专场。提供各类岗位6万余个，5万余名自主就业退役军人参加求职，达成就业意向1万余人。推荐评比10个“辽宁省退役军人创新工作室”，并给予奖励补贴。

（三）提升能力工作

聚焦“转换角色、完善知识、提升能力”，突出抓好教育培训。开展心理引导，合理调整就业预期，全省5900多名自主就业退役军人参加了适应性培训。抓好职业技能培训，全省6200多名自主就业退役军人参加了各类职业技能培训。积极响应国家高职扩招号召，全省高职扩招退役军人报名16.5万人。

五、军休服务管理工作

（一）军休移交工作

继续推行军休干部“随退随审，即交即接”工作机制，简化程序、提升效率，将省级审核安置住房和发放安置通知书权限下放至各市，实行安置地“一站式”办理，有效缩短了移交时间。全年军休干部和退休士官安置去向审定900多人，接收安置近800人。接收退休伤病残军休干部（含士官）100多人，赢得部队好评。

（二）军休干部生活待遇落实工作

精准核算军休经费，军休干部生活待遇及时足额落实。为2万多名军休干部核算增资经费，为20多名军休干部发放国务院特殊津贴，中央补助军休服务机构、人员等经费及时拨付到位，百余名因病因残生活不能自理、符合军休护理费审批条件的军休干部享受到相应待遇。充实完善“全国军休安置服务管理信息系统”军休干部信息。军队离退休干部老旧小区改造工作按计划推进。

（三）组织开展“祖国颂·军休情”活动

成功举办辽宁省暨沈阳市军休干部庆祝中华人民共和国成立70周年文艺汇演。选送的《传承》《假如有来生》两个节目把徐文涛、宋月才先进人物和烈士事迹搬上舞台，热情歌颂时代楷模，获得全国北部片区最佳节目奖，参加全国汇报演出。

六、拥军优抚工作

（一）优待抚恤工作

光荣牌悬挂高效完成。省财政安排资金3200万元，采购光荣牌160万块。共为150余万户烈属、军属和退役军人家庭悬挂光荣牌，向全社会传递了尊重退役军人的价值取向，爱国拥军、尊崇军人的社会氛围日渐浓厚。

优抚保障水平不断提高。连续15年提高部分优抚对象抚恤补助标准，平均提幅10%左右。全年发放抚恤补助资金16.2亿元（含医疗补助经费），21万余优抚对象人均年抚恤补助7300余元，优待保障水平进一步提高，生活质量进一步改善。发放义务兵家庭优待金4.66亿元，为优抚对象发放临时价格补贴3677.3万元。

各项优抚政策落地见效。制定《伤残等级评定工作规程》，进一步规范了伤残等级评定工作。组织1500余人进行医疗鉴定，对1100多人予以评定或调级。完成广大企业退休军转干部等人员普遍关心的生活补助金调标工作，提高了新中国成立前老兵养老金和护理费标准。与银行签订战略合作协议，为军属、退役军人和其他优抚对象提供优先、优质和优惠的金融服务。

（二）双拥共建工作

健全双拥工作制度机制。全力抓好双拥模范城创建工作，实施新修订的双拥模范城（县、区）创建命名管理办法和考评标准。启动《辽宁省拥军优属规定》修订工作。健全完善双拥工作联络机制。

深入开展走访慰问活动。以春节、“八一”期间“走基层、送温暖”活动为抓手，重点走访慰问困难多、任务重的基层一线部队和生活困难的退役军人及优抚对象等。全省共走访慰问部队2400余支，赠送慰问金（品）5000万余元；走访慰问优抚对象、困难退役军人和军属9.3万余人，赠送慰问金（品）3700万余元。

帮助驻辽部队排忧解难。大力支持部队项目建设、完成演训任务，做好双拥工作区域协调机制牵头试点工作。建立落实“双清单”制度，梳理7项地方需要部队支持解决的重要事项，解决16项涉及辽宁驻军及随军家属、子女的困难需求。全省优先安排1700余名军人子女入学入托，组织随军家属就业培训600多人，举办招聘会25场次，安置随军家属到机关事业单位60余人、公益性岗位400余人。

七、褒扬纪念工作

（一）褒扬纪念重大活动

圆满完成第六批在韩志愿军烈士遗骸回国迎接安葬任务。军地各相关部门精心筹备、精准落实，新华社、中央电视台、《解放军报》等50余家中央级媒体、150余名记者全程参与报道，得到社会各界一致好评。

首次举办中国人民志愿军烈士认亲仪式。央视新媒体平台全网直播，央视综合频道、新闻频道等在多栏目进行报道，媒体传播受众3.2亿人次，向全社会展现出党和国家缅怀英烈、传承精神、关爱烈属的良好风尚。

首次举办辽宁省人民政府烈士光荣证颁授仪式，巩固强化社会主义核心价值观，提升了“烈士”称号的政治属性和国家地位，提升了烈士遗属的认同感、荣誉感和获得感。

（二）营造崇尚英烈氛围

审核评定2名同志为烈士，复核确认5名人民警察为因公牺牲。安排财政资金550万元，用于4个地区的烈士纪念设施维修改造。

组织完成全省各级清明节“传承·2019祭英烈”活动、“9·30”烈士纪念日向烈士敬献花篮仪式，配合省委宣传部圆满完成“勿忘九一八”撞钟鸣警仪式。发挥烈士纪念设施传承红色基因主阵地作用，积极把具有较大影响的知名烈士纪念设施作为深化主题教育的主要基地，传播英烈精神。学习宣传贯彻落实《英雄烈士保护法》，创新普法宣传活动，精心组织烈属祭扫活动，深入挖掘英烈事迹，推动英烈文化研究。积极组织参加“丰碑永铸·颂英烈”全国英烈讲解员大赛，推荐4名讲解员参加全国大赛，获得2个优秀奖。

八、自身建设情况

全省退役军人事务系统坚持把政治建设放在首位，增强“四个意识”、坚定“四个自信”、做到“两个维护”。在“不忘初心、牢记使命”主题教育中，深入开展调查研究工作，深入一线解决实际问题。举办各地百名局长专题研讨，以及退役士兵社会保险补缴、军转干部安置、军休服务管理、就业创业、信访信息系统应用、统计工作等专项培训。制定《辽宁省退役军人信息化建设方案》，省、市、县完成退役军人事务部门接入电子政务外网工作，保险补缴系统、优抚系统在线运行。退役军人信息采集、统计调查、法治建设、政务公开、机要保密等工作全面推进。

沈阳市

2019年，沈阳市退役军人事务系统统筹谋划、系统推进，各项工作平稳起步、开局良好。

一、机构建设情况

年初，沈阳市和13个区、县（市）退役军人事务局全部完成机构组建，实现了“边组建、边完善、边工作”的目标。按照“五有”和“全覆盖”要求，全速推进市和区、县（市）“两中心两站”建设。成立市退役军人服务中心，制定出台《沈阳市退役军人服务中心（站）建设与工作操作规程（试行）》《沈阳市退役军人事务信息化建设实施方案》，加快推进门户网站建设，下发综合类制度规范、业务类制度规范、工作流程规范等59项规章制度。完成沈阳市13个区、县（市）服务中心和179个乡镇（街道）、2402个村（社区）退役军人服务站组建。成立市委退役军人事务工作领导小组，领导小组组长由市委书记、市长亲自担任，研究制定领导小组及办公室工作细则。

二、思想政治和权益维护工作

（一）典型引领、营造氛围

2019年1月7日，成功承办由中央宣传部、退役军人事务部组织的“最美退役军人”先进事迹报告会，推荐沈阳市原沈阳军区后勤史馆馆长徐文涛和黎明公司装配工李志强2名同志入选报告团。7月25日，在市军休中心举行“不忘初心、牢记使命”主题教育暨沈阳市优秀退役军人先进事迹报告会，对27名优秀退役军人和3名优秀军嫂代表，依托主流媒体进行广泛宣传。市军队离退休干部服务中心常德休养所退休干部贾成武、蓝凌退役军人众创空间有限公司董事长汤清被授予“全国模范退役军人”称号；市退役军人事务局拥军优抚处李陶颖和沈阳抗美援朝烈士陵园管理中心，分别被授予“全国退役军人工作模范个人”和“全国退役军人工作模范单位”称号。市退役军人事务局被退役军人事务部办公厅评为“宣传工作先进单位”。

（二）畅通渠道、规范流程

研究制定来访接待工作规范、工作流程图，建立上下贯通、部门联动的协同体系。全年共组织各类群体代表座谈会29次，落实解决6个方面难点问题。

（三）一事通办、化解矛盾

退役军人事务部和省退役军人事务厅、信访局交办督办信访事项，办结率达100%。按照“四清”要求，采取分门别类、罗列清单、下发交办单、督导督查等方法，指导各责任单位认真研究解决，全部处理完毕。

三、移交安置工作

（一）圆满完成计划分配军转干部移交安置工作

接收计划分配军转干部400多人，提供计划安置岗位450多个，采取中、省直单位统一考试，市直单位双选推荐考核，区属单位保底安置的安置办法，并对团职、功臣模范、边远地区工作及从事特殊岗位的军转干部给予照顾安置。参加省直考试安置100多人，市直单位双向选择考核安置200多人，区、县（市）保底安置80多人。组织计划分配军转干部开展岗位适应性培训和进高校专项培训，共培训400多人（其中，岗位适应性培训300多人，进高校专项培训100多人）。

（二）高质量完成符合安排工作条件退役士兵安置工作

接收符合政府安排工作条件退役士兵300多人，提供安置岗位计划900多个，先后4次召开退役士兵安置工作政策说明会，采取市、区属事业单位考试招聘、中央企业自主招聘、其他单位按档案积分按序选岗方式进行阳光安置，100多名退役士兵走上事业编制管理岗位，退役士兵安置到机关、事业单位和国有企业达到100%。提高了符合政府安排工作条件退役士兵安排工作期间生活补助标准，由最低生活保障标准提高至最低工资标准，共发放生活补助金356.7万余元。

（三）做好自主择业军转干部接收工作

接收自主择业军转干部800多人，对开具落户介绍信、组织关系接转信、退役金核定、银行卡办理、体检报告领取实行“一站式”服务。2019年10月，分两批组织了自主择业军转干部适应性培训班，为自主择业军转干部顺利回到地方工作生活奠定了良好基础。

（四）做好自主就业退役士兵接收工作

接收自主就业退役士兵2600多人。及时下发《关于做好2019年夏秋季自主就业退役士兵经济补助发放工作的通知》，印发《沈阳市自主就业退役士兵报到须知总览》手册，积极推进接收落户、填写经济补助金审批表等工作落实。

（五）做好部分退役士兵社会保险补缴工作

2019年8月，成立由沈阳市委、市政府统一领导，常务副市长任组长，11个部门组成的专项工作领导小组及联合工作专班，设立市、区县（市）两级政策咨询及受理工作站14个，乡镇、街道、社区申请登记受理窗口556个，配备专职工作人员754人。截至2019年年底，共受理退役士兵政策咨询3万余人次，系统录入22 000余人，受理20 000余人，初审通过10 000余人。

（六）着力解决安置遗留问题

认真排查1978年以来符合政府安排工作条件安置后未上岗的退役士兵，出台安置就业岗位、发放待岗期间生活补助、补缴养老保险和医疗保险等方面的政策。协调市公安局、民政局、财政局、考试院等单位就从退役士兵中专项招录公安辅助警务人员、禁毒社会工作者，1042 人成为禁毒社会工作者，拓展了退役士兵参与社会治理的渠道。

四、就业创业工作

（一）制定政策提供保障

研究制定《2019 年沈阳市退役军人（自主就业士兵、自主择业军队转业干部、复员干部）就业创业年度计划》《沈阳市军民融合高层次人才引进奖励和项目资助办法》《沈阳市退役军人（随军家属）培训工作管理暂行办法》《沈阳市退役军人创业孵化基地管理办法》等一系列有利于退役军人就业创业的政策，使工作开展有章可循。

（二）就业渠道不断拓宽

先后举办 5 次大型专场招聘会，总计提供就业岗位 15 000 余个，入场求职退役军人达 17 000 余人；组织战友、校友创业者峰会暨沈阳市“开放创新”主题招商项目洽谈会，邀请全国 110 名企业家回沈洽谈，签订意向协议投资 5 亿元；建立 2 个退役军人创业孵化基地，入孵退役军人企业 70 余家，实现退役军人就业 1 000 余人。

（三）精准培训组织严密

探索尝试“三定”式培训。举办“沈阳市非公领域基层党务工作者示范培训班”，开展办公室主任（企业管理）、人力资源管理、财务会计、健身教练、无人机航拍基础等专业技能培训 40 余期，参训退役军人、随军未就业家属近 4000 人。组织自主就业退役士兵职业技能培训、适应性培训，参训人员 800 余人。

（四）管理服务扎实有效

积极做好高职扩招工作，通过新闻媒体滚动播放、社区张贴海报、入户走访和电话回访等方式深入宣传，共有 2.7 万余人报名；与退役军人律师事务所开展合作，对遇到法律问题的退役军人提供法律援助；赴武警辽宁总队执勤支队参加退役官兵向军旗告别仪式，宣讲退役相关政策。

五、军休服务管理工作

（一）政治建设持续加强

认真抓好军休系统党建工作，党支部数量从 107 个调整为 257 个；在军休干部中广泛开展“不忘初心、牢记使命”主题教育，采取集中学习和分散自学的方式，提升主题教育效果；严密组织评比表彰等活动，共评选表彰 43 个先进基层党组织，532 名优秀共产党员和优秀党务工作者。

（二）生活保障及时到位

共接收安置军休干部 401 人、士官 10 人；简化军休干部医疗中大病、特病、外地就医的医疗审核和报销机制，组织军休干部体检 1 万余人次，报销各类医疗费用 300 多万元；向军队申报符合享受特别抚恤金条件的军队病故军休干部 142 名，统计享受国务院特殊津贴人员 21 名。

（三）生活环境得到改善

投入新购和维修改造的房屋资金 4600 多万元，其中，砂山军休干部所新购军休干部活动用房2000多平方米，11个休养所维修改造活动用房、住宅用房、庭院8300多平方米，维修军休干部住宅楼供电、供水、排水、供暖设备设施130多户，极大改善活动生活环境，受到军休干部普遍好评。

（四）文体活动丰富多彩

在保障日常文体活动开展的基础上，以“祖国颂·军休情”庆祝新中国成立70周年系列文化活动为主线，组织近5000名军休干部及家属参加春秋季一日游活动，举办书画展、摄影展、诗歌朗诵会及各项球类比赛等11项活动，特别是军休干部大型文艺汇演，近400名参演人员自编自导12个文艺节目。精心编排的情景诗剧《传承》，在北部片区复赛中获最佳节目奖。

六、优待抚恤工作

（一）信息采集精准严谨

组织街道（乡镇）、社区（村）等基层组织开展退役军人和其他优抚对象信息采集工作。开展了信息采集数据筛查和对信息数据中荣立二等功及以上人员甄别核实工作，确保信息采集的准确性。

（二）光荣牌悬挂有力推进

2019年4月24日，组织并承办辽宁省暨沈阳市为烈属、军属和退役军人家庭悬挂光荣牌启动仪式，为每个退役军人家庭制作光荣牌手提袋和喜报，并在沈阳电视台、沈阳日报等媒体进行广泛宣传，全年共悬挂光荣牌25.9万块。

（三）补助标准调整及时

依据国家及省厅有关文件精神，按照平均增加10%的标准，再一次大幅提高部分优抚对象抚恤和生活补助标准，共惠及十大类优抚对象27 807名。印制发放优抚政策服务卡3万张，进行政策宣传和政策告知。

（四）各项政策执行严格

自2019年7月以来，共为困难优抚对象发放6个月的价格临时补贴270余万元；努力推进优抚对象医疗结算“一站式”服务，积极开展为农村优抚对象“送医送药”活动，共发放价值7万元药品；与市慈善总会合作，开展“九九重阳节”扶贫敬老活动，将1300余名80周岁以上在乡复员军人及伤残军人纳入慈善援助。认真组织开展优抚对象数据核查工作，召开沈阳市数据核查工作会议，完成优抚对象认定工作，确保其合法权益得到保障。完成200多名部队移交地方残疾军人、60周岁以上因战因公调整等级伤残人员和带病回乡退伍军人残疾等级鉴定及病情检查，配合省厅完成100多名警察、公务员等伤残评定工作。

（五）走访慰问活动开展广泛

走访慰问驻军271家、赠送慰问金（品）合计金额363万余元；召开军政座谈会215次，组织联欢会、文艺演出118场次。为4736名优抚对象发放救助金284万余元，走访慰问困难退役军人和重点优抚对象8853人，发放慰问金416万元。

七、褒扬纪念工作

（一）褒扬纪念活动组织严密

2019 年 4 月 4 日，圆满完成第六批在韩志愿军烈士遗骸回国迎接和安葬任务。9 月 29 日、30 日，成功承办中国人民志愿军烈士认亲仪式、辽宁省暨沈阳市向烈士敬献花篮仪式和辽宁省烈士光荣证颁授仪式。沈阳抗美援朝烈士陵园全年先后承接朝鲜代表团、俄罗斯领事馆等国内外团体祭扫活动保障任务 10 余次，国家、省市各项主题教育活动 500 余次，接待进园祭扫人员 15 万余人。12 月 11 日，沈阳抗美援朝烈士陵园烈士纪念馆举行新馆开馆仪式，军地各级领导及抗美援朝老战士、烈属、公安干警、社会各界捐赠烈士遗物人士、参与建设烈士纪念馆相关单位代表等 100 余人参加。纪念馆建筑面积 6716 平方米，展陈面积 4035 平方米，可同时容纳 2100 多人。

（二）《英雄烈士保护法》深入贯彻落实

先后投入 100 余万元，对沈阳市 17 个烈士纪念设施进行日常维护。大力推动抗美援朝烈士陵园提质改造工作，隆重举行抗美援朝烈士陵园烈士纪念馆新馆开馆仪式。加强对烈士遗骸、遗物和史料的收集整理工作，通过“为烈士寻亲”活动共找到 10 余位烈士家属，利用电视、报纸、手机新闻客户端等媒体使烈士的事迹得到广泛宣传。共与 26 家部队、学校等单位签订共建共育活动协议，多次组织退役军人功臣模范进院校、社区开展爱国主义教育宣讲。

（三）新中国成立 70 周年纪念章发放任务圆满完成

发放范围为新中国成立前参加革命工作并健在的回乡老战士；移交地方政府安置的军队离休干部；新中国成立后，因参战荣立一等功及以上奖励并健在的退役军人。先后发放纪念章 972 枚。

八、双拥共建工作

完成市双拥工作领导小组调整工作，组织召开双拥工作领导小组成员工作会议，印发《争创双拥模范城“九连冠”工作实施方案》等 6 个文件，编辑制作《沈阳市创建双拥模范城“九连冠”资料汇编》《沈阳市创建双拥模范城“九连冠”工作巡礼》专题片，开通“沈阳双拥”微信公众号，创建全国双拥模范城工作有序推进。

（一）推出退役军人专属金融服务

2019 年 6 月 23 日，与建设银行辽宁省分行、工商银行沈阳分行等 5 家金融机构签署“拥军优抚”合作意向书，推出包括退役军人专属“拥军卡”、退役军人养老金融等在内的全方位、多元化金融服务方案。截至 2019 年年底，为退役军人办理银行卡 1.8 万余张。

（二）办理市人大代表关于“现役军人在沈免费乘坐公共交通工具”的建议

2019 年 12 月 16 日，会同相关部门联合印发《关于现役军人免费乘坐公共交通工具的通知》，明确自 12 月 26 日起，现役军人和消防救援人员可持本人有效证件，按照相关规定免费乘坐市内享受公益群体补贴的公共交通工具（包括地铁、有轨电车）。

（三）将东北军事后勤史馆打造成为沈阳退役军人革命传统教育基地

成立军地“教育基地”建设发展工作协调小组，在东北军事后勤史馆隆重举行“沈阳市退役军人革命传统教育基地”揭牌仪式，为进一步加强沈阳市退役军人思想政治工作，传承红色基因，弘扬革命传统，提供了崭新平台。

九、自身建设情况

（一）积极营造团结氛围

要求市局上下落实“懂得欣赏、善于沟通、学会谦让、相互学习、真心关爱、全力支持”六点要求，局党组带头讲团结，形成纯洁和谐的机关氛围，实现机构磨合期的平稳过渡。

（二）广泛开展业务培训

组织各区、县（市）退役军人事务局相关人员开展集中培训、学习交流活动，收到较好效果；安排各业务处室相关人员，整理汇编国家和辽宁省及沈阳市退役军人工作相关法律法规政策，印发至基层单位，为开展工作提供可靠依据。

（三）切实加强党风廉政建设

召开局机关第一次党员代表大会，及时建立党的组织架构；坚持科学决策、民主决策、依法决策，凡属“三重一大”问题，一律提交党组会研究；严格执行监督执纪工作分级负责、重要事项请示报告制度，督促责任压实；将纪律教育、廉政教育纳入党支部组织生活，教育党员干部严格遵守党规党纪。

大连市

2019年，大连市退役军人事务系统采取坚决有力措施，全面完成了机构组建任务，并坚持以退役军人为中心，积极主动作为，强化履职尽责，推动全市退役军人工作取得明显成效。

一、机构建设情况

（一）退役军人事务部门

根据深化党和国家机构改革部署，市委、市政府积极研究、主动作为，采取切实有力措施，稳步推进退役军人事务机构组建工作。2019年1月24日，市退役军人事务局挂牌成立，全市10个区市县、先导区相继按要求组建了退役军人事务局。

（二）军队离休退休干部服务机构

市军队离休退休干部服务中心，为市退役军人事务局所属事业单位，由原市民政局11个军休服务机构整合组建，下设市军队离休退休干部第一至第六服务管理中心，统一负责全市主城区军休干部服务管理工作。全市各地区分别采取在退役军人服务中心下设、内设工作机构等方式，履行军队离休退休干部服务职能。

（三）退役军人服务保障体系

按照“五有”和“全覆盖”要求，全力推进市退役军人服务保障体系建设。市委常委会、市政府常务会议进行专题研究部署，组成工作组专程赴外地调研学习先进经验。2019年5月27日，制定出台大连市《关于加快推进退役军人服务保障体系建设的意见》《退役军人服务保障体系建设办公和公共服务场所基本要求》等指导性文件，督促各区、市、县加快退役军人服务中心（站）建设。5月30日，市退役军人服务中心挂牌成立。随后落实“三定”方案及市烈士陵园管理处、大连市光荣院转隶等工作，并采取召开电视电话会议、深入区市县督导检查、建立进展情况日报告制度等措施加大工作推进力度。7月10日，全市建立市、县、乡、村四级退役军人服务中心（站）1835个，实现退役军人服务保障网络全覆盖。

二、思想政治和权益维护工作

（一）思想政治工作

加强退役军人思想政治教育，激励和引导广大退役军人自觉弘扬军队光荣传统和优良作风，为加快大连“两先区”建设、推动大连全面振兴发展作出应有贡献。

一是市委宣传部、市精神文明办、市退役军人事务局联合开展“最美退役军人”学习宣传活动，从全市退役军人中推选15名同志为市“最美退役军人”、48名同志为市“优秀退役军人”，与沈雁峰、张勇等市“全国模范退役军人”先进典型一起，在新闻媒体上进行集中宣传，讲好大连退役军人故事。

二是军地联合举办“铭记光辉历史、聚力强国强军”大连历史军事篇图片巡展，宣传军人、军队为大连市建设作出的突出贡献。

三是为全市1837名退役军人发放“庆祝中华人民共和国成立70周年”纪念章。

（二）权益维护工作

以开展“矛盾问题攻坚化解年”活动为契机，坚持“四个到位”，做好全市退役军人权益维护工作。

一是政策解读到位。加强工作人员业务培训，在接待中认真、细致、全面解读政策法规，做好思想疏导工作。

二是走访服务到位。全面梳理排查历史遗留问题，摸清底数，建立台账。在此基础上，开展走访活动，倾听诉求，宣讲政策，赢得理解，消除疑虑。

三是制度建设到位。建立信访接待制度，落实首办责任制，规范退役军人信访接待流程和工作标准。建立退役军人事务局领导信访接待日制度，畅通沟通渠道，推动重点、疑难信访案件化解。

四是解决问题到位。研究有效措施推动化解信访问题，采取投保商业保险、筹集专项岗位安排再就业、开展退役士兵安置政策“回头看”等措施，协调解决各类群体的利益诉求。

三、移交安置工作

（一）计划分配军队转业干部安置工作

适应深化国防和军队改革要求，组织赴外地实地调研，学习借鉴先进经验，提出市军转安置工作指导性意见。组织开展全市军转安置需求情况调查，梳理掌握市直各单位空编情况及年内公务员遴选、考录计划。调整市军队转业干部安置工作小组成员单位，组织召开全市军转干部安置工作小组会议，制订年度计划分配军队转业干部安置计划。拓展军转安置渠道，争取中省直驻连单位增加安置计划数，提升机关事业单位和国有大中型企业安置比例。做好沟通协调和思想政治工作，化解安置过程中面临的突出矛盾，圆满完成年度安置任务，全市军转干部安置行政岗位比例达85%。

（二）符合政府安排工作退役士兵安置工作

根据年度安置需求情况，向200余家单位征集退役士兵安置指标，与中省直单位安置计划一并公布。对符合政府安排工作条件的退役士兵进行思想教育和政策宣讲。实行档案考核评分与依次公开选岗、企业自主招聘相结合的“阳光安置”方式，确定退役士兵安置岗位。年度符合政府安排工作条件的退役士兵全部安置到事业单位和国有大中型企业。

（三）部分退役士兵社会保险补缴工作

按照中央关于开展解决部分退役士兵社会保

险问题有关部署要求，召开全市动员部署会议、工作调度会议，建立联席会议制度，抽调骨干力量组建工作专班，加强工作督导和统筹推动。通过召开新闻发布会、组织媒体报道、在显著位置张贴《公告》《告知单》、提供上门服务等措施，加强政策宣传解读。组织干部参加省、市培训班，就社会保险补缴问题解答口径、操作指南等加强学习，提升基层受理人员政策业务水平。在各区、市、县全面设置受理窗口，在金普新区召开工作推进现场会，逐步推动形成系统化规范化的办理流程，完成 1.16 万名退役士兵资格审核和系统录入工作。

四、就业创业工作

（一）落实退役军人就业创业政策

扎实做好自主择业军转干部管理服务工作，在保障退役军人领取退役金、经济补助，享受普惠性就业创业扶持政策和公共服务的基础上，为该群体就业创业提供特殊优待，年内为退役军人创业减免税费 360 余万元。

（二）开展退役军人教育培训工作

针对退役军人就业方向全方位、职业技能培训需求多样化的特点，认真梳理自主择业军转干部和自主就业退役士兵培训需求，分类制定培训方案，明确培训专业，采取公开招标的方式确定承训高校，组织 600 余名退役军人参加免费个性化培训和职业技能培训，帮助他们掌握适合自身需求的专业技能。此外，通过加强政策宣传引导、开展身份审核认定等措施，组织 2 万余名退役军人报名参加高等职业院校扩招专项补报名工作，丰富退役军人学历教育内容。

（三）拓宽退役军人就业渠道

搭建退役军人与用工单位的供需对接平台，推动事业单位定向招聘退役大学生士兵，采取与市职业介绍中心共享信息、走访企业征集就业岗位等方式，建立适合退役军人的就业岗位目录，并通过区市县向全市退役军人发布就业岗位信息。举办退役军人推荐就业专场招聘会，数百家企业入场招聘，涉及信息技术、机械安装、交通运输等 20 余个行业，现场播放退役军人就业创业政策宣传片，邀请专业人士提供税务、法律咨询及金融、在线求职等多项服务，活动吸引 9300 余名退役军人及随军家属到场，达成就业意向 4400 余人。

五、军休服务管理工作

（一）做好军休干部接收安置工作

做好军休干部接收安置工作专题调研，军地双方加强协调配合，通过军地联席会、现场办公会等方式优化接收安置流程，实现“即交即接”，完成年度军队离休退休干部接收安置任务。同时，组织开展全市军休服务管理信息数据调查摸底，采集信息数据 2 万余条，并录入“全国军休安置服务管理信息系统”。

（二）落实军休干部政治待遇和生活待遇

做好元旦、春节和“八一”期间住院和生活困难军休干部的走访慰问工作；调整军休干部医保个人账户基数，设立离休干部门诊医疗定点窗口，组织开展军休干部健康体检和康复疗养活动；将军休干部老旧小区改造和加装电梯工作优先纳入全市老旧小区年度改造计划，协调争取中央财政经费解决300余名军休干部住房货币补差遗留问题。

（三）组织开展军休干部文体活动

组织军休干部参观新农村建设和爱国主义教育基地；举办全市军休干部庆祝新中国成立70周年文艺汇演；创作、遴选舞蹈《追梦新时代》等4个节目参加全国军休系统文艺汇演，根据时代楷模、道德模范、市军休干部宋月才烈士真实事迹创作情景剧《假如有来生》，获最佳节目奖并被推荐到学习强国平台播放。

六、优待抚恤工作

（一）落实优抚对象抚恤补助待遇

自2019年5月起，为全市享受定期抚恤补助的优抚对象发放价格临时补贴。自8月1日起，调整部分优抚对象等人员抚恤和生活补助标准，重点优抚对象调标比例达到10%。截至2019年年底，共有烈士遗属、残疾军人、在乡复员军人等各类优抚对象2.9万余人。全年为297名伤残人员和带病回乡退伍军人进行身份认定和医疗鉴定，并落实优抚待遇。

（二）开展“关爱功臣”系列活动

为庆祝新中国成立70周年，积极协调社会力量，在全市广泛开展多种形式的“关爱功臣”活动。一是与大连何氏眼科医院合作，在全市开展历时两个月的“何氏光明行·关爱退伍军人眼健康”项目，为全市退役军人和其他优抚对象免费普查眼病，为患白内障的退役军人和其他优抚对象减免手术费用。二是积极协调大连市福利彩票发行中心开展“福彩公益行，爱心献老兵活动”，大连市福彩中心为全市在乡复员军人赠送200台轮椅。三是组织100名70岁以上困难老兵参加三甲医院千元套餐体检活动。

（三）信息采集和光荣牌悬挂工作

积极开展退役军人和其他优抚对象信息采集工作，数据审批通过率达100%。按照辽宁省光荣牌悬挂工作部署安排，大连市自2019年4月26日开始启动光荣牌悬挂工作，各区、市、县相继举办“为烈属、军属和退役军人等家庭悬挂光荣牌”启动仪式，为23万余户现役军人家属、退役军人和其他优抚对象家庭悬挂了光荣牌，进一步提升了军人的荣誉感、尊崇感。

七、褒扬纪念工作

集中两个月时间，组织开展“传承·2019清明祭英烈”主题宣传教育活动，在本地主要媒体开设祭扫专栏，宣传英烈事迹，弘扬英烈精神。清明期间，充分发挥各级烈士纪念设施爱国主义教育基地作用，接待2.8万名烈士家属和社会群众祭扫参观。市烈士陵园与大连消防救援支队、大连海事大学轮机工程学院签订合作协议，共建思想教育基地，多次赴高校、市社会福利院开展烈士功绩“走出去”宣传活动，得到社会各界好评。“9·30”烈士纪念日当天，隆重举行大连市向烈士敬献花篮仪式，市委常委和相关部门主要领导、驻连部队官兵代表、各界群众代表1000余人参加。组织做好烈士纪念设施调查摸底工作，完成全市烈士纪念设施第一阶段信息采集校核工作，并编撰补录《全国烈士英名录》信息 2200 余条。

八、双拥工作

（一）加强双拥工作统筹推动

组织召开双拥共建领导小组全体（扩大）会议、双拥工作联络员会议和双拥办主任会议，部署新时期双拥工作和双拥模范城创建工作。调整双拥共建领导小组及办公室成员，调剂编制职数设置双拥工作专门机构，扩大双拥工作队伍，增强双拥工作力量。印发双拥共建领导小组工作规则、办公室工作细则、成员单位职责，进一步完善双拥工作运行机制。

（二）营造浓厚的双拥氛围

组织对全市 6 类窗口服务单位落实军人军属依法优先和优待政策情况进行实地抽查督导，广泛开展群众性拥军活动，在大连电视台、《大连日报》开设双拥专栏专版，加强双拥工作宣传报道，进一步营造了浓厚的双拥工作氛围。春节、“八一”前夕，各级党政领导率队走访慰问驻地部队和离退休干部，表达对驻连部队的关心关怀。

（三）解决部队实际困难

围绕推动解决部队官兵的后路、后院、后代问题，积极召开党政军恳谈会和座谈会，密切军地联系，共商军地大事。全面开展对驻地部队的大调研大走访活动，组织军地有关部门研究细化拥军优待政策，了解驻连部队实际需求，协调解决驻地部队随军家属落户、就业、军人子女教育优待等领域具体困难 400 余件，进一步密切了军地军民关系，提升了双拥共建工作水平。

九、自身建设情况

坚持以习近平新时代中国特色社会主义思想为指导，深入学习贯彻习近平总书记关于退役军人工作重要论述和重要指示批示精神，注重提高政治站位，加强形势分析研判，强化党对退役军人工作的全面领导。扎实推进“不忘初心、牢记使命”主题教育，通过采取“四结合”“四走进”“四解决”工作法等举措，增强学习教育效果，引领退役军人工作改革发展。认真履行全面从严治党主体责任，抓好党风廉政建设和作风建设，筑牢了干部思想道德防线。积极组织市县两级政策业务学习培训，持续提升干部队伍综合素质和履职能力。有序开展政策梳理、建章立制等工作，加强对基层的指导，强化工作运行体系建设。加强党对机关党委、纪委和工会等工作的领导，强化局属事业单位建设管理，为促进中心工作稳步开展提供了有力保障。

吉林省

2019年，吉林省退役军人事务系统着力夯实队伍建设、法治建设、后勤保障和国际合作基础工作，全力完成服务保障、教育管理、双拥共建、新闻宣传职责任务，实现良好开局。

一、机构建设情况

（一）领导机构建设

推动成立省委书记、省长任双组长的省退役军人事务工作领导机构，指导各市、县两级成立了由党委、政府主要领导任组长的领导小组。

（二）服务体系建设

省委办公厅、省政府办公厅制定出台实施意见推动省、市、县、乡、村五级设立退役军人服务中心（站）11 528个。其中，退役军人服务中心75个，乡镇（街道）、村（社区）退役军人服务站11 453个。

二、政策法规工作

（一）全面加强制度建设

一是做好政策法规梳理汇编。全面梳理新中国成立以来涉及退役军人移交安置、拥军优抚、就业创业等6个方面的政策文件700余件，汇编退役军人工作政策法规4册，为各级退役军人工作部门依法依规开展工作提供政策依据。二是强化制度文件规范管理。省退役军人事务厅全年研究起草制度文件46件，出台17件，被省委依法治省办列为全省法治建设“制度体系建设联系点”。

（二）健全内部监督机制

一是建立完善权责清单。按照职权法定原则，对标国家级基本目录，梳理退役军人工作系统权力事项37项，确定省级权责清单事项9项，并建立动态调整机制，推进退役军人工作权限、标准、程序、责任法治化。二是落实重大决策程序规定。制定出台的规范性文件全部依法履行了公众参与、专家论证、风险评估、合法性审查等程序，确保政策的合法性、合理性和可操作性。涉及行政审批、信息公开及信访处理等行为，事前严格进行合法性审查，为依法科学决策提供参考。

（三）主动接受社会监督

一是创新建立义务监督员制度。制定出台《吉林省退役军人工作义务监督员制度》，对全省退役军人工作进行全方位监督，同时协助做好政策解答、矛盾化解和退役军人经常性思想工作。二是组建义务监督员队伍。省、市、县三级退役军人工作部门全部成立了退役军人工作监督委员会，聘请现役军人和退役军人共428人，实现退役军人工作义务监督全覆盖。三是监督工作取得明显成效。各级义务监督员利用现役军人、军休干部、人大代表、政协委员、律师等身份优势，从不同角度、不同层面充分反映社会各界对退役军人工作的意见和建议，提出问题和建议共计131条，有效发挥了社会监督对退役军人工作的促进作用。

（四）创新法律服务方式

一是创新建立法律服务机制。联合出台《关于做好新时期退役军人法律服务工作的意见》。各级退役军人工作部门与司法行政部门密切协作，依托现有公共法律服务平台，为退役军人开辟绿色通道，优先提供法律援助、人民调解、公证、司法鉴定等法律服务。二是建立退役军人法律服务站。各级退役军人工作部门通过政府购买服务的方式，与律师事务所或专业律师合作，建立退役军人法律服务站，为退役军人提供更加专业、深入的法律咨询服务。三是法律服务取得明显成效。为退役军人提供法律服务千余人次，得到广大退役军人的广泛认可。

三、思想政治和权益维护工作

（一）创新抓好退役军人党员教育管理

对全省退役军人党员现状进行调研，摸清退役军人党员底数和相关情况。起草《吉林省退役军人党员教育管理办法》，明确退役军人党员教育管理范围，督促退役军人党员履行党员义务，引导退役军人党员正确行使党员权利，协助退役军人党员及时转接组织关系，切实发挥退役军人党员先锋模范作用。

（二）评选表彰退役军人先进典型

一是选树推荐退役军人模范典型。坚持逐级推荐、优中选优，金春燮等9名退役军人被评为“全国模范退役军人”，长春市退役军人事务局易文甲、辽源市退役军人事务局李翠娟2名干部被评为“全国退役军人工作模范个人”，长春市军转中心、白城市军休所2个单位被评为“全国退役军人工作模范单位”。二是积极开展先进模范学习活动。省退役军人事务厅联合省委宣传部开展第一届“吉林好人·最美退役军人”评选学习活动，共评选出史保东等30名优秀退役军人典型。以开展向张富清同志学习活动为主线，开展“寻访老兵足迹、传承红色精神”活动，集中对10名平均90岁高龄的参战老兵进行学习宣传，引起社会的广泛关注。三是组织“吉林省退役军人创业英雄榜”评选活动。省退役军人事务厅联合省委宣传部、省人力资源社会保障厅、省总工会、省军区政治工作局，选树王树武、杨宇锋、赵忠昌、高泽明、胡铁军5人为特等创业模范，享受省“五一劳动奖章”待遇，评选出创业模范15名、创业先锋100名、创业标兵200名。

四、移交安置工作

一是强化了措施保证。突出安置政策的刚性要求，坚持匹配服役期间贡献的安置导向，加大了安置岗位归集和计划执行力度。长春城区计划分配军转干部安置首次采取双向选择和现场摘牌相结合的选岗办法，在全省推开以量化评分为主要依据的退役士兵安置办法，有力推进了“阳光安置”，营造了良好的安置工作环境。二是提高了安置工作质量。全省军转干部安置进党政群机关（含参公单位）比例超过95%，退役士兵安置到事业单位和国有企业比例达100%。广大退役军人、部队组织和接收单位满意度进一步提升。

五、就业创业工作

（一）扎实推进部分退役士兵保险补缴工作

退役军人事务部明确吉林省为此项工作辅助试点省份。省委办公厅、省政府办公厅及时制定出台了《关于解决部分退役士兵社会保险问题的实施意见》。

（二）协调做好退役军人教育培训

配合教育部门做好退役军人高职扩招工作，全省共有30 100多名退役军人参加了高职扩招报名，截至2019年12月底，已经录取17 500多人。指导各级组织开展退役军人培训工作，全省共培训自主就业退役军人6000余人。

（三）为退役军人就业创业搭建平台

省退役军人事务厅会同省委组织部等12个部门联合下发《关于促进新时代退役军人就业创业工作的实施意见》。全省各级退役军人工作部门面向退役军人组织专场招聘会43场，实现3000余人就业。

六、军休服务管理工作

（一）超额完成年度安置任务

认真落实军队退休人员安置“即交即接”工作要求，全年接收安置200多名，其中，省军休所直接服务管理人数80多人。

（二）加强军休文化建设

组织开展全省军休系统庆祝新中国成立70周年纪念活动，长春市选送的舞蹈节目《我是共和国的一个兵》获得北部片区文艺汇演优秀节目奖。举办全省军休干部书画摄影作品展和门球赛，丰富和活跃了军休干部的文体生活。

（三）规范军休服务管理

省退役军人事务厅制定下发《吉林省军队退休干部护理费审批办法》，建立完善军队离退休干部服务管理数据系统，开展军休干部住房信息普查，及时落实军休干部调资和各项生活补贴待遇，组织全省1481名军休干部参加健康疗养，军休干部满意度不断提高。

七、优待抚恤工作

（一）强化退役军人荣誉感

高质量完成全省退役军人和其他优抚对象信息采集工作，召开全省悬挂光荣牌工作动员部署大会，全面部署为烈属、军属和退役军人家庭悬挂光荣牌工作。

（二）提升优抚对象服务质量

省退役军人事务厅与省12家银行签署《拥军优抚合作协议》，开设专门窗口或通道，为省现役军人、退役军人和军烈属提供优先服务。连续19年组织省医院、解放军964医院等医疗单位开展“爱心献功臣”活动，组成联合医疗队深入全省乡村，持续为在乡老兵等优抚对象送医送药，传递党和政府的温暖。

（三）加强优抚事业单位建设

结合吉林省实际，积极推动将优抚医院提质改造工程项目和光荣院改扩建工程项目列入“十四五”规划。

（四）设立关爱退役军人基金

省财政拨付1000万元作为引导性基金，动员组织社会各界积极捐赠，有效传递全社会对困难退役军人的关心关爱。

八、褒扬纪念工作

（一）广泛开展烈士纪念活动

清明节和国家烈士纪念日期间，各地普遍组织烈士公祭或者向人民英雄敬献花篮仪式，全省党政机关、驻吉部队、企事业单位、社会团体、烈士遗属、退役军人共70余万人次参加了纪念英烈活动。

（二）加强烈士纪念设施保护管理

组织省级烈士纪念设施创评考核工作，磐石市烈士陵园等6处烈士纪念设施被省政府批准为省级烈士纪念设施。与省财政厅联合制定专项补助资金使用管理实施细则。

（三）做好烈士褒扬相关工作

协助退役军人事务部找到3名吉林籍在韩牺牲志愿军烈士家属，并陪同参加在沈阳举行的烈士认亲仪式。开展“英雄回家”活动。中央和省、市等多家媒体进行集中报道。

九、双拥工作

（一）推动全省双拥工作政策创新

起草吉林省加强新时代双拥工作的意见，全面规划拥军优属、拥政爱民工作，着力创新解决支援部队备战打仗和官兵“三后”问题，推动双拥工作取得新进展。

（二）推动成立双拥工作机构

积极响应全国双拥工作领导小组办公室的要求，省退役军人事务厅成立双拥处，9个市（州）退役军人事务局分别成立双拥处（科），20个县（市、区）退役军人事务局成立双拥科。

（三）广泛开展走访慰问活动

春节、“八一”期间，各级党委、政府主要领导，退役军人事务工作领导小组、双拥工作领导小组相关领导积极开展慰问现役部队和退役军人活动，实现慰问驻军单位全覆盖。广泛开展走访慰问烈属、遗属和困难退役军人活动，总计慰问3万余人次。

（四）扎实开展双拥模范城（县）创建活动

省双拥工作领导小组修订出台《吉林省实施〈双拥模范城（县）创建命名管理办法〉细则》《吉林省双拥模范城（县）考评内容及评分标准》，组织研究部署全省新一轮双拥模范城（县）创建活动。省双拥工作领导小组办公室组织联合考评组，通过听取汇报、查阅资料、明察暗访、实地调研等方式，并对32个申报单位进行检查考评。

十、国际合作工作

（一）接待相关国家来吉访问代表团

接待朝鲜代表团，陪同参观吉林市毓文中学金日成纪念馆，到延吉市和公主岭市朝鲜人民军烈士陵园开展祭扫活动。接待俄罗斯代表团，共同向长春市人民广场苏军烈士纪念碑敬献花篮。

（二）赴俄罗斯开展退役军人工作交流

应俄中友好协会邀请，组成以退役军人事务厅厅长为团长的工作磋商代表团，赴俄进行访问交流，与俄罗斯相关地方退役军人工作部门和社会团体建立定期互访机制达成了共识。

（三）组成吉林省祭扫志愿军烈士代表团赴朝开展纪念活动

组成以退役军人事务厅副厅长为团长的祭扫志愿军烈士代表团，在志愿军入朝纪念日（10月25日）赴朝访问。代表团参加了中朝双方在平壤友谊塔举行的敬献花篮仪式，参加了兄弟山等6个志愿军烈士陵园修缮开工仪式，参观了开城志愿军烈士陵园和安葬毛岸英烈士的桧仓志愿军烈士陵园，并组织祭扫。

十一、自身建设情况

（一）健全党的组织

组织召开厅直属机关第一次党员大会，选举产生厅直属机关第一届党的委员会和纪律检查委员会。完成全厅基层党支部的选举组建，落实组织生活制度，引导广大党员增强责任意识，提升党性观念，基层党支部的战斗堡垒作用逐步显现。

（二）扎实开展“不忘初心、牢记使命”主题教育

召开厅党组理论学习中心组学习（扩大）会，不断深入学习习近平新时代中国特色社会主义思想。结合退役军人工作实际，梳理检视问题15条，除一条为持续整改外，其余全部整改到位。

（三）深入推进党风廉政建设

认真履行全面从严治党主体责任，成立厅党风廉政建设和反腐败领导小组，制定落实主体责任实施意见。建立健全廉政风险防控机制，强化权力运行制约和监督。

截至2019年年底，厅机关中党员干部与退役军人分别占干部总数的95%和57%，干部队伍政治素质优势明显。干部平均年龄39.6岁，全部为大学本科及以上学历，年轻化、知识化优势明显。

长春市

2019 年，长春市退役军人事务系统上下凝神聚气、迎难而上，较好地完成了各项工作任务。

一、机构建设情况

根据《中共吉林省委办公厅吉林省人民政府办公厅关于印发〈长春市机构改革方案〉的通知》要求，2019 年 3 月 31 日市退役军人事务局挂牌成立，工作人员由市人力资源社会保障局及民政局划转。

按照机构改革整体要求，市退役军人事务局直属事业单位有 13 家，均由市人力资源社会保障局及民政局划转。13 家事业单位分别为市军队离休退休干部管理服务中心及 8 个军休所、人民政府军用饮食供应站、革命烈士陵园管理处、刘英俊纪念馆、退役军人服务中心。其中，市退役军人服务中心于 2019 年 5 月 31 日在东岭南街原长春市军队转业干部服务中心办公楼正式挂牌成立；7 月 23 日，经市编办批准，市革命烈士陵园管理处由自收自支事业单位转为全额拨款事业单位，并更名为长春革命烈士陵园管理中心。

围绕加强党对退役军人工作的领导，组建了以市委书记和市长为双组长的退役军人事务工作领导小组。依据机构改革整体方案，组建了市、区两级退役军人事务部门。按照“五有”和“全覆盖”要求，稳步推进了全市退役军人管理服务保障体系建设，建成了横向到边、纵向到底的市、县（市、区）、街道、社区（村）四级退役军人服务中心（站）2338 个，为退役军人工作衔接推进、有序展开夯实了基础。

二、思想政治和权益维护工作

（一）思想政治工作

强化党建引领，加强退役军人党员的教育、管理和监督工作。不断加强退役军人党员管理，实现党组织关系转接“一站式”服务，解决了退役军人跑路多、监管难问题。

提升退役军人党组织的凝聚力、战斗力。牢固树立“党建和发展并重”理念，用创新服务的方式集聚人气，通过信息发布、网上办公、网上答疑等形式，吸引退役军人党员进全市退役军人微信群，借助国家层面建设自主择业军转干部管理服务平台的契机，对自主择业军转干部党员身份核实、党费缴纳、组织关系落实、组织生活制度执行等情况进行全面摸底，按军兵种吸收小组成员归队。共召回“口袋”党员、“隐形”党员 1500 余人“归队”。

强化荣誉激励，树立崇尚典型，争当先进的舆论导向。完成吉林省首届退役军人创业英雄榜、“吉林好人·最美退役军人”评选上报工作。长春市退役军人李万升、赵国育获评“全国模范退役军人”；市军队转业干部服务中心获评“全国退役军人工作模范单位”；市退役军人事务局易文甲获评“全国退役军人工作模范个人”。

（二）权益维护工作

采取分类建台账、逐项搞调研、定期督进度的办法，积极化解各类矛盾问题，切实维护退役军人的合法权益。坚持关口前移，努力做好风险隐患防范化解，采取接访、约访、劝访等形式，耐心细致地做好政策解释、法规宣传、答疑解惑、信访回复等工作。深入开展“矛盾问题攻坚化解年”活动，落实包联制度和矛盾问题常态化排查机制，落实“一人一策”“一案一册”，依法有效进行处理。聘请9名义务监督员，成立长春市退役军人工作监督委员会，对全市退役军人工作实施全过程监督，有效促进了权益维护工作落实。与长春市司法局联合开展“退役军人法律护航行动”，成立“退役军人矛盾纠纷人民调解委员会”和“退役军人法律援助站”，在切实维护退役军人合法权益的道路上迈出坚实步伐。

三、移交安置工作

（一）多措并举，积极创新军队转业干部安置办法

各级退役军人事务部门安置转业干部120多人，市委组织部安排5名优秀正团职军队转业干部到主城区担任相应领导职务，实现了100%安置到机关和参公单位，赢得了部队、接收单位和军队转业干部“三满意”。市直部门和主城区军队转业干部安置首次采取“双向选择+公开选岗”办法，推动了安置工作创新发展。

（二）拓宽渠道，大力推进退役士兵阳光安置

接收政府安排工作退役士兵200多人，较2018年增长31.5%。采取有力措施，深挖安置潜力，狠抓工作落实，实现改革之年安置质量稳步提升。一是拓宽安置渠道。除传统安置渠道外，积极协调开发了部分省属国有企业、城区事业单位和开发区国有企业安置计划，首次实现驻长中直、省直、市直、区直四级联动，共同承担安置职责，进一步拓宽了退役士兵选择范围。二是推进阳光安置。长春市退役士兵安置工作实行“公开选岗、阳光安置”办法，根据退役士兵服役表现量化评分确定排名顺序，确保服役时间长、贡献大的退役士兵优先选岗，提高了安置工作的透明度和公信力。

（三）完善机制，切实提高随军随调家属安置质量

贯彻加强新时代退役军人工作有关文件精神，有计划地安置随军随调前是在编在岗公务员和事业单位工作人员的军人家属。根据吉林省退役军人事务厅下达的随调家属安置任务和驻地部队申报的随军家属安置需求，按照身份不变、专业对口、就地就近的原则，将50多名随军随调家属安置到市、区所属机关和事业单位。

此外，2019年长春市接收自主择业军队转业干部200多人、复员军队干部10多人、自主

就业退役士兵1500多人，全部按照国家政策落实相关待遇。

四、就业创业工作

积极帮助计划分配军转干部、自主择业军转干部尽快适应角色转换，投身社会建设。完成100多名计划分配军转干部全员适应性培训和上岗前培训，以及新增200多名自主择业军转干部的适应性培训。开展创业、技能、艺术三大类14期培训，共计88天537课时，培训自主择业军转干部500余人次。

委托长春市新科普计算机学校等6家培训机构承担全市2018年秋冬季退役士兵短期技能培训任务，涉及计算机类、厨师类、汽车修理类、机电一体化等19个专业项目，参加培训人员全部获得了结业证和相应专业的等级证书，两证获取率达100%。

按照"政府引领、军队联动、国企运营"的模式，创新发展专门为退役军人服务的国家级创业孵化基地。通过为入驻企业提供专家团队指导、贷款担保、税收优惠和水电、物业、采暖、网络等免费支持，已累计组织创业培训60余期、发放贷款1450万元、滚动孵化企业170家，累计产值达到1.5亿元。

坚持把推进就业创业作为"暖心工程"，通过制作发放政策解读手册，让广大退役军人及时、详细了解就业创业优惠政策。走开社会化服务的路子，按需开展"订单式、定向式"培训，通过举办专场招聘会、就业指导、推荐岗位、发布就业信息等形式，1000余人达成就业意向，受到退役军人及家属欢迎。

组织部分退役军人社会保险补缴工作，通过成立领导小组、出台实施方案、建立工作专班、业务培训指导、媒体广泛宣传等形式，受理申请19 000多人。

五、军休服务管理工作

紧紧围绕支持助力改革强军战略，聚焦服务部队练兵备战，以落实"两个待遇"为中心，以实现"六个老有"为目标，平稳完成转隶工作，进一步推动军休服务管理工作规范化、精细化，不断提升军休干部的满意度和尊崇感。

（一）基础工作更加规范

采取多种形式，搭建军地信息平台，制定10个标准模板，发放相关业务材料300余份，讲解政策52场次。组织军休干部、军休中心及军休所走进部队召开"三方"见面会3次；组织召开"军休信息数据调查摸底工作专题部署会""军休工作会议""无军籍职工工作会议"等6次培训会议，走进基层单位对一线工作人员进行业务指导。制发《长春市军队退休干部护理费审核工作实施细则》，共15条，并附《流程图》。对长春地区4015名军休干部和1692名无军籍职工的住房信息进行录入审核校对，建立了完备的信息数据库。

（二）服务管理更加到位

积极配合完成接收安置工作，全年接收军休干部100多人，累计接收军休干部4200多人。及时落实军休干部各项补贴，为3400多名移交政府安置的军队离退休干部、退休士官调整基本离退休费、有关生活补贴和物业补贴，落实资金达1.8亿元；有序推进军休干部医疗保健工作。积极完成军休干部体检、疗养、护理费申请等工作。高效完成3000余名军休干部换发2016式退休证基础工作。精心开展走访慰问活动，春节、“八一”前夕，慰问军休干部400余名，送去慰问金、慰问品总计12万余元。

（三）精神生活更加丰富

8家军休所组织的迎新春、庆“八一”团拜会作为基础活动形式，既融洽了工休关系，又增强了凝聚力、向心力，深受军休干部好评。以庆祝新中国成立70周年系列活动为主线，举办长春“军休杯”门球赛，丰富军休干部业余生活；参加吉林省军休干部庆祝新中国成立70周年书画摄影作品展评，8件作品被评为一等奖。参加吉林省退役军人事务厅举办的第一届门球赛，长春市花园路军休所门球队夺冠。情景舞蹈《我是共和国的一个兵》节目代表吉林省参加全国移交政府安置军队离退休干部庆祝新中国成立70周年北部片区文艺汇演，并获得优秀节目奖。以多样化活动为补充，全年各军休所积极组织开展军休干部参观、观影、乒乓球赛、棋牌比赛、踏青徒步、趣味运动会等活动70余次，丰富军休干部精神文化生活；为120名军休干部发放“庆祝中华人民共和国成立70周年”纪念章，积极营造“尊崇英雄、彰显功绩”的浓厚氛围，切实提高军休干部荣誉感、尊崇感。

六、优待抚恤工作

严格落实上级各项优抚政策，确保各类优抚对象待遇达到国家规定标准。按照规定做好伤残等级初评工作，全年共组织4次伤残体检。圆满完成信息采集和光荣牌悬挂任务。顺利完成退役军人和优抚对象的信息采集工作。全市各级共悬挂光荣牌25.8万块，符合条件人员已全部悬挂到位。

七、褒扬纪念工作

长春市革命烈士陵园管理中心及全市烈士纪念设施积极发挥教育功能，配合全市“不忘初心、牢记使命”主题教育，接待受教育人数10万多人。

清明期间认真抓好清明祭扫相关工作，高质量完成“传承·2019清明祭英烈”宣传教育活动，共举办大型公祭活动61次，市直机关、企事业单位、各中小学、社会团体、群众等共139家单位和团体参加活动，参加祭扫人员达3万余人。圆满完成国家第六个烈士纪念日公祭活动，烈士公祭日期间举行向烈士敬献花篮仪式10次，参与活动人员6000余人。组织完成长春地区7255名烈士信息校核工作。

八、双拥工作

（一）双拥基础性工作进一步巩固

一是双拥模范城创建工作成效显著。按照国家及吉林省新一轮检查评比工作安排，长春市作为吉林省代表之一，迎接了全国双拥办及吉林省双拥模范城（县）的检查考评组。国家和吉林省检查考评组分别通过听取汇报、查阅资料、实地查看、明察暗访等多种形式，对长春市新一轮双拥创建工作开展情况进行了全面检查，均给予了较高评价。

二是双拥工作制度体系进一步完善。组织召

开双拥工作领导小组第33次会议，总结2018年长春市双拥工作，部署2019年各项工作任务，积极协调媒体，《吉林省双拥简报》《长春日报》等刊发了小组会议情况，促进了小组会议精神落实；根据机构改革和相关单位人员变动情况，及时调整了市双拥工作领导小组成员，并根据工作需要，及时修订完善了双拥工作领导小组各成员单位职责。

三是双拥宣传氛围更加浓厚。采取多种方式深入开展国防教育和双拥宣传，积极协调长春市城市管理局等单位，在城市主要路口和机场、火车站的电子屏幕上滚动播放双拥宣传内容，引导全市把关心国防、支持军队、尊重军人作为一种自觉行动。以庆祝新中国成立70周年为契机，联合长春电视台制作4集大型电视纪录片《发现长春——忆往昔峥嵘岁月》，进一步强化了社会各界崇尚英雄、关爱老兵、爱国拥军的意识。

（二）传统特色拥军工作质量效益不断提升

一是巩固提升“科技拥军”新优势。紧紧围绕改革强军新要求，着眼部队对科技拥军的需求变化，加速实现由给钱给物向融入科技智慧、引进科技人才、增加科技元素的转变，实现了科技拥军的新发展，使“科技拥军第一城”的美誉得到巩固和发扬。投入科技拥军经费200多万元，为驻军赠送微机200余台，笔记本电脑100余台，全市承接各类军工项目50余项，向部队转让科技成果10余项。为部队培训各类人才200余名，100余名军官获得本科学历，近50名官兵获得硕士研究生学历。

二是深入挖掘“社区拥军”新亮点。不断巩固社区拥军在全国领先的经验成果，让拥军活动走进基层、走进军营、走进优抚对象家庭，推动双拥效益的最大化。各社区全年为驻军官兵和优抚对象解决各类生活难题2000余件。

三是不断强化“文化拥军”新内涵。继续组织理论宣讲进军营、法律维权进军营、科普知识进军营、技能培训进军营“四进”活动，努力提高驻军官兵的文化素养。依托市委党校成立理论学习宣讲团，走进部队进行理论宣讲；开展送培训、送电脑、送器材、送文艺“四送”活动，联合市文联，在“八一”期间组织全市20余名知名艺术家到武警长春支队，为广大官兵现场创作书画作品100余幅；联合市文广旅局举办“敬礼、军旗”主题交响音乐会，为广大官兵送上文化大餐；投入资金100多万元，用于支持部队购买图书、历史馆改造等，进一步丰富了部队官兵的业余文化生活。

四是积极培养“社会拥军”新力量。依托主要城区继续发动壮大拥军社会组织，全市近300多家社会组织结合自身特点积极开展多种拥军服务。汽开区成立高力汽贸城企业拥军协会，联盟成员单位800多家，接收安置退役士兵和军人家属，在社会组织拥军服务中发挥了“领头雁”作用。南关区联合吉林大药房组织开展“健康送功臣、军企心连心”社会力量拥军主题活动，吉林大药房被区授予“拥军门店”，为有劳动能力的优抚对象提供就业岗位。绿园区成立以民企拥军协会为主导，各社会组织为成员的社会组织拥军协会，开展常态化拥军服务活动。二道区注册成立军民融合创业创新协会，在东北地区建成首家非公有制企业和社会组织党建服务指导中心“同心港”。这些社会组织的整合成立，在全市形成强大的拥军社会力量。

（三）解决部队和广大官兵困难问题成效显著

一是全面提升官兵受尊崇程度。元旦、春节、“八一”期间，统筹安排全市节日期间拥军优属工作，市领导带队走访慰问驻长部队23家，此外，还专程赴浙江舟山慰问了海军“长春”舰官兵，共送去慰问金330余万元，进一步加深了军地情谊。结合庆祝“八一”，在《长春日报》开设卫国强军光荣榜专栏，对长春籍荣立三等功及以上官兵张榜公布，让有突出贡献的官兵得到褒扬。在机场、火车站、银行、医院等公共服务窗口设立优先优待标识并开通绿色通道，与12家银行签订拥军优抚协议，对12类人群提供优先优待服务。

二是全力服务驻地官兵。连续7年开展“情系驻长官兵、关爱革命功臣”主题拥军活动，协调解决驻军部队建设发展难题40余件。针对部队大龄官兵多的实际，联合长春市妇联等单位在部队举办“幸福长春　情定军营”军地联谊活动，组织部队适龄未婚官兵和地方青年共200余人参加，积极帮助大龄官兵解决择偶难题。制定下发《关于解决部队官兵“后路”“后院”“后代”问题联动保障机制的通知》，全市统一协调解决官兵安置、军人子女入学、军人家属就业创业等问题。为150余名军人子女升学加分，100余名军人子女落实择校，为50名困难官兵家属赠送慰问金。

九、自身建设情况

（一）加强党建工作引领

组织召开市退役军人事务局第一次党员代表大会，选举产生第一届机关委员会和机关纪律检查委员会。完成全局基层党支部的选举组建，落实组织生活制度，引导广大党员增强责任意识，提升党性观念，基层党支部战斗堡垒作用逐步显现。扎实开展“不忘初心、牢记使命”主题教育，进一步筑牢退役军人工作队伍的理想信念，培养了全系统干部强烈的政治责任感和干事担当的积极性。

（二）抓好工作队伍建设

坚持党管干部原则，把干部选任工作作为落实全面从严治党主体责任的重要组成部分，着眼新时代好干部标准，营造“凭能力用干部，以实绩论英雄”的良好氛围，形成了竞进有为、干事创业的良好导向。

以“德才兼备、以德为先”原则，始终把政治标准放在首位。坚持“事业为上、人岗相适、人事相宜”原则，大力选拔敢于负责、勇于担当、善于作为、实绩突出的干部，一大批想干事、能干事、能干成事的优秀人才得到提拔任用。

黑龙江省

2019 年，黑龙江省以退役军人工作面临的热点难点问题为导向，扭住“一个根本”、把握“两个关系”、完善“三个机制”、明确“四项任务”、抓好“五件大事”、实现“六个转变”，不断提高退役军人服务管理保障水平，在打基础、抓重点、谋发展等方面取得明显成效。

一、机构建设情况

组织管理体系不断健全，推动县级以上党委成立退役军人事务工作领导小组，全面加强党对退役军人工作领导；积极推进机构组建任务落实，省、市、县三级退役军人服务中心和乡镇（街道）、村（社区）两级退役军人服务站全部组建，共建成退役军人服务中心（站）12 891 个，实现“两站三中心”全覆盖。牵头协调省农垦、森工系统完成退役军人事务行政权力移交市级政府工作。

二、思想政治和权益维护工作

全省各级退役军人事务部门坚持挂牌即接访，全力做好信访接待工作。深入开展“矛盾问题攻坚化解年”活动，开通覆盖省、市、县的“三级”退役军人网上信访信息系统，与司法部门合作，搭建人民调解、法律援助和法律顾问“三位一体”新平台；建立“来访必登、登完必转、有理必交、重点必督”的工作机制，实行周统计、月通报信访制度，强化重点问题协调会商，推进厅领导下访接访包案，压实属地属事责任，全力推进信访问题解决，切实维护退役军人合法权益。

在全省范围内广泛开展全国模范退役军人和全国退役军人工作模范单位、模范个人评比表彰活动，有 10 人被评为全国模范退役军人、2 个单位和 2 人被评为工作模范单位和模范个人。与省委宣传部联合，在全省退役军人中评选 10 名“最美退役军人”和 10 名提名奖人员。通过官方网站和微信公众号，加大退役军人先进人物事迹宣传力度。

三、移交安置工作

全省按时完成自主就业退役士兵、符合政府安排工作条件退役士兵、军休干部、军队转业复员干部接收安置工作。

按照国家下达的安置计划，编制 2019 年中省直单位安置军转干部和随调配偶计划，部署安置任务，严密组织档案接收审查考试考核、教育培训、公开选岗等工作，圆满完成 2019 年军转干部接收安置任务。推进符合政府安排工作条件退役士兵安置工作，制订安置计划，与驻省中央企业沟通，调整安置计划和退役士兵不匹配问题，确保安置计划对应衔接。与省委编办沟通协调，共同核定25个省直机关事业单位计划，充分发挥事业单位和国有企业安置主渠道作用，提供充足的安置岗位数量，供退役士兵选择。全面推行“阳光安置”政策，坚持做到“三公开”（打分排序公开、安置岗位公开、选岗过程公开），使服役时间长、贡献大的退役士兵能够优先选岗。

推动部分退役士兵和企业军转干部生活补助金发放。与省财政厅联合下发《关于预借退役士兵待安置和安置后未上岗期间生活补助费所需资金的通知》，并出台《关于加强对部分退役士兵待安置和安置后未上岗生活补助费资金发放管理的通知》，对政策实施、责任认定、发放范围、发放时限等进行指导和规范。充分利用全省退役士兵安置工作专题会、专项业务培训会等时机，积极开展政策研讨、业务培训，使全省系统政策统一、步调一致，标准统一、落实规范。

全面启动部分退役士兵社会保险补缴工作。成立部分退役士兵社会保险补缴协调推进工作领导小组，研究制定《部分退役士兵社会保险问题的实施意见》《养老保险补缴工作流程》《医疗保险补缴工作规程》3个操作性文件，完善细化社会保险补缴申请受理时间、资金保障办法等6个方面的具体意见。联合省财政、人力资源社会保障、医保、税务4个部门，举办黑龙江省社会保险补缴工作政策培训班和信息系统培训班，印发《操作手册》《指导手册》《明白卡》。各市（地）、县（市、区）成立以主管领导为组长的社会保险补缴工作协调推进领导小组，建立周报告、月通报和月会商等工作制度，及时研究解决推进中遇到的复杂问题，促进各项工作开展。

通过电视、网站等形式，发布社会保险补缴工作公告，适时通报工作推进情况，持续进行宣传发动，指导各地采取比对数据采集系统逐一电话通知、在城镇住宅集中区张贴海报等形式，进一步加大“点对点”的精准通知、精准宣传。明确10个示范县，设置了1098个受理点。

四、就业创业工作

2019年5月，召开黑龙江省退役军人就业创业工作座谈会，研究部署全省退役军人就业创业工作。省退役军人事务厅等12部门出台《关于促进新时代退役军人就业创业工作的实施意见》，加大自主就业退役士兵创业就业扶持力度。

组织省级招聘会2次，参会企业350家，提供11 000个工作岗位，3500余名退役军人参加招聘会，其中1000多人达成招聘意向；市县两级退役军人事务部门共举办专场招聘会144场、提供就业岗位29 900多个，4900多名退役军人与用工企业签订就业合同。省级机关企事业单位定向招录退役军人1700多人，市县两级定向招录退役军人200多人；招录消防员最大限度向退役军人倾斜，共录用1600多名退役军人。省建设银行支持退役军人创业，在全省农村设立的普惠金融服务点项目中，聘用100多名退役军人作为经营业主，为返乡退役军人创业提供机会。

大力开展退役军人教育培训，全年适应性培训和职业技能培训1.6万人。采取会议部署、印发方案、利用H5方式通过网络和手机广泛宣传，鼓励动员退役军人报考高职院校。全省66 500多名退役军人报名参加高职院校考试，占全省报名总数的70.8%；录取3.1万名，占全省的66.7%。

组织各地对职业技能培训机构考核评估，确定128家退役军人定点承训机构，开展“订单、定岗、定向”职业技能培训，培训退役军人5933人，有培训意愿的退役军人培训率达到100%，首次推荐就业率达90%以上。

五、自主择业工作

指导地市对自主择业军转干部进行年度登记、身份核实，严格落实退役金核定工作责任制。举办全省自主择业信息平台操作培训班，全省市（地）、县（市、区）80余人参加培训。组织全省做好年度自主择业军转干部接收审查、退役金核定等工作。指导地市开展适应性培训、个性化培训，全年培训自主择业军转干部600余人。开展自主择业军转干部地方待遇情况调研，全省13个地市均已落实医疗保险、冬季取暖费、独生子女费，12个地市参照当地公务员政策和标准发放住房补贴。积极协调地方组织部门，设立组织关系转接专门窗口，对新接收的自主择业军转干部实行先接转党员组织关系、后办理报到手续，为退役军人党员转接组织关系提供“一站式”服务。

六、军休服务管理工作

建立军地协商机制，从安置去向审定、下达接收计划、审核档案等方面，杜绝增加政策规定以外的接收条件，做到“无缝对接”。及时调整2019年企业退休军转干部生活补助金标准，发放军休人员中央补助经费、调整待遇经费、递增经费，合计约9.22亿元。

完成全国军休干部庆祝新中国成立70周年文艺汇演节目推荐工作，推荐了5个节目参加遴选，其中哈尔滨市推荐的节目《咱这辈子》荣获全国军休文艺汇演优秀节目奖。

七、拥军优抚工作

结合黑龙江省双拥工作实际，出台《黑龙江省〈双拥模范城（县）创建命名管理办法〉实施细则》，通过制度层面固化标准。召开全省双拥模范城（县）创建工作推进会，从“严格标准抓创建、双向互动抓创建、补缴发力抓创建、培塑典型抓创建、动态管理抓创建、与时俱进抓创建”6个方面，对双拥创建工作进行动员部署，提出“实现整体提升、齐头并进，打造‘双拥模范省’”的工作思路和目标。

坚持国防教育进校园、进教材、进课堂，全省普通高校军事理论课开课率达90%以上，普通高中开设军事知识讲座，开课率达72%。高等学校开设国防类公共必修（选修）课程77门次以上，累计评定143所国防特色学校、19所中小学国防示范学校。

加强全省13个国家级国防教育基地和77个省级国防教育基地管理，不断充实完善布展内容，全年对外免费开放，接待观众600余万人次。

开展“八一”、春节走访慰问驻省部队及优抚对象等活动，省委书记等亲自带队走访慰问各驻省部队和优抚对象。

全力做好汛期拥军支前慰问工作。下发《关于做好汛期拥军慰问工作的紧急通知》，要求各地主动上门，征求参与抢险救灾部队的意见，了解部队抢险遇到的困难和官兵现实需求，帮助部队做好饮食用水、降温解暑、清洁卫生、生活用品供应等服务性保障工作。

按期完成退役军人和其他优抚对象信息采集和光荣牌悬挂阶段性任务，审核通过率达99.12%，制作光荣牌近120万块，悬挂到位98.3万块，各级举行悬挂光荣牌启动仪式60多场。完成全省优抚数据更新上报，国家认定2019年优抚对象11万余人。全年下拨优抚资金11.5亿多元。及时落实国家提高重点优抚对象抚恤补助标准政策，伤残人员和“三属”补助标准均提高10%左右。与11家银行签署拥军优抚合作协议，为退役军人和其他优抚对象提供有效、优质、优惠的金融服务。

完成退役残疾军人关系转移和新评伤残人员工作。指导做好优抚医院、军供站、烈士设施转隶，争取下拨中央补助资金，支持2所优抚医院、烈士陵园、军供站和光荣院维修改造。荣誉军人康复、军用饮食供应等服务管理工作。

八、褒扬纪念工作

着眼英烈纪念设施保护，积极推动烈士纪念设施转隶退役军人事务部门管理，协调哈尔滨市政府完成长青公园烈士塔改造，支持了佳木斯烈士陵园等8个烈士纪念设施维修改造，提升了烈士纪念设施建设水平。清明节期间，全省开展“传承·2019清明祭英烈”宣传教育活动月，2470多家单位赴陵园祭扫纪念，主要网站开通祭英烈专题9个，报道550余篇，国家平台刊播238篇；承办“9·30”烈士纪念日省暨哈尔滨市各界向英雄烈士敬献花篮仪式，1200多名军地领导和各界代表参加。完成烈士纪念设施数据采集校核和烈士信息阶段性修改完善任务。着手起草《黑龙江省烈士纪念设施建设规划修缮改造实施方案》，谋划修缮改造5年规划。

九、自身建设情况

深入开展“不忘初心、牢记使命”主题教育，倡导全系统党员干部职工增强“四个意识”、坚定“四个自信”、做到“两个维护”，按照“提高站位、压实责任、巩固基础、狠抓落实”思路，充分发挥党建工作中的组织协调、督促落实、检查指导等作用。明确工作思路、压实党建责任、强化监督检查，抓紧抓实意识形态工作，召开厅直属机关第一次党员大会，明确相关委员职责，科学设置基层党委、党总支、党支部，确保应建尽建。持续推进正风肃纪，抓好党风廉政建设，营造风清气正的政治生态环境。围绕“逐步推进退役军人事务工作体系建设”、人员转隶定编、干部选任、职级套转晋升、所属事业单位改革调整、各项系统平台建设对接等工作，切实加强退役军人部门自身建设。

哈尔滨市

2019 年，哈尔滨市退役军人事务系统，坚持“边组建、边运转”的工作原则，克服部门新、人员少、时间紧、任务重等诸多困难，各项工作顺利推进，为新部门的有序组建运转奠定了良好基础。

一、机构建设情况

按照市委编办《关于组建市退役军人服务中心的通知》（哈编发〔2019〕50号）文件要求，整合市退役军人事务局所属 7 个军队离退休干部休养服务机构职责及编制，于 2019 年 5 月 25 日正式组建市退役军人服务中心，挂市军队离退休干部休养中心牌子，隶属市退役军人事务局管理。明确市退役军人服务中心主要职责任务、内设机构、人员编制、经费形式和领导职数，确定市退役军人服务中心为公益一类事业单位，机构规格为市副局级。全市共组建退役军人服务中心 19 个，其中市本级 1 个、县级 18 个。共组建乡镇（街道）退役军人服务站 302 个、村（社区）退役军人服务站 2772 个，并全部于 5 月底前组建完毕。共派出 4 个调研组采取走、看、查、问等方法，深入全市 18 个区、县（市）对 54 个基层退役军人服务中心（站）落实《退役军人服务中心（站）建设与工作规范（暂行）》和《基层退役军人服务中心（站）工作指南》情况，重点对“五有”和“全覆盖”情况进行调研督导。为了更好地推动服务保障体系建设，市中心 4 个职能部门与 4 ～ 5 个区、县（市）中心建立长期的包保“联系点”制度，每年至少到联系点进行 1 ～ 2 次调研指导。

二、思想政治和权益维护工作

按照“矛盾问题攻坚化解年”工作安排，深入开展信访清零工作。对市本级重点问题归纳为 7 类，逐类分析定性、研究对策建议，力争实现问题清晰、对象清晰、对策清晰、责任清晰。严格落实领导包案“五包一”工作机制，努力把矛盾问题化解在属地基层，全力推进问题解决，切实维护退役军人合法权益。

为进一步激发广大退役军人的自豪感、荣誉感和责任感，与哈尔滨市委宣传部、精神文明建设指导委员会办公室和哈尔滨警备区政治工作处等联合主办首届哈尔滨市“最美退役军人”发布仪式，将全市不同行业、不同岗位具有一定代表性的 10 名退役军人代表选树为“最美退役军人”，通过媒体广泛宣传，在全社会营造了学习最美、争当最美、关心国防、尊崇军人的浓厚氛围。

三、移交安置工作

按照省直单位先安置、市直单位后安置的统一部署完成中央下达的军转安置任务。采取按照考试考核成绩排名顺序公开选岗、指令性分配等安置办法，把团职军转干部作为安置重点，制订年度安置方案和安置计划，并报请市委退役军人事务工作领导小组会议审议通过，将100多名转业干部安置到全市各级党政机关和事业单位，圆满完成安置任务。此外，配合各驻哈部队，完成50多名现役军官转为非现役文职干部的落户等工作。

按照"部队驻地就近和行业专业基本对口"的原则，分别与编制部门和安置单位进行协调沟通。共安置随调家属8人。同时，按照全市（主城区）最低工资标准，为27家驻哈部队的522名随军未就业家属发放生活补贴，并录入哈尔滨市就业网络管理系统。

结合市退役士兵安置工作实际，加大与省安置部门及市编办、市财政局协调力度，在鼓励士兵自主就业、妥善解决遗留问题方面，制订退役士兵年度安置计划，为100多名退役士兵提供安置岗位，并实行"阳光安置"，确保服役时间长、贡献大的退役士兵得到优先安置。

对照现有退役士兵安置政策，对1999年以来接收的退役士兵待安置期间生活补助费发放情况进行排查兑现，市本级落实退役士兵待安置期生活费1亿多元，并按每月发放一年度的进度有序推进。在编制平台外采取岗位管理的方式，将50多名退役士兵安置到市直机关事业单位工作。在机关事业单位参加社会保险新制度启动后，市政府主要领导高度重视，市政府常务会议决定将安置到市直机关事业单位的"四种人"退役士兵纳入机关事业养老保险，由市退役军人事务局牵头，协调市人力资源社会保障局、财政局等部门在统筹范围外将50多名退役士兵纳入参保范围。

四、就业创业工作

落实省12部门联合印发《关于促进新时代退役军人就业创业工作的实施意见》，分别于2019年5月、8月、12月，举办3次退役军人推荐就业专场招聘会，300余家企业提供近6500个就业岗位，近8000人次退役军人参加招聘会并签订就业意向协议1000余份。按照省退役军人事务厅《关于做好2019年退役军人定点承训机构考评选定工作的通知》要求，结合哈尔滨市实际，制定了《哈尔滨市退役军人定点承训机构考评选定方案》，实地考察申报认定退役军人定点承训机构34家。对有培训意愿的自主就业士兵进行了免费的职业技能培训。配合相关部门做好高职院校扩招工作，组织各区（县、市）退役军人事务部门对报考高职的退役军人进行退役军人身份认定。

五、自主择业工作

组织开展自主择业干部就业创业培训与招聘工作。有266人参加适应性培训班，111人参加清华大学网络培训，并与哈尔滨市就业局联合举办招聘会2次。加强对区、县（市）业务指导，细化年度登记工作。对区、县（市）开展自主择业干部管理服务、待遇发放、年度登记等方面培训工作。要求对未按时完成年度登记人员，停发退役金及相关待遇。强化服务管理工作。定期召开自主择业干部代表座谈会，倾听自主择业干部对管理部门的意见和建议。组织开展上党课活动。同时与中国移动公司合作，开通短信群发平台，全年累计发送6万余条短信。开展患有重大疾病人员的走访慰问工作，全年共慰问36人，合计发放慰问金25 100元。

六、军休服务管理工作

2019年，接收安置退休干部100多人、退休士官10人，简化要件、程序、办理时限，做到了“即交即接”，移交部队及军队退休干部的满意率达100%。

全面落实已安置军队离休退休干部及军队无军籍退休职工的政治待遇和生活待遇，及时调整退休费、生活补助等待遇额度。按时完成了全市军休信息数据调查摸底及上报工作，组织对团以下、伤残人员、无工作经济收入遗属共计2200余人开展健康体检工作。

组织军休干部开展门球、台球等活动；组织开展“全市军休干部庆祝新中国成立70周年系列活动”；组织200多名军休干部赴部队开展两场“老兵进军营，重温军旅梦”慰问演出；组织700名军休干部在哈尔滨大剧院参演“向祖国敬礼”文艺演出活动；组织军休干部编排小品《咱这半辈子》代表黑龙江省参加“全国军休干部庆祝新中国成立70周年文艺汇演”，并荣获优秀节目奖。

七、优待抚恤工作

加强优抚工作规范化管理。一是完善优抚信息化建设。继续开展退役军人及其他优抚对象数据信息采集工作；按照国家和省厅要求，完成优抚对象数据库、优抚医疗系统、烈士褒扬管理信息系统数据更新。二是积极开展为优抚对象送光荣牌、立功喜报、慰问信、对联的“四送”活动。春节期间，由市委、市人大、市政府、市政协主要领导带队组成10个走访慰问团，分赴9区、9县（市），深入优抚对象家中，送去慰问金和慰问品，并为辖区各部队及每个优抚对象送去了慰问信，为部分退役军人和其他优抚对象悬挂光荣牌。全市共走访慰问优抚对象5904户，发放慰问金（含慰问品）220万余元；走访慰问困难退役军人618户，发放慰问金（含慰问品）48万余元。

八、褒扬纪念工作

清明节期间，以“传承·2019清明祭英烈”为主题，开展多种形式的纪念活动。共接待社会团体154家，烈士家属2675人，社会群众27万人次。高质量完成“文明服务　安全祭扫”各项任务目标，社会群众和烈士家属服务满意率均超过99%。2019年9月30日，配合省委办公厅、省退役军人事务厅，在哈尔滨市道外区长青公园举行“黑龙江省暨哈尔滨市烈士纪念日向英雄烈士敬献花篮仪式”，省市领导、机关干部、英模、烈属代表、部队代表、学生代表和社会各界人士代表近千人参加。为庆祝新中国成立70周年，按照国家及省有关通知要求，为新中国成立前在乡老复员军人发放“庆祝中华人民共和国成立70周年纪念章”。配合省退役军人事务厅，在全市积极开展“我和我的祖国”系列活动。指导烈士陵园讲解员参加全国英烈讲解员大赛。对全市零散纪念设施进行维修管护工作。

九、双拥工作

根据全国双拥模范城（县）命名表彰有关规定要求，落实专门编制、专职人员、专项经费、军地合署办公场所等要求。以市双拥工作领导小组名义印发《哈尔滨市双拥模范城创建中期调研考评及全国双拥模范城创建迎检工作方案》《2019年哈尔滨市双拥活动方案》《中期考评责任目标分解表》。充分运用报刊、广播、电视、网络等传媒手段，开辟宣传专栏，利用公共宣传媒介，滚动播放双拥创建宣传口号，在规定街道（路灯杆）、地点设置了双拥宣传标语，营造了浓厚的双拥宣传氛围。

开展春节、“八一”期间拥军优属工作。一是以市委、市政府名义在新闻媒体上发布了慰问信。二是承办市领导慰问驻哈部队活动。春节期间，市委、市政府组成慰问团，走访慰问驻哈3支副师级以上部队，赠送慰问金30万元。组织区、县（市）走访慰问66支部队，赠送慰问金（慰问品）223万元。“八一”期间，市委、市政府组成慰问团，走访慰问6支驻哈部队首长机关，并为驻哈部队官兵赠送慰问品120万元。三是按照省委主要领导批示精神和省《“八一”走访慰问活动总体安排》，省市领导分别走访慰问赵一曼烈士孙女陈红、“2018年感动中国人物”退役军人马旭、苏宁烈士母亲冯静轩和“活烈士”李玉安遗孀韩慎梅。

开展双拥共建工作。2019年1月中旬，市委、市政府主要领导接见来访海军哈尔滨舰官兵一行，并作出要深入开展“城舰”双拥共建的指示，形成共建机制，定期组织市劳模、学生代表等登舰进行国防教育，邀请哈尔滨舰官兵代表进行国防教育宣讲等活动。6月5日，海军哈尔滨舰邀请哈尔滨烈士陵园名誉主任讲述抗联英雄故事，弘扬东北抗联精神。组织市劳动模范代表赴哈尔滨舰开展国防教育活动，实地登舰参观。9月17—21日，邀请哈尔滨舰官兵代表到哈尔滨开展“高举旗帜跟党走，不忘初心永向前——新时期人民海军的使命与担当”主题宣讲活动，大力宣传海军的光荣历史和优良传统，激发青年参军服役、投身国防建设的积极性。

十、自身建设情况

全市退役军人事务系统坚持把政治建设放在首位，深入开展“不忘初心、牢记使命”主题教育活动，倡导系统党员干部职工增强“四个意识”、坚定“四个自信”、做到“两个维护”，充分发挥党建工作中的组织协调、督促落实、检查指导等作用。加强业务培训，围绕退役军人移交安置、优待抚恤、信息采集、部分退役士兵社会保险补缴等工作，组织各区、县（市）退役军人事务局相关人员开展集中培训、学习交流活动，收到较好效果。

上海市

2019 年，上海市退役军人事务系统，紧紧围绕“把队伍建起来，把规矩立起来，把人心聚起来，把事情做起来”的工作思路，坚持边组建机构，边推进工作，边谋划发展思路，边解决突出问题，圆满完成年度各项任务。

一、机构建设情况

认真贯彻落实习近平总书记关于退役军人工作的重要指示批示精神，按照中央及市委要求，成立市、区两级退役军人事务工作领导小组。市退役军人事务工作领导小组成立于2019年1月，各区退役军人事务局于3月底前组建完毕。截至2019年年底，市退役军人服务中心和16个区退役军人服务中心均组建到位，并建立了312个街镇服务站、5470个居村服务站，初步形成了“三级管理、四级服务”的退役军人服务保障体系。此外，根据全国双拥工作领导小组及其办公室调整情况，协调军地有关部门调整了市双拥工作领导小组领导、成员单位及其办公室。

二、思想政治和权益维护工作

成立9个课题组，组织开展退役军人事务政策法规体系建设基础性研究，为法规政策的出台提供可靠依据；聘请3名律师担任法律顾问，举办法治讲座，汇编退役军人工作相关政策法规，为日常工作开展提供法律依据；对退役军人事务地方性法规、规章和规范性文件进行梳理，提出相关文件清理建议；围绕贯彻落实习近平总书记关于退役军人工作重要论述和党中央、国务院、中央军委等文件精神，研究起草关于加强新时代退役军人工作的实施意见；制定《上海市退役军人事业发展“十四五”规划编制工作方案》，启动规划编制工作。

认真开展全国模范退役军人和全国退役军人工作模范单位及模范个人评选表彰宣传推广活动，讲好退役军人故事，展示退役军人风采。精心组织“退役不褪色，永远跟党走”主题教育、“不忘当年战上海，携手奋进新时代”纪念上海解放70周年活动、向张富清同志学习专题讨论会等，激扬正能量，营造好氛围。联合市委宣传部共同组织“最美退役军人”评选表彰活动，广泛开展“最美退役军人”先进事迹进机关、社区、学校宣讲，推动形成全社会崇尚最美、学习最美、争当最美的良好风尚。

在春节、上海解放纪念日、“八一”等重大节庆期间，广泛走访慰问功臣模范、生活困难和重点工作对象等各类退役军人。上海市退役军人事务局领导班子带头走访慰问，相关业务处室和各区局及退役军人志愿者队伍等分别开展上门送政策、送温暖等活动。全年走访慰问退役军人家庭1000余户，有效增进了与服务对象之间的感情。

三、移交安置工作

按照“注重安置与国防贡献挂钩、注重安置工作连续性和稳定性、注重以公开公平公正促进阳光安置、注重充分听取军转干部意见、注重合理引导和均衡分担”的“五个注重”原则，强化政治任务观念，科学拟制安置计划，加大政策落实力度，不折不扣完成中央赋予的军转安置任务。作为全国“直通车”安置试点地区之一，采取政法系统提前安置、中央在沪单位优选安置、企事业单位直接安置、突出贡献人员优待安置、特殊紧缺人才选调安置等办法，先后完成近1000名计划分配军转干部安置前培训，中央下达上海市的军转干部安置任务提前完成。

专门下发通知，对做好上海市2019年由政府安排工作退役士兵接收安置工作提出规范性要求；会同市国资委召开市属国企座谈会，向市属国企宣传讲解退役士兵安置政策；举办由政府安排工作退役士兵适应性综合培训班。截至2019年年底，通过事业单位专项招聘和在沪央企、市属国企的双选，以及灵活就业手续，共安置政府安排工作退役士兵100多人，安置率为100%；自主就业退役士兵3100多人，全部参加了各区组织的适应性培训；收到部队按计划移交的复员干部档案40多人。

四、就业创业工作

建立退役军人和人力资源社会保障部门“双牵头”机制、退役军人就业创业联席会议制度、“市级统筹、属地主责、分类实施”和考核督查机制，明确各部门各地区工作职能，夯实责任，确保各项政策落实落地。深入贯彻落实国家12部委联合下发的《关于促进新时代退役军人就业创业工作的意见》和全国退役军人就业创业工作会议精神，制定《关于促进新时代退役军人就业创业工作的实施意见》。召开上海市退役军人就业创业工作会议，进一步凝聚思想共识，明确目标任务，夯实职责要求，部署推动各项政策措施落实、落细、落地。

先后组织近800名2018年度军转干部在复旦大学、交通大学、同济大学等7所高校参训。承办全国军转干部高校专项培训座谈会，总结探索军转干部高校专项培训工作“上海品牌”。积极研发高校专项培训信息系统，发挥高校专项培训互联网信息平台作用，完善制度措施，开展第三方绩效评价工作，使培训管理更精细、更科学。

举办退役军人创业创新与产业合作发展论坛，积极探索符合上海实际的创业带动就业新路径。注重园区引领，以上海西虹桥北斗基地为依托，成立“上海高新产业融创服务联盟”，鼓励引导退役军人勇于创业、善于创业、成功创业。举办长三角退役军人上海专场招聘会暨创业大赛启动仪式，近200家知名企业为广大退役军人提供了近万个工作岗位。积极协调推进民非机构注册，推动课题研究、企业扶持、创业创新培训和人才推介等工作。

五、军休服务管理工作

全年审定通过军休干部400多名，接收安置军休干部300多名。新增11个军休老干部大学区级教学点，着力满足不同层次军休干部的精神文化需求。推进中心城区和军休干部集中居住区的军休服务管理机构全覆盖，军休干部人数较少的郊区通过与社会性老干部大学合作办学等形式开设教学点。推进军休服务管理机构标准化试点工作，黄浦一所、徐汇军休中心、虹口二所、嘉定干休所、市军休活动中心等5家机构顺利通过专家组验收。及时落实调整移交政府安置的军队离休退休干部和退休士官基本离退休费、有关补助补贴标准和实行住房物业服务补贴制度的政策要求，确保发放到位。

组织开展军休系统庆祝新中国成立70周年系列活动。举办“我和我的祖国——2019年上海市军休系统纪念建国70周年暨建军92周年文艺演出”；编排反映军休干部风采的节目参加全国汇演，获得1个最佳节目奖和1个优秀节目奖。选派15名军休干部代表分别参加上海市委、市政府组织开展的各类庆祝活动。

六、拥军优抚工作

2019年元旦、春节期间，以上海市政府和上海警备区名义印发《关于做好2019年元旦、春节期间拥军优属拥政爱民工作的通知》，指导各区和社会各级开展元旦、春节期间双拥活动。统筹协调保障市四套班子主要领导带队前往驻沪部队基层连队慰问，并发出慰问信，向全市现役军人、军烈属、残疾军人和退役军人致以节日问候。召开上海市双拥工作座谈会，军地共同研究新时代双拥工作。“八一”期间，举办上海市庆祝建军92周年慰问演出暨“最美退役军人”发布仪式。结合“海军节”“空军节”开展双拥宣传，与驻沪海军、空军共同制作公益宣传片，在上海电视台、移动媒体等滚动播放。组织召开上海市社会化拥军座谈会，举办第11届“双拥杯”驻沪部队军民健身系列赛、“军功章的荣耀”立功受奖军人及其家属代表看上海、纪念上海解放70周年主题活动等系列活动，营造尊崇军人、崇尚先进的良好氛围。

适应新形势、新任务、新情况，上海市双拥办先后2次召开区双拥办和驻沪部队各大单位政治工作部门领导参加的专题会议，听取对上海市双拥模范创建评选命名管理工作实施细则和评选标准的修改意见。对标全国考评创建相关内容，在广泛征求意见建议的基础上，对上海市管理办法和评选标准进行修改，形成《上海市双拥模范创建评选命名管理工作实施细则》（2019年版）和《上海市双拥模范区创建评选标准》（2019年版），并在上海市双拥工作领导小组第十六次全体（扩大）会议上审议通过。2019年11月中旬以后，全面开展双拥模范城考评工作，通过主管部门评估、实地检查、第三方评估和集中评议4个阶段，对各区4年多来的双拥工作进行了全面考核。

主动深入部队调研，了解部队遇到的实际困难，协调有关部门配合部队做好转隶换防、人员分流安置、军事设施保护等工作，合力推进政策制度调整和跨军地改革任务。会同上海市卫生健康委基本解决了军以上离退休干部的医疗待遇问题。对新组建单位办公用房、训练场地缺乏、随军家属就业、子女入学等问题，协调上海市人力资源社会保障局、教委等有关部门和所在区政府认真加以解决，给予政策倾斜、重点关注、重点保障。利用“智慧公安”及“互联网＋户政服务”建设，试点推行“随军落户网上办理”工作，随军落户办理时间缩短15个工作日。

全国信息采集工作进入第二阶段后，对上海第一阶段汇总数据，进行交叉比对和共享，对反馈的问题数据和缺失数据会同有关部门和各区进行修订和补充，确保信息数据精准。2019年4月30日，圆满完成国务院办公厅关于做好退役军人和其他优抚对象信息采集工作任务。此后持续开展信息采集。结合信息采集，同步推进为烈属、军属和退役军人等家庭悬挂光荣牌工作，截至12月底，共悬挂光荣牌52万余块，基本做到应挂尽挂。同时，精心做好“庆祝中华人民共和国成立70周年纪念章”的发放工作，通过集中和上门两种形式颁授纪念章843个。

调整一至四级伤残人员护理费，并对五至六级因精神病评残的义务兵和初级士官发放护理费。完成2019年优抚对象抚恤补助标准测算。根据中央文件，结合上海市自然增长机制和实际情况，制定了市优抚对象抚恤补助标准调整方案。完成6—10月一次性临时价格补贴发放工作。根据物价联动机制，向3.6万名优抚对象发放了一次性临时价格补贴738万元。完成2019年义务兵优待金发放工作，共发放优待金3.71亿元。审批伤残人员抚恤待遇264件，全年组织11次共对154名退役军人进行残疾等级集中鉴定。

七、褒扬纪念工作

全市在清明期间组织开展“致敬英雄”系列主题褒扬纪念活动，以及“人民不会忘记”和“我们来看望你”主题祭扫活动。龙华烈士陵园开展的“人民不会忘记”和“我们来看望你”主题祭扫活动作为全国的一个创新点，通过千人艺术快闪方式，呼应“致敬英雄”的时代召唤，取得良好的社会反响。“9·30”烈士纪念日，协助市委、市政府举行上海市党政军领导和各界群众代表向人民英雄敬献花篮仪式。在上海市龙华烈士陵园设立主仪式点，在9个区烈士陵园设立分仪式点，市党政军领导和上海市各界群众代表1万余人参与各项公祭活动，全市74处烈士纪念设施前都摆放鲜花，引导社会各界关注英烈、缅怀英烈、学习英烈、守护英烈。落实烈士英名录有关编撰工作，指导各区完成烈士信息系统相关数据核对、修改、补充、完善工作。组织参加“丰碑永铸·颂英烈”全国英烈讲解员大赛决赛，龙华烈士陵园赵峰同志获得一等奖。

八、部分退役士兵社保补缴工作

按照中共中央办公厅、国务院办公厅印发的《关于解决部分退役士兵社会保险问题的意见》要求，积极稳妥地贯彻落实退役士兵社会保险补缴工作，并将其列入上海市政府2019年重点督办事项。第一时间成立由市退役军人、人力资源社会保障、医保、国资、财政、社会保险中心等14个部门和单位组成的工作专班，协调推进相关工作。按照“让数据多走路、让对象少跑腿”的宗旨，主动加压，从摸清对象底数入手，全面深入地开展信息比对，为后续申请补缴奠定基础；从平稳有序推进考虑，开展政策宣传和核查试点；从便利对象着眼，精心设计人社App办理流程，引入“网上办事”方式，方便退役士兵及时申请。经各区及相关部门深入核查，共排查出符合条件的退役士兵 4.4 万余人。自 2019 年 10 月 23 日起，正式启动上海市退役士兵社会保险补缴个人申请工作。

九、自身建设情况

织密建强党的组织体系。严格按照有关程序成立直属机关党委，指导机关处室、直属事业单位构建完整党建组织体系；在各级党组织扎实开展“不忘初心、牢记使命”主题教育，切实把中央及市委部署要求落到实处。积极营造良好内部氛围。大力加强思想政治建设，组织开展“军营一日”等主题党日活动；围绕学习钟扬、张富清等先进典型，广泛开展学习讨论；加强局机关办公环境建设和文化建设，推进信息系统上云工作，开通微信公众号平台，为大家提供良好工作条件。努力提升全员能力素质。举办上海市退役军人事务系统局处长培训班和中青年干部培训班，深入学习创新理论，增强业务素质，提升工作能力；广泛开展大调研活动，提高服务保障工作的精准性和有效性。健全完善内部制度机制。研究制定《上海市退役军人事务局机关工作人员守则》等 20 余项内部管理制度和《干部选拔任用实施办法》等 10 余项干部人事管理制度，保证局机关开局起步工作规范有序。

江苏省

江苏是驻军大省、兵员大省，也是安置大省、优抚大省，全省退役军人和其他优抚对象约300万人。2019年，江苏省紧紧围绕广大退役军人所思所盼，凝心聚力、攻坚克难、求真务实，加快构建退役军人工作的四梁八柱，扎实推进退役军人各项工作，努力让广大退役军人感受到尊崇，奋力开创江苏退役军人工作新局面。

一、机构建设情况

江苏省委成立退役军人事务工作领导小组，省委书记担任组长，省长担任第一副组长。所辖市、县（市、区）党委退役军人事务工作领导小组全部成立。全省设区市、县（区）退役军人事务局全面完成组建。严格按照中央"五有"和"全覆盖"要求，推动省、市、县、乡、村五级退役军人服务中心（站）建设，已建成服务中心126个，服务站22 340个，初步实现横向到边、纵向到底，覆盖全员的服务保障功能。

二、思想政治工作

（一）组织开展首届江苏"最美退役军人"推选活动

社会各界踊跃参与，网络投票近70万人次。2019年8月15日，省委退役军人事务工作领导小组在南京江苏大剧院隆重举行首届江苏"最美退役军人"发布仪式，王爱东等10人当选首届江苏"最美退役军人"，"最美军嫂"周忠燕、"时代楷模"王继才和王仕花被授予"特别致敬奖"，发布仪式在江苏卫视播出，社会反响强烈。

（二）深入挖掘先进典型事迹

挖掘宣传总结如东电力退役军人党员服务队先进事迹，入选第二届全国"最美退役军人"。

（三）加大先进典型宣传力度

在新华社、《人民日报》、《新华日报》等媒体发布报道600多条，广泛宣传优秀退役军人典型，动员广大退役军人自觉以全国"最美退役军人"、江苏"最美退役军人"等先进典型为榜样，立足岗位做贡献、建功立业新时代。

三、权益维护工作

（一）畅通信访渠道

采取厅领导带班，机关干部轮流值班接访办法，广泛听取退役军人诉求反映，回应期盼关切，推动矛盾问题及时就地化解。

（二）组织开展“大走访”“大调研”“大落实”

重点突出“十个必访”（烈士遗属、因公牺牲军人遗属、六级以上残疾军人家庭、立一等功以上军人家庭等），先后走访慰问驻苏部队600多家，服务对象29.2万户，发放慰问金2.6亿元，征求意见建议1900余条，帮助解决1200多件。省、市、县三级共完成300多个课题，形成了一批调研成果，厘清了工作思路。累计排查化解矛盾问题1600多件，建立困难退役军人“一本账”制度，投入资金4400多万元，帮扶4900多人次。

（三）多举措化解矛盾问题

在全省县、乡、村三级建立926个“老兵调解工作室”，聘请老兵调解员6000多名，以老兵情结化解矛盾心结，累计化解矛盾问题3700多个。会同省总工会首批命名省级优秀“退役军人之家”40个，强化社会化服务退役军人功能。

四、移交安置工作

（一）军转干部安置情况

完成2019年国家下达江苏省接收安置军转干部计划，其中，计划分配军转干部约占89%，占全国总数的近11%；自主择业军转干部约占11%。计划分配军转干部安置以机关、事业单位为主。

（二）退役士兵安置情况

2019年全省共接收退役士兵2万多名，其中，符合由政府安排工作条件的退役士兵近2000名，义务兵18 000多名。全省共筹措安置岗位3420个，人岗比例达到1∶1.7。

（三）其他人员安置情况

2019年全省接收军转干部随调家属70多名，复员干部100多名，伤病残士兵50多名，退出综合性消防救援的消防员近200名，现役转改文职人员400多名，均按政策妥善安排。

五、就业创业工作

（一）精心组织教育培训

做好新接收退役军人全员适应性培训，实施退役士兵免费学历教育和技能培训。支持退役军人参与高职扩招和职业技能提升行动。启动自主就业退役军人教育培训实习实训示范基地建设和认定工作。全年组织1.24万名退役士兵参加免费职业技能培训，7700名退役士兵参加学历教育和回校复学。

（二）大力扶持就业创业

将“退役军人培训后就业率”纳入全省高质量发展考核体系。省、市、县三级联动，线上线下同步开展招聘活动，为退役军人搭建就业桥梁。组织开展百城联动退役军人就业专场招聘活动，举办招聘活动255场，10 094家单位提供就业岗位144 907个，参与退役军人和军属75 672名，签订意向协议23 230名。

（三）做好自主择业军转干部服务管理

完成近500名自主择业军转干部接收任务。大力扶持自主择业军转干部就业创业，举办3期创业能力提升培训班，近200名自主择业军转干部参训获益。

六、军休服务管理工作

共接收安置军休干部近600名。不断改善、提高军队离退休干部服务质量，加强军休干部思想政治工作，激发和鼓励他们发挥余热，积极参与社会治理。开展丰富多彩的文体活动，在全国军休干部文艺汇演中取得优异成绩。

七、优待抚恤工作

（一）广泛开展走访慰问活动

投入慰问资金近500万元，走访慰问1100余名优抚对象；向享受国家抚恤补助的优抚对象发放4200余万元节日补贴，努力营造尊崇氛围。

（二）及时调整优抚对象抚恤补助标准

从2019年8月1日起全面提高部分优抚对象抚恤补助标准，及时贯彻退役军人事务部、财政部有关通知精神，结合本省动态调整机制规定，进一步明确各类重点优抚对象抚恤补助标准，在确保不低于国家标准的前提下，以所在设区市上年度在岗职工（城镇非私营单位）平均工资为参照基数，按照省定比例计发。

（三）努力营造尊崇氛围

向新中国成立前入伍的返乡老战士、老同志颁发“庆祝中华人民共和国成立70周年”纪念章11 589枚，组织安排10名参战一等功臣参加全国部分优抚对象短期疗养活动。全省继续开展重点优抚对象短期疗养和医疗巡诊活动，惠及近1.5万名重点优抚对象；省补资金1320万元，同比提高了20%。

八、褒扬纪念工作

（一）组织清明祭扫活动

2019年清明节期间，全省各烈士纪念设施保护单位为约800万人次社会群众祭扫提供了优质高效服务，其中，烈士家属9000人次、外地烈士家属3000人次、祭扫参观团体7000多个。

（二）宣扬英烈精神

以贯彻《英雄烈士保护法》为契机，广泛深入宣扬英烈精神。充分发挥烈士纪念设施教育主阵地作用，在烈士纪念日、清明节等重要时间节点，充分挖掘英烈素材开展各具特色、形式多样的褒扬纪念活动。2019年3月19日，省级烈士公祭活动在南京市江宁土桥烈士陵园举行；9月30日，在南京雨花台烈士陵园举办“新婚夫妇向革命烈士献花”活动。4—5月，在全省广泛开展“传承·2019清明祭英烈”宣传教育活动，发布网上祭扫、祭奠活动、英烈事迹、烈士寻亲等相关信息700余篇。开展“帮烈士回家”“我为烈士献朵花”等专题宣传报道，营造传承烈士精神、奋进新时代的浓厚氛围。承办退役军人事务部“丰碑永铸·颂英烈”全国英烈讲解员大赛。全面完成《烈士英名录》编纂工作，录入信息11.1万人。举行烈士光荣证颁授仪式，为王继才等新评定烈士遗属颁发证书。

（三）加强烈士纪念设施管理保护

开展烈士纪念设施管理保护工作专项检查，对省内所有烈士纪念设施进行全方位、拉网式检查。开展城乡统筹建设英烈墙试点和烈士纪念设施提档升级工作。

九、双拥工作

（一）健全完善双拥工作机制

调整省双拥工作领导小组及办公室组成人员，成立江苏省拥军支前军地协调小组，建立省、市、县三级联动的拥军支前工作机制，全力保障部队官兵执勤训练和战备演练，拥军支前保障能力显著提升。

（二）着力做好双拥工作

发挥双拥模范城（县）创建活动牵引作用，推动涉军政策全面落实。依托专题会商、专项督办等方式，全力支持驻苏部队改革建设，帮助部队协调解决随军家属安置、子女入学入托、训练场建设使用、军事设施建设保护、军用土地确权等方面18项问题。开展走访慰问部队、“第二故乡送温暖”、“城市与舰队”等活动，传递家乡党委政府和人民的关心关怀，激励官兵扎根军营、建设国防。2019年，省级共走访慰问部队45家，近10万人。省退役军人事务厅与11家银行签署拥军优抚合作协议，弘扬拥军优属优良传统，营造爱国拥军、尊崇军人的浓厚氛围，引领动员更多社会力量参与拥军优抚工作。

（三）推进换发光荣牌工作

按照国家统一部署，开展新式“光荣之家”牌匾换发工作，共约为163万个家庭换发新式光荣牌，切实增强军人荣誉感。创新方式方法，主动上门服务，组织简朴、庄重、热烈的集中悬挂仪式，突出悬挂光荣牌的荣誉感。2019年5月15日，在南京渡江胜利纪念馆广场举行为烈属、军属和退役军人等家庭换发光荣牌仪式。

十、其他重点工作

（一）圆满完成信息采集工作

全省共组织和抽调1.5万多名工作人员，设立6100多个信息采集点，购置信息采集设备5300台，投入保障经费8000多万元，扎实做好信息采集工作。通过会议部署、出台文件、业务培训、宣传发动、每月调度、分片协同、督查推进等环节，采取逐楼逐户排查，尽最大努力保证采集数据的精准性。按时圆满完成信息采集任务。

（二）稳妥开展部分退役士兵的社会保险补缴工作

按照中央文件精神，省委办公厅、省政府办公厅出台了《关于解决部分退役士兵社会保险问题的实施意见》，在充分调查摸底、政策培训、试点先行的基础上，积极推进部分退役士兵社会保险补缴工作。

十一、自身建设情况

压紧压实党建责任。深入推进“不忘初心、牢记使命”主题教育，梳理出四大类21个问题，制定整改措施，全面完成整改。省退役军人事务厅及直属单位全体党员干部到瑞金干部学院参加“传承红色基因，坚定理想信念”专题培训班，进一步坚定理想信念。组织开展“大走访、大调研、大落实、大培训”活动。重点突出“十个必访”，突出“四个聚焦”（聚焦中央和江苏省委省政府决策部署贯彻执行情况，聚焦退役军人工作全局性、前瞻性课题，聚焦服务对象关注的重点、热点、难点和痛点问题，聚焦各地经验做法），重点查清“四个有没有”（历史遗留问题有没有解决、相关政策有没有充分宣传、优待措施有没有较好落实、特殊困难服务对象有没有得到有力帮扶），开展党政领导干部培训，加强业务培训，实现政治理论素养、廉洁自律意识、依法行政能力、业务工作水平、舆情应对本领、个人综合素质“六个提升”，完成培训1200余场次，参训6万余人次。

南京市

2019年，南京市退役军人事务系统认真组织“大走访、大调研、大落实、大培训”活动，在对标找差中谋篇布局、在创新实干中精准发力，各项工作平稳起步、扎实推进，圆满完成年度目标任务。

一、机构建设情况

（一）机构建设

2019年1月15日，市退役军人事务局正式挂牌成立。市军队离休退休干部活动中心、市人民政府军事保障供应站两家涉军事业单位同步整体划转，局机关党委、机关纪委、机关工会相继建立。各区退役军人事务局2019年2月底前全部挂牌成立，区属军休所同步完成划转。

（二）组织领导体系建设

2019年4月18日，市退役军人事务工作领导小组成立。5月18日，召开领导小组第一次会议，并出台领导小组工作规则、办公室细则和2019年工作要点等3个文件，加强对全市退役军人事务工作的组织领导和统筹协调。南京市11区、江北新区全部成立党委退役军人事务工作领导小组。

（三）服务中心（站）建设

按照“五有”和“全覆盖”要求，全面推进市、区退役军人服务中心和镇（街道）、村（社区）退役军人服务站四级服务保障体系建设，出台《南京市退役军人服务中心（站）建设实施意见》。2019年5月底前，1个市级服务中心、12个区级服务中心、102个镇（街道）服务站、1241个村（社区）服务站全部挂牌，横向到边、纵向到底、覆盖全员的退役军人服务网络初步建成。

二、思想政治和权益维护工作

（一）不断加强退役军人思想政治建设

积极研究探索建立集教育、管理、服务于一体的退役军人党建工作平台，注重典型引领，深入开展向张富清同志学习活动，积极开展“最美退役军人”、模范退役军人和退役军人工作模范单位、模范个人评选表彰活动，先后推荐表彰3名全国模范退役军人、1个全国退役军人工作模范单位、2名首届江苏“最美退役军人”、9名江苏省模范退役军人、3个江苏省退役军人工作模范单位和2名江苏省退役军人工作模范个人；4家单位被命名为江苏省首批优秀“退役军人之家”。

（二）有序推进退役军人权益维护工作

严格按照“三到位一处理”要求，主动做好退役军人信访诉求沟通回应解释工作，依法及时维护退役军人合法权益。制定出台《南京市退役军人事务局退役军人信访工作规范》，对信访接待的工作原则、基本流程、分类处置方法等内容进行规范。积极推广运用全国退役军人信访信息系统，按照“件件有着落、事事有回音”的工作要求，严谨、细致、高标准地接待每一位来访人员、办理每一封来信、处理每一件网上投诉，并督导相关区局扎实做好退役军人信访事项办理工作。

三、移交安置工作

（一）全面完成移交安置任务

市委、市政府高度重视退役军人接收安置工作，以两办名义对年度军转安置工作、政府安排工作退役士兵移交安置工作进行部署，提高退役军人安置工作的政策刚性要求。全年共接收计划分配军转干部1000多名、政府安排工作退役士兵200多名、计划移交安置伤病残士兵3名、复员干部20名，计划分配军转干部随调家属9名，为100多名现役转改文职人员办理了接收手续。同时，进一步加大从事业单位和国有企业筹集专项岗位力度，部、省、市、区共筹措500多个国有企业岗位供转业士官选择，全市符合政府安排工作条件退役士兵进入事业编制岗位达20%，高于历年比例。军转干部安置到机关事业单位的比例为100%，整体报到率超过98%。

（二）统筹做好移交安置工作

围绕军改期间退役军人安置工作新要求，及时调整完善安置政策口径，优化接收安置办法，多层次、多形式组织各类移交安置业务培训，开展“送政策进军营”活动20余场次。在充分调研的基础上，科学编排计划，实施精准化安置，促进人岗相适，实现军转安置工作的良性循环。继续采取考试考核、积分选岗、保底安置等办法开展退役军人安置，优先接收长期在艰苦地区工作及功臣模范人物，同时畅通军转干部进入法治专门队伍通道，引导军转干部到经济社会发展一线工作，260余名军转干部提前进入公安系统安置。会同市人力资源社会保障局、市财政局等相关部门会商出台《关于我市由政府安排工作退役士兵待安置期间参加社会保险的意见》，严格贯彻落实国家和省市相关文件要求，保障退役士兵待安置期间的权益。统筹推进各项安置保障措施，最大限度地把退役军人接收好、安置好、使用好。

四、就业创业工作

（一）积极促进退役军人就业创业

总结梳理退役军人就业创业相关文件，汇编印制《南京市退役士兵就业创业服务手册》《南京市自主择业军队转业干部服务指南》广泛宣传，组织指导市、区两级共举办28场退役军人专场招聘会，提供岗位10 000余个，帮助2700余名退役军人成功签约上岗。举办2018年自主择业军转干部和2019年退役士兵适应性培训示范班，市区两级累计举办15期，共组织500余名退役军人参加了短期和中长期技能培训，587

名退役士兵参加了学历教育。组建市退役军人就业创业导师团队，开展创业指导、创业沙龙等活动。根据省厅《就业安置率监测评价考核实施细则（试行）》制定南京市具体实施办法，组织开展好指标考核工作。完成2018年冬季兵和2019年秋季兵一次性补助金的发放工作。

（二）努力做好自主择业军转干部管理服务工作

完成2019年200多名自主择业军转干部的档案审核、报到接收和退役金初审工作，严格落实自主择业军转干部年度审核工作，做好自主择业军转干部待遇保障工作。开展自主择业军转干部春节、“八一”走访慰问工作，走访自主择业重病患者和先进典型100余人。

认真做好部分退役士兵社会保险补缴工作。根据国家及省有关要求，细致摸底本市符合补缴条件的退役士兵人员情况，制定本市部分退役士兵社会保险补缴工作方案，召开全市社会保险补缴工作人员业务培训班，全市相关部门、区、街道、社区共130余人参训。截至2019年年底，全市共受理录入退役士兵社会保险补缴申请2万余份。

五、军休服务管理工作

（一）加强日常服务管理

接受安置400多名军队离退休干部、退休士官，3名伤病残士兵。全年组织医学专家小组进行伤病残鉴定共计150人，办理军队退役换证107人、评定伤残36人、调整伤残等级24人、带病回乡40人，落实新牺牲烈士家属待遇4人。统一组织参试人员进行职业病检查和残情鉴定。

（二）提升军休服务水平

抓好军休老年大学教育阵地建设，新设军休老年大学玄武分校，市军休老年大学开设班级总数达36个，直接服务1500名军休干部。引导军休干部融入地方，服务南京经济社会发展，讲师团成员共宣讲337场，现场直接受教人数6万人。讲师团微博发布5522条，日最高阅读数近6.7万次。结合市委“建设美丽家园三年行动计划”，推进军休老旧小区改造和加装电梯工作。做好全国军休干部庆祝新中国成立70周年文艺汇演节目参演工作，舞蹈《枫叶红了》在全国南片区复赛中获得最佳节目奖，作为江苏省唯一入选节目进京汇报演出。

六、优待抚恤工作

（一）开展困难群体帮扶解困

建立健全困难退役军人和其他优抚对象“一本账”制度，按照一人一卡登记要求，采取上下结合、逐人统计的办法，系统梳理了6种类型退役军人家庭1903户，逐一建立台账，实行建档立卡管理。关注退役军人困难群体与个体，日常走访和重要节日慰问相结合，元旦、春节期间，对9372名重点优抚对象、12 648名60周岁以上农村籍退伍士兵和老年烈士子女进行慰问；逐月发放全市1000余名下岗失业和自谋职业转业志愿兵（士官）生活困难补助；对全市现役军人、伤残军人及军烈属家庭统一发放慰问年画5.5万份。

（二）全面落实优抚政策

建立优抚对象各类抚恤补助标准自然增长机

制，调整无工作单位且无固定收入的残疾军人的残疾抚恤金，烈士遗属、因公牺牲军人遗属、病故军人遗属定期抚恤金，在乡复员军人、带病回乡退伍军人、参战参试退役军人定期定量补助标准，惠及重点优抚对象9372人，平均涨幅9.4%。完善优抚对象医疗补助适时结算方式，将优抚对象一站式医疗补助纳入市社会保险医疗平台，实行动态化管理。

（三）多举措开展褒扬工作

着力增强军人荣誉感和军属获得感，启动“光荣之家”匾牌换发工作，累计发放光荣牌16万块；以不同形式开展“立功喜报送上门”活动，立功奖金的兑现及时到位；发放“新中国成立70周年”纪念勋章749枚；广泛动员社会力量开展以为军队退役人员解决实际困难为主要内容的“关爱功臣活动”等。做好清明、烈士纪念日祭扫活动组织，开展“传承·2019清明祭英烈”系列活动，“9·30”烈士纪念日当天，组织开展70对新婚夫妇向革命烈士献花活动。据统计，2019年清明和烈士纪念日期间，南京市有200万人次到雨花台等烈士纪念场所缅怀英烈，有近千个学校、部队和企事业单位到市区烈士陵园和其他爱国主义教育基地，组织开展红色主题教育活动。

七、双拥工作

（一）全力推进全国双拥模范城“九连冠”创建

加强市区双拥组织机构建设，完善双拥工作领导小组，调整成员单位，按照省双拥办要求成立拥军支前协调机构，支持部队备战打仗。加强创建工作组织，围绕新修订的《双拥模范城（县）创建命名管理办法》《全国双拥模范城（县）考评标准》，细化任务分解、明确责任分工，对照薄弱环节及时整改落实，全力做好创建考评的各项准备工作，较好接受了国家及江苏省的考评。支持服务军队建设，完成海军指挥学院西门环境整治，实施以助推随军家属就业、军人子女就学为主要内容的“双拥双推进”工程。密切军政军民关系，组织春节和“八一”期间走访慰问部队，召开军政座谈会，在各类媒体刊发双拥宣传稿件近1300条。

（二）持续深入营造全社会崇军拥军氛围

引领动员社会力量服务退役军人，与16家金融保险机构签署《南京市拥军优抚合作协议》，为优抚对象提供优先、优质、优惠的金融服务。持续开展退役军人工作宣传，举办“祖国颂·军人情”南京市歌颂新中国成立70周年成就书画摄影作品比赛活动，借助“八一”建军节、江苏“最美退役军人”表彰等有利时机，加大对退役军人工作进行宣传报道。

八、军供保障工作

围绕军供保障能力提升，积极开展硬件设施升级，保障模式创新，在站点建设、人员管理、设施设备和平战结合上，努力学习探索具有南京特色的保障模式。开展军供保障信息化项目建设，对分站进行修缮出新。围绕军供应急保障能力提升，开展安全生产检查、食品安全培训，组织精干人员开展“大练兵”活动。做好中转部队官兵住宿接待保障，军供军转保障任务准确率、优质率均达到 100%。

九、自身建设情况

（一）抓好党风廉政建设

加强机关党建工作，组建局机关党委、纪委，选举产生第一届局机关党委和机关纪委委员。加强法纪法规和警示教育，筑牢拒腐防变的思想防线，组织开展多期局党风廉政教育系列学习培训班，通过专家授课、现场教学、观看警示教育片、组织到江宁监狱开展廉政警示教育活动等方式，使全局人员知敬畏、守底线。推进廉政风险防控机制建设，完成廉政风险点排查、明确防控责任；完成局机关内部控制制度建设。

（二）全面促进干部能力素质提升

抓好“学习强国”平台学习，制定《2019年市退役军人事务局党组理论学习中心组和党员干部理论专题学习计划》和退役军人事务系统工作人员培训计划，从坚定理想信念和增强党性修养、研习政策法规和提升业务能力、更新知识结构和提高服务水平等 3 个方面安排了 12 个专题 20 期培训班。组织开展 4 期以“提高政治素养，增强党性修养”为主题的专题培训，退役军人事务系统 189 人参加轮训。

浙江省

2019年，是浙江省退役军人事务系统全部组建到位、起步开局之年。一年来，按照中央部署，不断加强退役军人服务保障体系建设，圆满完成部分退役士兵社会保险补缴工作，退役军人“党建引领、优化治理、创新优抚”工作做法在全国退役军人工作会议上得到交流推广，“直通车”式安置试点工作取得阶段性成果。

一、机构建设情况

2019年1月10日，省委办公厅、省政府办公厅印发通知，明确省退役军人事务厅职能配置、内设机构和人员编制规定。2月9日，省委高规格成立退役军人事务工作领导小组，省委书记任组长、省长任第一副组长，其他5位省军级领导同志任副组长。市县党委退役军人事务工作领导小组全面建成并发挥作用。省、市、县三级退役军人事务机构全部组建并进入实质运行。“五级五有”服务保障体系全面建成，共建退役军人服务中心（站）2.68万个。

二、政策法规工作

成立厅法治政府建设领导小组，聘请专业律师组建法律顾问团队，制定出台《厅行政执法公示管理办法》等制度。认真做好合法性审查工作，全年对2个规范性文件、1项重大行政决策、88项行政合同合法性情况进行技术性审查和程序性审核，并出具法审意见。

认真梳理涉及退役军人移交安置、优待抚恤、双拥共建、军休管理、褒扬纪念等方面的法律、法规、规章和规范性文件，基本涵盖从改革开放到省退役军人事务厅组建期间涉及退役军人和其他优抚对象的主要政策法规。

三、思想政治和权益维护工作

坚持以退役军人为中心，主动作为、积极攻坚，服务保障体系建成，服务能力快速提升，先进典型的正能量充分释放，权益维护有序推进，尊崇氛围蔚然形成。

（一）开展向全国模范退役军人学习活动

浙江省深藏功名老英雄胡兆富等16名退役军人荣获“全国模范退役军人”称号，台州市椒江区解放一江山岛烈士陵园管理处、慈溪市宗汉街道史家村退役军人服务站两家单位荣获“全国退役军人工作模范单位”称号，邹勤良、李向东两名同志荣获“全国退役军人工作模范个人”称号。通过领导会见、下发文件、组织宣读等方式，隆重开展向先进典型学习活动。

（二）开展全省“最美退役军人”选树宣传活动

评选浙江省首届百名“最美退役军人”，举办“十大优秀退役军人”发布仪式，在浙江日报、浙江在线等媒体开设学习专栏，宣传首届“最美退役军人”的人物风采和先进事迹，杨玉斌同志入选全国“最美退役军人”。编写《永不褪色的战士——浙江退役军人风采录》。

（三）做好思想政治工作

加强和规范退役军人党员组织关系管理，梳理总结“三自一失”退役军人党员管理的“浙江模式”，加快退役军人诚信体系建设。开展政治教育“进党校、进课堂、进机关、进企业、进乡村、进社区”活动，在全省2900多所中小学和6200多个村文化礼堂设立“军人荣誉榜”。开展“五个一”返乡欢迎活动（举行一次欢迎仪式、召开一次座谈会、举办一场家乡成就图片展、开设一场专场招聘会、制作一本军人退役“一件事”服务指南）。

（四）做好权益维护工作

学习运用新时代“枫桥经验”，建立权益维护代办机制和重大信息报送制度，用心用情回应退役军人关切，维护退役军人合法权益，全省退役军人群体总体稳定。

四、移交安置工作

全年接收安置军队转业干部2000多名，接收符合政府安排工作条件退役士兵1400多名，军队转改文职干部人员落户100多名，安置任务圆满完成。

（一）开展“直通车”式安置试点

出台《关于在计划分配军队转业干部中实施“直通车”式安置方式的通知》，确定“重点对象指令安置，专业人员对口安置，特殊专业人才选调安置，中央驻浙单位优选安置和公安、政法一线基层、国企单位直接安置”等5种直通方式，在省直单位和杭州市先行先试，“直通车”式安置团以下军转干部100多名，占比21.2%。

（二）完成军转干部安置任务

全省安置计划分配师团职干部300多名，师职干部全部安排相应领导职务。荣立二等功以上和长期在边远艰苦地区、特殊岗位工作的300多名军队转业干部机关安置比例超过95%。

（三）完成军转干部教育培训工作

2019年5月，组织开展进杭安置军转干部前移培训。11月，组织开展省直军转干部岗前培训，130名军转干部参加为期45天的培训，内容分为理论武装与政治定力、治国理政与浙江实践、“不忘初心、牢记使命”主题教育、党性教育与党风廉政、公共行政与素质提升、计算机能力与网络学堂6个模块。

（四）完成符合政府安排工作条件退役士兵安置任务

2019年4月，组织召开符合政府安排工作条件退役士兵档案审核移交工作会议，部署年度任务、明确具体要求，集中组织档案审核移交。

严格落实属地主体责任，科学制订安置计划，坚持阳光精准安置，安置在国有企业500多名、事业单位900多名。

（五）完成随军家属就业安置任务

理顺随军家属就业安置业务关系，100多名驻浙部队随军家属得到妥善安置，其中省本级安置20多名。

五、就业创业工作

充分发挥民营经济发达、中小企业众多优势，积极扶持退役军人就业创业，搭建就业创业信息平台，引导退役军人发挥优势专长、再立新功。

（一）完成部分退役士兵社会保险补缴工作

按照“稳慎准”要求，出台实施意见，举办业务培训，开展工作试点，摸清工作底数，落实资金保障。2019年10月25日召开全省会议，总结推广杭州市江干区和湖州市德清县试点工作经验，全面推进社会保险补缴受理工作。截至2019年年底，全面完成部分退役士兵社会保险补缴任务，共受理符合条件断保人数89 197名。

（二）开展就业创业工作

先后开展退役士兵职业技能培训8071次，组织退役军人参加学历教育423人、复学5473人、报考高职扩招2976人。举办长三角浙江专场等各类招聘会200余场，提供就业岗位8万余个，签订意向协议9000余人。

（三）落实减税降费政策

印发《关于支持自主就业退役士兵自主择业军队转业干部和随军家属创业就业的通知》，全省共有8606户纳税人申报享受退役军人创业就业税收优惠，累计享受税收减免1.6亿元。

六、军休服务管理工作

2019年，浙江享受待遇军休干部有4800多名，其中，离休干部500多名、退休干部4300多名；享受待遇无军籍职工有2800多名。全省设立军休服务管理机构54个。

（一）完成去向审定与接收安置工作

全年军休干部接收计划任务200多名，审定安置去向200多名，其中干部100多名、士官30多名，实际接收军队退休干部100多名（含伤病残退休军人30多名），其中干部100多名、士官20多名。

（二）完成住房保障工作

积极推进军休干部老旧小区改造和加装电梯工作，切实改善军休干部居住条件。宁波市高塘休养所整体拆建，解决老干部上下楼问题，惠及120户。

（三）做好服务管理工作

2019年3—6月，开展“全国军休信息系统”关键数据核改及全省军休数据调查摸底工作，1544名军休干部关键数据得到修改完善。5—8月，组织全省军休干部文艺汇演并选送优秀节目参加全国“庆祝新中国成立70周年文艺汇演”

比赛。10月，举办浙江省第六届军休干部趣味运动会，全省11个市13支代表队近160名军休干部参加。

七、拥军优抚工作

认真贯彻中央关于做好拥军优抚工作的决策部署要求，军地携手、合力推进双拥基层规范化建设，军爱民、民拥军氛围浓厚。

（一）完成省双拥模范城（县）命名表彰工作

2019年7月，省委、省政府、省军区在杭州隆重召开纪念建军92周年暨双拥模范城（县）命名表彰大会，11个设区市和34个县（市）获评，75个双拥模范单位和63名个人受到通报表扬。

（二）完成信息采集和光荣牌悬挂工作

按照“不落一户、不错一牌”的工作要求，认真开展退役军人及其他优抚对象信息采集和光荣牌悬挂工作，审核校验率、数据通过率均达100%，悬挂光荣牌136.6万块。

（三）完成部分优抚对象抚恤补助标准年度调整工作

结合《浙江省军人抚恤优待办法》和浙江省抚恤补助标准逐年自然增长机制，从2019年8月1日起调整提高部分退役军人和其他优抚对象抚恤补助标准，实现自2004年以来的“15连调”。

（四）完成优抚群体保障工作

组织参加全省短期疗养3000余人次，同比增长20%，选派10名荣获战时二等功或平时一等功的退役军人代表参加全国短期疗养，组织巡诊巡检1500人次，辅具配送修理工作1200人次。

八、褒扬纪念工作

以学习宣传《英雄烈士保护法》为牵引，大力弘扬英烈事迹和精神，加强烈士纪念设施管理和维护，各项工作平稳起步、有序开展。

（一）开展烈士褒扬纪念活动

发挥烈士纪念设施红色教育阵地的功能，在清明、“八一”、国庆和“9·30”烈士纪念日，举行向烈士敬献花篮和《烈士光荣证》颁授仪式，举办“壮丽七十年、建功新时代——浙江拥军优抚成就展”主题展览，组织浙江籍烈士事迹巡回演讲，全方位、多角度进行爱国主义和革命传统教育。2019年内，共举办各类纪念活动1482场次，36余万人次参加。

（二）做好烈士纪念设施管理保护工作

2019年，全面排查全省4000余处烈士纪念设施，对未实施保护或保护状况较差的设施落实针对性措施。全省共投入烈士纪念设施维修改造资金1.6亿元，解决各类问题1000余个，在烈士陵园集中安葬零散烈士100余名。

九、信息化建设

开通厅门户网站和视联网系统。探索军人退役“一件事”改革，按照“法无要求不保留、法有规定精简并”的原则，将涉及军人退役的12件事项合成“一件事”，将办事环节从原先48

个减少到18个，申请材料数量从原来37份减少到11份，变跑8次为跑1次，有效打通服务保障“最后一公里”。涉及退役军人领域29项民生事项基本实现“一证通办”，退役军人全生命周期服务管理新模式工作试点全面启动。

十、自身建设情况

坚持把政治建设摆在首位，增强“四个意识”、坚定“四个自信”、做到“两个维护”。围绕“守初心、担使命、找差距、抓落实”的总要求，深入开展“不忘初心、牢记使命”主题教育，《浙江日报》、浙江卫视先后进行报道。“反腐倡廉无盲区”专项建设年活动扎实推进，“服务部队、服务退役军人、服务基层”活动成效明显。制定出台《厅党组工作规则》《厅改进工作作风实施办法》《厅保密工作规定》《厅机关档案建设管理规定》《厅机关财务管理暂行办法》等22项制度规定。举办全省退役军人工作专题研讨班，各市、县（区）退役军人事务局主要负责同志参加研讨。

杭州市

2019年，杭州市退役军人事务系统坚持边组建机构、边推进业务，边落实当前任务、边谋划长远发展，着力建机制、固根基、补短板、强弱项，各项工作呈现开局平稳、起步扎实的良好态势，为推进杭州市退役军人工作改革发展奠定了坚实基础。

一、机构建设情况

（一）市、区两级行政机构完成组建

杭州市退役军人事务局2019年1月9日正式挂牌成立。2019年3月底前，各区、县（市）退役军人事务行政管理机构全部组建完成。

（二）市、区两级议事协调机构全部成立

成立市退役军人事务工作领导小组，于2019年5月16日召开第一次全体会议，明确“四个坚持、四个并重”的工作部署。6月20日前，各区、县（市）党委牵头负责的退役军人事务工作决策议事协调机制全部建成。

（三）服务保障体系实现全覆盖

2019年4月底前，市、区（县、市）、乡镇（街道）、村（社区）四级服务中心（站、所）基本完成建设，建立退役军人服务中心（站、所）3375家，建起横向到边、纵向到底、覆盖全员的工作体系。

二、思想权益维护工作

（一）走访慰问全面覆盖

按照“走访慰问不漏一户、不差一人”的工作目标，在重要时间节点，市、县两级四套班子、全市退役军人事务系统走访慰问部队和重点优抚对象2万余人次，赠送慰问金（慰问品）2000余万元。同时，采取入户走访、集中座谈、电话短信、慰问信、送戏送电影等多种慰问形式实现关心关爱“全覆盖”。

（二）讲好退役军人故事

多样化选树退役军人先进典型，积极向国家、省推荐全国模范退役军人、全省“最美退役军人”人选，联合市委宣传部、杭州警备区开展“军队为我骄傲”为主题的优秀退役军人评选活动，组织杭州市“最美退役军人”评选工作。2019年，2人被评为全国模范退役军人，15人被推选为全省“最美退役军人”，20人被评为杭州市“优秀退役军人”，55人被评为杭州市“最美退役军人”。举办庆祝新中国成立70周年文艺演出，开展首届退役军人书画摄影展，与国家、省、市各类媒

体建立长期合作关系，多渠道、多角度宣传退役军人先进事迹，展示退役军人精神风貌，弘扬主旋律、传播正能量。

（三）综合施策化解矛盾

建立重点对象包联、部门协商、挂牌督办、重点预警监测、重要节点24小时领导带班等工作制度，全力化解矛盾问题。2019年10月底前，第一批退役军人事务部督办、省信访局交办的事项和浙江省退役军人事务厅督办的事项全部办结。

（四）社会保险补缴工作推进有序

出台《关于解决杭州市部分符合政府安置退役士兵社会保险问题的实施方案》启动社会保险补缴工作。会同公安、人力资源社会保障、医保等部门，摸排符合补缴条件人员的基础信息，深入比对历年符合政府安排工作条件退役士兵的详细社会保险情况及断保记录，精准摸准符合补缴条件人员的名单。截至2019年年底，共完成12 336名符合补缴条件退役士兵的通知、申请受理工作，实现全覆盖，有效保障符合条件退役士兵的合法权益。

（五）数字赋能优化服务水平

深化“最多跑一次”改革，利用数字化转型实现45个涉军服务事项全部一窗办、网上办、掌上办。11项机关内部跑一次事项实现线上全程办理。推行军人全生命周期服务管理新模式，实现1个窗口办结退役军人10个事项，变跑8次为跑1次、20天办理为半小时办结，让退役军人切身感受到“最多跑一次”改革带来的红利。

三、移交安置工作

（一）助力军转干部作用发挥到位

在广泛征求意见基础上，对现行安置办法进行修订完善。准确预估安置形势，在市本级党政群机关编制紧张的情况下，向上争取资源、向下挖掘资源、横向拓展资源，在编制上予以充分保障。2019年安置军转干部400多名，安置到行政（含参公）单位占比超过89%。探索“直通”安置，“阳光透明”和“兼顾人才”有机结合，出台《杭州市计划分配军队转业干部“直通车”式安置实施办法（试行）》，90多名专业人才符合安置“直通车”条件。探索创新军转干部培训方式，首次与“双一流”高校浙江大学联合开展培训，从培养人才、激发才干的角度，助力军转干部把军事才能转换为服务经济社会发展的才能。

（二）助力提升退役士兵安置质量

积极协调省部属高校、市属国企、市属事业等单位，争取高质量安置岗位。推进军人退役“一件事”，做好预备役登记、党组织关系转接、社会保险缴纳等事项办理。2019年度市本级符合政府安排工作条件200多人，安置到事业编制岗位占比49%，安置到国有企业占比51%。

（三）助力随军家属安置政策落实

协调召开随军家属就业安置会议，分析总结上年度安置工作，研判本年度安置形势。深入部队调研了解部队军属的学历素质和工作需求情况。严肃检查督导，赴各区、县（市）对2018年度家属安置工作落实情况进行督查，确保完成年度安置任务。

四、就业创业工作

（一）丰富拓展服务平台

在全省开发“退役职通车”软件平台基础上，整合国企、行业协会等社会就业信息和大数据资源，拓展就业创业领域的数字应用，全力打造退役军人综合公共服务平台，提高服务退役军人精准度。积极推动退役军人创业就业基地（孵化园）项目建设落地，利用各地现有创业园区开辟退役军人创业专区。与14家金融机构签订拥军优抚战略协议提供专属权益。

（二）常态组织专场招聘

全市召开退役军人专场招聘会7场，180个单位参与，提供岗位1668个，1263名退役军人参加，发放宣传材料5070份，签订意向协议188个。2019年12月13日，承办退役军人事务部在杭主办长三角地区退役军人专场招聘会，吸引上海、江苏、安徽等周边省市160余家优质企事业单位进场招聘，达成就业意向700余个，为退役军人就业创业提供了优质条件。

（三）强化政策扶持力度

全面梳理中央、省、市退役军人就业创业政策条款，编写了《杭州市退役军人就业创业政策指南》宣传手册，帮助退役军人掌握信息、了解政策。统筹推进技能培训和学历教育，与高职院校及专业培训机构签订承训协议，为退役军人提供就业创业培训，实现适应性教育、技能培训、就业创业培训、学历教育及其他专项培训协同推进，均衡发展。2019年全省高职第二批扩招退役军人，杭州782人报名。

五、军休服务管理工作

（一）移交安置即交即接

建立“随退随审，即交即接”工作机制，在符合接收安置政策的条件下，使接收安置工作与部队无缝对接、快速完成。试点推出“落户一站式”工作机制，协调相关部门进一步简化军休干部落户流程，让军休干部“少跑路”，让数据“多跑路”。全年共接收安置军休干部（士官）90多人，其中伤病残军休干部（士官）20多人。截至2019年12月，全市累计接收军休干部2000多人。

（二）待遇落实抓细抓好

落实军休干部政治待遇，全面做好军休干部走访慰问工作，常态化、规范化组织党日活动，做到政治学习勤参加、慰问走访不间断、重大活动不遗漏，引导广大军休干部做到“退休不褪色，红心永向党”。落实军休干部生活待遇调整政策，及时补发调标经费。保障军休干部医疗待遇，为军休干部免费安装援通呼叫设备，举办保健知识讲座，组织参加疗休养和门诊体检，上门看望慰问住院、居家病号、劳模和伤残军休干部1470人。

（三）大力建设“银领”品牌

组织军休干部开展丰富多彩的文体活动，2019年组织参观游览、趣味运动会、金婚庆典、兴趣小组等各类活动500余次，参与人数2万余人次。作为浙江省唯一代表参加“全国军休干部庆祝新中国成立70周年文艺汇演”比赛，获得优秀节目奖。积极发挥军休干部余热，组织军休医疗志愿者服务队开展送医下乡活动。搭建“军休关工委”平台，深入浙江工商大学、浙江省第六监狱、吉利集团等企事业单位开展红色讲学活动，全年组织活动30余次，4000多人受到教育。

六、拥军优抚工作

（一）以悬挂光荣牌为牵引激发“荣誉感”

全面推进退役军人和其他优抚对象信息采集“大摸排”，开展“光荣之家”牌匾上门悬挂“大行动”，市、县（市、区）、乡镇（街道）、村（社区）四级联动，实行集中采集、上门采集、部门协调相结合的模式畅通信息采集渠道。悬挂光荣牌24.2万块。

（二）以社会化优抚为载体紧抓“幸福感”

以“精准对象、精准服务、精准举措”为目标，积极探索社区、社会组织、社会工作者“三社联动”的服务保障新路径，通过购买服务、志愿服务、慈善服务等方式将社会力量引入退役军人工作中来，成功引入杭州橄榄绿拥军艺术团、武林心航阳光公益服务中心等社会组织，培育“老班长”“老兵之家”自治组织，创建双拥智慧平台，为退役军人提供多维度的社会化优抚服务项目。

（三）以政策落实为支撑提升“获得感”

按照优抚补助标准自然增长机制的要求，市区伤残人员残疾抚恤金标准，“三属”定期抚恤金标准，在乡复员军人、带病回乡退伍军人生活补助标准在上一年基础上提高9.06%～10.39%不等，各项标准领先全省平均水平。实现优抚对象医疗“一站式”报销结算，通过部门协作、信息共享的模式，改变了以往优抚对象二次报销人工审批的传统模式，进一步解决了优抚对象看病难的问题。

七、褒扬纪念工作

（一）突出宣传教育，搭建褒扬激励“展示台”

广泛开展“感恩·2019尊崇英烈”清明祭英烈主题纪念活动和“9·30”烈士公祭活动。清明节期间全市开展烈士褒扬纪念活动900余场次，接待祭扫群众25万余人次，受教育群众达100余万人次。全市开展“9·30”烈士纪念日活动86场次，全市各级党政军领导、机关干部、社会各界代表共计1.6万余人次参与。举办“信仰的力量——英烈书信展”，收录赵一曼等40位烈士的书信，重温共产党人朴素的家国情怀和执着的信仰追求。

（二）突出安全祭扫，完善教育引领“主阵地”

对杭州市革命烈士陵园内风化破损的26座烈士墓碑按照文物修复的标准进行保护性修复。加强清明祭扫高峰期和人员密集期的安全管理，成立由护林防火、交通疏导、治安维稳、安全监管、后勤保障等组成的安全保障联动小组，建立应急协调工作机制。针对祭扫服务需求，强化人员配备，优化服务流程，加强安全保障，确保祭扫活动文明和谐、安全有序。

（三）突出信息排查，提升褒扬工作“支撑力”

完成《烈士英名录》编纂工作，对《烈士英名录》数据服务平台内2400余名烈士相关数据进行完善并审核。在全市范围内开展烈士、烈士遗属、烈士纪念设施信息排查，进一步夯实烈士褒扬工作基础。目前杭州有名可考并收入《烈士英名录》的烈士有2367名，现有烈士墓座、纪念堂馆、碑亭、塔祠、塑像、骨灰堂等纪念设施306处。

八、自身建设情况

（一）筑牢服务思想根基

深入组织开展“不忘初心、牢记使命”主题教育，坚持读原著、学原文、悟原理，用习近平新时代中国特色社会主义思想武装头脑。深入查找存在差距，积极推动自我革命，全力解决突出问题。以张富清等先进典型激励全体干部矢志奉献，促进全心全意为退役军人服务成为全系统的思想共识和自觉行动。

（二）增强干事创业本领

以“忠诚可靠、干好本职、敢于担当、清廉自守”为目标，组织各类业务培训，提升业务能力。出台重点区县来市驻点接待工作制度，提高来访高发区县接访能力。加强系统研究，组织干部系统学习中央有关文件，组织专题讨论会4次，逐条研究对策，结合实际起草任务分解表，细化工作目标，推动政策落地。

（三）锤炼优良工作作风

坚决落实上级决策部署，将严格的标准和要求贯穿各项工作全过程。坚持真诚关爱、满腔热情，带着感情、温度和质感做工作，规范接待行为标准，展现工作人员良好精神风貌，努力解决和回应退役军人利益诉求。

宁波市

2019年，宁波市退役军人事务系统坚持边组建边学习边工作，以“让退役军人满意、让军人成为全社会尊崇的职业”为目标，按照“打牢基础、突出重点、创出特色、建强队伍”的总体思路，积极克服任务重、头绪多、人手少的实际困难，退役军人工作开局良好。

一、机构建设情况

2019年1月5日，市退役军人事务局挂牌成立，内设1办4处，下属事业单位5家。各区县（市）和开发园区相继成立退役军人事务部门。

2019年3月，市委退役军人事务工作领导小组成立，由市委书记任组长，成员单位共31家。领导小组办公室设在市退役军人事务局，副市长兼任办公室主任。2019年4月，各区县（市）和开发园区均成立了由党政主要领导分别担任组长和第一副组长的党委退役军人事务工作领导小组及由政府分管领导任主任的领导小组办公室。

2019年5月，市退役军人服务中心挂牌成立。市本级、10个区县（市）、155个乡镇（街道）、3163个村（社区）退役军人服务中心（站）全部按照时间节点组建到位，“四级”“五有”服务保障体系基本建立。

二、政策法规工作

认真贯彻落实退役军人工作有关文件精神，及时组织学习《关于加强军人军属、退役军人和其他优抚对象优待工作的意见》。对全系统现行政策体系进行全面梳理，印发《退役军人事务工作政策法规汇编》。出台全国首个退役士兵职业技能订单式培训试点办法——《宁波市退役士兵职业技能订单式培训试点实施办法（试行）》，有效破解培训和就业“两张皮”的难题。分门别类制作小折页，充分发挥四级退役军人部门职责，扎实开展退役军人事务法律法规宣传活动，努力营造全民学法、知法、懂法、守法的良好氛围。把退役军人及未就业随军家属作为重点培训对象列入宁波市职业技能提升行动实施方案，投入资金200余万元开展退役军人全员适应性培训。提请以宁波市委办公厅、宁波市人民政府办公厅名义下发关于部分退役军人稳定工作的相关通知。坚持全市“一盘棋”原则，做好政策实施评估，严格执行上级政策文件要求，做到“统一标准、统一口径、统一步调”。精准实施个性化帮扶192个，及时叫停或纠正各地不合理的帮扶措施75个。

三、思想政治和权益维护工作

打造退役军人服务保障体系新模式。以“三张清单”明确“建什么”“怎么建”，“缺什么”“补什么”，“谁来做”“谁来管”的责任；以“三级试点”建设为抓手，推动退役军人服务保障工作全面铺开；以“三类督导”推进各地补齐短板。截至2019年年底，已建成作用发挥较好的示范站点60余家，慈溪市史家村退役军人服务站成为全国唯一一家模范退役军人行政村级服务站。

用心用情做好信访接待工作，深入开展“矛盾问题攻坚化解年”活动，全年办理督办件29件、交办件335件、批示件60件、来信来电来访21 030余批次，均得到妥善处置，同事项重复访在2%以下。

建立常态化宣传机制，“八一”、春节期间市、县两级积极协调当地宣传部门，通过报纸、电视、网络、电台等多种媒体平台，集中宣传100余名先进典型事迹，激励广大退役军人永葆政治本色，积极投身社会经济建设。会同市委宣传部、军分区政治工作处选树20位优秀退役军人典型，开展宁波市首届“最美退役军人”学习宣传活动，“八一”前夕举办“致敬老兵”现场发布仪式，积极营造尊军崇军浓厚社会氛围。

四、移交安置工作

2019年共接收安置军转干部400多名、符合政府安排工作条件退役士兵100多名，随调家属1名。

年均接收安置军转干部400多名。坚持“考试考核、竞争择优”的阳光安置办法，在军转干部“接收办法、指标分配、资格条件、考核计分、考试成绩和录取结果”安置工作六公开的基础上，对个别特殊、急需和紧缺专业、工作经历实行限报，增设接收单位附加分等，促进人岗相适、人事相宜，实现军转干部理想选岗、用人单位主动接收的良好局面。探索实施退役士兵“单位性质、工作地点、岗位职能、薪资待遇、工休规定和录用条件”安置工作六透明做法，提高退役士兵安置质量。

五、就业创业工作

2019年共接收自主择业军转干部40多名，随军家属70多名。

推动退役军人高质量可成长就业。针对当前退役军人就业质量不高、岗位缺乏成长性的难点，树立退役军人人才资源理念，发挥市场在资源配置中的决定性作用，引导专业化人力资源机构参与退役军人人才开发，打造以专业化测评解决“能做什么”，以适应性培训解决“该做什么”，以市场化岗位解决“去哪里做”，以订单式培训解决“该怎么做”的“四步走”服务模型。积极发挥企业、人力资源服务机构、金融系统、创业园区、公益驿站、先进典型的作用，构建“你为国尽忠，我助你出彩”六位一体服务体系，使退役军人成为推动社会经济增长的“人才红利”。截至2019年年底，已开发高质量可成长岗位10余种，起步年薪平均达7万元，500余名退役军人实现高质量可成长就业。

打造随军家属“互联网+”灵活劳务模式。聚焦边远海岛地区随军家属就业面临的时间和空间结构性错位难题，市退役军人事务局多次深入所有驻甬师（旅团）单位开展调研，精准掌握当前边远海岛未就业军嫂的就业需求，军地企多方合力。建立起“政府统筹、市场主导、专业人力资源公司实施”的工作机制，探索出依托互联网开展灵活劳务获得报酬的工作模式。前期，已联合东部战区海军政治工作部、北仑区、大榭开发区在部队开展试点。建成启用随军家属技能培训与实践中心5个，有就业意向的随军家属实现上岗率95%。2019年11月初，该模式向东部战区海军辖区多地推广，并入选宁波市第五期“六争攻坚”先锋榜。

六、军休服务管理工作

2019年共接收军队退休人员20多名。

积极打造“智慧军休”宁波样板。利用大数据、互联网技术，打造“互联网+党建+服务+管理”智慧军休平台，促进军休服务管理工作方法转型。已抓紧实施的宁波智慧军休平台由军休干部移动App系统、军休智能化管理平台（办公系统）、其他军休单位接入系统三大系统构成，从不同层面提升军休服务的智能化、精细化、高效化。

组建市退役军人事务局第一个军休志愿服务队，现有军休干部志愿者100余名，平均年龄69岁。志愿服务队相继为山区村民和社区居民开展送医送药下乡、“送戏下乡”文化惠民等活动，走进校园为学生、老师讲授爱国主义教育课。通过军休志愿服务平台，引导军休干部发挥余热、奉献社会。

在2019年全国军休机构负责人培训班上，市军休一中心作为发言单位作经验交流。

七、优待抚恤工作

2019年完成光荣牌悬挂近19万户，发放抚恤补助和优待金4.92亿元，发放义务兵优待金1.48亿元。做细做实“三代退役军人”等6类群体的排摸统计，在浙江省率先实现走访慰问全覆盖。

严格落实优抚业务“最多跑一次”改革要求，梳理完善现有优抚办事指南及流程，依托优抚服务应用管理平台，形成优抚业务线上、线下同步审批机制。截至2019年年底，共计办理优抚业务网上审批3378件，通过市区优抚对象医疗保障“一站式”平台实现即时结算48 117人次，支出补救助金合计297万元。精心组织优抚对象辅具用品配置及修理服务工作，为112人申报配置205套康复辅助用具。

积极引导社会力量为退役军人提供社会化、多样化、精准化、个性化服务，共计投入资金300余万元，依托基层服务站拓展“甬尚老兵”项目的内涵和深度。2019年累计组织开展优抚服务活动2000余次，服务退役军人和其他优抚对象4万余人次。

八、褒扬纪念工作

加强纪念设施保护管理和爱国主义教育阵地建设，全市各级退役军人事务部门共计投入1722万余元，对部分烈士陵园、烈士纪念馆进行维护修缮。大力弘扬英烈精神，按照上级部门部署，对宁波市3124名烈士进行信息完善工作。组织开展“传承·2019清明祭英烈”宣传教育活动，全市各级退役军人事务部门共组织开展烈士公祭活动17次，举办烈士事迹展览10余场，参与缅怀祭扫活动20余万人次。2019年9月30日，市党政军领导、驻甬部队和社会各界代表等500余人在余姚市梁弄镇四明山革命烈士陵园举行向英雄烈士敬献花篮仪式，深切缅怀英雄烈士功绩。

九、双拥工作

市委、市政府始终把双拥工作作为全市经济社会发展中的一项重要工作，宁波市已实现浙江省双拥模范城创建“八连冠”。

及时调整市双拥领导小组成员单位，严格落实军地联席会议、军地领导互访、军地联络员情况通报等双拥工作制度，党政领导带头走访慰问驻甬部队。加大舆论宣传力度，多媒体、多渠道、多层次宣传新时代涌现的双拥先进典型和模范事迹，积极引导社会力量参与拥军工作，营造全社会尊军崇军氛围。全力支持部队备战打仗，为部队建设和广大官兵办好事、办实事，提供训练场地，出色完成年度军供保障任务，接待保障部队百余批次。全面落实军人子女教育优待政策，协调现役军人子女中考加分65人、入学入园105人。

十、自身建设情况

组建伊始，市退役军人事务局就树立“你为国尽忠，我为你尽力”的服务理念，提出“打造尊崇的退役军人事务系统铁军队伍”的建设目标和“讲政治、有情怀、敢担当、善作为”的工作要求，为做好新时代退役军人工作提供坚强组织保障。注重加强班子政治建设，局党组建立班子建言、谈心谈话、周碰头会等一系列制度，形成“团结、协作、建言、和谐”的班子工作氛围。注重队伍建设。厚植“一家人”的情怀，共同营造人少心齐的良好环境。注重制度建设。先后制定《党组议事规则》《局长办公会议事规则》《保密工作暂行规定》等17项规章制度和年度要点文件，确保开好局、起好步、谋好篇。

安徽省

2019年，安徽省退役军人事务系统始终秉持“退役军人就是自家人，退役军人的事就是自己的事”理念，奋力拼搏，开拓创新，各项工作取得阶段性成效，事业发展呈现良好态势。

一、机构建设情况

2019年1月9日，成立省委退役军人事务工作领导小组，对退役军人服务管理、军转安置、士兵安置等工作领导小组的职能进行了优化整合；由省委书记担任组长，省长任第一副组长，省委副书记任常务副组长，5位省领导任副组长。同时组建省委退役军人事务工作领导小组办公室秘书处。全省16个市、105个县（市区）于5月底前，均对标成立了党委退役军人事务工作领导小组。1月31日，全省各级退役军人事务部门全部挂牌运行。

2019年9月18日，安徽省退役军人基层服务保障体系建设现场推进会在明光市召开，省委退役军人事务工作领导小组副组长、省政府副省长出席会议并讲话，全力推进退役军人服务中心（站）建设，着力打通退役军人服务保障和政策落实“最后一公里”。印发《安徽省退役军人服务中心（站）规范化建设指导意见》，推动退役军人服务中心（站）建设提质增效。截至2019年年底，共建成退役军人服务中心（站）1.9万余个，横向到边、纵向到底的服务网络初步形成。

二、政策法规工作

（一）加强统筹规划

出台《关于进一步加强退役军人管理保障工作方案（2019—2020年）》，以短期规划的形式对当前及今后一段时期的目标任务进行明确。启动全省“十四五”退役军人事业发展规划编制工作，制定工作方案，明确九大任务，提出30项具体举措。

（二）创新工作机制

加强退役军人政策落实和权益保障工作，建立健全“省调度、市督办、县落实”和省直部门集中调度、专项会商机制。加强困难退役军人和其他优抚对象关爱帮扶工作，建立村级“周探望”、乡级“月走访”、县级“季联络”、市级“年督办”、省级常态化督导的长效机制。与省级人力资源社会保障部门建立退役军人就业创业工作协调联动机制，形成定期会商、信息共享、就业服务、创业服务、绩效评价和指导调度等6项常态化制度。筹备成立安徽省爱国拥军促进会，申请入会会员突破1300个，不少地方探索设立了退役军人关爱帮扶资金，政府主导、多方参与的服务机制逐步形成。

（三）推进法治建设

认真落实《法治政府建设实施纲要（2015—2020年）》及安徽省《贯彻〈法治政府建设实施纲要（2015—2020年）〉实施方案》。印发《2019年全省退役军人事务法治工作要点》，推进全省系统法治建设水平不断提升。制定《安徽省退役军人事务厅法律顾问管理办法》，签订常年法律顾问合同，运用法治思维和法治方式履行职责。对涉及退役军人工作的各项规范性文件进行全面清理，编印退役军人事务法律法规汇编。建立健全规范性文件、重大事项决策、重大执法决定合法性审查及公平竞争审查机制，全面开展合法性审查工作。调整编制省级权责清单、公务服务清单、政务服务清单，制定全省统一的公务服务清单和政务服务标准化清单。

三、思想政治和权益维护工作

（一）宣传表彰先进典型

安徽省16名全国模范退役军人、3个全国退役军人工作模范单位和2名全国退役军人工作模范个人受到中央表彰。2019年10月14日，召开全省退役军人工作会议，省委、省政府主要负责同志亲切会见受中央表彰代表并合影留念。扎实开展向老英雄张富清学习活动，深入发掘退役军人先进典型，制作《致敬·最可爱的人》等宣传片，建立并不断充实退役军人先进典型储备库，入库人数达400余人。积极培树先进典型，2019年9月29日，举办安徽“最美退役军人”发布仪式，庄燕劳等10人获安徽“最美退役军人”称号。向全省符合条件的退役军人发放“庆祝中华人民共和国成立70周年”纪念章4300余枚。

（二）退役军人党员管理

注重对优秀退役军人党员的培养使用，积极引导他们在脱贫攻坚、环境治理、紧急救援、基层社会治理等一线建功立业，全省1.3万余名退役军人进入村（社区）“两委”班子。指导市县在年度退役军人集中报到时段设立退役军人党员组织关系转接“专门窗口”，提供“一站式”服务，确保每名退役军人党员组织关系及时落实到基层党组织。2019年，全省共转接退役军人党员组织关系6600余人。配合基层党组织对退役军人党员加强党性教育、规范组织生活。《关于对部分市、县（区）退役军人党员教育管理工作专项调研情况的报告》被安徽省思想政治工作研究会评为优秀成果奖三等奖。

（三）部分退役士兵社会保险补缴

制定出台《关于解决部分退役士兵社会保险问题工作举措》，成立省工作专班。2019年3月14日，召开全省部分退役士兵社会保险补缴工作推进会，组织社会保险补缴实地推演。将部分退役士兵社会保险补缴工作纳入省政府2019年目标管理绩效考核内容，建立健全“一门受理、协同办理”的“321”工作机制，县、乡、村三级提供咨询，县、乡两级接受申请，县级审核办理。截至2019年12月底，全省接收退役士兵社会保险申请153 066人，受理117 066人。

（四）维护合法权益

深入开展“退役军人矛盾问题攻坚化解年”活动。建立联系点制度，省厅班子成员和各单位负责同志对口联系地方督促化解矛盾。截至2019年12月底，全省各级退役军人事务部门共开展明察暗访8000余次，入户近4.5万户。全省累计开发专项岗位4.3万个，帮助2.5万名安置后下岗（失业）和自谋职业退役士兵就业。

四、移交安置工作

（一）安置政策

明确省、市、县三级以年度接收符合政府安排工作条件退役士兵人数为基数，分别按照不低于5%、10%、20%的比例，确定所管理的事业单位接收岗位数量，并在编制内安排。省属企业按照不低于全系统新招聘职工总数的5%核定接收安置计划。2019年11月14日，召开省委退役军人事务工作领导小组专题会议，要求各接收单位根据军转干部德才条件和在军队的职务等级，及时安排工作和相应职务职级。

（二）安置办法

一是坚持与用人单位实际情况、编制总量及用人需求相结合，统筹考虑、同步部署军转干部安置、随调配偶安置及退役士兵安置岗位计划，增强安置计划科学性、针对性和执行刚性。二是树立重贡献的安置导向，对符合政府安排工作条件的退役士兵，按照量化评分办法，按分排序，依次选岗；对功臣模范和长期在艰苦边远地区、特殊岗位服役的军转干部，采取“本人填报志愿，组织综合考虑”的办法实行指令性安置。三是探索开展“直通车”式安置，鼓励接收单位根据工作需要提供一批专业岗位和专业技术岗位，支持中直驻皖单位优选与行业工作匹配的军转干部专业人才。

（三）安置质量

圆满完成800多名计划分配军转干部、1700多名符合政府安排工作条件退役士兵的安置任务。国家、省、市、县四级共提供退役士兵安置岗位3000多个，占符合政府安排工作条件退役士兵人数的174%，其中，省属事业单位首次提供接收安置退役士兵岗位80多个。

五、就业创业工作

（一）拓宽渠道

2019年10月12日，以“奉献中部崛起　退役再立新功”为主题的2019年中部地区退役军人安徽专场招聘会启动仪式在阜阳市举办，来自安徽、湖北、河南等地的300家企事业单位，为现场近3000名退役军人提供就业岗位8900多个。开展退役士兵就业服务月、“就业起航”、“送岗位进军营”等活动，全省累计举办专场招聘会200余场，提供就业岗位15万个。在基层公务员考录和事业单位招聘工作中，面向退役军人单独切块、定向招录（聘），其中基层公务员职位不低于招录总数的3%。

（二）搭建平台

2019年11月28日，与安徽海螺集团有限责任公司、安徽江淮汽车集团控股有限公司、安徽古井集团有限责任公司和安徽应流机电股份有限公司在芜湖市签署战略合作协议，建立首批省级退役军人就业创业培训基地。依托现有创业平台资源建立退役军人创业孵化基地，在经营场地、水电减免、投融资等方面提供优惠服务，截至 2019 年年底，全省建立退役军人就业创业培训或孵化基地 78 家。与中国建设银行安徽省分行在全省推进“裕农通退役军人服务站”建设，已建成 215 家。

（三）教育培训

探索退役军人学科建设，推进在安徽大学设立退役军人管理保障研究生专业。全省高职扩招录取退役军人 42 818 名，占录取总数约 46.3%。推动退役军人技能培训纳入省政府年度民生工程，提高省级补助标准至 2400 元。拟定《省级退役军人技能培训承训目录管理办法》，打破培训学校选择地域限制。探索开展“师徒制”、“定岗式”、企业岗前培训补贴等培训模式，实现“毕业即就业，上岗就上手”。截至 2019 年 12 月底，全省培训退役军人 16 653 人，培训合格率为 99.3%。开展 2019 年省直暨合肥市计划安置军转干部培训，首次采用省市合办、适应性和专业性培训合并模式，助力 424 名军转干部转型转岗。

（四）管理服务

按照安置计划接收自主择业军转干部，做好自主择业军转干部档案管理和退役金核定工作，确保全省自主择业军转干部退役金按时发放。举办全省自主择业军转干部管理服务工作业务培训会。组织各市自主择业军转干部参加“清华大学军转网络学堂”报名学习。举办两期“创业江淮·未来新徽商”特训营，70 名退役军人分别在清华大学、重庆大学参加个性化培训。

六、军休服务管理工作

（一）接收安置

2019 年，超额完成军休接收安置任务。按照“只要部队交得出，我们就能接得下”的目标，进一步完善“随退随审，即交即接”工作机制。对已接收的军休干部，开展“一站式”亲情化服务，协助军休干部落户、转接医疗保险关系等。

（二）服务管理

全年下拨各项军休经费 7.4 亿元。将军休干部集中居住的小区纳入当地老旧小区改造和加装电梯范围。探索服务管理新方式，将分散居住军休人员按居住区域划分，逐人与工作人员建立联系，开展“网格化”管理、亲情化服务。开展军休干部信息核查比对，修正完善信息数据 1000 多人次。

（三）军休文化

与省委宣传部、省军区政治工作局联合举办全省军休干部庆祝新中国成立 70 周年文艺汇演，社会反响良好。参加全国军休干部庆祝新中国成立 70 周年文艺汇演比赛，推荐的器乐情景剧《荣归》和黄梅调表演唱《白发志愿开讲了》分别被评为最佳节目奖和优秀节目奖，《荣归》入选全国军休干部文艺汇演。编纂出版《安徽军休风采》，广泛宣传全省军休系统典型人物和先进事迹。部分军休机构联系老年大学为军休干部设立专门教学点，开办书法、绘画、合唱等多种课程班。

七、拥军优抚工作

（一）双拥工作

深入开展新一轮全国双拥模范城（县）创建。2019 年 10 月 30 日，全省双拥办主任会议暨褒扬纪念工作会议在合肥召开。持续推进“发挥双拥优势帮助部队解决实际问题”专项行动，一批影响部队建设的难点问题得到解决。成功举办安徽省首届“双拥杯”摄影展、第 9 届“双拥杯”乒乓球赛、第 7 届“双拥杯”篮球赛、第 42 届军地书画展等活动，部队参与面、军地参赛人数均创下最高纪录。开展“三级法官进军营”“千家民企进军营”等活动，军政军民团结大好局面持续巩固。

（二）关爱帮扶

2019 年，下拨抚恤补助资金 25.1 亿元，下拨优抚对象医疗补助资金 1.2 亿元。从 8 月 1 日起，调整各类重点优抚对象定期抚恤补助金标准，较上年度平均提高约 10%。为 4.6 万户义务兵家庭登记造册，兑现优待金总额 7 亿元，优待金平均标准比 2018 年度提高约 9%。为 4.5 万名享受国家定期抚恤补助后仍有困难的优抚对象发放纾困解难优待金近 3 亿元。

设立 8.1 亿元专项奖补资金，对全省 32 个国家级和省级贫困县退役军人工作实行以奖代补。设立 2 亿元省级革命老区农村综合保障体系建设专项资金，其中 2019 年度下拨 1 亿元为 68 个革命老区服务对象提供帮扶。对全省 3.27 万户建档立卡贫困退役军人和其他优抚对象建立一对一包户联系制度。全年走访慰问退役军人 43 万余人次，发放慰问金（品）1.1 亿元。与 12 家省级银行签署《安徽省拥军优抚合作协议》，推出“1+N”金融优待服务，设立优先窗口 1385 个，发放专属银行卡 2.2 万张，办理拥军贷款 31.3 亿元。开展“爱心献功臣、服务送上门”活动，组织省假肢矫形康复中心专业技术工作队主动上门，为革命老区困难、高龄及重度残疾军人配发维修康复辅助器具，全年共计配发 712 件。通过志愿帮扶和政府购买服务方式，积极实施“爱心送进光荣门”品牌项目，重点关爱帮扶失能、半失能、失智、失独、高龄等特殊困难群体，惠及 3.9 万人次。

（三）优抚服务

不断提升全省光荣院服务管理水平，完成 34 所光荣院转隶工作。2019 年全省各光荣院举办短期疗养 60 余期，开展集中供养和短期疗养服务 6000 余人次。以亳州、铜陵、滁州、金寨等市县光荣院为试点，积极探索开展光荣院智慧健康养老服务。安徽省荣军康复医院举办短期疗养 10 期，服务重点优抚对象近 500 人次。安徽省荣军医院、安徽省荣军康复医院开展医疗巡诊、送医送药下乡入户服务 2000 余人次，发放药品价值近 40 万元。

（四）光荣牌悬挂

截至 2019 年 3 月底，全省共为烈军属和退役军人家庭挂牌 167.2 万户，基本完成悬挂光荣牌任务。六安市金安区为退役军人家庭悬挂光荣牌照片入选“伟大历程　辉煌成就——庆祝中华人民共和国成立 70 周年大型成就展”。

八、褒扬纪念工作

举办《烈士光荣证》集中颁授仪式。2019年9月30日，安徽省人民政府在蜀山烈士陵园隆重举办《烈士光荣证》颁授仪式，为5位安徽籍烈士的遗属代表颁授《烈士光荣证》。

大力弘扬英烈精神。深入开展《英烈保护法》学习宣传活动。以"江淮英烈网"及全省28家烈士陵园网为载体，打造烈士网上祭扫平台。组织开展"9·30"烈士纪念日公祭活动，稳妥做好边境战争烈士祭扫工作，全省各级烈士纪念设施接待祭扫约1000万人次，发放宣传材料900多万份。预算安排5000多万元用于烈士纪念设施规划建设。

举办"缅怀英烈守初心·弘扬精神担使命"全省英烈讲解员大赛，全省30家烈士陵园选送48位参赛选手的讲解视频参赛。承办"丰碑永铸·颂英烈"全国英烈讲解员大赛半决赛培训，选派5名英烈讲解员参加"丰碑永驻·颂英烈"全国英烈讲解员大赛。安徽省金寨县英烈讲解员周宇荣获一等奖，省退役军人事务厅获得优秀组织奖。

九、服务保障工作

（一）信息采集

2019年，全省采集退役军人和其他优抚对象身份信息审核通过率99.9%。增设周末采集时间段，落实异地采集制度，确保信息采集工作常态化开展，为采集对象提供最大便利。

（二）电子档案

开展电子档案管理软件需求调研，探索开发退役军人电子档案系统，编制《安徽省退役军人电子档案管理系统（单机版）建设方案》，全省退役军人电子档案建设已成雏形。2019年，收集整理2018年冬季退役军人电子档案1.1万份。

（三）信访平台

2019年7月1日，安徽省、市、县三级退役军人事务部门同步运用全国退役军人信访信息系统，实现退役军人信访事项网上登记、查询、分析、办理，服务更便捷。

十、自身建设情况

始终把学习贯彻习近平新时代中国特色社会主义思想作为首要政治任务，扎实开展"不忘初心、牢记使命"主题教育，增强"四个意识"、坚定"四个自信"、做到"两个维护"。全年召开党组中心组学习18次，举办处级干部读书班1期，选树先进典型13人。2019年4月29日，召开厅机关党员大会，选举产生新一届机关党委、机关纪委，审议通过《中国共产党安徽省退役军人事务厅机关党的建设工作五年规划（2019—2023年）（送审稿）》。出台《贯彻落实省委〈深入推进全面从严治党的若干意见〉的工作举措》，制定《厅机关党建工作责任制》《厅党组关于落实党风廉政建设主体责任的实施意见》等15个规范性文件。组织开展廉政风险点排查，编制权力运行图73个，查找廉政风险点277个，形成《廉政风险点防控手册》。

加大优秀干部培养选拔力度，严格按规定程序组织实施14名处级领导干部、13名处级非领导干部提拔任职。完成厅机关40人职级套转、34人职级晋升工作。制订2019年度业务培训计划，开展各类业务培训9个班次，培训系统干部1000余人次。选调10名干部参加退役军人事务部和各类党校培训。畅通机关事业单位双向交流渠道，选派年轻干部到基层培养锻炼。

福建省

2019年，福建省退役军人事务系统紧紧围绕“让退役军人满意、让军人成为全社会尊崇的职业”的奋斗目标，深入开展“打牢基础、任务攻坚”年活动，不断坚守使命、担当使命，不断提高做好退役军人工作的思想自觉、政治自觉和行动自觉，奋力开创新时代退役军人工作新局面。

一、机构建设情况

明确2019年为“打牢基础、任务攻坚”年，在健全组织机构、完善功能设施等硬件建设的同时，强化建章立制、规范管理、人员培训等软件建设，全面、系统、协同推进，促进各级机构规范有序高效运转。

按照“五有”和“全覆盖”要求，2019年3月15日，省退役军人服务中心挂牌，5月底前省、市、县、乡、村五级服务保障体系全面挂牌，建成服务中心(站)18 128个，有退役军人的村(社区)建成率达100%，并由省级财政对23个扶贫开发工作重点县的村（社区）退役军人服务站给予补助。

此外，全省各地陆续成立退役军人志愿者组织、退役军人关爱基金会等，基本形成“党委统一领导、退役军人事务部门牵头主抓、地方和军队相关部门支持配合、社会共同参与”的工作格局。

二、政策法规工作

省委、省政府、省军区联合出台加强新时代退役军人工作的具体措施，明确一系列创新举措，逐项落实责任。修订《福建省拥军优属条例》，完善抚恤优待措施，扩展军人优待范围。出台《关于进一步加强由政府安排工作退役士兵就业安置工作的实施意见》《关于促进新时代退役军人就业创业工作实施细则》，在提升岗位质量水平、落实岗位待遇和相关保障、完善教育培训体系、加大就业支持力度、优化创业环境等方面作出具体规定。出台《优抚褒扬纪念工作服务规范》《信访事项办理流程暂行规定》《退役军人信访工作十项制度措施》等制度，提升管理服务工作制度化、规范化、信息化水平。

落实中央部署，细化部分退役士兵社会保险补缴有关政策措施，强化全省“一盘棋”迅即推进，“一个口径”全覆盖宣传，稳妥有序把好事办好办实。

三、权益维护工作

及时开通网上信访，建立四级联通、部门互

通的退役军人信访信息系统，加强来信来访事项督办，推动解决合理诉求。开通厅官方网站、政务微信公众号，开展学习老英雄张富清活动，在福建省电视台集中展播模范退役军人、“最美退役军人”等先进事迹，发挥榜样力量，引导广大退役军人始终听党话跟党走。

开展“矛盾问题攻坚化解年”活动、“找差距、抓落实、解难题、化积案”行动，积极排查化解涉退役军人矛盾问题。创新联动管理服务机制，会同相关部门力量开展联合走访、家访活动，做好退役军人思想政治教育。探索建立律师参与信访工作机制，推进法律援助进驻服务大厅，举办普法知识教育讲座，为退役军人提供专业化、法律化服务。开展重大问题调研论证，依托厦门大学、福建师范大学、福建工程学院等高校智库开展“退役军人管理保障”相关工作研究。

四、移交安置工作

紧盯国家规定时间节点要求，密切军地协作，突出安置重点，拓宽安置渠道，按时全面完成中央下达安置任务。全面推行以军转干部功绩量化计分、退役士兵服役贡献量化考核计分为主的“阳光安置”，把安置结果同在部队贡献、德才条件挂钩，提高安置工作透明度、公信力和激励导向作用。与中央和省属国有企业联系对接，争取退役士兵安置岗位700多个，其中，央企岗位500多个，省企岗位200多个。

探索“直通车”式安置办法，改进完善省中直安置办法，做到人岗相适、人尽其才。根据公务员职务职级并行改革，明确军转干部安置时首次所使用的职级职数予以单列并实行实名制管理。落实政法部门接收军转干部要求，实行优先选岗、优先安排。

2019年，计划分配军转干部安置在机关和参照公务员管理单位比例、政府安排工作退役士兵安置到机关事业单位和国有企业比例均达90%以上。

五、就业创业工作

坚持军地合力、政企用力、培训助力、联动聚力、长期发力“五力”齐发，做好新时代退役军人就业创业工作。与驻闽部队签订就业创业战略合作协议，常态化开展“送政策进军营”活动，问计于官兵、问需于官兵，并在拥军优属、教育培训、就业指导等方面提供帮助，全年共开展“送政策进军营”活动48场，发放政策宣传资料近5万份，现场解答咨询5000余人次。编写《福建省2020年教育培训承训机构目录》，举办创业孵化基地专家巡回服务、签约创业导师帮扶、创业成果展示、创业大赛等各类活动，开展“订单定向式+师徒式”等技能人才培养模式，推进培训精细化、个性化，约7700人次参加职业教育与技能培训，下拨退役士兵职业教育与技能培训补助经费3762万元。与永辉集团、朴朴物流等首批10家大型企业签订战略合作框架协议，开展退役军人招聘活动，全省各级共开展退役军人招聘活动138场，邀请6229家企业提供13.9万余个岗位，签订意向协议10 297人。动员退役军人参加学历教育、职业教育，全省高职扩招录取新生2.21万人，其中退役军人1.71万人，占录取总人数的77.3%。

六、军休服务管理工作

围绕“移交安置”工作重心，全力落实军休干部“两个待遇”。主动靠前对接军队移交单位，早部署安排，早谋划启动，下力破解难点堵点，共审定 100 多名退休干部、10 多名退休士官，共接收安置 100 多名退休干部、20 名退休士官，审定和移交任务如期完成。

按时兑现调标待遇，组织文艺汇演、书画摄影展、“礼赞新中国·奋进新福建”座谈会、颁发纪念章等庆祝新中国成立 70 周年系列活动，组织疗养活动，举办趣味运动会，慰问抗战入伍、部分因战因公致残、因病生活困难的军休干部，引导军休干部利用自身的政治优势和经验优势，发挥余热，奉献社会，涌现了一批先进典型。

七、优抚褒扬纪念工作

坚持“三说三问三做”，为烈属、军属和退役军人等家庭悬挂光荣牌 88 万块。做好优抚对象数据审定，入户核查 123 700 人，为任务数的 140%。开展“传承·2019 清明祭英烈”主题宣传教育，颁授“庆祝中华人民共和国成立 70 周年”纪念章 718 枚。

指导全省 130 个县级以上烈士纪念设施和 6049 个县级以下烈士纪念设施管理机构完成转隶，光荣院转隶 22 家。落实抚恤补助标准自然增长机制，共下拨优抚对象抚恤补助经费 9.34 亿元，医疗补助经费 0.66 亿元，确保 19 万余名优抚对象的抚恤补助金按时足额发放。做好残疾军人帮扶工作，为残疾军人实施通信资费优惠，建立军地医疗联动机制，签订残疾军人转诊帮扶协作协议。与 12 家银行、社会机构签署拥军优抚合作协议，发放 1 万余张退役军人专属银行卡，为广大退役军人提供优先优惠优质服务。组织全省烈士英名录编撰。牵头组织 7 个部门和属地政府成立工作小组和专班，做好红军遗骸保护管理工作。联合“今日头条”开展“为烈士寻亲”公益活动，为 22 名烈士找到亲人。

八、双拥工作

弘扬双拥光荣传统，把拥军支前工作纳入各级领导干部考核内容。持续推动完善随军家属随调、定向招考安置办法和未就业随军家属基本生活保障金递增机制，提高军嫂创业扶持奖励标准，解决随调家属就业安置 300 多名，安排 160 个岗位用于专项招考，帮助 1560 名随军家属就业，为 4600 多名移防部队军人子女办理就读优质学校。

深入开展军民“共学、共建、共发扬”活动，与省军区、省委宣传部联合举办首届福建省“国防人物”评选活动，推出《古田军号》《绝命后卫师》等一批革命题材影视作品。深化科技拥军、文化拥军、司法拥军活动，发动民营企业和“两新”组织发挥各自优势，从资金、人才等方面大力支持军队建设，全省爱国拥军促进会、企业家拥军协会、军民融合促进会、妇女拥军协会等各类拥军组织 45 个，会员超过万人。

九、自身建设情况

坚持初始即严、一严到底，从系统组建开始就注重打好基础、立好规矩，抓好自身建设，扣好第一粒扣子。强化政治建设。开展“不忘初心、牢记使命”主题教育，组织到军营与官兵同吃同住同训同学，邀请专家学者、部队领导、先进典型举行专题讲座，与建设银行开展“共学张富清，奋进新时代”联学共建活动等。强化作风建设。传承弘扬习近平总书记在福建工作期间倡导的“四下基层”“四个万家”“马上就办、真抓实干”等优良作风，强化“特别讲政治、特别能团结、特别能战斗、特别勇担当”精神，推动退役军人各项工作落深落细落实。强化政治文化建设。开展“革命老区宣讲团进机关”“退役军人宣讲团进高校”“国防知识演讲比赛”等活动，规范服务大厅、服务窗口、宣传栏、文化墙等阵地文化建设。加强基层基础基本建设。着眼提升队伍业务水平和履职能力，开展系统“大学习、大培训、大练兵”，共组织全省系统业务培训 7 场次、培训 1289 人次。

厦门市

2019 年，厦门市退役军人事务系统加强统筹谋划，狠抓工作落实，全市退役军人事务工作组织体系初步建成，规章制度基本建立，运行机制基本形成，各项工作有序开展，退役军人权益得到较好保障，满意度明显上升，退役军人工作实现开新布局。厦门市作为全国双拥模范城 8 个代表之一参加建军 92 周年招待会和全国双拥工作座谈会并作经验交流发言。厦门市镇海路军休所获评全国退役军人工作模范单位。

一、机构建设情况

2019 年 3 月 31 日，厦门市退役军人事务局挂牌成立。局机关内设 4 个处室，直属事业单位有：厦门市退役军人服务中心（自主择业军转干部服务中心），烈士陵园服务中心，军队离休退休干部前埔休养所、莲坂休养所、文园休养所、镇海路休养所。

全市比省规定时限提前半个月完成退役军人服务保障体系建设。截至 2019 年 5 月 15 日，共建成 1 个市级和 6 个区级退役军人服务中心、38 个镇（街）和 522 个村（居）退役军人服务站，初步建成横向到边、纵向到底的市、区、镇（街道）、居（村）四级退役军人服务保障体系。每个服务中心（站）都有专门办公室并配备基本办公设备，有条件的单位设立了办事大厅和退役军人来访接待室。

二、思想政治和权益维护工作

与市委宣传部、警备区联合开展“最美退役军人”学习宣传活动，在建军节期间宣传首批 4 名“最美退役军人”先进事迹，在国庆节期间宣传获得“庆祝中华人民共和国成立 70 周年”纪念章的 5 名优秀退役军人典型，积极营造尊崇军人、爱国拥军的社会氛围。

认真落实市委“主动创稳”工作部署，与公安、信访部门定期会商稳定工作，加强与各区、镇（街）退役军人事务部门的实时沟通联系，建立信息反馈机制，每月上报有关工作情况，每季度进行形势研判。市、区负责同志主动下访、约访，局负责同志定期接访，加大化解历史遗留问题工作力度，建立健全历史遗留问题台账、现实矛盾化解台账，推行领导“包案”，化解矛盾问题。

开展部分退役士兵社会保险补缴工作，按照中央及全省部署要求，成立市解决部分退役士兵保险问题工作专班，出台关于做好厦门市部分退役士兵社会保险补缴工作的通知，2019 年 6 月 10 日启动部分退役士兵社会保险补缴工作，在全市范围内广泛开展政策宣传工作，各区均参照成立区级工作专班。通过在《厦门日报》《厦门晚报》和全市移动媒体持续发布公告，在市、区两级退役军人服务中心和镇（街）、村（居）退役军人服务站悬挂宣传海报，以及印制宣传单、短信群发等形式，宣传社会保险补缴政策和办理事项，同时公布各区咨询电话、受理地点，努力实现政策宣传全覆盖。

全市共开设咨询电话 7 个、受理点 39 个、税务征收专窗 11 个；市财政部门预拨专项资金保障补缴工作开展。截至 2019 年 12 月 31 日，全市共收到电话咨询 4155 人次，受理 3524 件，完成缴费 1034 人。

三、移交安置工作

2019 年，厦门市继续实行“功绩量化、依序择岗”（团职干部按功绩量化分排名高低依序择岗，营职以下及专业技术干部按功绩量化分和统一笔试分总分排名高低依序择岗）和“五公开一监督”（公开安置方案、公开个人排名、公开安置单位、公开单位选定过程、公开安置结果，并接受监督），使军转干部“不用跑、不用找，凭能力、凭贡献”选择安置单位，通过阳光安置，共接收安置军转干部 500 多人。其中，计划分配师职干部 10 人，团职及以下军转干部 400 多人，自主择业军转干部 70 多人。全年接收安置军队复员、退休和伤残人员合计 40 多人；接收退役士兵 600 多人，其中符合政府安排工作条件的 50 多人，选择自主就业的 600 多人。为自主就业退役士兵发放地方经济补助 4000 万余元。地方一次性经济补助金 100% 发放，职业教育和技能培训优惠政策 100% 知晓，符合政府安排工作条件退役士兵 100% 安排工作。

四、就业创业工作

大力促进退役军人、随军家属就业创业。全年共召开 4 场退役军人专场招聘会，共 165 家用人单位参会，提供336个岗位2500多个用人需求，其中不乏公安辅警、金融守押及其他具有薪资竞争力的管理、销售岗位。2000 多名退役军人及随军家属参加了招聘交流，309 名应聘人员达成初步就业意向。解决随军随调家属就业安置 100 多名，根据“身份对等、行业对口、层级就近”的原则，安置机关事业单位在编 40 多名，安置国企、非编、社区等岗位 60 多名。

加强职业技能教育培训，厦门市积极响应国家百万高职扩招计划，组织退役军人报名参加高等职业院校学历教育，会同市教育局组织 4000 多名退役军人参加高职入学考试，经考试考核，共 2800 多人被录取，由厦门城市职业学院、厦门海洋职业技术学院两所院校承接教育，提供“订单式”培训。

开展“送政策进军营”活动，先后 4 次到驻厦部队，对退役前军人加强经济社会发展和就业形势介绍，接受政策咨询并进行职业指导。各区每年结合秋、冬季退役士兵报到之机，结合企业用工需求实时发布相关招聘信息，为退役士兵就业提供参考，对具有专业特长的退役士兵向优质企业定向推荐。

五、军休服务工作

全年共接收军休干部 30 多人。认真落实好军休人员“两个待遇”，按照居住地划片，实行军休干部“网格管理”，走访慰问移交厦门市安置的军队离退休干部（士官）及遗属，圆满完成78户军休干部老旧住房条件改善工作，协调解决9名军休干部住房问题，每年组织对军休干部燃气安全使用情况进行检查，排除安全隐患。针对军休干部“双高”人员多的特点，及时建立健康档案，关心和走访慰问军休干部。各军休所均建立了关工委，成立老战士关爱队分队等多种服务队，与周边社区、学校等签订共建协议，积极开展帮困助学、爱国教育、义诊活动等公益活动。军休系统经验做法“军民融合关爱下一代厦门模式”获得全国关工委肯定。组织军休干部参加全省军休系统庆祝新中国成立70周年文艺汇演，分别获得第二名、第三名和优秀组织奖。

六、优抚褒扬纪念工作

发挥厦门市烈士陵园服务中心和革命烈士事迹陈列馆优势，组织开展爱国主义和革命传统教育，开展“启航明天，争当新时代好少年”活动10场次。市、区两级精心筹划和组织开展烈士纪念日向烈士敬献花篮仪式，2019年9月30日上午，厦门市举行烈士纪念日向烈士敬献花篮仪式，市党政军领导、各民主党派工商联无党派人士、各人民团体和各界群众代表，以及驻厦部队官兵和少先队员代表、烈属和参战退役军人代表等300多人参加。

举办全市退役军人系统“庆祝中华人民共和国成立70周年”纪念章颁发和军队干休所老战士老同志座谈会。市委（区委）退役军人事务工作领导小组领导节前分别带队入户走访慰问部分功臣英模、“庆祝中华人民共和国成立70周年”纪念章获得者和重点优抚对象。做好信息采集和光荣牌悬挂工作，各区、街道（镇）、社区均举行了简朴、庄重、热烈的悬挂仪式，邀请党政领导、人武部、民政局、退役军人局等部门领导参加悬挂仪式，并安排专人负责上门安装悬挂。做好优抚有关信息核对，完成烈士英名录信息核对、烈士纪念设施摸底与调查统计和上报工作。

配合开展“爱心厦门”建设，把帮扶援助困难退役军人和其他优抚对象纳入各级党政机关、国有企事业单位领导干部结对挂钩帮扶对象，“爱心厦门”活动开展以来，安排结对帮扶存在严重困难的重点优抚对象家庭142户。

七、双拥共建工作

加强双拥工作领导力量，结合机构调整和部队改革，将市双拥工作领导小组更名为市双拥共建工作领导小组，新增市委编办、应急局、医保局、住房局、工商联5个成员单位。各区也同步调整充实了领导力量。2019年11月15日，厦门市召开双拥共建工作领导小组第42次全体成员（扩大）会议，总结回顾军地双拥工作，研究部署创建新一届全国双拥模范城工作。

组织开展军地党组织联学共建活动，围绕新时代、新思想、新使命、新担当，军地共同学习宣传贯彻习近平新时代中国特色社会主义思想，在地方各级各部门和驻厦部队之间，深入推进“军地党组织联学共建活动”，丰富拓展新时代双拥工作内涵，落实推进首批36个市区镇（街）党委（党组）、38个村居党组织与辖区驻军部队的结对联学共建活动。

大力支持部队各项建设，解决 8 个工作站定点部署所需办公用房和生活设施；解决一批随军随调家属就业安置问题，落实一批移防和调动军人子女转学入学等问题。“八一”、国庆期间，市四套班子领导、市委退役军人事务工作领导小组领导分别带队走访慰问驻厦部队官兵、重点优抚对象、功臣英模和退役军人，安排节日慰问资金和支持部队设施建设经费 1079 万元。

作为加快推进重要项目落地建设工作领导小组成员，市退役军人事务局牵头建立重要项目涉军协调机制，积极协调驻厦部队开展涉军土地置换、管线迁改工作。驻厦各部队积极支持厦门市经济建设、民生保障、生态文明建设和社会公益事业，配合推进重点工程建设、重要项目落地，开展军地土地置换和管线迁改。组织官兵参与文明城市、爱心厦门、平安厦门、扶贫攻坚和双拥创模等各项创建活动。

推进社会拥军工作，深化“双拥在基层”活动，拥军优属工作向新经济组织和新社会组织拓展，“厦门市爱国拥军促进会”“厦门市双拥合唱团”等社会组织影响力不断扩大。举办庆祝新中国成立 70 周年军民合唱展演、“家国情怀”军民演讲比赛和首届“厦门工行杯”双拥足球邀请赛。鼓励引导社会组织和非公经济单位开展科技、教育、文化、司法拥军等爱国拥军活动。

八、创新扶持再就业工作

2019 年 4 月，为解决部分退役士兵就业困难问题，拟定了扶持部分退役士兵就业困难的指导意见。通过提供国企、社区、辅警和其他公益性岗位，采取“公开招聘、考试排名、竞争上岗”的方式，专项招聘扶持部分就业困难的退役士兵再就业。扶持对象中，根据现实情况，转业士官和首批进藏退役士兵采取统一考试、分类排名、分列选岗的方式扶持再就业，五至八级伤残军人通过市残联直接安排就业的方式，落实社区（村）残疾人联络员等岗位。全市共扶持 215 名退役士兵上岗就业，较好地解决了部分退役士兵就业困难问题。

九、自身建设情况

全年召开 24 次党组会议，开展局党组理论中心组学习会议 9 次，组织重大理论专题宣传授课 4 次，参加人数达 560 人次。组织开展“不忘初心、牢记使命”主题教育活动，整改落实问题 4 类 23 个。局党组主要领导约谈基层单位党组织负责人 2 名，开展各类党内谈话 36 人次，与各级党组织签订“党建工作目标和党风廉政建设目标责任书”，推动主体责任落实。完善选人用人制度机制，推进干部队伍建设，全年局系统共提拔调整干部 13 名。加强内部制度建设，出台局系统议事决策、人员管理、信息公开、公务接待、财务管理、效能建设、文电流转等一系列制度规范。完成市、区两级电子政务外网接入、局门户网站建设工作，推进退役军人信息采集、统计调查、政务公开、机要保密等工作。加强局系统精神文明建设，组建局机关志愿者队伍，结合“五四”“七一”“八一”和国庆举办各项志愿主题活动，服务人数达 122 人次。

江西省

2019 年，江西省退役军人事务系统坚持以退役军人为中心，坚持改革创新，坚持打基础促长远，坚持全面推广“尊崇工作法”，出色完成了退役军人服务保障管理各项工作任务。

一、机构建设情况

省、市、县、乡、村五级全部成立了由党委（支部）书记担任组长的党委（支部）退役军人事务工作领导小组，全省 11 个设区市均设置领导小组办公室秘书科（处），100 个县（市、区）中全部设置了党委退役军人事务工作领导小组办公室秘书股（科）；市、县退役军人事务局全部建立。

退役军人服务保障体系建设实现“五有”和“全覆盖”目标。截至 2019 年 12 月 31 日，全省共建立服务中心（站）22 822 个。2019 年起，各级财政部门将退役军人服务中心纳入本级财政预算管理，退役军人服务站的工作经费由县（市、区）财政部门负责安排。

全省 1 家优抚医院、1 个复员退伍军人精神病员工疗站、14 个军休所、12 所县级中心光荣院、378 处烈士纪念设施等完成转隶。

二、政策制度工作

结合江西实际，先后出台《关于解决部分退役士兵社会保险问题的实施意见》《江西省促进新时代退役军人就业创业工作实施细则》等一系列实施意见及配套措施。完成《江西省军人抚恤优待办法》等 4 部地方性法规和省政府规章的清理工作。全年累计制定印发各类政策制度和工作指导性等文件 534 个，其中，以省委办公厅、省政府办公厅和省委退役军人事务工作领导小组名义发文 14 个，联合省军区和省直有关部门、单位发文 30 个，为做好退役军人工作提供了强有力的政策支撑和制度保障。

认真制定省委退役军人事务工作领导小组工作规则、领导小组办公室工作细则，建立领导小组成员单位联络员制度和核查督办工作机制。将退役军人工作纳入综治工作等考评范围；列入省双拥模范城（县）评比表彰考评重要内容；省纪委省监委将退役军人服务保障体系建设纳入省委巡视的重要内容。

三、思想政治和权益维护工作

组织开展了全省“最美退役军人”评选活动，评选出 21 名 2019 年江西“最美退役军人”。完成全国模范退役军人和全国退役军人工作模范单位、模范个人推荐评审表彰工作。启动全省模范退役军人和全省退役军人工作先进单位、先进个人评选表彰活动。

在全省开展“退役军人矛盾化解走访大行动”“百县书记县长大接访”“退役军人走访月”等活动，全省县级以上党政领导和退役军人事务系统领导参与走访 11 285 人次，接访下访退役军人和其他优抚对象 3 万余人，对突出矛盾问题制定化解方案。

全年积极协调推动落实帮扶援助 6474 人，投入经费近千万元；春节、“八一”期间对困难退役军人进行走访慰问。

四、移交安置工作

2019 年，江西省接收安置军队转业干部 900 余名，其中计划分配团职以下军队转业干部 600 余名，选择到党政机关和参公单位安置的军转干部超过 95%，较 2018 年提高 0.9%，团职军转干部平职安排非领导职务或低一职安排领导职务的超过 70%，较 2018 年提高 7.9%，做到了“保持党政机关和参公单位安置军转干部的比例不低于往年，保持师团职军转干部安置质量不低于往年”；接收退役士兵 14 900 余人，其中符合政府安置条件退役士兵 2000 多人，岗位落实率达 100%，选择到机关事业单位安置的占 95%，实现了“确保江西省移交安置工作继续走在全国前列”的工作目标。

省委办公厅、省政府办公厅印发《关于解决部分退役士兵社会保险问题的实施意见》，省退役军人事务厅、省财政厅等 6 部门印发江西省部分退役士兵社会保险补缴工作实施方案，实行“一门受理、协同办理”。全省共设立 126 个申请受理办理窗口、1 万余个政策宣传和受理点，受理部分退役士兵社会保险补缴申请 90 444 人。

按照省委、省政府部署，开展“请战友回乡投资创业”工作，搭建了与战友企业家的沟通对接平台。

五、就业创业工作

全省共审核确定退役士兵免费职业教育和技能培训机构 43 家、特色专业 100 余个，配合教育部门组织 31 364 名退役军人报名参加高职扩招专项招生，录取 17 623 人。

加大政策扶持力度，出台《江西省促进新时代退役军人就业创业工作实施细则》《关于做好我省退役军人就业帮扶工作的通知》《扶持自主就业退役士兵就业创业有关税收优惠政策》，完善退役军人就业创业政策体系、指导服务体系及工作机制，并为退役军人就业创业提供有利条件。

开展退役军人专场招聘活动，2019 年，各地共组织退役军人招聘活动 194 场次，提供岗位 12.6 万个，参与人数 4 万余人，签订意向协议 13 680 人。全省建立退役军人孵化基地和产业园 5 个，各地共落实创业扶持税收减免 512 万元。2019 年 11 月 25 日，金秋招聘月 · 海峡西岸地区（江西）退役军人专场招聘会在南昌隆重举行，赣闽粤汇集 120 多家企业、16 家技能教育培训机构、8 家银行，提供了 12 个大类 5000 个岗位。

积极开展“请战友回乡投资创业”活动，建立联络员队伍和“战友信息数据库”，组织座谈会113场，建立“战友回乡创业”特色园区8个，成功吸引241名“战友”回乡创业，签约投资42.7亿元。

加强服务意识，圆满完成自主择业军转干部接收安置、适应性培训、网络教育培训等任务。2019年度，江西省接收自主择业军转干部200多人、自主就业退役士兵12 100多人。自主择业军转干部退役金及各项地方待遇全部落实到位，全年累计发放退役金2.48亿元。组织200多名自主择业军转干部参加适应性岗位培训。

六、军休服务管理工作

2019年共接收安置军队离退休人员70多人，核拨年度军休保障专项资金约3.5亿元，军休干部“两个待遇”得到全面落实。

积极开展了“老区行”义诊活动，免费为贫困群众看病400余人次。举办了军休干部“走进陶瓷，艺享晚年”“庆祝新中国成立70周年”门球赛等活动；选拔优秀节目参加全国军休干部庆祝新中国成立70周年汇演，其中南昌清音《脱贫致富感党恩》入选全国总汇演。

军休所老旧小区改造有序推进。积极争取将江西省军休所老旧小区优先纳入城镇老旧小区改造范围，指导各地离退休干部老旧小区改造和加装电梯工作。

军休服务管理机构规范化建设持续推进，宜春市2019年投入2200万元完成2300平方米军休干部活动场所建设，九江军休一所、上饶军休所更新改造工作持续推进，全省军休服务管理机构规范化建设水平进一步提高。

七、抚恤优待工作

2019年共下拨优抚资金22亿余元，全省共悬挂光荣牌105万余块，提高了重点优抚对象抚恤补助标准，提标幅度10%。春节、“八一”期间，省领导分别带队走访部队和优抚对象，各地普遍开展走访慰问驻赣部队、退役军人等活动，发放慰问品8万余份、年画140万份、慰问金3.6亿元，实现享受抚恤补助的优抚对象走访慰问全覆盖。

做好政策法规创设。开展《军人抚恤优待条例》《伤残抚恤管理办法》《光荣院管理办法》《优抚医院管理办法》调查征求意见工作，收集意见建议1000余条。

加强优抚管理和服务。组织协调省荣军医院派出专家医疗工作组赴20个县（市、区），为2000余名优抚对象开展巡诊及送医送药服务，建立优抚对象健康档案，安排1200名优抚对象进行短期休养。切实做好残疾评定工作，组织协调省职业病防治研究院完成了902名参试退役人员和铀矿开采军队退役人员的评残检查工作。

推进优抚机构建设和管理。2019年优抚资金用于光荣院、优抚医院和全国重点军供站2500余万元，用于烈士纪念设施2300余万元；指导完成优抚事业单位统计填报和省本级的审核审批工作。

深入开展走访慰问活动。2019年，共走访优抚对象60万人次，发放慰问金近1.5亿元。开展庆祝“中华人民共和国成立70周年”走访慰问活动，重点走访新中国成立前入伍的复员军人、残疾军人和烈士遗属，推动协调安排19位省领导带队深入全省11个设区市走访，省委书记、省长带队走访，全省各级走访对象6万人次，发放慰问金3000余万元，颁发“庆祝中华人民共和国成立70周年”纪念章1418枚。

八、褒扬纪念工作

完成烈士英名录编撰工作任务，编撰烈士信息26万条。认真做好清明烈士祭扫组织和接待工作，广泛开展“传承·2019清明祭英烈”宣传教育活动，各级烈士纪念设施共接待祭扫群众236万人次。

精心组织“9·30”烈士纪念日纪念活动，各级党委、政府举办公祭活动2100余场，现场参与人数达26万余人，各地群众通过各种方式参与烈士纪念活动总人数近600万人次。

创新开展“传承红色基因　永葆军人本色”主题征文活动，开设“红色基因代代传”宣传专栏，举办“热血初心——赣鄱英烈故事展”，派员参加“丰碑永铸·颂英烈”全国英烈讲解员大赛，省内两位讲解员分别获得三等奖和优秀奖。

编印《红色基因传承》作为全省退役军人事务系统干部职工必读书目，印制《铁骨忠魂》画册、《江西部分英烈书信选编》等资料。

组织开展2019年全省烈士纪念设施调查摸底工作。指导全省烈士纪念设施采取延长开放时间、增加讲解场次、免费提供参观学习用品等措施，全面提升服务质量，累计接待参观群众9000多批次、80多万人次。

九、双拥工作

17位省领导在春节、“八一”前带队走访30个驻赣部队基层单位和各类优抚对象，发放慰问品74 500份、年画140万份。以省委、省政府名义向驻赣部队官兵和其他优抚对象致春节慰问信，在城区入口、主要街道和部队驻地设立大型双拥宣传广告牌2000余块。

配合部队支持驻地建设，驻赣部队广大官兵挂点帮扶167个贫困村、结对2833户贫困户；配合部队利用红色资源开展国防教育，全年培训4万人次；全力保护人民财产安全和维护社会稳定，扑灭山火20多起，解救转移受灾群众近1万人次，挽回经济损失8亿多元。

加强全省退役军人荣誉激励机制建设。省退役军人事务厅联合省军区政治工作局下发《关于进一步规范和做好“迎接退役军人返乡”工作的意见》《关于做好为立功受奖现役军人家庭送喜报工作的通知》，全年接收及庆送荣誉称号喜报1份、二等功喜报41份、三等功喜报1127份。2019年11—12月，对申报创建双拥模范城的61个市、县（区、市）和19名爱国拥军模范进行了全面检查考评。

十、创新尊崇工作法

按照“让退役军人满意、让军人成为全社会尊崇的职业”要求和省委、省政府的部署，总结基层工作经验，创新提出并在全省退役军人事务系统推进实施了以“一域一队伍、一人一台账、一家一对接、一周一活动、一月一堂课、一季一走访、一年一评选”为主要内容的“尊崇工作法”。相关经验做法被人民网等40多家中央、省级媒体刊载和转载。

十一、组织领导工作

省委、省政府始终把退役军人工作作为一项重要政治任务，在全省扎实开展退役军人服务保障体系建设再规范再提升、退役军人和其他优抚对象信息再采集再识别、部分退役士兵社保补缴工作再动员再落实、全省退役军人矛盾问题走访“四大行动”，以及请战友回乡投资创业、传承红色基因、为立功受奖现役军人家庭送喜报、迎接退役军人返乡、学习宣传退役军人典型模范“五大活动”，开展 3 次暗访调研、2 次核查督办，召开 2 次专项省、市、县三级视频会议，全力推进服务体系建设，江西省退役军人工作得到中央领导同志的充分肯定。

十二、自身建设情况

加强思想政治和理论学习，扎实开展“不忘初心、牢记使命”主题教育和退役军人事务系统“五型”政府建设，举办“学习习近平新时代中国特色社会主义思想——江西退役军人工作大讲堂”，印发《关于深入学习贯彻习近平总书记关于退役军人工作重要论述的通知》及学习材料，增强“四个意识”、坚定“四个自信”、做到“两个维护”。

持续整治“怕、慢、假、庸、散”作风顽疾，召开全面从严治党工作会议，紧盯“三重一大”重要岗位和关键环节加强廉政风险防控。

着力打造“四铁”退役军人工作队伍。举办全省退役军人事务工作领导干部专题研讨班、学习贯彻中央有关文件精神专题培训班及各类业务培训 18 期，培训人员 5131 人次。全省各级共举办业务培训班 158 期，基本实现全省从事退役军人工作人员首次教育培训全覆盖。

山东省

2019年，山东省退役军人事务系统高标准推动各项工作落地见效，全省退役军人事务工作在新起点上实现新发展。

一、机构建设情况

2019年，省委常委会先后研究退役军人工作11次，省委退役军人事务工作领导小组召开4次会议，统筹抓定方向立规矩的大事、急需破题落地的要事、过去没做过的新事、不好抓的难事。省委书记作出批示187次。省领导小组办公室牵头推动各成员单位列出80项为退役军人服务的清单，跟进抓好督促落实。省领导小组2019年工作要点30项任务，全部落地落实。16个市、137个县（市、区）党委退役军人事务工作领导小组全部成立，组长均由党委书记担任，“五级书记”带头抓、各有关部门“一盘棋”的工作格局全面形成。

在全国退役军人工作会议上，省委、省政府作交流发言；在宁夏军地合力现场交流会上，省军区介绍经验；在全国退役军人事务厅（局）长会议和全国服务保障、保险补缴、褒扬纪念、移交安置、就业创业、军休管理等多个专题会议上，介绍经验做法。北京、天津、广东等10多个省市到山东学习交流。

坚决落实“五有”和“全覆盖”要求，2次省委常委会会议、3次省委退役军人事务工作领导小组会议，研究部署全省退役军人服务保障体系建设工作，以省两办名义印发文件，高位推动服务保障体系建设。2019年，省退役军人服务中心挂牌运行，全省16个市、137个县（市、区）全部组建退役军人服务中心；1824个乡镇（街道）、7.5万个村（社区）通过单独设置、配备兼职人员或明确由社会事务机构承担等方式，设立退役军人服务站。

全面推动从“建起来”到“用起来”，再到“规范起来”转变，制定全省退役军人服务中心（站）建设与工作规范，印发《全省退役军人服务中心（站）开展精准服务提升行动的实施意见》，组织对全省16个市、24个县、96个乡镇、144个村居服务机构开展暗访，聚焦9个方面问题、28项工作开展精准提升。坚持以点带面，突出示范引领，打造青岛西海岸新区、荣成市服务中心和洛河崖村服务站等48个示范点，取长补短、比学赶超，带动全面达标。各级服务机构累计发布就业信息26.2万条，开展法律援助、心理咨询等服务100多万人次，走访慰问退役军人120万人次。排查困难退役军人4.96万人，逐人研究帮扶措施。

二、政策法规工作

及时精准贯彻落实上级政策，结合山东实际，加大创新力度，接连出台《关于做好新时代退役军人就业创业工作的实施意见》《为烈属、军属和退役军人等家庭悬挂光荣牌工作实施办法》《山东省退役军人创业贷款风险补偿资金管理办法》等10多个政策文件，涵盖保险补缴、服务体系、专项基金、就业创业、公益岗管理、退役士兵安置等多个方面。创新出台《关于设立专项基金开展退役军人创业扶持和困难帮扶的实施意见》，省、市财政投入50亿元设立专项基金，市场化管理运作，取得收益专项用于开展退役军人创业扶持和困难帮扶。对资金困难的退役军人创业提供贷款贴息、信用担保；对创业带动退役军人就业的，给予奖励。对患重大疾病的、生活困难的、遭遇突发意外的，分别给予救助。2019年，发放创业贷款296笔，共5515万元；困难帮扶1950人次，共820万元。印发实施《关于加强和规范退役士兵专项公益性岗位管理的指导意见（试行）》，把退役士兵专项公益性岗位这项创新性举措规范起来，真正把好事办好办实。

三、移交安置工作

贯彻落实中央有关文件规定，联合10个部门印发《关于进一步加强由政府安排工作退役士兵就业安置工作的实施意见》，改革接收安置办法，依法保障权益待遇，进一步提高安置质量。

按照安置结果与服役贡献相匹配原则，提高军龄赋分标准，增加职务和军衔两个赋分项目，确保服役长、职务高、贡献大的干部优先安置。创新采取“省市会审、分工负责，军地会商、合力推进”的档案审核方法，省市两级集中攻关，仅用18天就顺利完成审核。首次采取与部队、滞留退役士兵本人“三方见面”办法，当面讲清政策、帮助解决问题。首次实行军转干部安置考试网上报名审核，规范程序，提高效率。扩大“人岗相适”范围，探索直通车式安置办法，实行公开选岗，确保军转干部安置公开公平公正，全省军转干部安置质量持续提高。

部分退役士兵保险补缴工作稳妥实施。先行先试在齐河县组织部分退役士兵保险补缴工作全国试点，成立省、市、县三级扁平化指挥工作专班，挂图作战，反复推演，在演练中发现问题、完善措施，为全国提供可复制、可推广、可借鉴的做法。抢抓齐河全国试点宝贵机遇，早部署、早推动、早见效。全国现场会后，对市、县两级626名骨干集中培训，做好摸底统计、数据比对、补缴经费测算等工作。聚焦人员摸底、资金测算、问题分析、风险评估、流程设计5个关键点，梳理11类共性问题，制定操作流程，明确答复口径，切实把前期准备工作做足做充分。

2019年4月28日国家政策公布后，4月30日迅速召开省委退役军人事务工作领导小组扩大会议，对社会保险补缴工作作出全面部署，实行各级书记直接抓，一体化指挥，一盘棋推进。省两办印发实施方案，省专班同步发出《操作流程》，统一标准、统一范围，确保步调一致、有序推进。

在全省推行“全程代办、一站服务”，充分发挥镇村和企业党组织作用，“一对一”送政策、送信息、送表格，申报、审核、缴费、反馈各环节全程代办，让退役士兵少跑腿、不跑腿，不仅确保进度，更保证质量。2019年，全省摸底掌握45.9万人，经过细致核实，33万符合条件的退役士兵信息全部录入完成，缴费比例达45%。

四、就业创业工作

省退役军人事务厅联合省11个部门印发《关于做好新时代退役军人就业创业工作的实施意见》，出台《山东省退役军人教育培训管理办法（试行）》《关于加强和规范退役士兵专项公益性岗位管理的指导意见（试行）》等政策文件，在加强教育培训、拓宽就业渠道、健全服务体系等方面制定落实创新性措施，构建“以实现高质量充分就业为牵引，教育培训、服务管理同向发力”的工作格局。

举办退役军人专场招聘会241场，提供岗位26.2万个，3.3万名退役军人达成就业意向。累计投入100多亿元，开发15万多个专项公益岗位，对就业创业困难的政府安排工作退役士兵实行过渡性兜底帮扶。省里统一组织，2019年上半年，16市联动开展“送岗位进军营”专场招聘会，把岗位送进军营、送到军人身边，1107家企业提供岗位2.8万个，当天签订协议6227人。下半年，举办退役军人“就业直通车”专场招聘会，全省2038家企业提供5.2万个岗位，达成就业协议意向10 218人。

探索建立就业创业导师库，首批选聘12名就业创业导师。举办首届退役军人创业实训营，187人完成实训，113人实现创业。组织退役军人“上大学”，高职扩招报名6.07万人，面试4.8万人，录取4.08万人，强化教育、严格管理、细致服务。与11家国有企业签订扶持退役军人就业合作协议，在社会招聘活动中定向招聘或优先录用退役军人。召开首届山东军创企业产业发展交流会，牵线成立智能制造、安保应急、环保服务3个军创产业联盟。

开展“青春戎光行动”，在“青字号”创业孵化基地和众创空间设立退役军人专区，支持符合条件的退役军人创办企业在“山东青创板”挂牌，组织退役军人分批到“工友创业园”开展就业创业实训，帮助更多的退役军人走上工作岗位，迈好工作转轨、事业转型、人生转段的关键一步。2019年，全省建有退役军人就业创业孵化基地41家，入驻军创企业491家，吸纳近5000名退役军人就业创业。

五、军休服务管理工作

山东省委全面深化改革委员会办公室将军休干部医养结合工作列为全省制度创新20个重点项目之一。省退役军人事务厅在滨州市滨城区先行试点，立足现有资源，加快功能改造，引进医疗机构，开辟就医绿色通道，建立医生上门巡诊制度，实现了全区所有军休干部在医、养方面不同需求项目的全覆盖，探索建立了以居家为基础、军休服务管理机构为依托、医养结合的新型军休干部服务保障模式。

在前期试点工作基础上，省退役军人事务厅联合省委老干部局、省民政厅、省财政厅等5个部门印发《山东省军休干部医养结合试点工作方案》，将试点范围扩大到4个设区市、12个县（市区）、3个市属军休所、1个养老企业。文件明确各单位职责任务，建立医养结合评估体系、监督体系，规范医养结合服务项目、服务流程、服务标准、收费标准，定期开展满意度调查，持续完善调整政策、形式、项目，不断提高医养结合服务质量，进一步推动全省军休干部医养结合试点工作向纵深发展，让更多军休干部实现更高层次的“老有所养、老有所医”。

举办山东省军休干部庆祝新中国成立70周年暨庆“八一”文艺汇演，被省委省政府纳入“‘我和我的祖国’群众性主题宣传教育活动”。举办全省军休干部庆祝新中国成立70周年文艺调演，选送《乳娘》《梦里边关》等优秀节目赴京参加全国移交政府安置军队离退休干部庆祝新中国成立70周年文艺汇演，获得现场观众广泛好评。

六、优抚褒扬工作

顺利完成抚恤补助标准提标工作，加大在乡老复员军人生活补助提标力度，“三属”、伤残军人、在乡老复员军人等抚恤补助标准均提高10%以上。2019年，下拨抚恤补助资金44.14亿元、优抚医疗补助资金1.77亿元，发放优待金13.34亿元，投入1000万元购置康复辅助器具，及时配发各地。完成信息采集和悬挂光荣牌阶段性工作任务，悬挂光荣牌340多万块。

加大优抚医院、光荣院、烈士纪念设施维修改造和设备更新力度，全省投入5500多万元进行补助。对全省优抚对象轮流休养作出科学部署、有序安排，为8000多名优抚对象提供短期休养服务。与省内15家主要银行签订拥军优抚金融协议，与3家电信运营商签订拥军优抚电信服务合作协议，为现役军人、退役军人和其他优抚对象提供优先服务、特色服务。开展“大走访、大慰问”活动，元旦、春节期间走访慰问退役军人和其他优抚对象310万人，帮助解决困难5.6万件，救助12.6万人，发放救助慰问金9760万元。

强化典型引领，省委、省政府接连召开“全国模范退役军人、全国退役军人工作模范单位及个人”山东颁奖会议、全省退役军人工作会议，对31名国家受表彰对象、149名省级受表彰对象隆重颁奖。隆重举办《烈士光荣证》颁授仪式，向12名烈士遗属逐一颁授《烈士光荣证》。“9·30”烈士纪念日，军地领导共同出席向人民英雄敬献花篮仪式。推荐6名代表参加庆祝新中国成立70周年群众游行活动，推荐8名烈属、伤残退役军人、在乡老复员军人、支前模范代表参加国庆招待会，选送《乳娘》《梦里边关》参加全国军休干部文艺汇演。为新中国成立前参加工作的在乡老复员军人、军休干部和新中国成立后因参战荣立一等功及获得国家表彰的退役军人发放纪念章。

传承英烈精神，在媒体开辟专栏，持续不断讲好英烈故事，推进英烈文化进校园。与省委网信办、新华通讯社山东分社共同发起“让思念发光·为烈士寻亲”大型寻亲活动，为19名牺牲在山东的烈士寻找到亲人。落实省委、省政府《关于开展向在四川木里森林火灾扑救中英勇牺牲的我省5位英雄烈士学习活动的决定》，第一时间完成评烈工作，加快发放烈士褒扬金、抚恤金，做好烈士安葬与抚恤工作，以实际行动宣传弘扬英烈精神。

七、双拥工作

省双拥工作领导小组召开1次全体会议、2次专题会议，省双拥办召开全省双拥办主任会议，部署推进工作，研究解决问题。下发《关于做好新年春节期间拥军优属拥政爱民工作的通知》，省委、省政府在省主要媒体刊播慰问信。春节前后和“八一”期间，省领导到驻鲁部队大机关单位走访慰问。省退役军人事务厅会同省粮食和物资储备局、省财政厅开展“粮油科技进军营”拥军活动，会同省海洋局赴烟台市开展拥军慰问活动，赴威海荣成人和镇院夼村码头举行第五代“拥军船”首航仪式。荣成市院夼村拥军船60年不停航，被列为全国双拥典型。

积极服务部队备战打仗，主动对接问需，省退役军人事务厅多次赴驻鲁部队调研部队建设发展需要，帮助部队解决家属随军就业、子女教育、训练场地建设等23类问题，全国双拥办交办八大类48件问题全部解决。推动驻鲁部队新营区、新设施、新阵地建设，促进优质公共资源向部队周边配置。提高驻鲁部队未就业随军家属地方生活补助金标准，省级财政补助提高了一倍多。举办全省退役军人庆“八一”文艺汇演，为驻济部队官兵和退役军人代表包场观看民族歌剧《沂蒙山》，联合武警山东省总队献上军旅话剧《魔鬼周》，组织“齐鲁红色文艺轻骑兵”小分队分赴驻鲁偏远海岛、边防一线慰问演出，巡演20场，慰问官兵6000多名。

深入开展国防双拥宣传教育。结合双拥创城下发通知，在全省广泛开展双拥宣传活动，组织开展“双拥法规宣传月”活动。指导各地利用报纸电视和“两微一端”等新媒体，组织主题征文、专栏宣传等活动。依托《大众日报》、山东卫视等，大力宣传双拥先进典型事迹。协调省委党校在主体班次教学中增设“国防双拥教育”单元。与省妇联、省军区政治工作局联合评选第十一届“十佳兵妈妈”并举行颁奖会。

八、自身建设情况

加强系统文化建设，出台有关意见，加快形成以“绝对忠诚政治品格、亲如一家为军情怀、担当奉献精神境界、敢打能胜过硬作风、令行禁止铁的纪律”为主要内容，凸显军的气质的系统文化。持续提升能力素质，在全系统开展“大培训、大练兵、大提升”，省厅开展“业务讲堂”7期，累计培训400多人次，与13地市退役军人事务局成功争创省级文明单位。坚持一线工作法，结合“不忘初心、牢记使命”主题教育，常态化“到基层去、到退役军人中去”，提出深入一线摸实情、查摆梳理一批问题、建立一批服务联系点、化解一批信访积案、帮扶解决一批难题、结识结对一批朋友、总结一批工作案例、树立一线实干良好形象“八个一”措施。省厅领导带队，坚持“四不两直”（不发通知、不打招呼、不听汇报、不用陪同接待、直奔基层、直插现场），调研全省16市、42个县（市、区）、96个镇街、144个村居。全省建立基层联系点2200多个，帮助解决问题9600多件，有关做法被“不忘初心、牢记使命”主题教育中央指导组选为典型。

济南市

2019 年，济南市退役军人事务系统建立健全服务保障体系，全面做好退役军人双拥优抚、移交安置、就业创业、褒扬纪念等工作，切实增强退役军人和其他优抚对象的获得感、幸福感、荣誉感，各项工作取得显著成效。

一、机构建设情况

抓好议事协调机构组建，落实中央部署及省委工作要求，成立市委退役军人事务工作领导小组，市委主要领导任组长，28 个成员单位主要负责同志任成员，召开 2 次领导小组会议，部署推动服务保障体系建设、保险补缴、公益岗位管理等重点工作落实。

出台济南市退役军人服务保障体系实施意见和考核验收细则，明确规范标准、督导推进落实。市本级、12 个区县、4 个功能区均成立退役军人服务中心，163 个街镇、6277 个村居均设立服务站，形成了全域覆盖、上下贯通、协调联动的四级服务保障体系。

在山东省首创村（社区）退役军人专职联络员队伍，出台济南市《全市村（社区）退役军人专职联络员管理办法（试行）》，面向社会公开招录专职联络员 1003 名，1/3 定向招录退役军人和烈属军属等优抚对象。按照所在县区最低工资标准的 2.5 倍确定待遇，建立自然增长机制，设立 10% 绩效奖励。

积极争取财政支持，加大经费保障，大力推进各级服务中心（站）软硬件建设。各级服务保障机构办公、信息采集设备等全部配备；市、区县服务中心，街镇服务站全部接通电子政务外网和办公内网。各级服务场所均按标准配备休息等候、饮水供应等服务设施，营造了温馨的服务环境和工作氛围。

二、思想政治和权益维护工作

设置 863 个退役军人信息采集点；为 30.8 万户家庭悬挂光荣牌，举办各类悬挂仪式 3029 次，回访 18.4 万人，做到应采尽采、应挂尽挂。

建立“困难帮扶退役军人清单”，“一人一档一策”，开展“一对一”帮扶。2019 年度共帮扶生活困难退役军人 1872 人次，帮扶资金 530 多万元；帮扶优抚对象 5578 人次，发放救助资金 128 万多元；帮扶住房困难退役军人 207 人次，帮扶资金 25 万多元。落实山东省《关于设立专项基金开展退役军人创业扶持和困难帮扶的实施意见（试行）》，帮扶 326 人次，发放帮扶资金 190 多万元。

常态化开展对退役军人走访慰问活动，春

节、“八一”、国庆期间，市委、市政府领导带头，进家入户、走访慰问、体现尊崇。充分发挥1003名村（社区）退役军人专职联络员作用，按照1：400的比例联系服务退役军人。建立“两个台账、五个清单”，开展“到基层去、到退役军人中去”活动，实现“一对一”“点对点”联系服务，做到人人联系退役军人，退役军人人人有人联系。年度共走访立功受奖现役军人、困难现役军人、困难退役军人、功臣退役军人及其他优抚对象10多万名，发放慰问金3000多万元，送发慰问信30多万封、联系卡27万多张。

广泛选树推荐先进典型，张保国同志被表彰为全国“最美退役军人”，谢清森、陈松、刘永海同志被表彰为全国模范退役军人；济南革命烈士陵园被表彰为全国退役军人工作先进单位。江英茂、赵秀梅等10人被表彰为山东省优秀退役军人；2人被表彰为山东省退役军人工作先进个人，济南市军队离休退休干部市中服务处等2个单位被表彰为山东省退役军人工作先进集体。在全市范围内选拔推荐100名优秀退役军人，通报表扬，制发荣誉证书、光荣册，树立鲜明导向。常态化邀请退役军人代表参加重大活动、节日庆典。召开庆“八一”部分退役军人代表座谈会，邀请各退役军人代表、市民代表参加，共商退役军人工作；邀请退役军人代表参加市委、市政府春节团拜会；邀请退役军人代表参加烈士公祭日活动、清明节祭扫活动。积极推荐优秀退役军人担任村（社区）支部书记、主任。截至2019年年底，济南市退役军人担任村（社区）书记的有1304人，占村（社区）书记总数的20%；担任村（社区）主任的有685人，占10.7%；担任“两委”人员4393人，占15.1%。

认真接待来信来访、网上信访。妥善处置遗留问题，成功化解市联席办交办及主动排查的信访积案，市退役军人事务局班子成员带班接访280多批次，解决复杂事项108件。

三、移交安置工作

将军转干部安置工作作为政治任务，纳入各级各部门考核评价机制，将考核结果作为对领导班子和有关领导干部综合考核评价内容。坚持高位推动，市委常委会专题研究军转干部安置工作，审议安置计划，强调安置纪律，推动安置工作高质量落实。坚持“四公开、一监督”安置办法，推进垂管单位双选安置，科学制订安置计划，严密组织岗位选择，督导落实安置岗位。2019年，济南市接收计划分配军队转业干部300多名，公务员或参公岗位比例超过90%，展现了新机构、新气象。协同市委组织部，坚持关口前移，对新接收安置的退役军人，先办理组织关系转接手续，确保组织关系及时落地。

市退役军人事务局牵头，组织、编制、人力资源社会保障、国资等部门联合制定安置计划，确保安置计划高标准落实。2019年，济南市共接收符合政府安置条件退役士兵700多人，克服机构改革、编制压缩的困难，积极开发优质岗位943个；安置计划比安置人数多出200多个，为退役士兵提供了很大选择空间，得到了退役军人、驻济部队及社会各界的广泛认可。下发济南市部分退役士兵保险补缴工作实施办法，设立经办点186个，经办窗口590个，制作3分钟经办动漫宣传片，印制政策宣传资料11万多份，业务轮训经办人员 200 多名，简化优化经办流程，部门协调统筹推进，录入、受理、缴费等各项指标均居全省前列。

根据山东省退役军人事务厅有关通知要求，2019 年，济南市接收军休干部 200 多人，超额接收 10 多人，实际完成计划的 104.94%，超额完成比例为 4.94%。

四、就业创业工作

全面加强退役军人适应性培训工作，2019 年共组织适应性培训 3527 人次，职业技能培训 2922 人次，实现新接收人员 100% 培训。组织退役士兵就业现场招聘会 11 场次，参与招聘企业 658 家，提供岗位 13 810 个。联合山东技师学院、中建健身集团等单位开展退役士兵就业直通车培训，实习合格后与对应单位签订劳动合同并上岗，第一期签约上岗人数占 2019 年度自主就业退役士兵总接收人数的 30%。发挥政府兜底作用，制定加强和规范退役士兵专项公益性岗位管理的实施办法，共安排 1500 多名退役士兵到公益性岗位。

建成创业基地（园区）18 个，总建筑面积约为 40 万平方米，共有 21 家军创企业入驻。用好山东省《关于设立专项基金开展退役军人创业扶持和困难帮扶的实施意见（试行）》，实际发放创业贷款 10 批次 205 万元。组建济南市退役军人就业创业导师队伍，通过思路引导、示范教学、实操实训、专业指导、政策咨询、项目推介等形式，对有就业创业需求的退役军人提供了导向性、专业性、实践性等指导，为 3000 名退役军人进行了创业辅导。

五、军休服务管理工作

深入推进军休安置服务管理信息系统五级联网工作，提高军休服务管理信息化、科学化、规范化水平。深入调研、稳步推进部分军休保障机构优化调整，科学调配工作人员，优化分流军休干部，保障模式更加合理。济南市军休五所拍摄的短片《军休赞歌》，在全国军休机构负责人培训班上作为经验交流进行播放。

严格落实军休干部政治、生活、医疗待遇，按时足额发放退休金及各类补助金。积极开展军休机构基础设施提升工程，改善军休干部生活环境，军休干部获得感、幸福感不断提升。

积极推进文化养老建设，济南市军休干部艺术团参加山东省汇演，获 3 个一等奖和最佳组织奖；获北部片区最佳节目奖；短剧《乳娘》、情景演唱《梦里边关》2 个节目代表山东参加全国汇演。

六、拥军优抚工作

2019 年，市各级走访慰问部队单位近 200 个，市级财政支出慰问金 1260 万元；走访慰问济南籍立功受奖现役军人家庭 393 户、困难现役军人 1554 人，发放慰问金 230 多万元。帮助部队和广大官兵协调解决参观见学、铺设营区道路、小区供暖、开通公交专线、家属调动、子女转学等问题 32 件，得到驻济部队高度认可。举办“拥军优属　春风行动”2019 年驻济部队随军家属专场招聘会，为驻济部队军人家属提供岗位 3500 多个；为 160 名军人子女落实中考加分政策；为 894 名符合条件的未就业随军家属发放生活补助 1060 万元，补助标准、投入力度均走在全省前列；制定机关事业单位随军家属接收安置方案，对口调配安置机关事业单位随军家属 40 人；出台实施现役军人免费乘坐市内公共交通工具政策，退役军人免费游览市属公园景区政策，营造社会尊崇氛围。开展“双拥法规宣传月”活动，利用网络、微信、报刊等媒体平台广泛宣传报道，实现了国防教育和双拥宣传多层次、多渠道、全覆盖。

连续 29 年提高抚恤补助标准，平均提高幅度达10%，2019年发放各类抚恤补助金3.81亿元，惠及 5.4 万名优抚对象。为享受国家定期抚恤补助的优抚对象发放价格临时补贴 592 万余元；为 887 名优抚对象遗属发放丧葬补助金 101 万余元；为 193 名牺牲军人家属发放一次性抚恤金 5650 万余元，优抚对象的生活得到有力保障。一至六级残疾军人全部免费纳入城镇职工医保，13 883 名七至十级农村籍重点优抚对象缴费参加城镇居民医保，2019 年发放门诊补助 1100 万元，住院补助 1500 万元。与驻济 13 家银行签署拥军优抚协议，提供特色金融服务，彰显尊重尊崇；优抚对象申请公租房“四优先”；符合政策的优先纳入危房改造和重建范围。严格执行优抚待遇审核审批规定，规范审批流程手续，严把关口，2019 年共审核审批上报评定伤残 301 人，跨省、市抚恤关系转移 36 人，调整伤残等级 36 人，办理带病回乡待遇 34 人。连续 7 年提高义务兵家庭优待金标准；深入调研，统一济南、莱芜区划调整后两地发放标准，共发放义务兵家庭优待金 1.2 亿元，“八一”前全部发放到位。

严格落实机构改革政策，坚持应转尽转、应划尽划，21 个事业单位顺利移交、平稳过渡。积极申报优抚事业单位基础设施改造项目，投入资金改造优抚事业单位基础设施；不断探索创新服务模式，军休服务保障水平不断提升，优抚保障力度不断强化，功能作用发挥良好。科学制定济南市优抚对象轮流休养计划，年度赴山东省荣军医院、泰安荣军医院休养 320 人，赴济南市优抚医院休养 400 人，圆满完成年度休养任务。扎实开展下乡巡诊工作，组织济南市优抚医院、济南市嬴城荣军医院深入 12 个区县开展下乡巡诊活动，为 162 名优抚对象安排免费查体和指导家庭康复等工作，免费送药价值 25 万多元。加强孤老优抚对象保障，113 名孤老优抚对象全部做到“老有所养”。

七、褒扬纪念工作

强化烈士纪念设施维护修缮和宣教功能，积极争取上级和财政部门支持，大力加强基础设施维修改造。2019 年共投入 1682 万元专项资金，用于济南市各级烈士纪念园区基础设施改造提升，开通门户网站，打造网上祭扫和学习交流平台，建设展陈馆等。充分发挥烈士纪念设施宣教功能，联合济南市教育局、民政局、济南警备区等 8 个部门开展“传承 · 2019 清明祭英烈”宣传教育活动，济南市 7 所烈士纪念场所共接待社会团体 850 个，接待祭扫群众近 30 万人次，免费发放黄丝带 2 万多条，充分展示新部门新形象。全力保障山东省暨济南市向人民英雄敬献花篮活动；组织开展“红色课堂”进机关、企事业单位、社区、农村、学校和驻军活动，宣讲《英雄烈士保护法》等法律法规和英烈事迹，宣教效果不断彰显。

八、自身建设情况

抓好机关改革组建工作，对标全省前列，争取组织、编制部门支持，把编制配足、机构建强。抓好系统规范化建设，制定出台各类规章制度18项，编印20多万字的《内部管理制度汇编》《政策法规汇编》。坚持党建与业务两手抓，成立机关党委、机关纪委，调整组建党支部150个，抓好5000多名所属党员教育管理；扎实开展“不忘初心、牢记使命”主题教育，组织开展“到基层去、到退役军人中去‘六个一’活动”，机关效能建设不断提升。2019年，市退役军人事务局被山东省国防动员委员会表彰为全省关心国防建设“十佳单位”；被山东省精神文明建设委员会表彰为省级文明单位。

青岛市

2019年，青岛市退役军人事务系统坚持“政治机关、行政机关、服务机关”定位，以退役军人为中心，不断提高政治站位，强化使命担当，突出问题导向，在组织建设、权益保障、安置就业、双拥优抚等方面取得显著成效。

一、机构建设情况

市退役军人事务局坚持“政治机关、行政机关、服务机关”的职责定位，按照“五有”和“全覆盖”要求，边工作、边完善，全市10个区（市）退役军人事务局和退役军人服务中心陆续挂牌成立，140个镇街和6367个村居退役军人服务站全部组建，实现“两中心两站”全覆盖。青岛市退役军人事务局内设8个处室，以及市委退役军人事务工作领导小组办公室秘书处、机关党委。

市人力资源社会保障局与市民政局下属的事业单位陆续转隶到市退役军人事务局，分别是市退役军人教育培训中心、军队离休退休干部第一至第八服务中心、军队离休退休干部财务与资产管理中心、革命烈士纪念馆和青岛优抚医院。2019年3月18日，市退役军人服务中心正式对外办公。

二、政策法规工作

梳理退役军人系统权责事项37项，厘清市级服务中心服务事项116项，印发《法律法规与政策汇编》《工作标准化手册》，研究出台《青岛市退役军人创业扶持和困难帮扶实施办法（试行）》《青岛市退役军人创业贷款风险补偿资金管理办法》等文件10多个。梳理政务服务事项近200件，最大限度精简办事材料、优化办理流程，并全部实现在山东省一体化在线政务服务平台上运行。印发《关于做好退役军人就业帮扶有关工作的通知》《关于开展2019年退役军人就业创业服务月活动的通知》，初步搭建起退役军人就业创业政策制度体系。

三、思想政治和权益维护工作

组织开展青岛市“最美退役军人”和“优秀退役军人”等评选活动，先后评选出毕仕俊等69名优秀退役军人典型，在全社会予以宣传、推广。2019年先后有12名优秀退役军人、3个先进单位、2个先进个人获得国家和省级表彰奖励。印发实施意见，部署开展了“感怀先烈、崇尚英雄”主题活动，全市共有765个单位38 081人次参加相关教育实践活动。此外，结合“不忘初心、牢记使命”主题教育活动，2019年，平度市、西海岸新区组织600多名退役士兵进党校进行学习教育，围绕党性教育、法制教育和形势教育等，采取专题授课、参观考察、座谈交流进行培训。

带着责任、感情和温度做好退役军人信访工作，研究制定工作制度及领导包案制度，规范退役军人信访工作的组织领导、受理、工作程序、处结办法，提升工作规范化水平。压实各级信访工作责任，特别是首办责任，对退役军人反映的信访问题，做到一步到位、一办到底，提高初信初访一次办结率。按照青岛市“信访积案化解攻坚年”部署要求，落实领导包案责任制，坚持依法依规、实事求是，坚持化解原则、化解流程，努力攻坚化解信访积案，圆满完成工作目标。

四、移交安置工作

接收安置军转干部1100多人。其中，计划分配军转干部500多人，自主择业军转干部500多人。按照军转干部职务等级分为7个类别，每个类别按“档案考核分+笔试考试分”进行排序，公开选岗。对“人岗相适”安置的军转干部，遵循总量控制、以专业性和急需（紧缺）人才为主的原则，2019年全市共有60多名军转干部通过“双向选择”安置到合适岗位。

通过强化顶格协调、创新安置办法、完善岗位开发、优化服务管理、推动政策落实、维护士兵权益、强化政策刚性、加强宣传引导等8个方面配套建立管理机制，推动流程再造，从制度层面解决退役士兵安置问题。2019年全市接收政府安排工作退役士兵800多人，按照国家统一标准，对退役士兵实行综合赋分、排序，公开选岗。

实行“一站式”集中报到，为退役军人提供组织关系转接、预备役登记、开具落户介绍信、办理银行卡等“一站式”服务。做好待安置期间服务管理，出台相关文件制度，建立退役士兵待安置期间社会保障和服务管理机制，及时发放待安置期间的生活补助、缴纳社会保险。跟踪落实退役士兵安置情况，对2018年度400多名由政府安置工作退役士兵进行逐人跟踪落实，切实维护退役士兵权益。

五、就业创业工作

与驻青某部队开展退役前技能培训试点，帮助300多名退役军人在退役前至少掌握一项技能。创新性举办创业实训营、“培训+就业”直通车培训班，开展健身教练、环保清洁等技能培训，帮助80多名退役军人实现“入学即入职”。举办适应性培训班6期，共培训400多人；开展技能培训2批，共培训300多人；帮助1800多名退役军人实现免费就读高职院校。

开展“送政策、送培训、送岗位、送项目”进军营、随军家属国企招聘等专场招聘会25场次，提供岗位1.8万个，达成就业意向3400多人，社会各界反响良好。联合有关部门选派7名退役军人到村（社区）担任党组织书记，下发文件在城市社区管理岗中定向招录退役军人。开展60场次“一对一”精准就业服务，150多家企业1500多名退役军人参加，现场达成就业意向600多人。累计建立3500多名退役军人求职信息库和 200 多家企业 6000 多个岗位用工需求库。

启用青岛市退役军人就业创业孵化基地，首批 11 家基地已入驻军创企业 148 家、带动 1347 名退役军人就业，初步搭建起“一中心、多基地”就业创业孵化模式。发起成立就业创业孵化基地联盟、教育培训联盟，用平台思维作发展乘法，调动社会力量共同扶持退役军人就业创业。

出台退役军人创业贷款扶持政策，一个月内受理审批贷款 17 笔 420 万元，单月审批量居全省前列，实实在在地解决了退役军人创业融资难问题。全市分布在 17 个行业的 625 家军创企业，带动退役军人就业 5000 多人，实现年产值 30 多亿元、利税近 2 亿元。

六、军休服务管理工作

各省（区、市）、计划单列市退役军人事务厅（局），以及军队有关大单位和武警部队从事军休人员移交安置工作的人员，共 200 多人参加了培训。根据会议安排，军地各 2 个单位在会上交流经验，青岛市围绕“着力优化流程、提升效率，切实把军休干部接到家安置好”作了发言。

先后两次参加全国军休服务管理政策制度研讨会。参加全国军休机构负责人等培训班，《亲情军休映晚霞——青岛市军休服务管理工作纪实》经验交流视频专片，受到好评。

强化移交安置规范化和标准化，制定实施《青岛市军队离休退休干部移交安置工作规范》，接收安置数量连续 3 年持续走高，累计接收 10 000 多人，现存 8000 多人。推进服务管理标准化和社会化，制定实施《青岛市军队离休退休干部服务管理工作规范》。

为全市 6000 多名军休干部、退休士官和 400 多名遗属提高待遇，增资发放 2.64 亿元。全年落实各类待遇 13.12 亿元。全市享受一类保健休干 1871 人，享受二类保健休干 199 人，享受护理费休干 488 人。

七、优抚褒扬工作

完成退役军人和其他优抚对象的信息采集，为符合条件的 30.5 万户烈军属和退役军人家庭悬挂光荣牌，建立基本数据库，为加强服务保障工作奠定基础。

及时准确办理各类优抚审批、审核业务，确保抚恤优待政策落实到位，全部实现当月审批，次月享受待遇。全市各级优抚业务审批审核 1398 人次。2019 年共计拨付区市中央、市级补助资金 33 716 万元，全年为优抚对象抚恤补助和医疗保障投入资金 4.64 亿元。

组织人员对照优抚业务进行分类，将国家法律法规、各级政策文件逐条梳理归纳，制定工作指南、操作流程；制定优抚工作指南、伤残业务工作流程及材料准备等工作流程规范，提高了工作效率。组织编印《青岛市优抚褒扬政策解读手册》、制作《青岛市优抚褒扬纪念工作情况》宣传片。

自 2019 年 8 月 1 日起，为全市优抚对象提高抚恤补助标准，惠及 4.2 万多人；安排 400 名优抚对象分 4 批次进行轮流休养；推荐退役军人和其他优抚对象参加国庆招待、重点走访活动；牵头做好纪念章发放，为符合条件的退役军人发放“庆祝中华人民共和国成立 70 周年”纪念章 2819 枚；在清明节期间开展“传承 · 2019 清明祭英烈”宣传教育活动；在“9·30”烈士纪念日开展向英烈敬献花篮活动，全市各级党政领导和社会各界共约7800人参加活动。组织13名烈属分赴吉林、新疆等地为10位青岛籍烈士组织祭扫活动。

八、双拥工作

扎实做好全国双拥模范城“九连冠”迎检工作，调整了市双拥工作领导小组成员和成员单位职责；先后4次召开全市创城动员部署大会；进行2次全市综合性自查自评工作。提炼打造了“最佳海湾筑军港、最美地块建营房、优秀儿女穿军装、全方位保障献国防、助力强军永远在路上”的新时代“青岛双拥精神”。

帮助驻岛部队解决供电难题，建设蔬菜大棚、多功能学习室；协调市财政局、生态环保局等联合制发文件，给予部队燃煤锅炉淘汰改造资金等支持。研究办理涉及部队战场建设、土地确权、停止有偿服务、军人子女入学、部队家属院整治、自然保护区违建清理等问题近200件，多次收到部队送来的锦旗和感谢信。

全市符合定向安置条件的驻青部队行政事业编随军家属共58人，全部予以定向安置。按照“属地管理、专业对口、身份一致、就地就近”的原则，出台《关于做好驻青部队行政事业编制随军家属定向安置工作的通知》，重新制定实施方案和赋分办法，根据军人为国防和军队的贡献度、随军家属的现实表现进行积分排序，分类定向安置，统一公开选岗。出台《进一步加强拥军优属工作的意见》，扎实推进随军未就业家属补助金发放、立功受奖喜报送达和慰问金发放工作。随军未就业家属生活补助金取消36个月时间限定，提高标准，全年共为2100余名随军家属发放地方生活补助金2400余万元，为6100余名义务兵发放优待金1.7亿余元，为青岛籍立功受奖军人家庭发放立功喜报1438份、慰问金140.05万元。走访慰问赴外执行演训任务和移防到外地部队，深入部队基层送政策、送服务、送温暖，极大鼓舞了官兵士气。

九、自身建设情况

全力推进退役军人信息化建设。实施“基础数据工程”，通过接入青岛市政务信息资源共享平台获取民政、人力资源社会保障、司法、残联等6个部门13项重要信息资源。全面摸清全市47个退役军人服务机构38万条基础信息。实施“规范运行工程”，研发内部控制管理系统、建立档案信息查询管理系统、建成启用高清视频会议约访系统，全面提高内部控制规范化管理水平，解决因历史原因造成的士兵干部多部门管理，退役军人政策查询“多头跑”等问题。实施“智慧服务工程”，设计开发了自助一体机服务系统和政务服务监督、信访接待监督平台，让数据多跑路，让退役军人少跑腿。在全系统推行延时、预约、上门和跟踪“四项服务”，最大限度满足退役军人和其他优抚对象日益多元的服务需求。

河南省

2019年，河南省退役军人事务系统增强“四个意识”、坚定“四个自信”、做到“两个维护”，结合“不忘初心、牢记使命”主题教育，坚决落实“边组建、边工作，边巩固、边提高”的工作要求，推动全省退役军人工作取得明显成效。中央和国家机关先后8次前来调研工作，河南省先后6次在全国会议上介绍经验，实现开好局、起好步的预期目标。

一、机构建设情况

省委、省政府高度重视退役军人工作，成立了由省委书记任组长的省委退役军人事务工作领导小组，加强党对退役军人工作的集中统一领导，统筹协调各方力量推进工作，先后召开全体会议、专题会议10多次，全力推进解决退役军人工作重点难点问题。各市、县坚决贯彻中央决策和省委部署，于2019年5月底前均成立了由党委书记担任组长的党委退役军人事务工作领导小组，并积极发挥作用；省、市、县三级退役军人事务行政机构全部挂牌成立，省退役军人事务厅内设处室9个。

服务保障体系建设进展顺利，全省47 753个退役军人服务中心（站）于2019年5月底前全部挂牌组建，并实体化运行，包括1个省服务中心、18个省辖市服务中心、157个县（市、区）服务中心、2514个乡镇（街道）服务站和45 033个村（社区）服务站。部分未列入行政区划管理的功能区也同时建立机构。退役军人事务部先后3次组织实地调研，“南召经验”受到中央领导同志肯定，南召县在全国退役军人工作会议上作为唯一县级代表作典型发言。

二、思想政治和权益维护工作

坚持把思想政治工作贯穿退役军人工作各方面，组织开展全国模范退役军人评选活动，河南省共推选表彰22名“全国模范退役军人”、4个“全国退役军人工作模范单位”、3名“全国退役军人工作模范个人”，3名同志作为代表受到党和国家领导人会见；省、市、县三级普遍开展“出彩河南人”首届“最美退役军人”评选活动，省级评选25名“最美退役军人”，并隆重举行发布仪式，受到各界好评。遴选18名优秀代表组成“退役军人风采”巡回报告团，组织报告会18场，听众1.2万多人；开展“退役军人建功立业微电影大赛”，多层面、多角度持续宣传以“最美退役军人”张东堂、时代楷模邓州编外雷锋团等先进典型。

投入1.5亿元在全省范围内开展为期2个月

的退役军人“全面走访 + 五个一批”活动，共走访慰问 266.9 万多人，重点慰问功臣模范 1.8 万多人，帮扶特殊困难人员 5 万多人，解决政策未落实问题 1400 多件，化解风险隐患和各类矛盾 1.4 万多个，发现培育先进典型和优秀人才 4500 多人。建立信访事项“四办”制，明确“该谁办”“谁督办”“何时办”“办没办”等关键环节责任，提高办理质效；实施“厅（局）长带访接访制”，每名厅（局）级干部“带访一周、接访一日”；建立重点信访事项“厅（局）长挂牌督办”机制，每两个月从受理的信访件中选择确定一批重点信访事项，由省、市、县三级退役军人事务厅（局）挂牌督办；下大力对各地应安置未安置、安置后未上岗人员情况进行全面清查，并下发通知限期解决。

三、移交安置工作

从 2019 年年初开始，分批次大力开展“安置政策进军营，军地联合促改革”专项活动，深入驻豫部队宣讲 60 多场，发放调查问卷 1000 份，发放服务手册 2000 份。严格执行“对口分类、公开计划、量化评价、依分排序、自主选择、指令分配”的阳光安置办法，坚持做到政策规定、办事程序、接收条件、安置计划、录用方案、考试成绩、考核计分和分配结果“八公开”，严格落实档案移交审核工作规程，严密组织军转干部、退役士兵档案集中移交审查工作，精心组织省（中）直军转干部调剂考试、全省营职及以下军转干部统一笔试、退役士兵安置文化考试、量化考核、岗位选择等工作，保障移交安置工作的公开、公平、公正。

积极推进“直通车”式安置服务试点工作。探索实施“直通车”式安置服务，创造性提出接收单位优先选用安置、重点安置对象选调安置、专业人员对口安置等 3 种办法，省直、郑州、安阳、漯河、济源示范区等 5 个试点 109 家单位提供 359 个岗位（其中行政岗位 157 个），100 多名军转干部实现直通安置，占试点地区安置总数的 26%，人岗相适匹配度达到 100%。特别是省直在中央增加行政编制大幅减少的情况下，共挤出 45 个空缺行政编制安置军转干部，占按规定增加行政编制总数的 67%。协调中央驻豫单位和省属企业计划 800 多个，符合条件退役士兵安置到机关、事业单位的占总数的 85% 以上。

四、就业创业工作

以提升职业技能、增强就业竞争力为重点，全力推进退役军人教育培训和就业创业。联合 12 家省直单位出台《重点落实退役军人就业创业十二条优待政策》，联合 13 家金融机构签署为退役军人就业创业提供优待服务合作协议，联合 80 家优秀企业建立关心关爱退役军人企业库和 2477 名优秀退役军人人才库。建立省、市、县三级教育培训工作机制，根据市场需求设置科目开展普惠性培训；依托产业园区、孵化基地龙头企业，开展符合本地区主导产业需求的定向式培训；以军转干部进高校专项培训试点为依托，在郑州大学等 6 所院校设置 73 个培训专业、259 个培训方向，搭建教学实训、管理保障、互动跟踪、考核评估 4 个平台，促进军转干部转型发展、人岗相适，促进地方单位、高校、军队多方位、多层次、多角度的军地双向融合。截至 2019 年 11

月，培训退役军人3.6万多人，超额完成省政府确定的2.5万人年度培训目标，经培训后获取各类专业技术资格证书的3.2万多人，占符合培训条件总数的90.5%；培训后已实现首次就业的1.9万多人，占比达67%。高职院校扩大招生工作中，退役军人报名41 759人，占社会报名总人数的57.6%，其中已被录取29 377人。

积极搭建用人单位、退役军人招聘、推介、就业平台。举办河南省退役军人就业创业高峰论坛，设立“河南省退役军人就业创业孵化园”，洛阳、南阳、商丘、安阳4市联动举办4场退役军人区域性专场招聘会，启动河南省首届退役军人创业大赛活动，有效促进退役军人就业创业。2019年全省共组织专场招聘会315场次，提供就业岗位17.9万个，通过各类渠道实现就业总计33 516人。扶持创业12 794人。特别是河南省自主择业军转干部就业创业率达到79%，其中创办各类经济实体830多家，产值合计34亿元，年上缴利税2.4亿元，带动社会就业1.3万多人，其中退役军人3700人。

五、军休服务管理工作

严格落实军队离退休人员政治、生活、医疗待遇，升级改造53个军休机构，下拨中央转移安置补助经费17亿多元。坚持“为军队建设服务、为军休干部着想”的工作理念，坚决落实军休干部“随退随审、即交即接”制度，不断简化移交安置程序，全省共审定军休干部安置去向400多人，接收安置军队移交政府的退休干部100多人，圆满完成国家下达的年度接收安置任务。组织参加全国军休系统庆祝新中国成立70周年“出彩军休人”文艺汇演等军休活动，荣获优秀节目奖；积极开展全省军休系统第11届门球比赛、全省军休干部书法绘画摄影采风、河南省离退休干部书法绘画大赛等军休活动，实现军休干部“六个老有”的服务管理目标。

六、拥军优抚工作

省委专门召开“庆八一”座谈会，向驻豫部队和优抚对象发出《慰问信》400多万份，走访慰问团级以上部队300多个，官兵4万多人次，军人家庭10万多户；现场办公解决官兵“三后”问题300多件，解决函告问题100多件；大力开展双拥模范城（县）创建活动，29个市（县）申报创建，组织双拥表彰16次、双拥活动2000多场，50多万人次参与。

2019年全省共下达中央和省级抚恤补助资金43.2亿元，下达中央和省级优抚对象医疗补助资金1.6亿元，发放优待金14.4亿元。坚持以保障优抚对象合法权益为目标，以推进政策落实为根本，统筹做好拥军优抚工作。

创造性提出上门采集与异地采集相结合、宣传引导与工作督导相结合、信息采集与数据核查相结合等“三结合”方式，组织开展对179家省直单位、省管高校、省属企业等上门采集。

统筹进度、质量和仪式感，紧盯筹备、招标、签约、验收4个环节，抓住工作启动、人员培训、悬挂流程、信息管理、进度跟踪5个关键，扎实做好光荣牌悬挂工作。光荣牌悬挂工作进度与质量同步推进，共悬挂光荣牌300多万块，发放“庆祝中华人民共和国成立70周年”纪念章8000多块。

七、褒扬纪念工作

开展烈士纪念设施专项整治，对60处零散烈士墓签订保护管理协议，22个市、县共投入资金数千万元重新修缮烈士陵园，全省烈士纪念设施保护管理工作整体水平得到大幅提升。仔细甄别疑似线索，发动力量多方查找，将周少武、王国清、杨双喜烈士信息及时上报。精心做好边境战争40周年烈士祭扫活动，组织各地烈士亲属统一赴广西等地祭扫15批次、230多人。联合军地10个部门，在全省开展“传承·2019清明祭英烈”主题宣传教育活动，全省祭扫干部群众和部队官兵达290万人。隆重举行“9·30”烈士纪念日活动，30多位省级领导及省直各厅（局）主要领导全部参加，省会各界代表、大中小学生代表、部队官兵代表等共3000多人参加。

八、自身建设情况

党建引领，政治建设求实求效。认真开展“不忘初心、牢记使命”主题教育，深入学习习近平新时代中国特色社会主义思想，特别是习近平总书记关于退役军人工作重要论述。深入调研发现35类问题，提出有效对策建议36条。持续开展“四个表率”活动，“新机关、新形象、新使命、新作为”的干事创业氛围初步形成。

建章立制，政策体系逐步健全。制定《河南省退役军人事务厅党组工作规则》等10多个规章制度，持续规范行政运行程序。健全政策法规制度体系建设，出台13个规范性文件，引入法律援助和律师服务，有效防范行政执法风险，有效推动重点难点问题解决。

突出“军味”，队伍建设逐步夯实。建立雷厉风行的“军味”机关执行力标准，探索试行年度工作“项目化管理”机制。制定出台核查督办工作实施细则和考评办法，建立实行“日清周结月通报”等督查制度，持续开展调研式督导，有力推动工作落地见效。

湖北省

2019年，湖北省退役军人事务系统组织管理体系基本组建到位，工作运行体系逐步规范，政策制度体系不断完善，张富清等退役军人先进典型在全国产生重大影响，信息采集、光荣牌悬挂、保险补缴、信息化建设、关爱基金及运行体系建设等工作走在全国前列，各项工作取得较好成绩。

一、机构建设情况

省、市、县三级退役军人事务机构全部组建挂牌，并及时出台《关于加快全省退役军人服务体系建设的实施意见》，按照“五有”和“全覆盖”要求建立五级退役军人服务中心（站），核定事业编制，落实保障资金，实现退役军人服务保障网络全覆盖，并将市、县、乡、村四级服务体系建设纳入省委联合督办和年度党政领导班子政绩考核重要内容。

2019年1月10日，省委成立退役军人事务工作领导小组。3月29日，省退役军人服务中心（省人民政府军队离退休干部服务中心）挂牌成立，省委机构编制委员会批复为省退役军人事务厅管理的副厅级参公管理事业单位。12月6日，省委、省政府在武汉召开全省退役军人工作会议，对100位全省模范退役军人、35个全省退役军人工作先进单位和35位先进个人进行表彰。

成立省退役军人事务厅信息中心，并一次性将人员配备到位。完成143家退役军人服务保障事业单位转隶，下拨资金资助优抚事业单位、军休所改善基础设施条件。

二、思想政治与权益维护工作

自信息采集中发现深藏功名的老英雄张富清后，持续用力做好张富清同志先进事迹的宣传推广。省委印发《关于认真贯彻习近平总书记重要指示精神广泛开展向张富清同志学习的通知》。退役军人事务部、省退役军人事务厅党组先后印发《关于向张富清同志学习的决定》，结合“不忘初心、牢记使命”主题教育活动，深入开展“学习英雄张富清、坚守初心担使命”专项教育活动，协调湖北日报社编印张富清同志先进事迹图书，印发学习资料20多万册，全省组织召开480多场9700多名退役军人代表参加的专题座谈会。广泛挖掘退役军人先进，推出感动中国年度人物马旭、全国“最美退役军人”徐申权、90后见义勇为退役军人尹文杰等先进典型代表。全省共评选全国模范退役军人、退役军人工作模范单位和个人21名（个），全省模范退役军人、退役军人工作先进单位和个人170名，评选“荆楚楷模·最美退役军人”20名，市县“最美退役军人”300多名，营造全省尊军崇军拥军爱军的浓厚氛围。支持引导谷城县退役军人事务局充分发挥党建引领作用，创新探索出退役军人党员服务管理安家、岗位安业、思想安心“三安”行动工作模式。

三、移交安置工作

圆满完成国家下达的年度军转干部、符合政府安排工作条件退役士兵和自主择业军转干部接收安置任务。复员干部、伤病残退役士兵、自主就业退役士兵有序移交接收，随调家属、转改文职人员落户工作有效落实，军转干部进高校专项培训、适应性培训和公共类专业培训扎实开展。

四、就业创业工作

联合16个部门出台《湖北省促进新时代退役军人就业创业工作实施意见》，会同财政、税务部门出台扶持自主就业退役士兵就业创业税收优惠政策，退役军人就业创业的政策利好持续释放。加大退役军人就业创业培训力度，与省教育厅联合制定高职扩招专项实施方案，全省3.47万名退役军人报考，1.7万人被录取入学。2019年12月14日，组织举办中部地区退役军人专场招聘会（湖北主场），1.5万多名退役军人及军属参会，签订就业意向7000多份。全省共举办退役军人专场招聘275场，入场退役军人8.11万人，帮助2.76万名退役军人实现就业。

五、军休服务管理工作

圆满完成军休干部（士官）接收安置工作，坚持“随退随审、即交即接”原则，2019年接收安置军休干部任务完成率102%，安置去向审定及接收安置数量均创近10年新高。全面落实军休干部“两个待遇”，及时下拨各类军休经费，推动军队离退休干部老旧小区改造和加装电梯工作，分3批组织全省180名优秀军休干部代表进行暑期集中学习疗养。组织参加全国军休干部文艺汇演，省退役军人事务厅直属军休所选送的节目《光荣背后》获最佳节目奖。

六、优待抚恤工作

严格落实各项政策待遇。按照国家统一部署，持续提高抚恤补助标准，及时下拨各类抚恤补助资金，确保优抚对象、军休干部各类政策待遇及时落实到位。扎实推进部分退役士兵社会保险补缴和各项服务业务工作，建立联席会议制度，成立工作专班，印发实施方案，分级分期培训7000多人，省级组织开展3轮联合检查督办和全省专题会议推进工作，重点工作任务有力推动，服务保障业务全面推进。全省各级加强走访慰问和困难帮扶，共走访慰问退役军人和其他优抚对象61 097人次，发放慰问金3000多万元，持续开展“解四难”活动。创新“互联网+关爱退役军人”新模式，建立覆盖省、市、县三级的退役军人关爱基金，依托省慈善总会为省、市、县三级设立123支冠名关爱基金，并通过省慈善总会互联网捐赠平台常年向社会开展募集。2019年9月4日，省政府举行省退役军人关爱基金启动仪式，与11家金融单位签订拥军优抚合作协议。创新建立了“一次设立、覆盖全省，一网捐赠、常年开展，大众参与、政社互动，在线求助、精准关爱，高效便捷、公开透明”基金运行管理模式和“互联网+关爱困难退役军人”服务模式，各级服务中心（站）正在逐步对现行各项制度保障后仍有困难的退役军人和其他优抚对象的关爱帮扶。

七、褒扬纪念工作

全年评定烈士5名。在清明期间，与省委网信办、省教育厅、省民政厅、省文化和旅游厅、省总工会、共青团省委、省妇联、省军区政治工作局等9个单位联合开展“传承·2019清明祭英烈”宣传教育活动，全省各级机关、企事业单位、学校和部队组织到烈士陵园开展主题教育活动人数达198.9万人次。着力推进全省烈士纪念等设施保护单位的标准化管理、精细化服务和科学化发展，依据国家有关法律和《烈士纪念设施保护管理办法》，编写《湖北省烈士纪念设施保护单位服务管理规范》（简称《规范》），经省市场监督管理局批准，已于2019年5月发布施行。《规范》公布实施以来，全省73家县以上烈士纪念设施保护单位认真贯彻实施，投入资金6000多万元提升基础设施，完善220多项服务流程和规章制度，组织开展3800多人次的业务培训，有效提升全省烈士纪念设施保护单位服务管理水平。在退役军人事务部举办的“丰碑永铸·颂英烈”全国英烈讲解员大赛中，省退役军人事务厅荣获组织奖，荆州市烈士陵园严梦茹同志荣获二等奖，另有3名同志荣获优秀奖。全省“不忘初心、牢记使命”主题教育活动开展以来，各地烈士陵园成为各类主题活动主场地，共接待各级单位1万多批次、30多万人次。2019年9月29日，派员参加在沈阳抗美援朝烈士陵园举行的冉绪碧等6名在韩志愿军烈士认亲仪式，冉绪碧烈士通过DNA比对寻找到其亲属。“9·30”烈士纪念日，全省各级组织6.8万多人在烈士陵园开展各类缅怀先烈、铭记历史纪念活动，在全社会营造了赓续红色血脉、传承革命精神的良好氛围。当天，省政府举行《烈士光荣证》首次颁授仪式。

八、双拥工作

扎实开展双拥工作，组织召开迎新春和“八一”军地座谈会，省领导带队走访慰问驻鄂部队军级以上单位，省双拥办慰问20个基层单位；各市州慰问连级以上部队671个，赠送慰问金7200多万元。为5160名立功受奖现役军人发放奖励金270多万元，为3198名老战士发放“庆祝中华人民共和国成立70周年”纪念章。元旦、春节期间以省委、省政府、省军区名义发放拥军优属慰问年画180万份。各级开展大走访大慰问活动，走访慰问退役军人近30万人次。加强双拥工作领导，及时调整双拥领导机构，成员单位由34个增加到43个，将驻鄂部队军级以上单位全部纳入。召开双拥工作领导小组会议，研究制定《湖北省双拥工作领导小组工作规则》，修订《湖北省双拥工作领导小组成员单位双拥工作职责》和《湖北省双拥工作领导小组办公室职责和工作制度》，研究修订《湖北省双拥模范城（县）创建命名管理实施细则》和《湖北省双拥模范城（县）考评标准》。进一步完善了党委议军会议、军地联席会议、双拥领导小组会议、重大事项会商通报、军地互访、军事日等制度，制定拥军支前协调机制，落实双拥工作领导小组成员单位对口联系部队制度，构建军地互动、资源共享、优势互补的平台，推动双拥工作任务落实。

九、信息采集和光荣牌悬挂工作

扎实开展退役军人和其他优抚对象信息采集工作，建立政府统筹负责、部门密切配合、社会各界参与的工作机制，设立省、市、县三级信息采集工作专班138个，设置3784个集中采集点和132个流动采集点，确保应采尽采。严格落实退役军人事务部“五个采集率必须100%”要求，对全省数据进行通盘检查，以信息完整率和准确率达到100%。全省光荣牌悬挂工作依托信息采集准确数据，按照“送、挂、讲、照、留”的工作要求，建立流程清晰的电子台账，以实现“光荣之家”、到达“最后一公里”、关怀“最远一家人”总体目标。

十、自身建设情况

深入开展“不忘初心、牢记使命”主题教育，强化机关党建，开展“三献”“三述”“四比四看”等活动，两个基层党支部荣获省直机关“红旗党支部”，省退役军人事务厅荣获省直机关精神文明单位称号。开展以“提振精神、担当作为”为主题的思想纪律作风专题教育活动，精心组织党风廉政宣教月活动，对直属事业单位开展巡察“全覆盖”，在省厅营造了风清气正的良好环境。制定并严格执行13项综合管理类制度、8项法制工作制度、5项信访工作制度、9项服务中心工作制度，机关依法行政、规范运行水平进一步提升。2019年7月8—11日在省委党校成功举办全省退役军人事务工作专题研讨班，省委退役军人事务工作领导小组成员单位负责人、联络员和市州分管领导、局长及厅机关共117人参训。举办优抚褒扬、移交安置政策、军休业务、办公室主任、政策法规等10多个业务培训班，开展“服务大局普法行”主题实践活动，全省系统干部业务能力和依法行政水平有效提升。

武汉市

2019年，武汉市退役军人事务系统坚持边组建机构、边推进工作、边解决突出问题、边谋划长远发展，用心用情用力抓好教育管理、就业安置、待遇保障、荣誉激励、服务保障等主责主业，各项工作稳步推进，为全市退役军人工作改革发展奠定了坚实基础。

一、机构建设情况

根据2019年3月28日明确的市退役军人事务局“三定”规定和市委编委10月31日有关批复精神，市局设置8个内设机构及机关党群组织；在局办公室加挂市委退役军人事务工作领导小组办公室秘书处牌子，在优抚处加挂市拥军优属拥政爱民工作办公室牌子。

2019年5月，市退役军人服务中心、市军休办及8个军休中心、九峰革命烈士陵园等11个直属事业单位转隶到位。8月，市优抚医院转隶到位。至此，实现了市退役军人事务系统行政事业单位全口径全覆盖成立和转隶。

2019年5月底前，实现市及14个区、169个街道（乡镇）、3228个社区（村）退役军人服务中心（站）全部挂牌，为实施全覆盖、常态化退役军人服务保障工作打下坚实基础。退役军人服务机构专门拿出1/3以上岗位用于招聘退役军人的做法，受到好评。

二、思想政治和权益维护工作

（一）强化正面引领

深入开展“学习英雄张富清、坚守初心担使命”活动，积极选树先进典型，2名同志获授全国、14名同志获授全省模范退役军人称号。在全市广泛开展“武汉楷模·最美退役军人”学习宣传活动，网络点击率超过180万次，投票数超过480万张，引起社会广泛关注。在《长江日报》等主流媒体连续刊载20多名优秀退役军人先进事迹，收集、整理200人入选优秀退役军人资源库，通过正面典型激励，营造学习先进、争当先进的氛围，引导广大退役军人退役不褪色。

（二）夯实制度保障

编制市退役军人事务局《信访工作管理办法（试行）》《信访接待室文明接待守则》《信访接待室工作人员言行文明规范》《信访接待室人员职业道德规范》等，完善接访首问负责制、全市涉军信访工作情况定期通报制，对受理的信访事项建档立卡、协调处理、跟踪督促，一办到底、及时反馈。

（三）维护合法权益

坚持开门接访、主动约访，市、局领导亲自接访，促进矛盾源头化解缓解，深入推进“退役军人矛盾问题攻坚化解年”活动，加大帮扶关爱力度，稳妥推进遗留问题解决，广泛开展“一对一”结对帮扶活动，组织相关工作人员通过采取谈心、交友等方式，及时了解帮扶对象的生活状况，做到掌握信息、发现困难、及时解困。

三、移交安置工作

（一）军转干部安置情况

2019 年，接收计划分配军转干部及随调家属近 600 名。85% 以上安置在党政机关、参公事业单位。为进一步体现公平公正原则，取消部分单位优先挑选干部的环节，正团职干部首次纳入“积分选岗”范围，采取按考核积分排序、公开自主选岗的方式确定去向；部队、军转干部和家属普遍反映较好。同时，严格审查随调家属的接收条件，按“分类安置”的办法予以安置；有自谋职业意愿的，按照市人力资源社会保障局与财政局联合印发的《关于武汉市军队转业干部随调家属货币化安置的实施意见》，计发一次性经济补偿，自行创业就业。实现随调家属与军转干部同时接收、同时安置、同时发出报到通知，同时完成安置任务。

（二）退役士兵安置情况

2019 年，共接收安置自主就业退役士兵 2700 多人，符合政府安排工作条件的退役士兵 300 多人，复员干部 20 名，残疾士兵和军队院校残疾学员 5 名。在安置工作中，一是保障岗位落实。把退役士兵安置工作列入市区两级重要议事日程，以市政府办公厅名义召开全市退役士兵安置工作例会、下达年度接收安置退役士兵任务计划。要求央企、省属单位等用人单位落实各项政策待遇。二是主动前移服务关口。结合近年户籍政策放开、易地落户激增的实际修订退役士兵、复员干部易地落户一次性告知书，在退役士兵报到时一并发放，让退役士兵易地落户手续一次办成。三是创新保险补缴工作。市退役军人事务、财政、人力资源社会保障、医保、税务等 5 个部门制发武汉市退役士兵待安排工作期间社会保险补缴实施办法，填补待安置期间保险空白，实现部队到地方社会基本保障的无缝对接。四是依法推进“积分排名，阳光安置”。各区将积分排名情况及时报市局备案，公开选岗时邀请纪委、组织部、编办、人力资源社会保障局等部门领导和法律顾问到场观摩、指导和监督，让安置的每一个环节都在阳光下运行，确保公平、公正、公开。

四、就业创业工作

（一）做好自主择业军转干部服务管理

修订《武汉市自主择业军转干部服务管理一次性告知书》，对档案审查移交、服务管理、报到流程及落户手续办理作出细致安排，300 多名自主择业军转干部全部顺利落户。组织开展自主择业军转干部适应性教育培训和就业创业培训班，500 多人参加培训。

（二）强化退役军人就业培训引导

坚持政策牵引，强化政府推动，教育培训、

服务管理、创业扶持同向发力，共举办退役军人培训班62期（次），培训2583人，推荐就业2426人（次）；开展退役军人就业创业服务季活动，组织参加3场退役军人专场招聘会，3500多名退役军人参加，900多人达成就业意向，帮助更多退役军人找到理想的工作或优质的创业项目。

（三）拓展社会力量服务渠道

动员社会力量参与退役军人及家属就业创业、培训学习、资讯传播服务平台建设，与社会服务机构签订战略合作协议，协调引导华中科技大学等社会资源广泛参与“双创”培训、招聘活动，逐步拓展退役军人“双创”渠道，为退役军人更好融入社会、干事创业提供有力支持。

（四）持续推进退役士兵社会保险补缴

市、区两级成立工作专班，建立联席会议机制，制定实施方案，广泛发动宣传，全市社会保险补缴专班共受理近1.5万人申报。

五、军休服务管理工作

（一）落实安置任务和相关待遇

接收安置军休干部、士官300多人，安置率达100%。按标准落实全市军休干部、士官、遗属基本离退休费、有关补助补贴和住房物业服务补贴待遇。落实军休干部医疗保障，完善同济、协和各分院就诊流程，规范医疗联单领取、经费台账登记制度。加强医疗保障管理，对大额医疗费用患者进行住院病案审查，规范医疗行为，合理安排支出。协调市财政局补助2018年医疗费不足部分，组织全市6100名军休人员体检，审核报销军休干部医疗经费，办理军休干部非定点医院转诊635人次，审核认定无经济收入家属、遗属医疗资格共24人次。

（二）改善休养环境

全年共核定并完成“军安大楼维修改造”“休干住宅楼屋面维修”等21个基建维修项目，使用预算经费共计103.7万元。武汉市军休四中心综合楼建设项目已报市发改委立项审批。军休五中心引导军休人员在老旧住宅楼加装电梯过程中“自我参与、自我管理、自我监督”的做法在全国得到推广。

（三）丰富文体活动

武汉老年大学军休干部分校春季开设59门课，100个班，秋季开设56门课，94个班，5000多人（次）参加学习。开展门球赛、棋牌赛、钓鱼赛、书画摄影展暨笔会、春游及庆祝新中国成立70周年专题征文等文体活动。组织参加全国军休干部庆祝新中国成立70周年文艺汇演，快板舞《荆楚军休情》荣获最佳节目奖。情景剧《敬礼》荣获优秀节目奖。充分发挥军休网站、《军休风采》的“一网一刊”平台作用，展现了军休干部的精神风貌和高超才艺，丰富军休干部精神文化生活，营造和谐军休环境。

六、拥军优抚和褒扬纪念工作

（一）积极开展双拥共建

扎实创建全国双拥模范城，健全组织领导，调整市双拥工作领导小组，修订成员单位工作职责，进一步完善相关制度。军地共同组建创建专班，召开市双拥创建工作动员部署会议，全面展开创建迎检各项准备工作。制定《2019 年为驻军办实事责任分解方案》，梳理出三大项 10 个具体问题，跟踪督办落实，帮助解决驻汉部队在战备、训练、移防等工作和生活中遇到的困难和问题。春节、“八一”期间，协调市领导走访慰问驻军机关、基层单位、伤残军人，赠送慰问金、慰问品共计 1300 多万元。持续开展双拥宣传教育活动，在春节和“八一”前制发开展拥军优属拥政爱民活动的通知，指导督促各区各单位丰富基层共建活动，夯实双拥工作基础，提升双拥工作效能。

（二）严格落实优抚政策

推进优抚对象数据精细化管理，跨库比对优抚数据、殡葬火化数据、信息采集数据，清理优抚系统问题数据，优抚资金得到规范管理。在确保数据真实准确基础上，全面落实各类优抚对象政策待遇，全年下达抚恤补助资金 2.9 亿元，发放义务兵优待金 2.9 亿元，待遇标准增幅达 8% 以上，惠及近 3 万名重点优抚对象、7000 多户义务兵家庭。圆满完成退役军人信息采集任务，实现了光荣牌应挂尽挂。持续关注优抚对象“三难”问题，解决优抚对象生活、医疗、住房难问题 1 万多人次。春节、“八一”期间投入 4700 多万元开展走访慰问活动，覆盖退役军人和其他优抚对象近 3 万人。积极探索退役军人优待社会化服务，与 5 家银行签订战略合作协议，推出金融优抚卡。

（三）营造尊崇英烈氛围

主动关爱困难烈属，制定烈士遗属关爱帮扶制度，督促各区对照法定标准及时足额落实烈士遗属定期抚恤待遇，合计发放定期抚恤金近 1400 万元。核对完善烈士信息 7063 名，对全市 7 家市级以上烈士陵园、1214 座零散烈士墓系统建立台账，拨付 168 万元补助资金修缮保护。组织开展“传承·2019 清明祭英烈”活动和“9·30”烈士纪念日湖北省暨武汉市向烈士敬献花篮仪式，取得良好的社会效果。

七、自身建设情况

（一）扎实开展“不忘初心、牢记使命”主题教育

扭住“四个环节”，严格落实规定动作，精心设计自选动作，举办专家讲学 6 场、革命传统教育 39 次、廉政教育 26 次、先进典型宣讲 28 次、专题党课 27 次，购置学习书籍 4234 本，选定调研选题 34 个，整改销号问题项目 51 项。同时，面向 12 家局直属单位和 3 个局机关支部派出 3 个巡回指导小组，多次深入直属单位指导主题教育工作，确保主题教育高质量推进，不偏不虚、落实落地。

（二）持续锤炼作风本领

针对新组建单位人员构成特点，采取专项培训、参观见学、岗位锻炼等方式，持续提升胜任岗位的能力素质。坚持“开门立规矩、起步严纪律”，狠抓队伍作风建设，大力开展警示教育、廉政教育，下大气力纠治形式主义、官僚主义，教育引导广大工作人员带着感情、温度和质感做工作，努力解决和回应退役军人利益诉求，不断提升退役军人的幸福指数。

湖南省

2019年，湖南省退役军人事务系统以退役军人为中心，以深化改革为动力，以构建“三个体系”为主线，边组建边运行，边做好当前边谋划长远，凝心聚力、攻坚克难，忠实践行初心使命，各项工作取得较好成效。

一、机构建设情况

省市县退役军人事务行政机构全部挂牌成立，1个省级、14个市级、132个县级（含10个开发区、管理区）、2004个乡级、28 634个村级退役军人服务中心（站）均挂牌成立，优抚事业单位转隶积极推进，形成横向到边、纵向到底、上下贯通、全面覆盖的退役军人管理保障体系。

二、政策法规工作

扎实开展“制度建设年”活动，先后出台部分退役士兵社会保险补缴、服务保障体系建设、退役士兵就业创业、困难退役军人帮扶援助等方面的配套政策和工作制度70余项。《关于认真做好新时代困难退役军人军属帮扶援助工作的意见》《湖南省退役军人和其他优抚对象特殊困难资金暂行管理办法》在全省印发施行，为做好新时代退役军人工作提供政策依据。

三、思想政治工作

加大政策理论宣传力度，引导退役军人退役不褪色、奋斗不懈怠。及时为退役军人党员接转党组织关系，通过举办培训班、召开座谈会等形式，加强退役军人党员教育管理。召开全省退役军人工作机构政治文化环境建设部署会议，规范各级退役军人工作机构政治文化环境建设，增强退役军人荣誉感、归属感。

深入开展向老英雄张富清学习活动，邀请模范退役军人做巡回报告，成功举行“最美退役军人”巡回报告会，全国首家线上、线下结合，全程网络直播“最美退役军人”巡回报告会，创下37.26万次收看记录。选树一批先进典型，1人获评全国“最美退役军人”，18人获评“全国模范退役军人”，3个单位获评“全国退役军人工作模范单位”，2人获评“全国退役军人工作模范个人”。评选表彰全省模范退役军人99名、退役军人工作模范单位28个、退役军人工作模范个人20名，模范退役军人朱再保、甘厚美、龙俊被省委授予“湖南省优秀共产党员”称号，引起社会广泛认同和积极反响。

实施宣传工作“五个一”工程，即选树一批在全国有影响力的先进典型、支持创作一首歌——《若有战、召必回》公益MTV、拍摄一部以姜开斌烈士等优秀退役军人为原型的主旋律电影《比海更深》、举办一台双拥文艺晚会、推出一批专题报道。依托媒体资源优势，协调媒体刊发专题报道1600多篇，讲好湖南退役军人故事，不断提升退役军人正能量，持续掀起尊崇军人的宣传热潮。

四、权益维护工作

省级财政预算先行安排3000万元，设立退役军人和其他优抚对象特殊困难援助资金，引导各地加大财政投入，真心实意为困难退役军人纾难解困。春节、“八一”期间，省领导带队开展走访慰问，全省投入5.08亿元，走访慰问现役部队892个次、退役军人和其他优抚对象250.38万人次。

坚持依法依规办理信访事项，加大交办督办力度，推进“事事有着落、件件有回音”。启用全国退役军人信访信息系统。出台《湖南省退役军人事务厅信访工作暂行办法》《湖南省退役军人事务厅信访事项复查复核办法》，规范来访接待、来信办理、复查复核等工作流程，做到依法依规办理信访事项。

认真开展“退役军人矛盾问题攻坚化解年”“大走访、大排查、大整改、大管控”等活动，信访工作纳入市州平安建设考评范围。坚持工作重心前移、关口前移，充分发挥各级退役军人服务管理机构的作用化解矛盾问题，退役军人事务部挂账督办信访事项全部办结。

五、移交安置工作

做好军转干部安置工作。接收安置军队转业干部1800多名，其中计划分配军转干部1200多名，自主择业军转干部600多名。组织省市安置部门骨干力量集中审档，顺利完成军转干部和家属档案属地移交。会同军队转业部门对在省直单位安置的军转干部档案进行量化考核打分，采取市州抽调的办法对进省直安置军转干部档案分数进行复核，确保公平公正。严密组织军转干部与省直、中央在湘单位进行双向选择、单选和指令性分配，计划分配军转干部全部安置到位，安置质量不断提升。自主择业军转干部安置全部到位，及时发放自主择业军转干部退役金。推进退役士兵安置工作。接收符合政府安排工作条件退役士兵4000多名。严格按标准组织退役士兵档案集中审查和移交工作。科学制定中央在湘企业、部分省属国有企业接收安置退役士兵计划分配方案，最大限度兼顾用工单位和退役士兵需求。按照服役表现量化评分办法，组织退役士兵公开选岗，确保安置计划在阳光下运行。

六、就业创业工作

扶持退役军人就业创业。建立退役军人就业创业基本信息库，及时掌握退役军人就业创业意向。整合升级自主择业军转干部工作信息平台，优化拓展网上审查登记、个人事项办理等业务，实现“让信息数据多跑路、让退役军人少跑腿”，全面提升服务管理水平。出台《湖南省促进新时代退役军人就业创业工作实施细则》，进一步细化明确退役军人就业创业工作政策规定。联合教育部门印发《关于做好2019年湖南省高职扩招专项考试招生工作的通知》等文件，着力增强教育培训的针对性、实效性。联合税务部门制定《关于进一步支持和促进湖南省自主就业退役士兵及重点群体创业就业有关税收政策的通知》等文件，着力完善配套政策措施，加强就业创业支持帮扶。全省举办退役军人专场招聘会337场，提供岗位15.41万个，达成就业意向1.74万人，自主择业军转干部就业率高于全国平均水平5个百分点。积极稳妥推进社会保险补缴工作。全面启动办理退役士兵社会保险补缴业务，对全省1978年以来符合政府安排工作条件的48万多名退役士兵进行逐一筛查比对，摸清参保缴费情况，对汇总数据作进一步验证分析，确保符合条件的退役士兵应保尽保。及时编印工作手册，公布投诉举报电话，规范工作流程、政策标准、解释口径，定期通报各地工作进度，加强工作督促。全年通过社会保险补缴系统受理19万多人，位居全国第4位。

七、军休服务管理工作

扎实做好军休干部接收安置。根据国家安置去向审定计划，军地联合召开全省军休干部退休士官安置去向审定会，共审定通过220多名军休干部（士官）安置去向。按照“随退随审、即交即接”工作机制，坚持“只要部队交得出，地方就能接得下”的原则，全年共接收安置军休干部200多名，圆满完成接收安置任务。全面落实军休人员“两个待遇”。指导各级军休服务管理机构把落实军休人员政治待遇列入工作计划，军休干部按规定阅读文件、参加党组织生活、定期走访慰问、担任荣誉职务等政治待遇基本落实。全年中央和军队共拨付军休经费13亿多元，按时足额发放了军休干部工资津贴，及时办理了军休干部标准待遇提高的经费拨付和落实工作。强化军休服务管理。进一步指导军休服务管理机构加快标准化、社会化、信息化建设，提升军休服务管理精细化水平。认真做好军休服务管理机构人员、车辆、资产等基本信息采集工作，完成军休干部、无军籍职工基本信息及住房信息等信息采集任务。与住建、发改等部门协调沟通，军休所老旧小区改造工作进展顺利。

八、抚恤优待工作

落实抚恤补助政策。全年按政策办理提、评残1900多人，严格按规定标准及时足额发放各类优抚对象抚恤补助资金和农村义务兵家庭优待金，全省各类重点优抚对象都达到了国家规定的保障水平。加强优抚事业单位建设管理，优抚医院、光荣院、军供站、烈士纪念设施等基础设施建设不断加强，荣军阵地得到巩固。大力推进“湖南省优抚对象关怀计划”。结合新中国成立70周年，依托全省优抚医院、光荣院组织开展220批次共8600余名优抚对象短期疗养，医疗巡诊和送医送药活动惠及近3万名优抚对象。为201万户退役军人和其他优抚对象家庭悬挂光荣牌。联合社会公益组织大力推进“湖南省优抚对象关怀计划”，全省各地志愿者入户走访烈士父母800余户，并在烈士忌日、烈士父母生日、中秋、国庆等重要纪念日节假日提供上门看望陪伴服务。为部队官兵提供了优质高效的军用饮食和住宿保障服务，获赠部队感谢信及锦旗75封（面）。

九、褒扬纪念工作

全面摸清烈士信息及烈士纪念设施底数，对

全省10万余条烈士信息进行再核查、再修改、再完善，初步形成“湖南省烈士信息数据库”。绘制全省227处县级以上（其中国家级21处、省级12处）烈士纪念设施分布点位图，对部分烈士纪念设施进行维修改造，加大烈士纪念设施管理保护力度。大力弘扬英烈精神，举办“丰碑永铸·颂英烈”全国英烈讲解员大赛湖南省预赛，在清明节、烈士纪念日组织全省烈士纪念设施单位开展烈士瞻仰纪念活动、向烈士敬献花篮仪式，颂扬革命先烈的崇高精神，向人民英雄致以崇高的敬意。组织37批次1707名烈属集体赴广西、云南祭扫，做好边境战争老兵就地祭扫工作。为姜开斌等7名烈士颁授新版《烈士光荣证》，及时足额发放烈士褒扬金600多万元。

十、双拥工作

将双拥工作纳入省委常委会年度工作要点和党政领导绩效考评范围，定期召开党委议军会、军政座谈会、军地联席会，研究解决问题。调整省双拥工作领导小组成员，出台考评细则，扎实推进双拥模范城（县）创建工作。深入开展“走边防、联基层、暖兵心”“城舰共建”等活动，高标准做好重大军事演习的服务保障工作。举办省厅、银行系统拥军优抚合作协议签署暨湖南拥军优抚卡首发仪式，相继与13家银行省级分行签约合作。“八一”期间，广泛开展走访慰问、双拥文艺晚会等“八个一”系列双拥活动。以全国、全省双拥模范城（县）创建工作为抓手，深化军地协作，加强双拥宣传，在全社会营造关心尊崇退役军人的浓厚氛围，军政军民关系进一步融洽。

十一、自身建设情况

以党的政治建设为统领，全面落实从严治党新要求，切实提升干部能力素质，为退役军人工作持续健康发展提供坚强保障。深入学习习近平新时代中国特色社会主义思想，深刻领会习近平总书记关于退役军人工作重要论述和重要指示批示精神实质，扎实开展“坚守初心找差距、勇担使命解难题”督查调研活动，各级深入基层一线，督办化解信访积案取得实效。坚持问题导向，紧扣重点工作、紧盯权力运行、紧抓“两个责任”，编印涵盖18项行政权力清单、114项办事流程、208个廉政风险点及相关防控措施的《湖南省退役军人事务厅廉政风险防控工作指南》，被退役军人事务部作为制度蓝本向全国退役军人事务系统宣传推介。积极推进机构人员、理念思路、职能职责、运行机制、情感思想等全方位融合。深入开展“政策培训年”活动，全系统干部职工始终保持昂扬向上、奋发有为的精神状态，为全省退役军人工作开好局、起好步作出了积极贡献。

广东省

2019年，广东省退役军人事务系统贯彻落实全国退役军人工作会议和中央关于加强新时代退役军人工作有关文件精神，坚持边组建、边调研、边谋划，边推进业务、边维护稳定、边抓好党建，退役军人工作取得明显成效。

一、机构建设情况

将建立健全组织管理体系作为推进退役军人事业发展的基础性工作，致力构建党委领导下的行政部门、服务体系、社会力量“三驾马车”同向发力的工作格局。

一是建立党委领导体系。省、市、县三级均成立由党委主要领导任组长的退役军人事务工作领导小组，形成了三级书记抓退役军人工作的良好局面。

二是构建行政管理体系。指导市县两级全部成立退役军人事务局，行政机构有序运转。

三是完善服务保障体系。组织召开惠州现场推进会等3次全省性电视电话会议，五级服务保障体系建成率100%。共建立服务中心（站）26 892个，实现“五有”和“全覆盖”。推动事业单位系统性、成建制转隶，全省12家优抚医院、19家独立光荣院、72个军休所、44个烈士纪念设施等管理机构转隶到退役军人事务部门。同时，发挥企业和爱国拥军促进会等社会组织作用，争取社会力量支持推动退役军人工作。

二、政策法规工作

坚持将落实政策作为维护退役军人权益的根本举措，不断提高退役军人工作精准性。

一是构建“1+N”政策制度体系。省委、省政府、省军区出台贯彻中央文件的若干措施，成为广东省退役军人工作的重要指导性文件。出台《关于解决部分退役士兵社会保险问题的实施意见》《计划安置团职及专业技术九级以上军队转业干部考核评分办法（试行）》《广东省退役军人应急救助资金管理暂行办法》《关于进一步规范伤残抚恤管理工作的意见》等“1+N”配套政策文件9份，系统完备、科学规范、运行有效的制度体系加快构建。

二是平稳有序推进社会保险补缴。先后召开3次推进会、9次专班联席会议研究政策内容和工作难点，出台《关于解决部分退役士兵社会保险问题的实施意见》，省财政 2019 年统筹安排预算 4 亿元。优化工作流程，重点规范 10 个重要环节，拟制了服务举措。截至 2019 年 12 月，共培训业务人员 5000 余人次，搭建工作专班 156 个，开设业务受理点 171 个，共递交申请 63 280 份，系统录入 57 410 份。

三是加强督导检查。以落实优抚安置政策为重点，开展政策落实“回头看”专项行动，妥善解决广州、深圳、韶关自主择业军转干部住房改革补贴等一批历史遗留问题。

三、思想政治工作

坚持将做好退役军人思想政治工作作为重要职责，突出政治引领，营造全社会尊重退役军人、尊崇军人职业的良好氛围。

一是加强党员教育管理。规范组织关系转接工作，指导各地配合做好“三自一失”退役军人党员教育管理工作，引导参与社会公益活动，做到始终听党话、跟党走。

二是加大荣誉激励力度。组织退役士兵光荣返乡迎接“六个一”活动，邀请优秀退役军人代表参加新中国成立 70 周年等重大庆典活动，全省设立荣誉室、荣誉墙 1945 个，梅州市钟汉清荣获全国“最美退役军人”称号。

三是营造良好社会氛围。将悬挂光荣牌与上门走访慰问、宣传政策、情感交流结合起来，累计为 176 万余户烈属、军属和退役军人等家庭悬挂光荣牌。在《南方日报》等媒体开设专栏，举办退役军人先进事迹巡回报告会，积极宣传全国“最美退役军人”等先进典型。举办广东省首次《烈士光荣证》颁发仪式，12 万余人参加烈士公祭。

四是扎实开展双拥共建工作。组织“八一”、春节走访慰问活动，走访慰问服务对象 64.7 万人次。扎实开展双拥模范城（县）创建活动，建立军地互提需求、互办实事“双清单”制度，省级层面 71 件部队实际问题已解决 66 件，营造了军民鱼水情深的浓厚氛围。

四、就业安置工作

将创新就业安置机制摆在突出位置，努力将退役军人安置好、使用好、作用发挥好，推动广大退役军人从军事人力资源向经济社会发展重要力量转化。

一是完善教育培训体系。创新开展全员适应性培训，1.3 万余名退役军人参加。将退役军人技能培训纳入广东省职业技能提升行动“十大工程”，确定 80 家承训机构，培训 1.4 万名退役士兵。联合制定高职扩招实施方案，1.7 万余名退役军人被录取。

二是提高就业创业质量。承办退役军人事务部主办的海峡西岸地区退役军人专场招聘会，省市县共举办退役军人专场招聘会 166 场，提供 13 万个岗位，1.2 万多名退役军人与企业达成就业意向。举办首届广东省退役军人创业大赛，共有 145 个项目参赛。联合印发税收政策扣减、创业担保贷款等政策文件，为退役军人创业减免税费 2.21 亿元。

三是增强安置政策刚性。大力实施“阳光安置”，健全考试考核、双向选择、积分选岗、指令性分配相结合的安置办法，落实省军区牵头组织全省军队转业干部考核量化赋分、各级政府综合运用考核评分结果制度。完成3200多名计划分配军转干部安置任务，安置到公务员（参公）岗位的比例超过90%；完成1100多名政府安排工作退役士兵安置任务。成立退役军人移交安置工作专项小组，建立归集接收退役士兵岗位制度，构建省属国有企业岗位计划审核机制，提高“阳光安置”质量。同时，简化军休人员接收安置程序，接收安置军休人员300多人。

五、服务保障工作

坚持带着感情、带着责任、带着使命做好退役军人服务保障工作，不断增强退役军人获得感、幸福感、荣誉感。

一是创新困难帮扶援助。2019年7月，由省政府和各地级以上市政府共同出资10亿元，设立省退役军人应急救助基金。该基金运营管理所取得的收益，将为基本生活严重困难的本省户籍退役军人和其他优抚对象提供帮扶援助。10月1日起，出台《广东省退役军人应急救助资金管理暂行办法》和应急救助资金使用规程，推动规范化、透明化运作，每年有5000万元基金收益用于救助。全省五级退役军人服务保障体系充分利用横向到边、纵向到底、全覆盖的优势，迅速铺开应急救助资金申请宣传工作。镇、村级退役军人服务站工作人员深入调查摸底，指引基本生活特别困难的退役军人申请应急救助，各级服务中心（站）为申请人及时完成审批拨付。

二是提升优待抚恤水平。中央和省财政投入抚恤补助资金约24.3亿元，平均提标幅度11%，惠及近42万名优抚对象。组织11家银行省级分行签署拥军优抚协议，发行广东拥军优抚银行卡12万张。开展全省关爱功臣免费送医送药活动，为5000余名优抚对象送医送药和免费体检。

三是发挥服务保障机构作用。制定服务中心（站）工作细则和月度工作菜单，开展服务中心（站）“大抽查、大走访、大练兵、大培训”活动，共派出7个工作组对92个服务中心（站）进行暗访抽查，走访退役军人52.8万人，收集服务需求20 537项，办结16 048项。

四是稳步推进信息化建设。建成省退役军人数据库，基本实现一人一档。推进“互联网+退役军人服务”，建立省退役军人就业创业服务系统，6项依申请行政权力事项网上可办率实现100%。

六、自身建设情况

一是积极开展“不忘初心、牢记使命”主题教育。把学习贯彻习近平新时代中国特色社会主义思想作为根本任务贯穿始终，组织集中学习研讨13次，撰写调研报告11份，动态检视问题86个，已整改70个。

二是持续深化“大学习、深调研、真落实”工作。印发学习贯彻方案和开展“深调研”工作方案，落实“第一议题”制度，组织理论学习中心组学习9次，专题学习会17次，完成《转变理念　提升能力　开创新时代退役军人工作新局面》等调研报告28项，形成一批解决问题、促进发展的新思路新举措。

三是夯实党建工作基础。组建省退役军人事务厅直属机关党委、纪委和工会，成立基层党组织 29 个，实现党的组织管理全覆盖。深入开展模范机关创建活动，建立健全厅机关廉政风险防控机制，制定完善加强和改进机关党建工作等 23 份制度文件。

四是打造高素质专业化干部队伍。建立“学习大讲堂”等学习制度，举办全省退役军人事务系统法律法规知识竞赛，省市县三级共举办培训班 1000 余次，培训干部 3 万余人次。

广州市

2019年，广州市退役军人事务系统聚焦主责主业，全面打基础、着力抓规范，各项工作平稳起步、推进有力，多次受到国家和广东省相关部门表扬，相关做法在全省推广。

一、机构建设情况

（一）摆上市委市政府重要议事日程

2019年1月26日，市退役军人事务局挂牌成立。将退役军人工作列入市委常委会、市委书记专题会、市政府常务会议题，融入推进粤港澳大湾区建设、实现广州老城市新活力“四个出新出彩”重点任务，作为市委全会工作报告、市政府工作报告重要内容，把退役军人工作摆到市委、市政府工作全局中谋划、推进。

（二）成立市委退役军人事务工作领导小组

成立市委退役军人事务工作领导小组、11个区委退役军人事务工作领导小组。市委退役军人事务工作领导小组军地成员单位28个，制定《市委退役军人事务工作领导小组议事规则》，实行退役军人工作专报，召开市委退役军人事务工作领导小组第一次全体会议，传达学习中央及广东省关于退役军人工作部署要求，研究推动退役军人工作高质量开局起步的路径举措。

（三）主要领导高度重视、身体力行

市委书记、市长分别担任市委退役军人事务工作领导小组组长、常务副组长。领导小组组长亲自推动退役军人服务保障体系建设，主持研究军转干部安置方式改革，带头弘扬英烈精神，动员参加全国双拥模范城创建，专程会见40名“最美退役军人”“最美军嫂”“最美拥军优属标兵”“最美拥政爱民标兵”，带动形成退役军人工作“一把手”一起抓、全市一盘棋的良好局面。

（四）建成四级退役军人服务保障体系

紧扣“五有”和“全覆盖”要求，成立工作专班，2019年4月20日，在全省率先建成四级退役军人服务体系，成立市退役军人服务中心、市退役军人权益维护中心，均为正处级事业单位；成立11个区退役军人服务中心、172个镇（街）退役军人服务站共183个正科级事业单位，2743个村（社区）退役军人服务站挂牌，村（社区）主要负责人兼任站长。

（五）扎实推进服务中心（站）规范化建设

精细组织区、镇、街、村、社区5个不同类

型退役军人服务中心（站）示范点建设，全市建成12个退役军人服务大厅和1824个镇（街）、村（社区）退役军人服务点、1761个服务专窗，有力推动了从市到村（社区）的退役军人服务阵地规模化、工作队伍专业化、咨询办事便捷化，打通了服务退役军人“最后一百米”。海珠区、黄埔区退役军人服务中心，荔湾区逢源街、白云区石井街退役军人服务站建设成果突出。

（六）及时完成事业单位转隶

按照不降级、不减人、不改变机构性质的要求，由市民政局、市人力资源社会保障局、市林业园林局划转接收广州起义烈士陵园、十九路军淞沪抗日阵亡将士陵园、市军休所、市烈军属疗养院、军转干部管理服务中心、黄花岗公园等单位。推动完成全市35个涉军事业单位系统性、成建制转隶接收，全面实现应转尽转要求，推进资源整合、力量融合、任务配合，保持了工作连续性和建设提质升级。

二、思想权益维护工作

组织向“时代楷模”张富清学习活动；广州市退役军人王树茂被评为“全国模范退役军人”；组织羊城首届“最美退役军人”“最美军嫂”“最美拥军优属标兵”“最美拥政爱民标兵”评选活动，通过“广州榜样”发布人物先进事迹，营造了学先进、当先进的良好氛围。

扎实推进退役军人“矛盾问题攻坚化解年”活动，落实开门接访、网上信访、深入下访、重点约访、领导接访、领导包案制度。定期研判重点信访案件，逐案建立攻坚台账清理积案。以重要节日、纪念日为契机，开展走访慰问，深入了解退役军人思想动态和生活状况，加强对退役军人的法制宣传和思想、心理引导，达到较好效果。

三、移交安置工作

（一）积极探索军转干部安置改革

成立市退役军人移交安置专项小组，突出国防贡献、突出阳光透明、突出人岗相适，积极推行安置创新，对团职和技术九级以上（含营以下政策性照顾对象）计划分配军转干部实行以“打分选岗为主、双向选择为辅、指令分配兜底”的安置办法，将军转干部服役期间德才表现和贡献大小、专业特长与移交安置有机结合，由军转干部依据自己的考核评分和专业类别自主选岗，安置环节全方位、全流程公开，考核分数、排名先后、岗位指标提前公示，部队全程参与，纪检部门全程监督，首次引进公证机关进行证据保全公证，整个安置过程完全在阳光下运行，着力形成军转干部谁的国防贡献大，谁就有优先选择权的鲜明导向。从方案形成到1000余名军转干部全部确定安置单位，严格按照国家及广东省规定的时间节点完成，其中安置到公务员（含参公）军转干部比例超过95%。

（二）努力提升士兵安置服务质量

推行符合政府安置工作条件退役士兵省、市、区三级档案审核机制，档案复审、考核分确认、网上公示、电子档案建立等工作同步完成，严把安置“入门关”。积极优化报到流程指引，报到入户实现一次性办理。及时组织开展退役士兵教育培训，解读中央、省、市安置及就业创业政策，介绍就业形势，强化岗前纪律、保密教育。积极拓宽安置渠道，根据岗位计划指标应提供岗位143个，实际收集岗位802个，人岗匹配达1 ∶ 6.7。联合南方航空公司推行国企双选试点，将“选人”结合到原有“选岗”程序中，先“选人”后“选岗”，探索“人岗相适”的安置新模式。

（三）社会保险补缴工作

成立市解决部分退役士兵社会保险问题工作小组，召开电视电话会动员部署，组建工作专班，制定《广州关于解决部分退役士兵社会保险问题的工作方案》等4个方案。及时组织603人次参加省市组织的业务培训，组织召开全市社会保险补缴工作推进会10余场，让经办人员熟练掌握了相关政策，做到政策解读落实到位。积极转变告知理念，通过电视、门户网站、微信平台等渠道发布公告，创新采用点对点通知、全程代理和无接触式受理新模式，确保全市符合政策范围内人员应告知尽告知、应申请尽申请。截至2019年年底，摸底名册内士兵100%通知到位，全市受理点共受理电话咨询11 615人次，现场咨询11 531人次，受理申请5388人次。

（四）有序推进军休干部和无军籍职工接收安置

按时完成2019年度200余名军休干部接收安置任务。修订完善军休干部和无军籍职工接收安置工作流程、军休干部交接指引、军休干部交接协议书样本、军休干部落户和医疗办理指引等，进一步简化和规范工作程序。及时与省厅安置部门沟通，尽早了解接收安置任务和有关新政策、新要求；主动联系有关部队、政府相关部门、军休机构，建立联动工作机制；严格审查档案材料，认真组织“三方”见面会。坚持条件符合一个接收一个，即来即接，对移交人数较多的部队，采取集中办理；对移交人员少的单位采取个别办理；对移交对象行动不方便的，提供上门服务。健全军休干部联系人制度，及时精准落实政治、生活“两个待遇”。

四、就业创业工作

（一）突出抓好退役军人教育培训工作

坚持“即退即训、全员参训”的原则，同步组织开展2019年度退役军人全员适应性培训，参训人员1700余人，进一步夯实退役军人思想政治基础，引导其转变角色、调整心态，树立正确择业观，精准掌握其就业意向。与80余所省、市院校建立合作关系，组织指导1191名退役士兵参加职业技能培训和学历教育培训，审核发放教育培训补助资金600多万元。组织180名有就业意向的退役士兵进行封闭式就业创业培训，与企业精准对接。

（二）精心组织退役军人专场招聘会

多渠道滚动组织专场招聘会、送岗位进军营、推荐就业、线上招聘等，持续加大退役军人就业扶持力度。2019年3月底，举办全市退役军人就业创业洽谈会及专场招聘会，60家知名企业、600名退役军人参加，现场提供优质岗位2000个，达成就业意向482人；精选6个退役军人创业项目进行路演，4个项目形成合作意向，获得投资发展。10月底，举办海峡西岸地区退役军人专场招聘会暨广州市退役军人就业创业培训基地授牌仪式，120家优质企业、约3000名退役士兵参加，现场提供13 000多个岗位，同时设置广州市退役军人就业创业培训基地授牌仪式及首届广东省退役军人创业大赛启动仪式环节，为退役军人提供更多的就业创业选择。

（三）探索推进退役军人就业创业指导服务

广泛开展省内外调研，走访中山大学、华南理工大学、暨南大学、广药集团、立白集团、名创优品等院校、企业，遴选确定广州市首批10家退役军人就业创业培训孵化基地和9名退役军人创业导师，并举办授牌、聘任仪式，通过与高等院校、培训机构及企业合作，为退役军人就业创业提供政策咨询、培训指导、创业场地、手续一体化办理等服务。

五、优抚双拥工作

（一）优抚工作

全面开展12类退役军人和其他优抚对象信息采集工作，形成全市退役军人基础数据库。建立优抚补助标准定期增长机制，与市卫生健康委联合出台措施，在全市医疗单位开设优先窗口，对现役、退役军人实行优先优待。组织召开2019年市“八一”烈属、军属、残疾军人和退役军人代表慰问大会。发放驻穗部队长者长寿金约180万元。深入开展走访慰问，临时救助困难优抚对象358人次，发放救助金107余万元。在英雄广场举办为烈属、军属和退役军人家庭悬挂光荣牌启动仪式，全市累计举行悬挂光荣牌仪式628场、悬挂22.4万余块。市烈军属疗养院全年接待3.6万人次，服务质量受到好评。

（二）双拥工作

组织召开市第36次双拥工作领导小组会议、广州市创建全国双拥模范城“九连冠”动员大会，市主要领导出席并部署双拥创建工作。组成市“八一”拥军慰问团，走访慰问驻穗部队。在全省率先实现专设双拥工作机构，实行军地合署办公，市、区两级专设双拥工作处（科）12个，增设专职行政编制14名。

首次在广州塔亮灯庆祝“八一”建军节、空军节，以市委市政府名义在主要媒体刊发“八一”慰问信，向全市烈军属和退役军人寄送专属邮政纪念信封和慰问信。在花城广场、机场高速、地铁、公交站等投放双拥宣传海报1000余幅。开辟退役军人和双拥工作专栏、简报和信息专网，定期发布双拥工作动态，讲好双拥感人故事，形成线上线下双拥宣传新格局。

30件需地方支持驻穗部队解决的事项均已解决或达成协议。投入近1000万元支持部队建设，特事特办解决部队新建营房、用水用电、交通出行和家属子女落户等项目10余个。安置随军家属360名，优先安排1135名部队子女入园入学，引进优秀退役士兵入户39人，有力解决了部队备战打仗后顾之忧。

六、褒扬纪念工作

开展“铭记功勋·致敬英烈”宣传教育活动，组织212名边境战争烈士亲属，赴广西7地10处烈士陵园祭扫。精心组织广东省广州市“9·30”

公祭烈士暨向广州起义纪念碑敬献花篮仪式。广州起义烈士陵园“红色之旅”活动砥砺初心、激昂军魂，黄花岗公园组织第五届“黄花文化节”致敬72先烈、彰显“浩气长存”，十九路军淞沪抗日阵亡将士陵园文物保护积极推进。

七、自身建设情况

坚持把党的政治建设摆在首位，把“两个维护”作为最高政治原则和根本政治规矩，第一时间传达学习习近平总书记重要指示批示精神，深入研究贯彻落实举措，自觉在思想上政治上行动上同以习近平同志为核心的党中央保持高度一致。围绕“守初心、担使命、找差距、抓落实”的总要求，扎实开展“不忘初心、牢记使命”主题教育，认真开展8个专项整治。严格落实领导干部双重组织生活制度，健全市局机关党委、机关纪委、工会，党群工作有序推进。研究制定11类47项工作制度，坚持用制度管人、管钱、管物、管事。同时，在公文处理、会务协调、政务公开、依法行政、保密、安全、信息化建设等方面做了大量卓有成效的基础性、起步性工作。

深圳市

2019年，深圳市退役军人事务系统坚持以退役军人为中心，全面夯实“八个基础”，着力打造“六个中心”，圆满完成各项工作任务，开创了深圳退役军人工作新局面。

一、机构建设情况

按照中央有关部署，结合《深圳市机构改革方案》，市退役军人事务局整合了市民政局的退役军人优抚安置、双拥工作职责与人力资源社会保障局的军官转业安置职责及军队有关职责，于2019年1月28日挂牌成立。内设5个处室。下设市退役军人服务中心、市军休服务管理中心、深圳革命烈士陵园管理所，均为事业单位。全市10个区（新区）已挂牌成立区（新区）退役军人事务局。

机构改革组建过程中，坚持把党的全面领导贯穿始终，坚决贯彻落实中央关于深化党和国家机构改革的部署要求，稳妥有序推进。严格按照市委、市政府有关指示，高效推进各项工作，实现改革过渡期思想不乱、工作不断、队伍不散、干劲不减的目标。成立工作专班，研究“三定方案”明确主要职责、部门转隶、人员划转、档案交接、资产移交，确保机构改革组建顺利进行。

2019年5月8日，市退役军人服务中心挂牌成立。5月24日，高质高效100%完成退役军人服务机构组建任务，共成立退役军人服务中心（站）789个，其中市退役军人服务中心1个、区级退役军人服务中心11个、街道（镇）退役军人服务站78个、社区（村）退役军人服务站699个，形成横向到边、纵向到底、覆盖全员的退役军人服务网络。

深圳市紧扣如何发挥服务保障体系建设的功能作用，积极探索、先行先试、精准发力，编印《深圳市退役军人服务中心（站）规范建设与工作运行指导手册（试行）》等“1+3”业务指导资料，纵深推进业务培训全员覆盖，建立“四个一”“1+1+N”和对接联系等工作运行机制，有效推进体系建设运行成效初显。

二、权益保障工作

高标准筹建信访室，积极办理信访事项，排查矛盾问题，制定来访接待方案，明确工作流程，建立信访协作机制，安排专人负责信访接待。

三、移交安置工作

（一）军转干部安置

按照中央部署及广东省有关要求，提前统筹谋划，加强联系沟通，根据各单位编制使用情况、历年军转干部接收情况及机构改革等因素，科学编制安置计划，切实增强安置计划可行性，严肃军转安置工作纪律。全市各单位通力合作，深挖安置潜力，共为400多名计划分配军转干部提供492个岗位，其中公务员岗位比例超过88%，创近10年新高，军转干部满意率显著提升。先后召开5次军地协调会，通过各种形式宣讲安置政策，通报军转安置工作情况，及时解答军转干部疑问，消除政策误解。

（二）退役士兵安置工作

在充分调研论证的基础上，经征求各方意见形成退役士兵安置工作方案，为退役士兵安置提供了政策支持。积极会同相关部门和部队做好退役士兵接收工作，2019年安置到事业编岗位15人，约占安置人数30%，首次实现事业编零突破；积极协调市发展改革委、公安局，进一步简化退役士兵落户程序，提高办事效率，将退役士兵落户等待时间缩减约30天，避免因没有户口而无法缴纳社会保险、购买住房、就业入学等情况发生。

（三）退役士兵社会保险补缴工作

截至2019年年底，共接听咨询电话6839个，受理申请5484人。按照广东省退役军人事务厅要求，结合内部人员配备情况，组建工作专班，每日梳理数据、分析数据，跟进各区落实情况；积极协调相关单位，对符合补缴条件的退役士兵社会保险信息进行摸底测算、查询汇总，建立起无缝对接的工作流程和协同办理机制，进一步提高风险防控能力。

（四）随军家属就业安置工作

为贯彻落实市委议军会议精神，在充分调研论证的基础上，进一步修改完善深圳市随军家属安置政策，将符合2019年首次就业安置条件的125名随军家属促进就业任务分配下达各区促进就业；对符合条件的200余名已实现就业的随军家属发放岗位补贴、企业奖励和社会保险补贴等各类补贴250余万元，激发了随军家属就业热情。

（五）军休服务管理工作

落实国家军队离退休干部地方安置政策，支持国防建设和军队改革，维护发展稳定大局，全年安置军队离退休干部60多名。

四、就业创业工作

为发挥新组建政府机关职能作用，进一步推进退役军人就业创业工作，2019年6月30日，市退役军人事务局根据上级安排部署，广泛发动、周密组织，在市公共就业服务中心举办了“深圳市2019年首届‘兵至如归’退役军人专场招聘会”，也是深圳市首次针对退役军人举行的大型专场招聘活动。

为拓宽退役军人就业渠道，提升退役军人就业创业能力，全年举办退役军人专场招聘会9场，提供就业岗位9000余个，吸引1700余名退役军人参加，30%退役军人与用人单位达成就业意向。举办 11 场全员适应性培训，高质量完成全员适应性培训任务，助力退役军人就业创业。依托深圳职业技术学院等地方院校，多渠道推进退役军人职业技能培训和学历教育。

五、拥军优属工作

抓好双拥模范城创建。市领导高度重视新一届双拥模范城创建考评工作。2019 年 9 月 3 日，召开市双拥工作领导小组全体会议暨创建双拥模范城动员会，市长、双拥工作领导小组组长主持会议并作出全面部署，明确目标任务、责任分工和有关要求，审议通过双拥模范城创建考评活动方案并印发实施。

做好走访慰问。元旦、春节、“八一”期间，组织由深圳市领导和市双拥办领导率领的拥军慰问团，广泛开展拥军优属慰问活动，走访慰问驻深部队及其上级单位 80 余家，赠送慰问金（含慰问物资折款）870 余万元。举行深圳市 2019 年春节军政座谈会，军地畅叙鱼水深情，共商双拥发展大计。引导和发挥市拥军优属基金会、浪陀拥军基金会、越众公益基金会等市区 26 家拥军社会组织示范带头作用，开展社会化拥军工作，吸纳社会拥军资金 1000 多万元。结合海军节、庆祝新中国成立 70 周年阅兵、部队野外驻训等时点，开展选点慰问驻深海军部队、受阅部队官兵、驻训官兵等活动，支持部队遂行多样化军事任务。按全国及省双拥办要求，协调各类媒体，播发春节和“八一”慰问信。

搞好双拥共建。2019 年春节前夕，深圳市双拥办联合宣传、文体部门开展“新春艺术关爱”走进驻深部队活动。以“喜迎新春、翰墨拥军”为主题，组织深圳知名书画艺术家赴驻深部队营区开展“书画进军营”活动。持续开展驻深部队官兵职业技能培训活动，为驻深部队官兵提供军校考前辅导、中式烹饪、无人机驾驶、计算机操作等实用型技能培训，投入培训经费 200 余万元，培训官兵 1000 人次。持续开展帮扶救助进军营活动，收集驻深部队特困官兵生活、医疗、伤残等救助需求 200 余项，资助救助金 200 万元。举办 2019 第七届军地青年联谊活动，为驻深部队和地方党政机关、企业的 200 余名未婚男女青年提供了交友平台。举办 2019 第七届军民运动会，组织来自驻深部队、行政机关、企事业单位、社会组织、群众团体等 50 支参赛队伍的近 1000 名军地运动员进行了 20 余场次的军民竞技。组织开展 2019 第五届驻深部队退役士兵和随军家属专场招聘会，80 多家企业针对退役军人定制 1100 多个工作岗位，现场 200 名士兵签订就业意向。

建好拥军优抚中心。根据局党组推进“六个中心”建设的总体部署，扎实推动拥军优抚中心建设，投入经费 80 余万元，制定整体提升方案，设置 200 平方米户外永久性双拥宣传牌、室外 LED 电子屏和党史军史文化走廊，营造宣传教育氛围，着力打造拥军优抚中心特色品牌。打造特色化拥军优抚的宣教阵地，定期开展“讲武堂”、特色教育活动，营造浓厚的双拥工作氛围。打造常态化拥军优抚的温馨家园，开展军地党建、军民联谊、帮扶救助等共建活动。打造社会化拥军优抚的总部基地，社会拥军化队伍引入优质社会资源，为军人军属、退役军人和其他优抚对象提供专属服务和优惠，完善双拥优抚工作联络机制。打造智慧化服务的拥军优抚信息枢纽，搭建军地信息交互网络，开展军地信息对接服务。

在优待抚恤方面，及时提高优抚对象生活保障水平。印发《深圳市退役军人事务局深圳市财政局关于调整2019年度我市户籍一至四级残疾军人护理费标准的通知》《深圳市退役军人事务局关于调整2019年度定恤定补优抚对象医疗参保补助标准的通知》等系列文件，落实重点优抚对象抚恤补助标准自然增长机制，督促指导各区（新区），落实优待抚恤金1.1亿元，灵活就业补贴651万元。做好信息采集和悬挂光荣牌工作。按照上级统一部署，全市投入经费800余万元，设立采集点791个，采购设备428套。隆重举行烈属、军属和退役军人等家庭悬挂光荣牌工作启动仪式，悬挂光荣牌9.4万余块。印发通知督促指导各区（新区）开展各类拥军慰问活动，走访慰问各类抚恤定补优抚对象8300余人次，发放慰问金（含慰问物资折款）2200余万元。推进公共服务领域优待项目。积极引入金融、通信、医疗、交通等重点领域的优质社会资源，为优抚对象提供全方位专属服务和优惠。联合建设银行深圳分行，推出“战友银行”，设立“关爱老兵基金”，提供专享等系列金融服务；联合三大通信运营商，推出“战友专享信息消费优惠套餐”，为服务对象提供通信优惠、就业辅导、政策解读等专属信息服务；依托市区两级公立医院，结合“关爱功臣送医送药”活动，设立“战友优诊室”，为服务对象提供就医“绿色通道”；联合市交通运输局、深圳通公司、建设银行，积极推动抚恤优待卡升级换卡工作，为服务对象提供更加人性化的优先优待服务。探索健全优待制度体系。在国家和省各项退役军人优待抚恤政策框架内，发挥先行示范优势，借鉴国际国内退役军人优待抚恤先进经验做法，以问题为导向，因地制宜、因时制宜，探索制定市退役军人公共服务优待试行办法。

六、褒扬纪念工作

完成烈士纪念设施普查工作，梳理全市烈士纪念设施37处，其中省级重点保护单位1处。加大力度推动市、区各级有关部门加强烈士褒扬工作，指导和协助深圳革命烈士陵园园区环境提质改造；协助市委宣传部完成爱国主义教育基地普查工作，梳理全市爱国主义教育基地22处。以传承红色基因、弘扬英烈精神为主题，采取线上和线下相结合的形式，依托英烈网和市区烈士陵园、零散烈士纪念设施等场所，广泛开展祭奠英烈活动，营造铭记英烈功勋、传承英烈精神的浓厚氛围。2019年9月30日，隆重开展向烈士纪念碑敬献花篮仪式活动，市领导与党政军群各界代表500余人参加，深切悼念赤胆忠心、为国捐躯的革命先烈，表达全市干部群众不忘初心、牢记使命，为加快建设“中国特色社会主义先行示范区、社会主义现代化强国的城市范例”继续奋斗的坚定决心。

七、信息采集工作

为贯彻落实党中央、国务院有关决策部署，进一步做好退役军人服务保障工作，根据国务院办公厅、退役军人事务部及广东省退役军人事务厅等通知要求，全面做好深圳市退役军人和其他优抚对象信息采集工作。

八、自身建设情况

深圳市退役军人事务部门深学笃用习近平新时代中国特色社会主义思想，特别是习近平总书记关于退役军人工作重要论述，认真落实“第一议题”学习制度，深入开展“不忘初心、牢记使命”主题教育。扎实抓好组织体系建设，高规格成立市、区两级党委退役军人事务工作领导小组，迅速组建市、区两级退役军人事务局。深入推进各级党组织建设，市局机关组建党委和纪委，先后成立机关和直属单位党支部32个。狠抓能力素质建设，组织开展形式多样的政治理论、政策法规、业务能力教育培训活动，着力提升后勤保障效能，接连打赢市局信访接待大厅、机关办公场所、服务中心功能用房升级改造攻坚战，较好完成财政预算资金申报支出、固定资产核定划转等任务。全面压实党风廉政建设主体责任，大力加强纪律作风警示教育。扎实开展模范机关创建活动，营造以军人的意志、军人的作风、军人的纪律为标准的干事创业氛围。

广西壮族自治区

2019年，广西退役军人事务系统全面落实全国退役军人工作会议和中央关于加强新时代退役军人工作有关文件部署要求，在自治区党委、政府的坚强领导下，解放思想、改革创新、担当实干，退役军人各项工作实现平稳起步、良好开局。

一、机构建设情况

自治区、市、县三级成立由党政主要领导担任组长的党委退役军人事务工作领导小组，加强总体谋划，推动工作落实。广西“双组长制”做法在国家层面受到宣传推广。

14个设区市、111个县（市、区）全部挂牌成立退役军人事务行政机构。成立自治区本级退役军人信息数据中心，统一明确设区市和县（市、区）退役军人服务中心为同级退役军人事务部门管理的公益一类事业单位，机构规格分别定为副处级和副科级。原隶属民政、人力资源社会保障等部门的129家涉军服务保障事业单位整体转隶118家，占比91%。全区基本形成横向到边、纵向到底、覆盖全员、专业规范的服务保障体系。

二、思想政治和权益维护工作

加强思想政治引领，组织开展首届“八桂最美退役军人”学习宣传和向张富清、王启荣同志学习活动，所推荐的1名同志被评为全国“最美退役军人”，10名同志被评为“全国模范退役军人”。做好退役军人党员服务管理工作，落实2013年以来全区安置退役军人组织关系2.7万多人。全面启动退役军人关爱基金设立工作。制定出台《广西壮族自治区退役军人事务厅本级来访困难人员临时救助管理办法》5个内部规章制度。

深入开展退役军人矛盾问题攻坚化解年活动，先后派出10多个工作组到60多个县（市、区）下访数百名重点帮扶对象，推动将问题化解在基层。安排500万元帮扶解困专项资金，对部分确有困难的4000多名退役军人进行帮扶。

区、市、县三级共127个单位启用了全国退役军人信访信息综合系统，做到信访事项“件件登记可备查”，并开通了厅长信箱办理回复来信。

三、移交安置工作

审核移交900多名军转干部、40多名随调家属和100多名到广西落户的现役改文职干部档案。实际接收安置计划分配军转干部400多人，圆满完成全区军转干部安置任务，全区行政机关和参公单位接收安置军转干部比例超过95%。中直驻桂单位和自治区直属单位共接收安置军转干部100多人，占全区实际接收安置总数的36%。

大力加强与中直、区直单位及国有企业的协调，落实年度接收安置退役士兵计划岗位近700个，指导市、县（区）根据《符合政府安排工作条件退役士兵服役表现量化评分暂行办法》要求做好年度安置工作，实际安置900多人，全区由政府安排工作退役士兵安置到行政事业单位比例超过93%。广西退役士兵连续6年安置率为100%，连续5年到行政事业单位安置比例达90%以上。

先后两次召开全区退役军人工作会议，自治区政府分管领导出席会议，对全区部分退役士兵保险补缴工作动员部署、积极推动。成立自治区部分退役士兵保险补缴工作专班，建立厅际沟通联络平台，及时协调解决实施过程中存在的问题和困难。组织自治区、市、县三级退役军人事务（民政）、财政、人力资源社会保障、医保等部门的分管领导和业务骨干共约800人分批次参加专题培训。采取召开新闻发布会、电视政策宣讲、开通工作热线、张贴公告、电话通知、发送短信、媒体公告、面对面告知等多种形式开展宣传，其中登门入户向退役士兵或其家属送达《告知书》的做法得到中央有关督查调研组的肯定。

四、就业创业工作

印发《关于做好退役军人就业创业工作的通知》等政策文件，完成500多名年度接收自主择业军队转业干部的档案审核、接收报到、适应性培训、退役金核定等工作。全区自主择业军转干部100%享受安置地党和国家机关与其军队职务等级相应的或者同等条件人员的医疗保障待遇。完成7700多名自主就业退役士兵的教育培训工作，配合做好全区高职扩招工作，全区共录取退役军人3.2万人。

配合有关部门印发《关于落实自主就业退役士兵创业就业有关税收政策的通知》，对从事个体经营的自主就业退役士兵、企业招用自主就业退役士兵给予相关税收优惠。发起筹建广西壮族自治区退役军人就业创业服务促进会、广西退役军人就业创业培训网站，与广西广播电视大学共同组建广西广播电视大学退役军人教育学院。大力开展退役军人就业公共服务，全区各级退役军人事务部门共召开退役军人专场招聘会75场次，5600多名退役军人达成就业意向。

五、军休服务管理工作

全年审定军队离退休干部（士官）安置去向100多人，接收安置军队离退休干部（士官）100多人，其中伤病残人员30多人。向2200多名军休干部（士官）发放离退休费、津补贴，301名遗属发放遗属补助，235名军休干部（士官）发放护理费，56名去世军休干部发放丧葬费等。开展全国军休信息数据调查摸底工作，完成全区军休服务管理机构情况、服务管理机构车辆情况、军休干部（士官）和无军籍退休职工住房情况及军休干部安置住房小区情况的详细调查，并录入全区军休信息数据系统。

举办全区军休干部庆祝新中国成立70周年文艺汇演和在全区4个城市的巡演，推选3个优质节目参加全国汇演节目初选，其中彩调剧《山坳的回声》被选送参加“全国军休干部南部片区文艺汇演”，并获得优秀节目奖。树推桂林市漓江军休所原党支部书记、所长李娜模范典型，教育激励军休工作者牢固树立爱岗敬业精神。承办全国军休机构负责人培训班，圆满完成军队全国政协考察团到广西考察调研的协调保障工作。

六、拥军优抚工作

举行自治区党政军迎春座谈会，组织全区广泛开展拥军优属走访慰问活动。春节和“八一”建军节前后，自治区退役军人事务厅采购了价值580万元的物品和支出100万元现金，重点慰问了驻桂部队军级以上单位和边海防部队。2019年7月25日，召开自治区双拥模范城（县）命名暨双拥模范单位和个人表彰大会，自治区党委书记出席会议并讲话，会议命名了40个全区双拥模范城（县）称号，表彰了159个双拥模范单位和模范个人。

全面完成退役军人和其他优抚对象信息集中采集。为烈属、军属和退役军人等家庭悬挂光荣牌100.69万户，实现符合条件对象应挂尽挂。联合自治区财政厅下发《关于调整我区部分优抚对象等人员抚恤和生活补助标准的通知》，从2019年8月1日起，再次提高部分优抚对象抚恤和生活补助标准。重点优抚对象“八一”慰问金标准提高了一倍。结合“庆祝中华人民共和国成立70周年”纪念活动，走访慰问优抚对象近14万人，发放慰问金6000多万元，发放“庆祝中华人民共和国成立70周年”纪念章2321枚。自治区党委、自治区人民政府、广西军区联合印发加强优抚安置工作的实施意见，为退役军人和其他优抚对象提供公共服务优先优惠政策。落实“拥军优抚协议”合作文件，联合自治区内14家银行提供“一先、四免、两优惠”服务。

七、褒扬纪念工作

全区完成烈士录入28 948人的汇总任务，审核烈士资料16人。2019年9月30日，在广西南宁市组织开展烈士公祭活动，自治区党政军主要领导率自治区四套班子领导、区直和南宁市机关干部职工及首府各界群众代表参加。各市、县也充分利用烈士公祭日、清明节等时机，在当地烈士陵园、纪念广场或革命纪念碑等举行隆重的烈士公祭活动。加大烈士纪念设施管理保护力度，共投入2230万元，对部分县级以上烈士纪念设施进行维修改造。对县级以上烈士纪念设施和零散纪念设施进行拉网式排查，补充完善烈士褒扬管理信息系统，精准掌控本地区烈士纪念设施情况，研究规划未来5年新建改扩重大建设项目。成立广西英烈褒扬事业促进会，通过整合资源，汇集社会人力、财力、物力和信息等资源，发挥桥梁纽带作用，探索烈士陵园史料征集、文物保护和宣教工作发展新路径，发挥社会引领作用，为英烈纪念设施建设、维修、改造等提供技术支持，推动英烈褒扬事业向广度和深度发展。

八、湘江战役红军遗骸收敛保护工作

自治区退役军人事务厅作为自治区收殓保护

组牵头单位，组织各成员单位和桂林市及桂北五县主动担当，克服春节假期长、春季雨水多、经费紧张、机构改革期间人员调整变动大等困难，对桂北五县（含灵川县）421 个红军遗骸安葬点和集中点进行发掘，协力推进红军遗骸收殓安放和红军遗属帮扶工作。

2019 年 9 月 12 日，中央宣传部、退役军人事务部、中央军委政治工作部等军地部门及自治区党委、政府在湘江战役纪念园隆重举行湘江战役烈士纪念设施落成仪式和湘江战役烈士遗骸安葬仪式。桂北五县集中收殓保护的 173 个湘江战役红军烈士棺椁均已隆重安葬并永久纪念，标志着湘江战役红军遗骸收殓保护工作圆满完成。

九、边境烈士祭扫组织服务工作

认真落实有关要求，强化政治担当，坚持底线思维，及早谋划部署，报请自治区政府印发边境烈士祭扫服务保障工作方案，成立祭扫服务保障工作领导小组，下拨烈士纪念设施维修保护和烈属接待经费 2200 万元，安排免费接送大巴 1600 多辆次，组织义工、志愿者 6000 多人次，出动医疗人员 1700 多人次，采取有力措施做好祭扫人员的食宿及出行保障。

健全各级各相关部门信息互通机制，加强思想政治教育工作，协助做好现场应急处置工作。妥善回应失踪烈士家属和失踪参战民兵家属多年期盼，修建龙州、那坡烈士陵园英名墙并分别举办落成纪念仪式，得到烈士家属、参战退役人员和社会各界的广泛好评。

据统计，2019 年 2 月 15 日至 4 月 30 日，全区 10 个边境烈士陵园共接待社会各界祭扫人员 124 620 人次，服务保障 8 场超过千人的大型集体祭扫活动，边境祭扫总体平稳有序。

十、自身建设情况

扎实开展“不忘初心、牢记使命”主题教育，举办全区退役军人事务系统领导干部学习习近平新时代中国特色社会主义思想暨退役军人事务研讨班，深入学习习近平新时代中国特色社会主义思想，厅本级共查找出问题情形 11 类 20 项，提出整改措施 47 条，对全厅 90 余项规章制度进行汇总、梳理、审核，形成制度性成果 6 项。在新组建区直部门中召开党员大会，选举产生第一届厅直属机关党委和纪委。在厅机关设立 7 个党支部，在直属单位设立 8 个党（总）支部，举办支部标准化规范化建设现场观摩会。研究制定《关于进一步激励干部新时代新担当新作为 16 条措施》等规章制度，加强干部队伍建设。

海南省

2019年，是海南省组建退役军人事务系统的开局之年。海南省退役军人事务系统坚持以退役军人为中心，坚持改革创新，统筹安排，周密部署，狠抓落实，圆满完成各项工作任务，实现良好开局，取得阶段性成果。

一、机构建设情况

2019年1月19日，成立省委退役军人事务工作领导小组，领导小组办公室设在省退役军人事务厅。出台有关工作规范，明确了领导小组及办公室的职责任务、会议制度和工作机制，为领导小组及办公室的规范运行提供了制度保障。4月15日，中共海南省委机构编制委员会印发《关于设立海南省退役军人服务中心的批复》，整合省离休退休军官休养所、军休干部活动中心和军官转业培训中心3个事业单位，组建省退役军人服务中心。4月16日，省委编办、省退役军人事务厅联合印发《关于建立市县各级退役军人服务体系的意见》，构建省市县、乡镇（街道）、村（社区）退役军人服务体系。5月5日，省退役军人服务中心挂牌成立。全省共成立服务中心（站）3158个，建立完善了“五有”和“全覆盖”的退役军人五级服务保障体系，保障了退役军人服务管理各项工作有效开展。10月22日，以领导小组名义召开全省退役军人工作暨双拥模范命名表彰大会，隆重表彰108名先进个人和68家先进单位。省委书记亲切会见与会代表、省长出席大会，并作讲话。

二、思想政治和权益维护工作

开展走访调研，摸清问题底数，深挖问题根源，形成调研报告，理顺工作思路，在全省范围内开展为退役老兵解难题活动，共建立1497个问题台账，分轻重缓急，逐项逐条研究解决历史遗留问题，已成功化解509个，为部分老兵解决现实困难问题。按照“划片区、分层次、诚服务、解难题”的要求，建立了省、市县（区）、乡镇（街道）、村（居、社区）四级联结工作机制，把每一位退役军人纳入服务保障体系，并在全省确定3160个分片包点联系人。建立退役军人法律援助机制，在各级公共法律服务中心设立退役军人专席，开辟法律服务绿色通道。积极推进海南省新时代关爱退役军人基金会的筹建工作。

三、移交安置工作

完成移交安置任务1100多人，其中计划分配军转干部300多人，自主择业军转干部300多人，自主择业人数首次超过政府安置人数，计划分配军转干部安置在党政机关和参公事业单位的超过安置总数的 95%。由政府安排工作退役士兵 300 多人，已全部完成安置，安置在事业单位的超过安置总数的 93%。及时开展军转干部和政府安排工作退役士兵适应性培训，帮助其能够更好更快融入海南经济社会发展。制定海南省部分退役士兵社会保险补缴工作方案，明确工作流程，共受理 24 879 名退役士兵的社会保险补缴申请。

四、就业创业工作

联合省委组织部等 13 个部门出台《关于促进新时代退役军人就业创业工作的实施意见》，联合省财政厅等 3 个部门制定《关于对自主就业退役士兵创业就业予以定额依次扣减相关税费的通知》，进一步完善退役军人就业创业扶持政策。与海南大学等 14 所院校签订退役军人教育培训战略框架合作协议，建立多层次、多样化、精准化退役军人教育培训服务体系。发动 12 219 名退役军人踊跃参加高职院校报名学习。研究制定退役军人培训管理工作办法，确保培训质量。与企业家协会、行业协会、金融保险机构和国资委等签订合作协议，进一步畅通退役军人就业创业渠道，推出“海南退役军人专属银行卡”“退役军人小额信贷优惠服务”等一系列金融优惠政策，为退役军人就业创业提供政策帮扶。共举办 13 场退役军人专场招聘会，组织 1671 家用人单位入场招聘，现场达成就业意向 3031 人。充分利用社会资源开展退役军人就业创业示范（孵化）基地创建工作，授牌 8 个退役军人就业创业示范基地。

五、军休管理服务工作

审定完成军休干部、退休士官安置去向 100 多人，接收安置军休干部近 80 人、退休士官超过 10 人。协调解决全省行政副师职军休干部医疗保健待遇问题。组织全省军休干部文艺汇演，儋州调声《唱支山歌庆国庆》和诗朗诵《我自豪，我是三沙老兵》在全国军休系统庆祝新中国成立 70 周年文艺汇演南部片区复赛中获优秀节目奖，其中《唱支山歌庆国庆》参加了全国汇演。

六、双拥优抚工作

命名第十届海南省双拥模范城（县、区）15 个，表彰双拥模范单位 41 个、双拥模范个人 40 名，进一步巩固坚如磐石的军政军民关系。开展春节、“八一”拥军慰问，赠送慰问金 575 万元、慰问品 2.8 万余份。为庆祝新中国成立 70 周年，走访慰问功臣 561 人，发放慰问金 114.3 万元。走访驻琼部队，对随军家属就业、官兵子女入学等问题进行专题调研，帮助驻琼部队解决实际问题。开展了新中国成立以来全省最大规模的退役军人和其他优抚对象信息采集，提前完成采集任务。

七、褒扬纪念工作

注重彰显荣誉、庄重热烈，全省举办了 230 余场悬挂光荣牌启动仪式，播发宣传稿 500 余篇，完成 204 596 户烈属军属和退役军人家庭上门悬挂光荣牌工作。组织 187 批次、8 万多人次参加清明节烈士祭扫、烈士纪念日敬献花篮等活动。全面梳理全省烈士纪念设施，完善相关信息，重新修撰本省《烈士英名录》。

八、自身建设情况

强化学习培训，严格落实理论学习制度，省厅党组中心组集中学习17次，用时343课时。举办全省退役军人事务局局长培训、全省退役军人工作系统人员培训、就业创业工作培训等近20个专题培训，提升全省退役军人系统工作能力。加强干部队伍建设，完成15名干部选调和11名军转干部安置，选拔任用干部38名、23人次职级晋升，进一步优化干部结构。强化制度建设，制定完善党组议事规则、财务管理制度、人事制度等20余项规章制度。深入开展在海南自由贸易试验区和中国特色自由贸易港建设中“勇当先锋、做好表率”“两个确保”百日大行动、“我为加快推进海南自贸港建设作贡献”等活动。组织专题研讨、专题党课、现场体验教学、警示教育等活动，扎实开展“不忘初心、牢记使命”主题教育。围绕维护退役军人合法权益、退役军人就业创业等问题，到矛盾最集中、困难最突出的市县开展调研，探索破解难题的实招、硬招。

重庆市

2019 年，重庆市退役军人事务系统在市委、市政府的领导下，坚持边组建机构、边推进工作，边谋划长远发展、边解决遗留问题，着力打基础、抓重点、保稳定，取得明显成效。

一、机构建设情况

市委成立退役军人事务工作领导小组，38 个区县（自治县）、两江新区、万盛经开区成立了党委（党工委）退役军人事务工作领导小组。38 个区县（自治县）、两江新区、重庆高新区、万盛经开区全部组建成立退役军人事务局。全市退役军人服务保障体系坚持市级带动、区县促动、镇村联动，努力做到标准化建设、规范化服务、精细化保障。市退役军人服务中心于 2019 年 4 月 10 日挂牌成立，建立区县退役军人服务中心 40 个、乡镇（街道）退役军人服务站 1029 个、村（社区）退役军人服务站 10 977 个，服务中心（站）建设实现市、区县、镇街、村（社区）四级“全覆盖”。

二、政策法规工作

（一）推进政策法规制定

紧跟国家层面政策制度出台进度，加紧推进政策制度建设，全年制定市级行政规范性文件 6 件。将《烈士褒扬条例》地方立法列入五年立法中期调整计划。启动贯彻落实中央有关文件的具体措施制定。收集汇总政策文件，列出目录清单。各区县也制定出台了相应的规范性文件。全市退役军人工作各领域基本做到有法可依、有章可循。

（二）促进政策法规落实

将政策法规落实作为退役军人事务工作机构组建后工作开新布局的重要抓手，作为化解历史遗留问题的突破口，作为工作综合督查督导的重要内容，部分应落实未落实或落实不到位的历史遗留问题得到有效化解。市、区县两级均把政策法规落实情况纳入年度目标考核，有力推动了政策兑现。

（三）加强法治政府建设

制定年度法治政府建设计划，压实工作责任。落实普法工作责任制，加强普法宣传教育。坚持依法行政，严格规范性文件合法性审核和重大决策程序，有效防范了政策风险。

（四）做好行政复议行政应诉工作

制定规范行政复议行政应诉规则，建立完善制度规范。加强行政复议行政应诉办理工作人员培训，提高业务能力。把行政复议行政应诉工作与促进依法行政、加强政策宣传解释、强化思想政治工作有机结合起来。

三、思想政治和权益维护工作

（一）尊重激励氛围更加浓厚

2019 年 7 月，重庆市获评全国模范退役军人 10 名，全国退役军人工作模范单位 2 个、模范个人 2 名。易禄亨同志受邀参加 2019 年全国“最美退役军人”先进事迹发布仪式。11 月，全市表彰模范退役军人 80 名，退役军人工作模范单位 50 个、模范个人 20 名。崔连喜、蒲良培、易禄亨 3 名同志参加全市“不忘初心、牢记使命”优秀共产党员先进事迹报告团。

（二）信访来访机制逐步健全

全力推进历史遗留问题化解，切实维护退役军人合法权益。开通来信、来访、来电等受理渠道，建立健全信访工作制度，及时受理办理全市退役军人信访事项。严格落实信访工作责任制和领导包案制度，积极开展部分历史遗留问题调研，制定化解方案，推动问题化解。

（三）矛盾攻坚化解扎实开展

认真开展“矛盾纠纷攻坚化解年”活动，对疑难问题召开协调会，全力推动案结事了。采取节日慰问、临时救助、部门协调等多种帮扶援助措施，解决退役军人生活、医疗、住房等方面困难。对就业困难的退役军人提供公益性岗位就业。

四、移交安置和军休服务管理工作

（一）高起点推动安置工作

市政府召开全市退役军人安置工作会议，安排部署全市安置工作。向市级党政机关、市属企事业单位和各区县下达安置指令性计划，要求全市各级党委、政府及部门，把做好退役军人安置工作作为支持国防和军队建设的一件大事来抓，务必提高政治站位，履职担责。在市委、市政府的领导下，全市统一思想、统一行动、统一政策，确保全面完成中央下达的安置任务。

（二）高标准落实安置任务

向市属事业单位、市属国有企业下达接收安置计划，确保安置在机关、事业单位的比例和安置质量稳步提升，圆满完成年度安置任务。积极组织接收安置单位负责人走进军营，开展国防教育，体验军营生活，增强接收安置退役军人的责任感和使命感，进一步提高接收安置的自觉性。把对团职干部、功臣模范，以及艰苦边远地区、特殊岗位等对国防军队建设贡献大、服役表现好的退役军人给予重点从优照顾安置。采取考试考核、双向选择、指令性分配、量化评分与“直通车”式安置相结合的方式，努力实现人岗相适、人事相宜、人尽其才、各得其所，确保安置工作公开公平公正。深入基层调研指导，帮助解决安置工作中的困难问题及历史遗留问题，维护退役军人的合法权益。开展督导检查，对拒绝接收、设置条件提高门槛变相拒绝接收，或者未全面落实安置政策的单位，督促整改，提升安置工作的严肃性。

（三）高质量服务退役军人

将退役军人考试考核、双向选择接收单位、安置计划等信息向退役军人公开。举办接收单位与退役军人见面的“双选大会”，搭建沟通交流平台。公布安置政策、流程、办法等，提高安置工作的透明度和服务水平。简化安置手续，优化安置流程，方便服务退役军人。对移交政府安置的军休干部，及时补发调资、增资经费，确保政治、经济待遇的落实，开展丰富多彩的文体活动和节日慰问走访等活动，切实服务保障好军休干部生活。

五、就业创业工作

（一）各类培训有力推进

对9439名退役军人集中开展适应性培训和“退役第一课”培训，宣讲国家经济社会发展形势，解读退役军人安置政策，介绍重庆发展概况，鼓励退役军人退役不退志、退伍不褪色，尽快融入全市经济社会发展建设大局，贡献力量。选派54名专业不对口的军转干部参加“军转干部进高校”活动，255名公安系统转业干部进万州人民警察培训学校进行脱产培训，极大提升了军转干部适岗和履职能力。退役士兵中大学生复学818人。重庆市高职扩招工作中退役军人报名人数达52 253人，核实通过49 217人，第一批24 046人已录取入学。市军培中心联合四川大学、西南大学开设奥鹏网络学历教育，为退役军人学历提升提供新选择。首批103个机构（学校、企业）已纳入市退役军人承训机构目录。开展“订单式”“定向式”“定岗式”培训，提高培训的针对性和有效性。2455人接受职业教育培训。

（二）各种服务措施切实强化

开展“2019年退役军人就业创业活动周”“金秋招聘月”等活动，引进优质企业有针对性地为退役军人提供岗位，举办专场招聘60余场次，提供52 635个就业岗位，签订意向协议5408人，实际就业3230人。协助市应急管理局做好消防员招录工作，已招录424名退役士兵进入消防队伍，拓宽了退役军人择业就业范围。

（三）各项优惠政策落实落细

截至2019年12月，全市共有1122户纳税人享受退役军人税收优惠，共计减免5122.37万元，涉及退役军人12 877人，有力促进了退役军人就业创业。对各区县的创业退役军人进行排查登记，针对退役军人在创业场所、技术革新、享受政策及小额贷款等方面出现的问题提供帮助，647人享受创业扶持。

六、拥军优抚工作

（一）稳步提高优抚对象保障水平

调整部分优抚对象抚恤和生活补助标准，较上年度增幅达10%。调整一级至四级残疾军人护理费标准，较上年度增幅达11.6%。调整“企业三类人员”生活医疗困难补助标准，较好地保障了优抚对象的基本生活、医疗。全面落实为租住公共租赁住房优抚对象家庭发放租金补助。将享受国家定期抚恤补助的重点优抚对象纳入“惠民济困保”商业保险范围。

（二）推进社会优待落地生根

全面落实现役军人交通优待政策，现役军人

凭有效证件免费乘坐市内公共交通政策于2020年1月1日起正式实施。积极探索社会化拥军，全市13家银行签署拥军优抚合作协议，为优抚对象提供优先、优质、优惠的金融服务。

（三）持续营造双拥浓厚氛围

及时调整完善双拥工作组织领导机构，规范合署办公、军地联席会议等制度，形成军地共谋打赢合力。积极配合西部战区全面推动建立拥军支前军地协调机制。建立军地双拥工作部门联络会商协作机制，将驻渝部队反映问题纳入专项督查，着力解决驻渝部队重难点问题。积极回应部队官兵重大关切，着力消除部队官兵“后院”“后代”“后路”之忧。全面开展退役军人和其他优抚对象信息采集，为烈属、军属和退役军人等家庭悬挂光荣牌。认真落实节日走访慰问制度，春节和建军节广泛走访慰问老战士、在乡老复员军人、烈军属等优抚对象。推进双拥模范、立功受奖官兵、退役军人、烈军属代表出席军民座谈会、烈士纪念日等重大活动常态化、制度化。结合庆祝建军92周年、庆祝中华人民共和国成立70周年，组织军民座谈会，加强沟通交流，凝聚双拥共识。

七、褒扬纪念工作

（一）祭扫纪念活动有序开展

圆满完成“9·30”全市社会各界向革命英烈敬献花篮仪式和2019年烈士光荣证颁授仪式。全体市领导、各市级部门主要负责同志、驻渝解放军和武警官兵代表、社会各界代表等1000余人参加了向革命英烈敬献花篮仪式。创新开展“社会各界就地祭”“烈士遗属边境祭”“退役军人祭英烈”“英烈精神归故里”“英烈精神进校园”“英烈精神铭记心”6个纪念活动，扎实开展“传承·2019清明祭英烈”，全市开展活动1800余场。与“今日头条”联合开展“英烈精神归故里”为烈士找亲人、为亲人找烈士公益活动，为33位烈士找到亲人，社会反响良好。

（二）设施管理保护有效加强

对烈士纪念设施逐一实地核查，“一对一”落实责任。专门下发《关于进一步加强零散烈士纪念设施管理保护工作的通知》，组织区县全面调查、逐一建档，对各处零散烈士纪念设施“点对点”落实责任单位或个人，签订责任书，切实加强日常管理维护。

（三）英雄烈士权益有力维护

推进建立烈士英名录，整理完善16 900余名烈士信息。依法推进英烈保护领域公益诉讼7件，营造依法保护英雄烈士权益和荣誉的良好氛围。隆重组织迎接四川凉山州木里县森林火灾中牺牲的程方伟烈士、汶川县特大山洪泥石流抢险救援中牺牲的龙家利烈士“回家”，营造全社会尊崇英烈的浓厚氛围。

八、自身建设情况

（一）抓好理论武装

坚持以习近平新时代中国特色社会主义思想为指导，深入贯彻落实习近平总书记关于退役军人工作重要论述，增强“四个意识”、坚定“四个自信”、做到“两个维护”，进一步坚定理念信念，认真开展“不忘初心、牢记使命”主题教育，干部队伍政治素质不断提升。

（二）夯实业务能力

通过“走出去、请进来”、邀请专家讲课、实地考察学习等方式，开展“业务大讲堂”等活动，组织干部职工参加各类业务培训，干部队伍业务能力逐步增强。

（三）加快转变作风

出台机关工作规范，开展“内强素质、外树形象”作风整顿活动，集中整治形式主义、官僚主义。注重深入基层、深入一线，经常走访困难退役军人、伤残军人、烈属、模范退役军人代表等服务对象，帮助解决困难、解疑释惑。

（四）加强党风廉政

严格履行党风廉政建设主体责任，以及党风廉政建设各项规定。召开全面从严治党、党风廉政建设工作会议，持续开展“以案四说”警示教育，制定财务管理制度，全面排查廉政风险点，完善风险防控措施，有效防范化解廉政风险。

四川省

2019 年，四川省退役军人事务系统全部组建完成，全省退役军人事务机构从无到有、系统人员由少变多、服务保障能力由弱变强，退役军人工作迈入新的发展阶段。

一、机构建设情况

按照深化机构改革的决策部署，进一步解放思想，加大改革创新，积极稳步推进退役军人事务机构组建。

一是高效推进厅机关有序运转。根据“三定”方案，聚焦主责主业，明确省退役军人事务厅各处室职责、设置和编制配备，推动建立议事协调机制，逐步补充人员力量，抓紧建章立制，实现厅机关正常有序运行。建立省退役军人管理服务中心和数据管理中心，统筹负责全省退役军人服务保障体系建设和系统信息化建设工作，注重优抚供养资源归口管理，省级 6 个事业单位和市县 303 个独立设置的优抚医院、光荣院等实现应转尽转。

二是积极指导市级以下机构组建。通过多种方式指导各地按要求成立党委退役军人事务工作领导小组及办公室，抓紧地方退役军人事务行政管理机构组建，推进内设机构配置和人员配备工作，退役军人事务部门成为在机构改革中从省到县开展组建、工作提前运转的系统部门。

三是有序开展服务管理保障体系建设。在省委办公厅、省政府办公厅印发《关于加快推进退役军人服务保障体系建设的实施意见（试行）》的基础上，结合省乡镇行政区划调整改革实际情况，协调省委编办专门制发通知，确保专人专职工作从事退役军人工作，截至 2019 年 5 月底，全省 21 个市（州）退役军人服务中心、183 个县（市、区）退役军人服务中心已全部挂牌运行，应挂牌的乡镇（街道）退役军人服务站、村（社区）退役军人服务站均全覆盖完成挂牌运行，集中统一、贯通上下的全省退役军人工作运行体系基本形成。

二、思想政治工作

充分发挥党的政治优势，有效开展思想政治工作，引导退役军人“离军不离党、退役不褪色”。

一是大力实施固本强基工程。出台《以党建为引领推动退役军人工作实施方案》，形成全省退役军人党员教育管理工作总体布局。指导各地协助属地党组织开展退役军人党员组织关系转接、日常教育管理工作，源头消除“口袋”党员，确保新转回地方的退役军人党员全部纳入党组织有效管理。积极引导退役军人党员参与基层治理，全省 1.6 万退役军人党员为村（社区）“两委”负责人、占比 15.8%，2.1 万人进入村级“两委”班子，5000 余人担任贫困村“第一书记”，4.1 万人参与抢险救灾、志愿服务，退役军人党员示范作用凸显。

二是强化正面典型引领。突出引导激励，健全常态化选树宣传退役军人先进典型机制，全省选树退役军人先进典型 1000 余人。组建先进事迹巡回报告团赴各地宣讲退役军人故事，宣传英雄烈士、参战老兵的牺牲奉献精神，推动红色基因进机关、进军营、进企业、进学校、进乡村、进社区。在四川电视台开设《寻找光荣的您》专栏，在四川广播电台制作《致敬退役军人》广播剧，在四川在线网开辟“优秀退役军人”学习宣传专版，生动讲述退役军人好故事、大力传播退役军人好声音。

三是加强新闻宣传工作。开通厅官方微信公众号，权威解读各项政策法规、生动呈现退役军人事务领域先进典型事迹、及时播报各项就业创业等惠民措施，围绕新出台政策、重要工作进展、热点敏感问题加强舆论引导，多种形式发布权威信息，及时回应社会关切，发布稿件 800 余篇、阅读量超 200 万人次。组建 100 余人的宣传思想工作联络员队伍，提供新闻线索、汇聚发声合力、营造宣传声势，协助做好退役军人宣传思想工作。

四是健全工作制度体系。制发《新闻宣传管理办法》《政务微信管理办法》《关于规范退役军人先进典型遴选推荐工作的通知》，以及全省退役军人事务系统宣传思想工作“20 条意见”等文件，架起思想政治工作“四梁八柱”。建立退役军人事务特邀监督员制度，省厅首批选聘 7 名优秀退役军人担任特邀监督员，带动全省系统建成千余名特邀监督员队伍，引导社会力量有序参与退役军人事务系统政风行风监督、意见建议反馈、政策法规宣讲等方面工作。全面加强与中央、省级媒体合作，建立沟通联系机制，40 余家中央和省级媒体报道厅工作千余篇，提升了新时代四川退役军人工作影响力。

三、权益维护工作

权益维护工作有力有序。坚持带着感情和责任做工作，切实维护退役军人合法权益。

一是畅通信访咨询渠道。在机构组建过程中先行设置咨询服务场所，开通网上信访，统一答复口径，落实首办责任制，推动信访事项依法及时就地解决。

二是依法解决退役军人实际困难。探索退役军人维权工作范畴、方法、机制，推动从政策制定修订、个案问题化解中维护退役军人合法权益。推动省财政安排专项资金 1 亿元，激励带动市（州）建立 3.18 亿元的困难退役军人关爱帮扶专项基金，帮扶困难退役军人；在红十字会等社会组织试点设立退役军人关爱援助专项基金，引导社会各方面参与帮贫济困。

三是全力推进社会保险补缴工作。认真贯彻落实党中央、国务院决策部署，全力推进部分退役士兵社会保险补缴工作。及时组建工作专班，制定《中共四川省委办公厅　四川省人民政府办公厅关于印发四川省解决部分退役士兵社会保险问题实施方案的通知》及相关操作指南和解释口径，统一编印各类宣传材料 300 余万份，在各级社会保险经办大厅开设单独窗口，对各类型人员分类建立信息台账，采取“上门服务”“一站式服务”等方式加快事项办理。

四、移交安置工作

按照妥善安置、合理使用、人尽其才、各得其所的原则，优化多种安置方式，顺利完成年度安置任务。

一是做好服务保障工作。联合西部战区政治工作部，选取省市及高校16个单位的同志组成工作组，前往西藏和新疆两个方向的边防哨所、雷达场站等，开展“机关干部走边防”活动，开展安置工作座谈交流、政策解答。在驻川部队中深入开展了“送政策进军营”活动，先后深入10个师（旅）级以上单位开展政策宣讲，累计发放宣传资料2500份，开展集中宣讲22场次。完成2018年度计划分配军转干部上岗前专业培训，参训率达99%，顺利完成2019年度计划分配军转干部安置前适应性培训任务。

二是落实年度接收安置任务。针对军改期间安置任务重、矛盾困难多等情况，拓宽安置通道，深挖安置潜力，探索“直通车”式安置，高质量完成团职及以下职务计划分配军队转业干部、由政府安排工作退役士兵的接收安置任务，军转干部安置到党政机关和参公单位的占比超过95%，由政府安排工作退役士兵到机关、事业单位的占比超过93%。

五、就业创业工作

一是完善政策体系。退役军人部门联合西南财经大学成立四川省退役军人人力资源开发研究中心，加强理论研究，开展学科建设和人才培养，为退役军人就业创业提供智力支持。在精准掌握退役军人需求基础上，联合组织、宣传、政法等14个军地部门及时出台《关于促进新时代退役军人就业创业工作的实施意见》等系列政策文件。

二是健全教育培训机制。将退役军人纳入职业技能提升行动，组织开展多层次、多样化的职业技能培训；与教育、发改等6个部门协力推进退役军人高职扩招工作，2.1万余名退役军人被78所高职院校录取。建立退役军人承训机构目录，吸引优质培训资源进入省、市、县三级《退役军人职业技能承训机构目录》。在全国遴选38家优质教育机构成立教育培训联盟，开展退役军人学历教育、职业培训、质量评价等。探索开展培训券试点工作，将培训机构选择权、培训成效评价权交给退役军人和市场，推动培训评价从“政府主导”向“市场引领”转变。

三是就业促进成效显著。在建立省退役军人就业创业公共信息平台基础上，整合各类优质社会公共资源，联合开展退役军人网络招聘活动。与人力资源社会保障等部门联合开展退役军人专场招聘“四季行”活动和区域，举办线下退役军人专场招聘会281场，提供岗位19万个。对接组织、政法、公安、应急、民政、住建等部门大力开发城乡社区专职工作人员、消防员、公安辅警、城管等退役军人优先或专属岗位7000多个。

四是创业支持坚强有力。启动首批5家省级促进退役军人就业创业产业园建设，联合人力资源社会保障、财政、教育部门积极推动100家创新创业平台向退役军人开放。持续完善退役军人创业扶持政策清单，联合市场、税务等部门创新推动创业服务一站式办理，相关优惠政策全面落实。开展退役军人就业创业之星推选活动，推选出首批47名“四川省退役军人就业创业之星”，并在四川电视台举行发布活动，网络直播在线观看人次突破百万。第二届“天府杯”创业大赛专设退役军人创业组，共292个项目参赛，61个项目晋级决赛，营造了浓厚创业氛围。

六、军休服务管理工作

坚持军休干部“老有所养、老有所医、老有所为、老有所教、老有所学、老有所乐”的方针，持续提升军休服务管理水平。

一是建设好工作阵地。各级退役军人事务机构成立后，及时将由原民政部门领导管理的136个军休服务机构划转由退役军人事务机构管理；对服务管理对象少、机构设置不够合理的地区进行机构整合，将军休机构从136个整编为110个，布局更加科学合理。

二是严格落实待遇。加强军休干部教育管理，建立党支部、健全党组织，定期开展学习研讨活动，每月集中进行1次组织生活。试点推进分级分类组织军休干部传阅各级文件通知，采取集中学习、专题讲座、研讨交流等多种形式，组织军休干部理论学习。全面落实军休人员调整待遇、物业补助政策，及时将经费发放到位。严格按照相关规定，批准38名无经济收入、无固定工作军休干部家属、遗属享受医疗和生活补助，42名军休干部享受护理费，解决军休人员实际困难。

三是开展好活动。组织第一届军休干部门球赛，分两批共计300余名军休干部在峨眉山开展疗养活动；“八一”、国庆等重大节日开展走访慰问活动，组织部分军休机构开展军休干部文艺演出，并选送2个节目参加全国移交政府安置的军休干部庆祝新中国成立70周年文艺汇演。组建军休干部宣讲团，定期组织深入驻地部队、当地学校和机关企事业单位开展宣传教育。

七、拥军优抚工作

不断提升服务保障水平，创新服务保障方式，让服务对象感受到党和政府的关心关爱。

一是强化服务保障。严格落实各类抚恤优待政策，全面推行优抚对象医疗费用“一站式”即时结算服务，定期开展巡回医疗和短期疗养，及时下拨各类优抚资金。推动将省级优抚医院纳入卫生健康部门行业管理体系，大力推进与知名综合性医院在远程医疗、技术交流等方面密切合作，医疗保障水平持续提高。大力提升退役军人和其他优抚对象荣誉感，继续巩固扩大“军人依法优先”成果，引导督促政务窗口、银行等设立军人优先标志。广泛开展退役军人光荣返乡迎接活动，在车站、广场开设退役军人专属服务区，为退役军人发放回乡办事流程卡、办事联络卡、就业创业手册。

二是强化宣传教育。将双拥宣传、国防教育和爱国主义教育作为双拥工作的基础工程来抓，突出四川红色资源丰富等优势，擦亮“红军丰碑、将帅故里、革命老区”3张名片，形成了以爱国主义为核心，以红军长征为主线，以烈士纪念设施、博物馆、纪念馆、双拥公园、双拥街道等为一体的宣传教育矩阵。结合庆祝新中国成立70周年，及时下发《关于广泛开展双拥宣传活动的通知》，全省组织各类教育活动1.4万余场次，受教育人数达6000余万人。

三是强化双拥共建。着力抓好双拥创建评比，及时启动省级双拥模范（先进）城（县、区）创建命名表彰表扬工作，同步推进新一届全国双拥模范城（县）创建。倾情助力部队深化改革，积极支持调整组建和转隶移防部队做好人员分流安置、军事用地保障、配套设施建设等工作，下大力气解决 497 名随军家属就业和 2620 名子女入学入托难题。2019 年以来，全省投入经费 2.7 亿元支援部队基础建设，减免部队各类经费和补助官兵生活经费达 7000 余万元。

八、褒扬纪念工作

一是营造崇尚英雄缅怀先烈的氛围。广泛弘扬英烈精神。开展以“传承·2019 清明祭英烈”为主题的祭扫活动，在清明前后组织祭扫活动 200 余场，参加人员 260 余万人次；成功举办“9·30”烈士纪念日向革命烈士敬献花篮仪式，开展“寻找烈士亲人、传承英烈精神”公益活动，发挥爱国主义教育基地作用，稳步推进烈士纪念设施提质改造。对全省 13 万烈士名录逐一进行核查，初步完成《烈士英名录》的编撰工作。讲好英烈故事、传承英烈精神，使崇尚英雄缅怀先烈的社会氛围日益浓厚。

二是做好重点烈士纪念设施的整体提升。对全省烈士纪念设施（含零散烈士墓）进行摸底统计，重点调研成昆铁路沿线烈士纪念设施（含零散烈士墓）的修缮保护情况。结合中央对烈士纪念设施规划建设修缮管理维护的总体要求，起草四川省具体实施方案。2019 年 10 月 22 日，在成都召开全省褒扬纪念工作会议，解读中央相关文件内容，传达全国褒扬纪念工作会议精神。按照省委第 31 次专题会议要求，立足川陕苏区核心区和革命烈士纪念地两个定位，做好川陕革命根据地红军烈士陵园及周边环境整体提升工作。

三是依法依规做好烈士褒扬常规工作。积极发挥退役军人事务工作领导小组的统筹领导作用，加强与公安、信访等相关部门的沟通协调，分析研判全省异地祭扫形势，指导各地做好异地祭扫服务保障工作，确保边境战争 40 周年烈属异地祭扫平稳有序。及时规范完善烈士评定和警察因公牺牲复核所需资料和程序，建立烈士评定专业档案，2019 年省政府批复同意评定 10 名烈士。

九、自身建设情况

结合“不忘初心、牢记使命”主题教育，在全省系统扎实开展“大学习、大走访、大调研、大落实”活动，增强“四个意识”、坚定“四个自信”、做到“两个维护”，密切军地之间、党委政府与退役军人之间的关系，摸清全省退役军人工作的家底，理清做好新时代退役军人工作的思路，回应广大服务对象的关切。建立健全法治政府建设机制，切实加强依法治厅建设。全面加强党风廉政建设，省厅机关带头排查廉政风险隐患，深入开展“以案促改”专项整治工作；全力支持驻厅纪检监察组监督执纪，开展厅直属事业单位党建工作和党风廉政建设巡察研判，同步建立健全制度机制。加强干部队伍能力建设，省级层面分类举办业务培训 20 余期，培训干部 5000 余人次。注重夯实工作基础，大力推进数字化信息化智能化建设，建成省市两级退役军人视频综合应用平台，省级智慧大厅已现雏形。

成都市

2019年，成都市退役军人事务系统聚焦服务好退役军人和其他优抚对象，在中共成都市委、市政府领导下，完成工作机构组建、服务中心（站）建设、思想政治、权益维护、移交安置、就业创业、双拥优抚、褒扬纪念和军休服务管理等工作任务，全面推动新时代退役军人工作创新发展。

一、机构建设情况

市退役军人事务局于2019年1月16日挂牌运行，为正局级机构。共设8个处室，其中，双拥优抚处加挂成都市拥军优属拥政爱民领导小组办公室牌子。有市退役军人服务中心、培训中心，军队离休退休干部服务中心，第一、第二、第三、第四军队离退休干部休养所，烈士陵园管理服务中心等8个局属事业单位。

二、思想政治与党建工作

一是围绕庆祝新中国成立70周年组织开展系列活动。完成"9·30"烈士纪念日"四川省暨成都市向人民英雄敬献花篮仪式"具体承办工作，认真开展"庆祝中华人民共和国成立70周年纪念章"发放工作，组织举办军队离退休干部庆祝新中国成立70周年文艺汇演。

二是围绕迎接退役军人光荣返乡组织开展系列活动。市退役军人事务局会同成都警备区并协调公安、交通、铁路等相关部门开展欢迎退役军人光荣返乡活动，在机场、火车站、汽车站开设服务专区并举行欢迎仪式，并向退役军人发放回乡办事流程卡、办事联络卡、就业创业手册等"两卡一册"服务指南。区（市）县和镇（街道）举办"热烈欢迎光荣返乡""喜看家乡变化""创业在家乡"等系列座谈会和政策宣讲活动，促进退役士兵返乡后各项工作的无缝衔接。

三是围绕发挥先进典型示范作用组织开展系列活动。成都市推荐的建川博物馆馆长樊建川、国网成都供电公司共产党员服务队总队队长刘源先后被表彰为"全国模范退役军人""四川省优秀退役军人"，寇健等9名同志被评为"四川省退役军人就业创业之星"，邓炼等28名同志被评为成都市"最美退役军人"。

三、权益维护工作

一是健全领导接访机制。制定局长接待日，局领导同时实行开门接访、进门约访、登门走访、上门回访。建立定期交流机制，利用走访慰问、召开座谈会等方式，与退役军人面对面沟通交流，做到真接访、真下访、真化解。

二是汇编退役军人政策清单。组织专人对退

役军人分类进行宣讲，确保各类对象知晓政策；对政策有疑惑的退役军人，开展政策宣传解释，避免误读误解。

三是完善困难帮扶办法。在用好依托慈善总会通过财政拨款建立的“成都市退役军人关爱援助专项基金”基础上，会同省、市红十字会积极探索，建立完全面向社会募集资金的“四川红基会成都退役军人关爱援助专项基金”，在对退役军人的帮扶方面，实现从单纯依靠政府资金到通过社会力量帮扶的突破，形成双基金叠加的关爱援助模式。

四是加快推进全市退役军人服务保障体系建设。按照“五有”和“全覆盖”要求，落实人员编制、落实制度流程、落实专职工作人员等要素，构建横向到边、纵向到底、全面覆盖四级退役军人服务保障体系。截至2019年年底，全市建立退役军人服务中心23个（含市本级中心1个）、乡镇（街道）退役军人服务站374个、村（社区）退役军人服务站4252个。

四、移交安置工作

市退役军人事务局认真落实省委退役军人事务工作领导小组下达的军队转业复员干部、符合政府安排工作条件的退役士兵、自主就业退役士兵、随迁家属子女、军队退出现役转改文职人员和伤病残退役士兵接收安置计划，严格落实有关政策，妥善安置退役军人。

一是接收安置计划分配军队转业干部1200多人。突出团职干部重点安置，对获二等功以上奖励、长期在艰苦边远地区或特殊岗位工作的军转干部进行政策性照顾。在双向选择的过程中，部分接收单位采取笔试、面试考核等办法，进一步做到人岗相适。坚持安置政策、安置办法、安置程序、安置计划和安置结果等信息公开，做到“阳光安置”。

二是接收自主择业军转干部500多人。严格按照接收安置流程，向部队移交部门发出自主择业军转干部报到通知，并通知各安置地区（市）县做好接收安置相关工作。同时，积极与组织部门协商，健全完善组织关系转接工作机制，对接收安置的自主择业军转干部实行先接转党员组织关系，后到安置地区（市）县办理报到手续的工作程序，确保自主择业军转干部党组织关系全面转接到位。

三是接收军队复员干部40多人。按照四川省退役军人事务厅的统一部署，完成档案的移交和集中审查工作。优化办事流程，研究制定了复原干部报到入户流程，确保报到程序规范、党组织关系接转到位。

四是接收安置符合政府安排工作条件的退役士兵800多人。经过审档、分档、下达计划、各区市县组织量化评分选岗，完成年度安置计划。

五是接收自主就业退役士兵3800多人。按照要求，全市自主就业退役士兵的一次性经济补助发放到位。

六是接收计划分配军转干部随调配偶近20名。经过审档、下达计划、“双选”、指令、档案移交，完成年度接收任务。

七是接收伤病残退役士兵近10名。按照规定，积极主动与部队和伤病残退役士兵家属沟通协商，把接收工作做细做好，确保不产生遗留问题。

八是接收军队退出现役转改文职人员100多

名。根据职能职责，完成接收人员的档案审查等工作。

五、就业创业工作

一是实施基础建设行动。依托退役军人服务中心（站）详细摸排就业底数，开展“进百家企业双访”活动，建立退役军人就业创业实名制动态信息台账。构建政策体系，建立退役军人就业创业政策扶持体系。同时配套编印了政策汇编和就业创业政策宣传册，加强政策的解读和宣传。

二是实施技能提升行动。制定出台退役军人职业教育和技能培训实施意见、职业技能承训机构评选认定和考核管理办法等制度措施，评选出32家定点承训机构。

三是实施就业促进行动。会同四川省退役军人事务厅面向全省全市举办两场退役军人大型专场招聘会，共407家企业参会，提供就业岗位近2万个，7585名退役军人参加应聘，现场签订意向协议1641人。同时，会同市人力资源社会保障局、工商联等单位举办针对退役军人的“民营企业招聘周”活动29次，指导各区（市）县积极组织召开专场招聘会，全市共组织专场招聘会76场，共3000多家企业累计提供就业岗位8万余个，32 493名退役军人参加应聘，现场签订就业（意向）协议约7880人。

四是实施就业帮扶行动。研究制定适合退役军人就业的岗位目录，招录公安辅警、交通辅警500余人，在城管、环卫、园林、物业等领域开发政府公益性岗位近700个。抓住2019年秋季士兵退伍的有利时机，通过组织开展退役军人就业宣讲会、举办退役军人职业发展论坛、发放宣传资料等多种方式，提升退役军人社会适应能力和就业创业竞争力。

五是实施创业扶持行动。与14家金融机构签订拥军优抚战略合作协议，为退役军人就业创业提供优质金融服务；依托市退役军人培训中心、菁蓉小镇产业园、成都东软学院等设立4家市级退役军人创新创业园（孵化基地），为退役军人创业提供必要空间及水电减免、宣传推广等优惠服务。加强创业指导，组建51名退役军人就业创业指导师团队并出台聘任管理办法，先后组织退役军人创业培训班3期，为有志于创业的退役军人讲授企业经营管理知识，解读法律、税务、财务等政策，指导选择创业项目。

六是实施典型引领行动。在全市范围内组织开展退役军人创业先进典型和示范单位征集评选活动，建立退役军人创业先进典型资源库，其中有9人被表彰为四川省“就业创业之星”，并通过组织职业发展论坛和创业大讲堂、拍摄制作创业典型宣传片和事迹展板、开展现场参观教学和经验分享等多种方式，讲好退役军人创业成功故事，增强退役军人创业自信，激发创业激情。

六、军休服务管理工作

一是做好军休人员接收安置工作。2019年，省退役军人事务厅共下达4批军休人员接收安置计划。截至2019年年底，全市共接收军休人员300多人，其中退休干部200多人（含伤病残干部），退休士官近30人（含伤病残士官），完成年度安置任务。

二是落实军休人员“两个待遇”。指导全市军休系统按照规定，严格落实“三会一课”制度，定期组织军休人员学习党的方针政策，建立文件借阅传达机制，确保军休人员政治待遇落实；落实军休人员生活待遇，及时下拨军休经费。做好家属遗属医疗补助和生活补助费、军休人员护理费、特别抚恤金发放等工作。认真落实无军籍职工年底一次性补贴工作；落实军休人员医疗待遇，组织军休人员健康体检，积极引进社区卫生机构为军休人员提供相关服务；组织全市军休系统门球比赛、疗养、文艺汇演等文体活动，进一步提高军休人员精神文化生活水平。

七、优待抚恤工作

一是清理核查优抚数据。2019年2月，按照四川省退役军人事务厅工作安排，在全市范围内开展优抚对象数据审核工作，对错误数据和未及时减员数据进行清理。

二是发放抚恤补助“一卡通”。构建惠民惠农财政补贴资金“一卡通”发放长效机制，将优抚对象抚恤和生活补助资金及医疗保障资金纳入“一卡通”发放范围。按照市“一卡通”发放工作协调小组要求，完成优抚对象与社会保障卡发卡信息比对，补充完善社会保障卡和发卡银行名称，确认持卡人员持卡状态；指导区（市）县根据人力资源社会保障部门反馈的比对结果，对人员信息进行再核对再完善，通知并组织优抚对象进行社会保障卡申办、领取、激活等工作。

三是提高了部分优抚对象抚恤补助标准。根据要求，全市及时调整落实新标准。从2019年8月1日起，提高了优抚对象抚恤金和生活补助费标准，其中在乡老复员军人增长8.3%，带病回乡退伍军人增长8.6%，60周岁以上烈士子女增长7.7%，60周岁以上农村籍退役士兵增长14.3%，残疾军人平均增长10%。统一制作抚恤及生活补助标准表，分发到乡镇、街道张贴公示，增强政策规定透明度。根据2018年成都市城镇非私营单位在岗人员年平均工资，及时调整一级至四级残疾军人护理费。加强对经费发放督促检查，确保了各项调整经费足额按期发放到位。

八、褒扬纪念工作

一是摸底数建台账。在各区（市）县退役军人局的大力配合下，经全面梳理，摸清烈士纪念设施和烈士情况底数，掌握了全市烈士纪念设施纪念意义、安葬情况、规模范围、机构编制、人员队伍等方面的状况，绘好了成都市烈士纪念设施的“一幅图”。摸清全市英雄烈士的状况，完善全市烈士英名录，制成成都市烈士的“一张表”。

二是做好英雄烈士纪念工作。指导全市在清明、“9·30”烈士纪念日等重要节日组织纪念活动，形成缅怀英雄烈士的良好氛围。完成市烈士陵园提档升级工作，解决了四川省暨成都市烈士公祭活动“向谁献花”和“花献何处”的问题。承办2019年“向人民英雄敬献花篮仪式”。根据四川省委、省政府安排部署，制定具体承办方案，明确相关部门职责，顺利完成“向人民英雄敬献花篮仪式”活动。

三是做好英雄烈士保护工作。根据烈士评定工作相关要求，完成大邑县抗洪救灾牺牲民警李科，辅警周正良、罗永红同志烈士评定相关工作；2019年4月，开展了四川木里森林火灾扑救中牺牲的成都籍烈士刘代旭、代晋恺、李灵宏骨灰迎送工作；5月，举行了西藏陆航某旅飞机坠毁中牺牲的燕鹏、陈彦霖烈士骨灰迎接仪式；指导成都市烈士陵园、高新区等区（市）县退役军人局，举行了刘代旭、燕鹏、李科等8名烈士骨灰安放仪式；指导相关区（市）县，落实烈士遗属抚恤待遇，妥善处理烈士遗属有关合理诉求。

九、双拥工作

一是基层双拥共建体系建设。落实“双拥在基层”要求，深入推进基层双拥共建体系建设，部队独立营院的营、连与党政机关、企事业单位、街道（乡镇）、社区（村）、社会组织等进行共建结对，双方从提高思想道德水平、文化宣传、军民融合发展、互帮互助等方面确定共建内容，签订共建协议，开展经常性的活动，2019年实现共建率达98%的目标。

二是开展拥军优属活动。春节、“八一”期间，成都市各级党委、政府先后到驻蓉部队开展走访慰问活动，向部队官兵送去节日的祝贺和诚挚的问候。积极开展“关爱功臣”活动，组织对残疾军人、军烈属等优抚对象进行了走访慰问。全年共走访部队500余次，召开各类形式的军政座谈会100余次，向部队赠送慰问金、慰问品共2000余万元，帮助部队解决水电基础设施、道路交通、营区绿化、子女入学入托、落户购房等实际困难100余件，多种形式走访慰问退役军人和其他优抚对象。主动与部队联系，为部队办实事、解难题。制定符合军人特殊情况的住房限购政策；对随军家属实行积分安置、阳光安置；加大协调解决军人子女入托入学力度；督导公园、博物馆、名胜古迹严格执行军人享受公共服务优待的相关规定，切实维护部队官兵和优抚对象实际利益，增强军队荣誉感自豪感；针对部队年轻单身干部多、对外交往少的实际，举办军地联谊交友专场活动，为解决部队单身干部婚恋问题提供便利条件；举办军民联欢晚会，共庆新中国成立70周年；开展“图书进军营”活动，建立图书流转服务点，举行读书沙龙、读书荟等活动，投入100余万元为17个基层连队援建电子阅览室；以律师现场授课、以案说法、赠送法律书籍等形式开展送法进军营。形式多样的拥军活动，受到部队官兵的热烈欢迎。

三是开展拥政爱民活动。驻蓉部队致力于国防现代化建设的同时，视驻地为故乡，积极参与驻地综合整治、维护社会稳定、抢险救灾、便民服务、扶贫助困等活动，为全市经济社会建设作出重要贡献。驻蓉部队与辖区中小学签订共建协议，安排专项经费，帮助解决共建学校发展中遇到的实际困难；适时开放军史馆、荣誉室，配合搞好学生“走进军营”研学、少年军校“军旅体验行”、军营体验日等系列活动；组织优秀军人走进学校课堂，宣讲国防知识，开展学生军训；组织升旗手为共建学校训练小小升旗队；驻蓉部队积极参与打赢脱贫攻坚战，师以上部队与一个贫困村结对共建，2019年来共计投入扶贫资金千余万元。开展了“帮建支部、帮带党员”活动，与帮扶党支部交流工作经验、研究工作方法，为村党员、群众进行政策理论宣讲，宣传党中央惠民富农好政策；援建基础设施，解决实际困难。帮助共建村实施水网改造，解决用水难问题，修入户路，实现村每组“户户通”；援建扶贫项目和沟渠改造，帮助改善村容村貌；开展人才帮扶，组织开展“1+1”助学活动，部队团以上领导干部个人出资3000元，结对帮扶村贫困学生；和驻地中小学建立共建关系，为学校购买教学设备，捐赠书籍，解决学校教学设备少、贫困学生课外书籍缺乏的问题；援建村卫生站，每季度组织卫生医护人员组成义诊小分队，深入村小组开展义务巡诊，接诊群众，赠送药品，为部分患病居民提供医疗便利。

四是开展双拥教育宣传活动。坚持把双拥国防宣传教育纳入全民教育计划，在全市多角度、多层次、多形式地开展双拥国防教育活动。充分利用报纸、电视、电台及新媒体开展双拥国防教育，在全市开展成都市“最美退役军人”评选活动，不断激发全市广大退役军人的荣誉感、责任感、使命感，通过媒体集中宣传，举办双拥文艺汇演、双拥国防教育月等活动，不断强化全社会的国防观念和拥军意识。通过开辟创新双拥国防宣传阵地，宣传双拥先进典型等方式，强化宣传教育和氛围营造，在全社会营造尊重退役军人、鼓励干事创业、激励先进典型、弘扬清风正气的良好氛围。

五是双拥模范城创建。扎实开展新一届省级双拥模范城创建工作，对照标准查漏补缺，标高奋进。围绕基层双拥共建体系建设、建立健全成都市退役军人服务体系、加强成都市军休工作社会化服务体系建设及驻蓉部队支持成都加快建设全面体现新发展理念城市 4 个方面，制订了“助力双拥创建工作四大行动计划”。2019 年 10 月，通过现场考评和实地检查对各区（市）县双拥工作进行综合测评，推荐了成都市本级及 18 个区（市）县为四川省双拥模范城（县、区）、4 个区（市）县为四川省双拥先进城（县、区），3 名同志为四川省爱国拥军模范、13 个单位为拥军优属单位、11 名同志为拥军优属先进个人。11 月，圆满完成省双拥工作考评组的检查验收。

十、自身建设情况

市退役军人事务局坚持以习近平新时代中国特色社会主义思想为指导，始终坚持把纪律严起来、规矩立起来、作风树起来、责任扛起来，为退役军人工作顺利开展提供坚强的政治纪律保障。严守政治纪律和政治规矩，严肃党内政治生活，确保局机关党的建设高质量发展。完善全面从严治党责任体系，健全全面从严治党常态制度，全面落实党风廉政建设主体责任。坚持以党建为引领，加强党风廉政教育，严格选人用人工作，加强预防腐败工作，全力支持配合纪检监察组工作，坚持惩防结合，不断深化源头治理，全面打造一支忠诚干净担当的退役军人服务队伍。

贵州省

2019年，贵州省退役军人事务系统坚持为经济社会发展服务、为国防和军队建设服务的方针，有序开展退役军人拥军优抚、思想政治和权益维护、移交安置、就业创业、褒扬纪念、帮扶援助、军休服务管理等工作任务。

一、机构建设情况

按照党和国家机构改革的部署，省委成立"双组长"制的退役军人事务工作领导小组，9个市（州）、贵安新区、88个县级党委对标成立退役军人事务领导机构，全省省级、9个市（州）、88个县（市、区）组建退役军人事务厅（局），初步形成党委领导、政府牵头、职能部门协调、相关部门配合、社会力量参与的退役军人工作格局。推进涉及退役军人事业单位系统性、成建制转隶，全省105所烈士纪念设施、23个军休服务管理机构、16个优抚医院光荣院等优抚事业单位完成转隶，统一归口退役军人事务部门管理。2019年3月15日，省退役军人服务中心正式挂牌成立。全省9个市（州）和贵安新区、88个县（市、区）成立了退役军人服务中心，1507个乡镇（街道）、17 954个村（居）全部成立了退役军人服务站，实现了省、市、县、乡、村五级"两站三中心"建设全覆盖。

二、思想政治和权益维护工作

出台《贵州省退役军人党员教育管理服务实施办法》，教育引导退役军人党员牢记共产党员这个第一身份，听党话、跟党走；联合省委组织部、省委编办、省人力资源社会保障厅、省财政厅等5个部门印发《全省退役军人服务中心（站）建设与工作规范实施细则（暂行）》，并制定《全省退役军人服务中心（站）标准化试点建设运行落地工作方案》，推动全省退役军人服务中心（站）标准化、规范化、实体化运行。2019年3月25日，与省委宣传部在全省范围开展贵州省"最美退役军人"学习宣传系列活动，评选出贵州省"最美退役军人"。7月24日，贵州省"最美退役军人"发布仪式在贵州广播电视台举办，发布仪式上向全省退役军人发出参与脱贫攻坚的倡议书。7月26日，在全国退役军人工作会上，贵州省推荐上报的7名模范退役军人、2个模范单位、1名模范个人受到全国表彰，并受到党和国家领导人会见。8月8—9日，在六盘水市举办全省退役军人服务中心（站）业务工作培训会。8月28日，与省司法厅共同举行"省退役军人服务中心法律援助工作站"揭牌仪式。9月23—27日，贵州省"最美退役军人"先进事迹巡回报告会在全省9个市（州）巡回开展。

12月24日，贵州省“最美退役军人”张林昌荣选2019年全国“最美退役军人”称号，并应邀参加全国“最美退役军人”发布会。12月28日，联合省慈善总会举行贵州省退役军人援助关爱基金启动仪式，省级退役军人援助关爱基金正式启动。

三、移交安置工作

制定印发《关于加强贵州省由政府安排工作退役士兵就业安置工作的实施意见（试行）》，绘制了由政府安排工作退役军人安置工作流程图，逐步搭建制度清晰、程序规范的政府安排工作退役军人安置工作政策制度。2019年10月10日，全省退役军人安置工作会议在贵阳召开，对全省退役军人安置工作进行了部署，根据会议安排，计划分配军转干部和符合政府安排工作条件退役士兵将于12月底前全部安置完毕。7月28日至8月22日，组织计划分配军转干部开展了为期近1个月的适应性培训。10月16日，省直单位接收军转干部双向选择会在省人才大市场举行。通过创新安置方式、规范安置程序、强化政策刚性，推进“阳光安置”，公开安置岗位计划、公开量化评分，公开组织双选安置、指令性安置，圆满完成退役军人移交安置任务。

四、就业创业工作

制定下发《关于促进退役军人就业创业工作的实施意见》扶持退役军人就业创业。与各级教育部门开展退役军人走进职业院校、职业教育走进军营“双走进”活动，构建起学历教育与职业技能培训相互补充的教育培训体系，2019年高职报名退役军人达12 414人。建立退役军人就业创业“政企沟通联络机制”，各级人力资源社会保障、退役军人事务部门联合举办专场招聘会113场，参聘企业2000余家，提供岗位6.9万个，参聘退役军人2.6万人次，现场签订就业意向7352人、签约2763人。联合省教育厅，邀请了27所高职院校在武警贵州省总队机动支队开展了“送政策、送教育进军营”活动，为部队1500余名官兵介绍当前经济社会发展形势，为退役军人提供了就业创业、移交安置、优待抚恤、税收优惠、金融服务等相关政策的讲解和咨询。组织动员退役军人参加国家高职院校扩招100万人计划，全省3000余名退役军人报名参加高职院校学历提升活动；与税务部门建立促进退役士兵创业就业税收政策落实协作机制，帮助创办实体企业的退役军人享受税收优惠779万元。与省市场监管局开展扶持退役军人创办微型企业356户，带动859名退役军人就业。与省消防救援总队联合开展“直通车”方式录用留队义务兵247人，公开招录退役士兵132名。配合新疆维吾尔自治区政府招录37名贵州籍退役士兵到南疆乡镇工作。

五、军休服务管理工作

开展贵州省军休信息数据调查摸底，核实清理2018年年底全省军休人员管理数据，承办军休人员的移交安置，并对新移交安置人员基础信息进行核实，对减员人员进行及时注销，大力推进军休工作相关数据的精准化建设。落实《军队离退休干部服务管理办法》明确的各项职责任务，定期组织军休干部进行政治学习；在元旦、

“八一”、春节等节日期间对军休干部开展走访慰问活动1300余人次；审理军休人员享受护理申请及医疗、住房相关政策协调26批次，全年共分配军休经费3.6亿余元。组织开展“全省军休干部庆祝新中国成立70周年书画摄影展”，展出作品310幅，评选出书法、绘画、摄影组等各类奖项。开展“敬老月”军休人员慰问、文体活动、宣传相关法律知识活动20场次，弘扬敬老孝老的传统美德。组织动员全省军休干部参加全国军休干部庆祝新中国成立70周年文艺汇演活动，评审报送《送你一枚小弹壳》《青春无悔》《油菜花开万峰林》文艺节目，其中《送你一枚小弹壳》荣获南部片区复赛优秀奖。

六、拥军优抚工作

改进优抚资金发放办法，实行按月足额发放，全年下拨各类优抚补助经费16.7亿元，悬挂光荣牌66.9万块，向符合条件退役军人颁发“庆祝中华人民共和国成立70周年”纪念章951块。与省军区联合在退役军人、民兵骨干和致富能手中组建1157支宣讲队伍，开展新时代富国强军讲习活动2.7万场次，参与群众47.7万人次。与贵州银行联合向退役军人办理“专属卡”44 760张，提供多项金融优惠服务。

开展春节和“八一”建军节期间走访慰问驻黔部队活动，为部队赠送价值210万元的物资，为军队离退休老干、荣誉军人康复医院休养员、遗属发放慰问金44.58万元。2019年8月1日，省双拥工作领导小组领导分别率队走访慰问5支驻黔团以下基层部队，赠送价值50万元的物资，并为省荣誉军人康复医院休养员、遗属发放慰问金3.26万元。

部署全省开展双拥模范城、模范单位及先进个人表彰工作，2019年9月5日，召开2019年贵州省双拥工作领导小组第一次全体会议。会议传达了全国双拥工作领导小组第30次会议上的讲话精神、全国省（区、市）双拥办主任会议精神，讨论审议了《贵州省双拥工作领导小组议事规则》《贵州省双拥工作领导小组办公室工作细则》《贵州省双拥模范城（县）和模范单位及先进个人命名管理办法》《贵州省第九轮双拥模范城（县）考评标准》《全省第九轮双拥模范命名表彰对象名额分配建议》等相关文件。会议确定全省第九轮双拥模范拟命名表彰对象为：双拥模范城（县）45个，爱国拥军模范单位52个，拥政爱民模范单位28个，爱国拥军先进个人66人，拥政爱民先进个人32人，烈（军）属先进个人35人。12月26日，召开2019年全省双拥领导小组第二次全体会议，审议并同意45个市（区、县）为省级双拥模范城（县），28家驻军单位为拥政爱民模范单位，48家单位为爱国拥军模范单位，32人为拥政爱民先进个人，62人为爱国拥军先进个人，32人为军（烈）属先进个人。

七、褒扬纪念工作

对全省134个县级以上烈士纪念设施进行调研统计，将长征沿线符合条件的烈士纪念设施提质改造工程，纳入长征国家文化公园贵州重点建设区建设保护规划。部分退役军人在清明节外出异地祭扫烈士期间，组织开展服务、教育引导工作，确保异地祭扫烈士活动安全文明、依法有序。在开展“传承·2019清明祭英烈”宣传教育活动期间，全省烈士纪念设施共接待省内外团队及个人146万余人次，通过中华英烈网向烈士献祭鲜花33 426人次，报送清明祭扫、缅怀先烈、陵园介绍、英烈故事、工作动态等信息或简报423篇，全国各大网站均有贵州省开展祭扫英烈活动的新闻报道。2019年9月30日，国家第6个烈士纪念日正值新中国成立70周年前夕，省各级党政军领导同全省各族各界干部群众隆重举行向人民英雄敬献花篮仪式，开展烈士公祭活动90余场，5.2万人参加。

八、帮扶援助工作

制定《贵州省退役军人决胜脱贫攻坚行动计划》，研究建立困难退役军人联系制度，整合政策、资金、项目资源，助力贫困退役军人决胜脱贫攻坚、实现全面小康，全年共有13 935名退役军人实现脱贫。建立了困难退役军人援助帮扶机制，与省财政厅、民政厅发起，在贵州省慈善总会成立了“贵州省退役军人援助关爱基金”，共筹集基金1152万元。探索“农军对接”扶贫，累计组织4000多万元农特产品慰问部队官兵、进入军营超市，助力“黔货出山”。2019年8月28日，省退役军人事务厅、司法厅共同举行“贵州省退役军人服务中心法律援助工作站”揭牌仪式，标志着全省各级法律援助服务站建立，能为退役军人提供法律咨询、援助服务。省退役军人事务厅联合各级住房和城乡建设部门将4799户退役军人家庭纳入公租房保障范围。

九、自身建设情况

把政治建设摆在首位，以“四个机关”建设为抓手，对标对表落实工作要求，统筹加强自身建设。持续深化理论武装，坚持以习近平新时代中国特色社会主义思想为指导，增强“四个意识”、坚定“四个自信”、做到“两个维护”，自觉在思想上政治上行动上同以习近平同志为核心的党中央保持高度一致。扎实开展“不忘初心、牢记使命”主题教育，制定10余个推进方案，积极开展“百千万行动”，扎实开展专项资金整治，加强对系统干部职工的教育激励。加强基层党组织建设，选举产生第一届厅机关党委和纪委，成立4个机关党支部。印发实施《关于开展“四个机关”建设工作的实施意见（试行）》，提升改进能力作风，举办全系统通用能力培训班、两期专题培训班，开展全省业务技能大比拼竞赛活动，政策业务能力不断提升。深入推进党风廉政建设，坚决扛起廉政主体责任，认真执行廉洁从政各项规定，对重点领域和关键岗位开展风险排查、进行风险评估、划分风险等级，制定预防措施；开展“政治家访”，帮助排忧解难，落实关心爱护，体现严管厚爱。

云南省

2019年，是云南省退役军人事务系统全部组建到位、奠基起新之年。全系统紧紧围绕“打基础、建机制、强服务、谋创新”的总体工作思路，聚焦主责主业，用心用情用力扎实抓好工作落实，广大退役军人和其他优抚对象获得感、幸福感、荣誉感不断增强，全省退役军人工作迈入新的发展阶段。

一、机构建设情况

成立以省委书记为组长、省长为第一副组长、省委副书记为常务副组长、副省长和省军区司令员为副组长，34家省直部门主要负责同志为成员的省委退役军人事务工作领导小组，州（市）、县（市、区）党委退役军人事务工作领导机构全面组建成立，党对退役军人工作的领导全面加强。召开3次领导小组全体会议、全省退役军人工作会议和全省退役军人事务局长暨退役军人服务中心主任会议，学习贯彻习近平总书记关于退役军人工作重要论述，学习贯彻全国退役军人工作会议、全国退役军人事务厅（局）长会议精神，研究部署全省退役军人工作。

省、市、县三级退役军人事务工作机构按照工作节点全部组建完毕。1个省级、16个州（市）级、129个县（市、区）级退役军人服务中心，乡（镇、街道）、村（社区）退役军人服务站的“两站三中心”服务保障体系基本完成组建，落实编制，配备专兼职工作人员。涉改事业单位基本完成转隶，上下贯通的工作体系基本形成。

先后出台关于加快推进退役军人服务保障体系建设、解决部分退役士兵社会保险问题、加强新时代退役军人工作的实施意见等13项政策制度、42项内部规范，全省退役军人事务领域政策制度体系逐步建立。

二、思想政治和权益维护工作

2019年8月16日，举办云南省“最美退役军人”学习宣传活动新闻发布会。推荐上报全国模范退役军人9名、全国退役军人工作模范单位2个和模范个人2名。组织开展“云南省模范退役军人、云南省退役军人工作模范单位及个人”评选表彰活动，对全省78名模范退役军人、39个退役军人工作模范单位、20名退役军人工作模范个人进行表彰。

建立走访慰问和个案救助机制。对生活特别困难、患有重大疾病、遭遇重大意外事故等有特殊困难的退役军人，采取个案解决的办法进行救助。2019年下达省级春节、“八一”慰问资金370多万元，拨付个案救助资金77万元。

三、移交安置工作

紧紧围绕"提速提质、既快又好"工作目标，坚持把退役军人安置工作纳入全省年度综合考评，建立健全工作通报、核查督办、约谈问责等制度机制，层层压实责任。一年来，全省广泛开展"进军营、送政策、畅安置"活动，集中宣讲37场次，参加官兵3000余人次，帮助退役军人进一步熟悉安置政策、找准自身定位、端正择业观念；大力推行阳光安置，健全完善"考试考核、双向选择、阳光安置"的分配办法体系。2019年10月底前，发出全省计划分配军转干部报到通知，除20余名军转干部自愿申请到高校、医院和国有企业安置外，830多名军转干部全部安置在行政岗位或参公岗位，昆明地区安置的近百名团职干部中大部分在中央垂管和省级单位妥善安置。鼓励15家省级单位根据人才需求计划外接收安置近30名军转干部；采取"直通车"方式，向省高级人民法院、人民检察院直接输送通过司法考试的军转干部。第26年完成军转干部年度安置任务，退役军人事务部向全国转发了云南省有关经验做法。符合政府安排工作条件的2400多名退役士兵，绝大部分安置到事业编制岗位。

四、就业创业工作

2019年6月28日，联合省委组织部等12个部门出台《关于促进新时代退役军人就业创业工作18条措施的意见》。与国家税务总局云南省税务局联合发布《关于进一步扶持自主就业退役士兵创业就业税收政策有关事项的通知》。充分保障退役军人在享受普惠性就业创业扶持政策和公共服务基础上再给予优待。

与云南省能源投资集团有限公司合作建立省退役军人就业培训创业孵化基地，为有就业意愿的退役军人提供大量实训、就业岗位；对有创业需求的退役军人，提供资金、场地、技术支持，并完成700余名自主择业军转干部适应性培训任务。

与建设银行云南省分行联合举办首届"建行杯"云南省退役军人创业大赛，100个优质创新创业项目从325个报名项目中脱颖而出。全省累计举办专场招聘会300多场，提供近18万个就业岗位，6万多名退役军人、现役和退役军人家属参加应聘，近1.4万人达成就业意向。协调银行为自主择业军转干部提供30万元创业贷款和优先优质优惠的个性化专属金融服务，为全省2054名退役军人发放贴息贷款2.2亿元，实现1000余人成功创业，年纳税6亿多元。

五、军休服务管理工作

下发2019年度军队退休干部、退休士官安置去向及住房保障方式审定方案，明确审定范围、内容、时限，完善工作机制，规范工作流程，严格程序办法，加强政策解释和思想引导，积极帮助部队解决实际困难和问题，健全"随退随审，即交即接"工作机制，审定军休干部（退休士官）安置去向，全年接收安置200多名军休干部（退休士官）。

加强军休干部的社会化服务保障工作，开展"幸福军休家园"建设；积极推进开门办所、融入社会，把各级军休服务管理机构纳入当地养老工作体系；建立荣誉疗养制度，规范健康体检制度。结合国家下达的老旧小区改造计划，对全省40个集中安置军队离退休干部的老旧小区数量、户数、建成时间及加装电梯等基本情况进行调查摸底，以环境改造、加装电梯为主要内容，按照“实施一批、谋划一批、储备一批”的原则，把老旧的军队干部休养所纳入全省的改造计划，预计在3年内改善到位。

根据退役军人事务部办公厅《关于做好全国军休信息数据调查摸底工作的通知》要求，在全省军休服务管理机构建立“存量有底、增量有序、变量有据”的动态管理机制，摸清军休人员底数。

承办全国军休干部庆祝新中国成立70周年（南部片区）文艺汇演活动，选送的音诗画《请祖国检阅》获得最佳节目奖。

六、拥军优抚工作

召开省双拥工作领导小组2019年全体会议，审议通过省双拥工作领导小组工作规则、成员单位双拥工作职责、办公室职责、工作制度和省拥军支前有关协调机制；建立健全领导小组全会、双拥联席会议、军地合署办公、走访慰问、督导检查等制度，召开省双拥办主任会议、省双拥工作领导小组成员单位联络员会议。

调整省双拥工作领导小组成员单位和省双拥办设置，省退役军人事务厅拥军优抚处承担省双拥办日常工作。根据南部战区拥军支前军地联席会议要求，在省双拥工作领导小组的基础上组建省拥军支前军地协调机制领导小组，省退役军人事务厅拥军优抚处承担省拥军支前军地协调机制领导小组办公室日常工作。

省委、省人民政府走访慰问驻昆5个军级单位机关和8个州（市）基层部队；组织开展云南省庆祝建军92周年暨军事日活动，深入驻训部队开展“赞颂辉煌成就·军民同心筑梦”主题文艺演出和参观恐龙化石展览，举办庆祝建军92周年慰问驻滇部队文艺晚会，走访慰问省荣誉军人康复医院残疾军人、医护人员，走访慰问荣获“庆祝中华人民共和国成立70周年”纪念章的烈属、残疾军人、模范退役军人代表，组织部分重点优抚对象到昆疗养，开展种养殖培训。

与12家在滇银行业金融机构签署拥军优抚协议，为现役军人、退役军人和其他优抚对象提供优先优惠优质金融服务，办理拥军卡近3万张。

召开云南省第十届双拥模范命名表彰大会，省委书记、省长等党政军主要领导出席会议并为双拥模范代表颁授奖牌，命名45个双拥模范城（县）、15个双拥先进城（县），表彰49个爱国拥军模范单位、25个拥政爱民模范单位，46名云南省爱国拥军模范、25名云南省拥政爱民模范。

组织采集录入退役军人和其他优抚对象信息；组织采购印制光荣牌110万块，累计悬挂90万余块。办理伤残抚恤关系转移材料599份、评定调残材料276份，为60名伤残人员补换伤残证件，通过84名带病回乡退伍军人审核备案，为104名残疾军人和伤残民兵民工安装假肢及辅助器具。发放困难救助金8800万元，及时启动价格临时补贴与物价上涨挂钩联动机制，对享受国家抚恤补助的200余万人次优抚对象连续8个月发放6900余万元临时价格补贴。高标准完成军供保障任务。

七、褒扬纪念工作

2019年是新中国成立70周年、边境战争40年和收复老山、者阴山作战35年的重要节点，全省累计接待30个省（区、市）祭扫人员40余万人次，实现安全、有序、文明、和谐的工作目标。

4月5日，由省厅领导带队组成3个工作组赴曲靖市、大理州、红河州与军地干部和群众代表共同迎接四川木里森林火灾中牺牲的幸更繁、陈益波、查卫光、孔祥磊4位云南籍烈士英灵回乡。

9月30日，在昆明抗战胜利纪念堂举行云南省暨昆明市烈士纪念日向人民英雄敬献花篮仪式，省党政军领导与各族各界代表一道向人民英雄纪念碑敬献花篮。首次在昆明抗战胜利纪念礼堂庄重举行向烈士遗属颁授《烈士光荣证》仪式。各州（市）、县（市、区）党委、政府同时在各地主要烈士纪念设施举行向人民英雄敬献花篮仪式113场，省、州（市）、县（市、区）各级领导、烈士遗属、社会各界等3.2万余人参加仪式。国庆期间，组织开展国旗插满烈士墓活动，覆盖全省2.7万余座烈士墓。组织烈士陵园讲解员参加退役军人事务部首次举办的“丰碑永铸·颂英烈”全国英烈讲解员大赛，云南省参赛选手昭通市威信县扎西红军烈士陵园讲解员肖薇获得三等奖。

10月9—13日，组织接待老挝乌多姆塞省委委员、省办公厅主任，乌多姆赛省中国烈士陵园老中合作专项协调委员会主任一行6人到云南省丽江、大理、昆明考察交流烈士纪念工作。

投入资金1950万元，用于麻栗坡烈士陵园、蒙自烈士陵园、屏边烈士陵园、金平烈士陵园、永仁烈士陵园5个烈士纪念设施的维修改造。

八、自身建设情况

坚持以党的政治建设为统领，全省退役军人事务系统党组织逐步建立健全，抓牢抓实“万名党员进党校”、“书香机关、书香支部”创建等活动，举办“处长讲堂+微党课”，推动党建文化建设创新提质。坚持高标准严要求，深入开展“不忘初心、牢记使命”主题教育，干部队伍作风不断转变，能力素质不断提升，为做好退役军人各项工作提供了坚强保证。高质量开展专项行动，营造风清气正的政治生态，推动全面从严治党向纵深发展。

西藏自治区

2019年，西藏自治区退役军人事务系统坚持以退役军人为中心，以处理好“十三对关系”为根本方法，以“屯兵与安民并举，固边与兴边并重”为工作思路，着力构建全区退役军人事务组织管理体系、工作运行体系、政策制度体系，退役军人服务保障能力稳步提升，为助推全区发展稳定作出了积极贡献。

一、机构建设情况

一是各级党委对退役军人工作的组织领导得到加强。成立以自治区党委常务副书记、自治区政协党组书记为组长，33家中区直单位为成员的自治区党委退役军人事务工作领导小组，并召开领导小组第一次全体会议，研究决定了领导小组和办公室工作规则、工作制度，安排部署了年度重点工作等。全区各市地、县区均参照成立了党委退役军人事务工作领导小组，全区退役军人工作组织领导体系全面建立。二是全面组建各级退役军人行政管理机构。按照自治区机构改革部署安排，组建了自治区、市地、县区退役军人事务厅（局），出台了“三定”规定，核定了内设机构、领导职数和工作职责，完成人员转隶和经费、资产调配，全区退役军人行政管理体系全面建立。三是全区“五级”退役军人服务保障体系实现“五有”和“全覆盖”要求。制定出台《西藏自治区退役军人服务保障体系建设实施意见》，推动自治区、市地、县区、乡镇、村居（社区）加快组建退役军人服务中心（站）建设。截至2019年年底，全区建立自治区级退役军人服务中心1个、地市级退役军人服务中心7个、县区级退役军人服务中心74个、乡镇级退役军人服务站554个、村居（社区）退役军人服务站1818个，各级退役军人服务中心（站）编制、人员基本落实到位，内部管理制度、工作流程、运行机制逐步建立，全区退役军人服务保障能力得到加强。

二、思想政治和权益维护工作

一是加强退役军人正面宣传教育。在全区退役军人事务系统和全区退役军人中深入开展向张富清同志学习活动。加强退役军人工作宣传平台建设，自治区退役军人事务厅门户网站上线运行，设立了自治区退役军人微信公众号，广泛运用电视、报纸和网络平台宣传退役军人政策法规和先进典型，教育引导退役军人退伍不褪色，保持革命军人优良传统和军人本色。积极开展全国“最美退役军人”评选推荐工作，自治区1名退役军人获得全国“最美退役军人”荣誉称号；积极评选推荐全国模范退役军人、退役军人工作模范单位和模范个人，6名退役军人、2家单位、1名工作人员获得全国表彰；启动全区模范退役军人和退役军人工作模范单位、模范个人评选表彰工作，深挖先进典型事迹，树立学习榜样和先进标杆，引导广大退役军人在全区经济社会建设中发挥作用。二是加强退役军人思想政治教育。研究起草了自治区退役军人党员组织关系转接办法，规范退役军人党员管理，解决极少数“口袋党员”问题。结合西藏自治区退役军人长期居住在自治区外，管理难度较大的现实问题，按照自治区党委、政府要求，在自治区政府驻北京、成都、西安、上海办事处设立退役军人服务中心，提高了长期生活居住在自治区外的退役军人思想政治教育和服务保障能力。三是加强退役军人权益维护工作。贯彻落实自治区党委关于做好退役军人信访工作的要求，研究制定《信访工作办法》《来访接待办理工作规范（试行）》《来信办理工作规范（试行）》等制度，落实首办责任制，建立信访工作台账，深入开展“矛盾问题攻坚化解年”活动，认真开展退役军人事务领域风险隐患排查化解，切实解决退役军人合理诉求。四是下大力气解决历史遗留问题。把解决历史遗留问题作为维护退役军人合法权益的重要任务，加大协调沟通力度，认真组织开展部分退役士兵社会保险补缴，把好事办好、把实事办实。

三、移交安置工作

始终坚持把退役军人移交安置作为重要政治责任，畅通安置渠道，积极协调发挥机关事业单位安置主渠道和国有企业安置作用。严格落实安置政策，坚持平职级安置，提高安置质量。2019年，接收安置退役军人1700多人。按时发放自主择业军转干部退役金、丧葬费、抚恤金，认真做好医保报销和社会保障卡办理等工作，全区退役军人满意度较高。

四、就业创业工作

一是加大退役军人就业创业扶持力度。深入贯彻落实《关于促进新时代退役军人就业创业工作的意见》，制定出台西藏自治区关于促进新时代退役军人就业创业工作的实施细则和西藏自治区进一步扶持自主就业退役士兵就业创业有关税收政策，为退役军人就业创业提供政策扶持。二是加大退役军人教育培训力度。建立退役军人参加教育培训及就业状况动态管理台账。全区建立退役军人职业技能培训机构129个。举办自主择业军转干部适应性培训，开展计划安置军转干部岗前培训，组织参加清华大学继续教育学院网络培训课堂，举办全区退役军人电商技能培训班，积极与自治区教育厅和自治区内各高校衔接沟通，积极协调自治区内高职院校增设退役军人需求的专业，397名退役军人免试就读高职院校。三是加大退役军人就业力度。组织开展全区退役军人基本情况信息调查统计摸底，为退役军人就业提供精准服务。引导退役军人多渠道就业，多门路创业，鼓励退役军人踊跃参加自治区国家综合性消防救援队伍消防员招录，全区共招收退役士兵314名。举办退役军人招聘会，协调40余家企业参与招聘，组织退役军人、军属参加应聘。积极鼓励退役军人到县区、乡镇工作，到村居担任村“两委”班子成员，引导退役军人积极参与脱贫攻坚战略、乡村振兴战略实施和边境小康村建设，为巩固基层基础发挥积极作用。

五、军休服务管理工作

认真做好军队移交政府安置的退休干部（退休士官）审定、移交、安置、服务管理工作。集中梳理全区军休人员和无军籍退休退职职工工资，做好全区军休人员增资及经费预算和发放，并对2019年安置在藏的80多名军休人员档案进行审查，核对工资等相关信息。现有党支部5个，大多数军休人员能正常参加党组织活动、正常缴纳党费，只有部分人员因身体等原因不能正常开展组织活动。拉萨市退役军人事务局推选的“欢聚北京”顺利取得参加南部赛区复赛资格，获得“最佳节目奖”的好成绩，并顺利取得进入北京参加全国军休干部文艺汇演的资格。

六、拥军优抚工作

一是健全完善工作机制。调整充实了自治区双拥工作领导小组，召开自治区双拥工作领导小组全体会议，出台领导小组工作规则、职责和工作制度。成立自治区拥军支前军地协调小组，出台协调小组实施办法。各市地、县区均调整充实了双拥工作领导机构，完善了双拥工作制度。全区双拥工作组织体系建立完善，工作制度基本建立。二是拥军优属工作有效推进。组织开展信息采集和光荣牌悬挂。加强征兵政策宣传，广泛动员有志青年参军入伍报效祖国，兵员质量稳步提升。严格落实优待抚恤政策，提高优抚对象获得感。按照自治区党委、政府要求，全面开展和平解放以来全区烈士家属和后代工作生活状况摸底统计，有计划解决实际困难和问题。组织开展生活困难退役军人和烈军属、烈属摸底统计，建档立卡。组织举办春节、藏历新年团拜会，开展“赞颂辉煌成就，军民同心筑梦”文艺演出进军营活动，开展元旦、春节、藏历新年和建军节、国庆节等重要节点慰问。协调落实师资力量强、办学质量高的驻地幼儿园、中小学作为驻藏官兵子女就学定点学校，无条件接收现役军人子女入学入托，享受自治区农牧民子女教育“三包”政策。与在藏银行签订拥军优抚协议，为优抚对象提供优先优惠优质金融服务。三是拥政爱民为民办实事取得成效。组织开展拥军优属拥政爱民专项活动，慰问一线执勤武警官兵，组织驻藏部队开展义务巡诊、发放免费药品等形式多样的爱民活动，积极协调购置药品协同部队免费发放，得到广大群众欢迎。驻藏部队大力支持和助力脱贫攻坚、乡村振兴和边境小康村建设，持续开展“蓝天春蕾”“情系驻地、精准助学”等捐资助学活动，积极参与重大自然灾害抢险救灾工作，服务全区经济社会长足发展和长治久安。四是加强双拥模范城（县）创建宣传工作。加大双拥模范城（县）创建考核办法和标准宣传解读工作，认真做好全国双拥办考评督导调研和筹备迎评工作，积极营造全社会共同参与的良好氛围，进一步形成军地协同、共同创建双拥模范城（县）合力。

七、褒扬纪念工作

加强烈士评定和因公牺牲人员核定。加大烈士纪念设施建设，组织开展烈士陵园修缮和提升改造。组织开展清明节线上线下祭扫活动，举办“9·30”烈士纪念日向烈士敬献花篮活动，开展烈士英名录编纂，已录入3223人。积极参加“丰碑永铸·颂英烈”全国英烈讲解员大赛。依托烈士陵园、烈士纪念馆和军史馆等纪念设施，深入开展爱国主义教育，大力宣传英烈事迹，弘扬英烈精神，树立榜样标杆。

八、自身建设情况

深入开展“不忘初心、牢记使命”主题教育，坚持把党的政治建设摆在首位，教育引导党员增强“四个意识”、坚定“四个自信”、做到“两个维护”，严守政治纪律和政治规矩。持之以恒正风肃纪，严格执行中央八项规定及其实施细则精神和区党委实施办法。加强制度建设，制定出台机关内部管理制度15条。清理自治区、市地、县区三级退役军人事务系统行政事项35项，公共服务事项2项。扎实推进“互联网+政务服务”，实现公共服务事项“一网通办”。加大干部职工教育培训力度，坚持人岗相适、人事相宜的原则，配备配强中层干部，完成职级晋升工作。规划上报全区退役军人事务系统“十四五”时期事业发展项目。

陕西省

2019年，陕西省退役军人事务系统从无到有、奠基启新，把满腔热忱为退役军人服务这条主线贯穿始终，推动构建组织管理、工作运行、政策制度“三个体系”，努力做好就业安置、优待褒扬、权益维护、服务管理等重点工作，遗留问题陆续化解，服务保障稳步加强。

一、机构建设情况

省委、省政府高度重视退役军人工作，先后召开省委常委会、全省专题会安排部署党委退役军人事务工作领导小组、退役军人事务部门和服务保障体系建设工作。各级坚持高位推动，部门齐抓共管，跟进指导落实，按时完成退役军人工作行政机构和服务中心（站）组建任务，实现实体化运转，横向到边、纵向到底、覆盖全员的退役军人服务保障体系基本建成。

省、市、县三级设立党委退役军人事务工作领导小组，党委、政府主要负责人分任第一组长和组长，领导小组办公室设在同级退役军人事务厅（局），办公室主任由退役军人事务厅（局）长兼任。乡镇（街道）设立退役军人事务工作领导小组，小组第一组长、组长分别为乡镇（街道）党政一把手。村（社区）党支部书记负责退役军人工作，构建“五级书记抓退役军人工作”格局。

省退役军人事务厅内设8个行政处室，省委退役军人事务工作领导小组秘书处计入省退役军人事务厅处级机构总数，设立省退役军人服务中心，划转省军队离退休干部服务中心、省荣誉军人康复医院、省荣复军人第一和第二医院，共5个直属事业单位。

市、县二级共118个退役军人事务部门于2019年3月10日前全部成立，其中，设区市级11个、县级107个，实现了全覆盖。

省、市、县、乡、村五级20 657个退役军人服务中心（站）于5月底前组建挂牌并同步运转。

二、思想政治和权益维护工作

掀起学习张富清同志先进事迹热潮，评选表彰陕西“最美退役军人”25名，张宝生同志被评为2019年度全国“最美退役军人”；13名“全国模范退役军人”、2个“全国退役军人工作模范单位”、2名“全国退役军人工作模范个人”受到国家表彰。各地积极探索退役军人思想政治建设的方法路子，铜川市创新开展学习先进典型“三学三做”活动。

深入开展“矛盾问题攻坚化解年”活动，排查化解重点疑难信访事项。排查解决退役士兵岗位安置问题，落实待安置期、待岗期生活补助。

各地社会保险补缴进展有序，西安市碑林区社会保险补缴“一站式服务”取得实效。推进全省信访问题办结，厅信访窗口 7 次被评为“人民群众满意窗口”，省厅被评为 2019 年度信访工作先进单位。开展组织专家领导上门服务送政策、组织亲朋长辈上门座谈送关怀、组织各级政府和社会各界上门帮扶送温暖的“三组织三送”活动。

系统内常态化联系服务退役军人和其他优抚对象稳步推开。落实“九必访”“七清楚”“三记住”等制度要求，用心用情用力解决实际问题。

三、移交安置工作

落实“阳光安置”机制，推行“直通车”式安置方式，修订省直军转干部功绩制排名选岗安置意见，激励官兵在部队安心服役。按时高质量安置军转干部 1400 多人、退役士兵 2400 多人。通过“直通车”优先选用安置方式，省直 150 名军转干部选到合适岗位，其中 31 人到高校担任思政教师和辅导员。

四、就业创业工作

省级 12 个部门联合出台促进新时代退役军人就业创业实施办法，确定每年 4 月为“退役军人就业服务月”。畅通自主就业退役军人走出军营、走上岗位的社会化通道，推动西安交通大学等 187 家企事业单位成立陕西省退役军人教育培训联盟；全面落实高职扩招利好政策，3.8 万名退役军人报名参加；全省培训自主就业退役军人 8500 名，举办农村电商、建筑领域等省级培训示范班 11 个；聘任退役军人创业导师 59 名，建立陕西省退役军人就业创业基地 41 家；创新成立退役军人滴滴“红星车队”，灵活就业退役军人 5360 人；全省线下组织专场招聘 322 场次，提供就业岗位 4.75 万个，达成就业意向 1.42 万人，线上招聘平台发布岗位 2.02 万个。

五、拥军优抚工作

把双拥工作作为统揽退役军人工作的综合性抓手，省双拥模范城（县）创建命名管理实施细则和考评标准出台，全省新一轮双拥模范城（县）创建启动。聚焦服务部队备战打仗，建立解决部队实际问题交办、推进、反馈“三项制度”，协调解决难点问题 54 项；西安市出台文件，集中解决了 1400 余名现役军人子女入学入托问题；宝鸡市成功承办省委常委“八一”军事日活动暨议军会。建立为全省立功受奖现役军人家庭“庆送喜报”制度，并上门悬挂光荣牌，大学生占入伍新兵比例稳步提高，延安等地推出现役军人免费乘坐市内公交车等优待政策，完成全国首次 16 个省（区、市）200 名功臣模范短期疗养任务。

六、军休管理服务工作

省退役军人红色疗养基地、省军休干部延安疗养基地挂牌，承办了全国军休干部庆祝新中国成立 70 周年北部片区复赛，组织军休干部艺术团、军旅情艺术团等进军营进学校慰问演出，传播爱国拥军正能量。

七、褒扬纪念工作

弘扬英烈精神，为全省所有烈士父母送出关

怀礼包和人身意外保险，晋升省级烈士纪念设施保护单位12处，陕西省烈士公祭、烈士光荣证首次颁授顺利举行。

八、其他工作

统筹社会力量，成立社会资金为主的省级退役军人关爱基金，3批次援助退役军人586人、1085万元；市级关爱基金全部建立，县级关爱基金建立70个，在大民生政策基础上构建3级关爱基金叠加帮扶新格局。集成社会资源，建立“1+6+X”陕西省退役军人一体化服务平台，法律援助、卫生健康、文化艺术、就业创业、金融扶持、拥军惠军等方面的专业化、高质量服务有序推出。推动在乡镇以上退役军人服务中心（站）加挂“退役军人法律服务工作站”牌子，开通“12348”法律服务专线，建立机关法律顾问制度。

以信息化提升治理能力，全省退役军人事务系统信息化顶层设计完成，陕西省退役军人综合管理服务平台（App）试点开通，18个业务系统省域通网办理，推进采集退役军人信息数据工作。

九、自身建设情况

扎实开展“不忘初心、牢记使命”主题教育，依托“六重六看”有效载体，凝聚起践行初心使命的强劲动力。全省各级累计培训干部2.6万人次，联合举办全省退役军人工作专题研讨班，省级开展社会保险补缴、关爱基金等业务培训班、能力提升班17期，理论政策制度和群众工作方法同步教学，培养“明白人”。建立陕西省服务退役军人专家智库，开展重点课题研究20个。成立厅机关党委和纪委，建立“三会一课”、组织生活会、民主评议党员等制度。民主集中制、重大事项集体决策制有效落实，纪检组对重大决策全程监督。建立陕西省退役军人工作社会监督员制度，180名社会监督员持证上岗。认真落实廉洁自律各项规定，驰而不息整治“四风”，深入推进专项整治，全系统干部清清爽爽干事。

西安市

2019年，西安市退役军人事务系统组建以来，坚持把队伍建起来，把规矩立起来，把人心聚起来，把事情做起来，积极唱响服务退役军人主旋律，边组建机构，边推进工作。一年来，党的领导全面加强、制度设计有序展开、重难点问题取得突破、思想政治工作积极推进、年度安置任务有效落实、服务保障水平持续提升、拥军褒扬氛围持续浓厚、权益维护工作成效明显、系统自身建设扎实推进。

一、机构组建情况

西安市把退役军人事务局作为唯一一个机构改革启动前组建的机构进行部署，行文任命局党组书记和局领导班子成员，划转了职能和编制。2019年1月底前，市退役军人事务局和各区县退役军人事务局完成挂牌成立，3月下旬明确“三定”，同步实现人员转隶到位集中办公。

积极落实党委领导机构建立工作，2019年3月8日，成立市委退役军人事务工作领导小组及办公室；3月10日，各区（县）党委退役军人事务工作领导小组全部建立，市区（县）两级党委书记担任第一组长、政府一把手担任组长，领导小组办公室设在各级退役军人事务局，办公室主任由退役军人事务局党组书记、局长兼任，成员单位由各级组织、人事、财政等26个部门组成，形成齐抓共管、通力合作的退役军人工作局面。

进一步加强军转安置工作领导小组、双拥工作领导小组职能作用，在全市机构改革初步完成后，及时调整军转安置和双拥工作领导机构组成人员，理顺机制，明确职责，充分发挥职能作用，多次专题研究部署，有力推动了军转安置和双拥工作的顺利开展。

积极建立四级退役军人服务保障体系，5次发文督导，2019年3月底完成市和区县两级中心组建，4月底全部挂牌开门服务；166个乡镇（街道）、2734个村（社区）服务站5月份全部挂牌建成，打通了服务保障“最后一公里”。

摸索打造碑林区三级服务保障体系和社会保险补缴“一站式服务”试点；精心指导新城区咸东社区服务中心站，将汪勇同志“五字工作法”在退役军人服务保障工作领域大力推广运用，全力打造弘扬新时代“枫桥经验”、具有汪勇特色的基层服务社区站点。指导鄠邑区探索“13555”工作体系（“1”，即构建覆盖全区一张服务网；“3”，即规范化组建、规范化运行、规范化服务3个规范化；“555”，即机构组建达到“五有”和“全覆盖”要求、规范运行统一“五项”制度、服务保障落实“五项”职能），打造社区退役军人服务站亮点。

二、思想政治和权益维护工作

进一步发挥党的政治优势和基层党组织作用，把退役军人中的党员纳入党组织有效管理。定期组织退役军人党员参加组织生活，学习党的重要文件、会议精神、党和国家的大政方针政策。积极开展“三项服务”，即民生服务、关爱服务、志愿服务，切实提高退役军人党员凝聚力。

组织专班50多次赴区县和下属单位调研，实地查看、现场测量、集中制作，统一规范英模画像、主席照片、政治标语的悬挂标准。结合场地实际，设立办事大厅、老兵议事厅、老班长谈心室、军旅记忆展柜，建立有军事特色的文化墙和宣传栏，确保政治文化环境建设落实到全系统各级服务场所。

积极开展矛盾问题攻坚化解工作，妥善解决历史遗留问题，深入开展调研走访慰问活动。

坚持全市上下“开门接访、全员接访、领导接访”，制定多项信访接待制度，压实首问责任，明确承办时限，规范答复方式，并建立法律顾问制度，成立退役军人法律援助工作站14个，努力保障退役军人合法合理权益。同时，积极设立市区县两级“退役军人关爱基金”，市级已募资320万元，13个区县退役军人关爱基金已成立。为72名困难退役军人发放省级“爱心基金”120万元。

三、移交安置工作

完成年度计划分配军转干部、随调家属的接收安置任务，占陕西省安置数44.5%。按照功绩制排名选岗、优先选用分配和包底分配“三步走”办法，克服困难、统筹协调，95%以上安置到党政机关和参公单位，其余安置到事业单位。为符合功绩制分配的军转干部提供200个行政和参公岗位供其选择，并首次从市级四大班子和市纪委、市发改委、市教育局拿出计划岗位，实现了速度不减、质量提高。完成2019年度政府安排工作退役士兵的档案审核移交、安置计划编制等工作。持续加大跟踪问效力度，坚决杜绝产生新的安置遗留问题。

四、就业创业工作

加强退役军人就业创业指导，坚持需求导向，发挥西安市教育资源优势，开展多层次、多样化的退役军人职业技能培训，为835名自主择业军转干部和753名自主就业退役士兵提供培训；组织100名优秀退役军人参加全省退役军人就业创业培训示范班。2019年4月，成功承办“全国退役军人就业创业工作现场会”。搭建退役军人就业创业平台，遴选7名优秀退役军人创业者，参加全国退役军人创业成果展，举办了西安市首届科技类退役军人精英创业大赛，开办招聘专场18场，3万余人现场参与，1032家单位提供岗位10 533个，2262人签订就业意向，自主择业军转干部有31名实现了直通车式签约入职，109人实现了再就业，并有3426名退役军人参加了高职扩招深造。

五、军休服务管理工作

完成移交政府安置的军队离退休干部（士官）、无军籍退休职工的接收安置工作，占陕西省95%、全国5%。主动探索军休管理服务新模式，以军休党建和文化建设为工作抓手，努力提高服务管理水平，做好全市军休干部的管理服务保障工作。协调市公安局简化军休干部落户程序，随时申请、及时办理。积极扶持军休艺术团建设发展，积极组织艺术团参加走进高校、扶贫助困、驻军慰问和省市大型重要活动演出20余场。组织200名军休干部赴延安开展红色疗养。成功举办全国北部片区军休干部文艺调演，自编节目获得比赛最高奖。

六、拥军优抚工作

以第九次创评“全国双拥模范城”为牵引，着力推动“两手抓”：一手抓机构改革后组织领导调整完善，一手抓“八连冠”传统优势巩固深化。先后4次配合市委完善领导小组及成员构成；认真筹备市委议军会，协调相关部门制定出台了《西安市随军家属就业安置方案》《西安市军人子女教育优待办法》两项优待政策；先后2次在全省双拥工作会议上作经验交流发言；2次召开市级推进会，积极督导省级交办的53项驻军问题逐步解决；认真筹划组织市党政领导和区县各级双拥慰问交流活动。组织市领导元旦、春节走访驻地军队，看望慰问困难退役军人和军烈属4117人次，送去310万元慰问金，送去320余万元慰问品。积极组织各级开展“退役军人光荣返乡欢迎活动”和“光荣入伍欢送仪式”，认真抓好军需供应服务，为部队提供优质保障。

主动做好机改后退役军人信息采集工作。大力推进悬挂光荣牌工作，先后11次召开专题会议推动落实，积极组织市和区县局领导带头上门悬挂光荣牌。截至2019年年底，为符合条件的家庭悬挂光荣牌。全面落实好各项优抚政策，为全市优抚对象发放了抚恤补助、优待金。加强伤残军人抚恤保障和伤残等级评定审核，为683人开展了残情集中鉴定和慢性病检查。

七、褒扬纪念工作

努力营造“缅怀英烈、敬重英雄、关心国防、尊崇军人”的浓厚氛围，扎实抓好烈士褒扬纪念工作。积极开展“清明”祭扫、纪念宣传系列活动，宣讲英烈事迹1232场，接待各类社会团体411家、烈士亲属1254人、祭扫群众13.6万人；举办了“关爱烈属捐助活动启动仪式”，向30名烈士遗属进行了捐赠，为780余名烈属赠送了关爱礼包，受到烈属好评；省市联合精心筹备组织，在“9·30”烈士纪念日举办了烈士公祭仪式，省市党政军主要领导和各界干部群众2200余人参加公祭，并圆满承办陕西省首次《烈士光荣证》颁授仪式。先后为2位烈士举行了庄严的迎接“回家”和骨灰安放仪式；投资5000余万元的西安烈士陵园提升改造项目全面启动；认真做好烈士评定情况统计、烈士褒扬金申请拨付和《烈士证明书》申办工作；全市烈士英名录编纂工作全面完成，烈士纪念设施调查摸底工作全面开展，进一步加强零散纪念设施管理保护。

八、部分退役士兵社会保险补缴工作

开展部分退役士兵社会保险补缴工作，及时成立了由分管副市长任组长，10余家重点部门为成员单位的工作专班，组织指导各区县、相关开发区开展工作，为社会保险补缴政策落地奠定了组织基础。2019 年 5 月 30 日，由市政府分管领导主持召开专题会议，传达中央和省级相关文件精神，全面安排部署。8 月 7 日，再次由市政府召开工作推进会，召集历年接收安置退役士兵较多的 25 家部门单位通报进展、明确要求。截至 2019 年年底，累计受理 27 338 人，审核通过 26 805 人，养老保险已核查 26 344 人，医疗保险已核查 26 462 人。养老保险、医疗保险核查均已完成 98%。

九、自身建设情况

坚持把政治建设摆在首位，深入学习习近平新时代中国特色社会主义思想和党的十九大精神，认真贯彻落实习近平总书记重要指示批示精神，深入开展“不忘初心、牢记使命”主题教育，扎实推进“两学一做”学习教育常态化制度化，突出提升“八种本领”，组织开展《中国共产党支部工作条例（试行）》专题学习，建立西安市退役军人事务局党员管理系统，14 个党委、233 个党支部、8522 名党员全部入库。加强基层党支部标准化规范化建设，配齐配强党组织干部队伍，创新党员教育管理方式，全面增强基层党组织政治功能和组织力，实现基层党组织“自我服务、自我教育、自我管理”全覆盖。

甘肃省

2019年，甘肃省退役军人事务系统积极承担新职能新任务，蹄疾步稳、攻坚克难，各项工作成效显著。

一、机构建设情况

2019年1月16日，省委决定成立退役军人事务工作领导小组，省委书记任组长，31家单位为成员，领导小组办公室设在省退役军人事务厅。按照省委、省政府的安排部署，14个市州、兰州新区和86个县（区、市）均成立由党委书记任组长的退役军人事务工作领导小组，形成了三级党政主要领导抓退役军人事务工作的良好局面。6月底，市、县级退役军人事务部门全部组建，人员转隶配备到位，上下贯通的行政机构起步运转。8月底，全省共建成省市县三级服务中心104个、乡村两级服务站18 666个，实现全覆盖。

二、思想政治工作

充分发挥模范典型的示范引领作用，大力宣扬“老英雄”张富清等先进典型，深入开展“全国模范退役军人”、陇原“最美退役军人”，以及模范工作单位、模范个人的选树表彰和事迹宣传活动。为相关功勋人员颁授“庆祝中华人民共和国成立70周年”纪念章1290枚。创办厅门户网站和《甘肃退役军人》杂志，开通微信和今日头条公众号，多层次全方位宣传退役军人工作，在省级以上媒体报道163次。在军休系统开展“九个一”系列教育活动，组建军休干部“助力脱贫攻坚志愿服务队”21支。

三、权益维护工作

建立健全信访工作制度，实行厅班子成员信访接待日和厅机关干部全员接访，开通网上信访和厅长信箱，对信访情况“日通报、周研判、月分析”，信访工作日趋规范。开展“矛盾问题攻坚化解年”活动，加强矛盾问题化解，退役军人事务部挂账督办的重点信访事项全部办结。

四、移交安置工作

突出党政机关接收安置军队转业干部主渠道作用，采取考试考核、双向选择、指令性分配相结合的办法，圆满完成中央下达的计划分配军转干部安置任务，其中安置到行政机关的占70%以上。统筹机关、事业单位、省属国有企业和中央在甘单位岗位资源，按照“县区安置、市级统筹、省级调剂”的方式，由政府安排工作退役士兵全部就业上岗，其中安排到机关事业单位的占

80%以上。完善“随退随审、即交即接”工作机制，当年军队退休人员全部接收完毕，做到当年退、当年交、当年接。

五、就业创业工作

依托甘肃万华等企业建立5个省级就业创业孵化基地，协调落实经营场地、工商注册、水电减免、法律咨询、投融资等优惠服务，聘请政治立场鲜明、就业创业经验丰富、关爱退役军人、热心公益事业的企业家、专家学者和政府相关部门人员33人，组建全省退役军人就业创业指导专家团队，为5200多名退役军人免费提供政策咨询、职业规划和创业指导服务。与14家银行签署金融合作协议，为退役军人就业创业提供优先优惠优质的金融服务产品。

省、市、县三级举办大型专场招聘会183场，参与企业1303家，帮助1.5万多名退役军人和军属就业。为3652名困难退役军人安排公益性岗位。协调省内27家高职院校扩招退役军人5028名。

积极吸纳兰州大学、上海交通大学等知名高校和省内优秀职业技术院校共252家机构，组建甘肃省退役军人职业教育和技能培训联盟，形成短期技能培训、中高级职业教育、成人高等学历教育和普通高等学历教育相互结合、互为补充，覆盖全省的教育培训体系，全面落实参培人员“三免一补”政策，进一步拓宽退役军人教育培训渠道、丰富教育培训内容、提升教育培训质量，为退役军人就业创业提供个性化培训“自助餐”，改善知识结构，提高能力素质，增强市场竞争力。有5000多人参加教育培训，4300多人获得职业技能等级证书。

六、褒扬纪念工作

加强烈士纪念设施保护管理，下拨专项资金1088万元，重点对3个国家级烈士陵园和8个县级烈士陵园进行维修改造。组织开展“边境战争烈士祭扫活动”“传承·2019清明祭英烈”“烈士魂归故里”“木里森林火灾烈士回乡悼念”“烈士公祭”等活动，举办“丰碑永铸·颂英烈”全国英烈讲解员大赛，弘扬英烈精神，传承红色基因。为贯彻中央《烈士纪念设施规划建设修缮管理维护总体工作方案》，加强调研，结合甘肃省实际，起草《甘肃烈士纪念设施规划建设修缮管理维护工作实施方案》。广泛开展寻找烈士活动，审核完善烈士信息8578条，初步建立全省烈士信息库。全年受理并回复评烈、追烈等事项52起。

七、双拥工作

2019年4月，省双拥工作领导小组组成军地5个工作组，对全省14个市州、76个市（县、区）双拥模范城（县）创建工作进行考核验收，6月召开全省双拥办会议和全省双拥工作领导小组会议，对全省双拥考核验收工作进行总结汇报。7月29日，召开全省第十届双拥模范城（县）命名暨双拥工作先进单位先进个人表彰大会，会上表彰命名62个双拥模范城（县）、100个“双拥工作先进单位”、39名“双拥模范个人”、98名“双拥工作先进个人”、20个“先进双拥工作办公室”。

八、信息采集工作

成立退役军人和其他优抚对象信息采集专门机构，制定实施方案，召开信息采集工作培训会和推进会，全力推进工作有序开展，全省累计投入经费约2770余万元，购置专用信息采集设备4742套（台），其中专用电脑1538台，固定采集仪1567台，核查终端设备1637台。在省、市、县、乡、村建立了退役军人和其他优抚对象信息采集平台，采取集中采集和上门服务的形式，做到应采尽采，不落一人。

九、光荣牌悬挂工作

严格按照分级负责、属地落实的原则，深入开展摸排，认真核对统计，建立悬挂光荣牌工作建档立卡制度。全省各级财政部门累计投入资金1100万元，制作光荣牌70万块，全年为67万多户烈属、军属和退役军人等家庭悬挂光荣牌。

十、社会保险补缴工作

省委、省政府印发《关于解决部分退役士兵社会保险问题的实施意见》，明确政策规定、补缴范围和工作程序，细化职责分工，编制时间表和任务台账。建立省解决部分退役士兵社会保险问题部门联席会议机制，省退役军人事务厅、财政厅、人力资源社会保障厅、医疗保障局等12个部门为成员单位，成立工作专班，先后召开15次会议通报工作进展情况，研究提出缴费能力、个人身份认定办法等配套措施，进一步细化政策解释口径和操作指南，编印公告、宣传手册，确保各项工作顺利有序开展。截至2019年年底，全省已录入信息24 296人、受理22 203人、初审通过14 410人。

十一、建成数字版政策法规汇编库

组织专门力量对新中国成立以来至改革开放前、涉及退役军人的586件政策法规分门别类进行梳理，开发建成数字版政策法规汇编库，并向全省退役军人部门分配用户账号530个，实现政策法规文件的在线检索、管理和利用。为方便日常使用和临时检索，专门编辑印制《退役军人事务工作法规政策选编》《2018年度退役军人事务工作政策法规汇编》，有力提升法治服务保障能力。

十二、自身建设情况

树立鲜明用人导向。严格执行干部选拔任用工作条例，坚持“好干部”标准，进一步激发干部想干事、能干事、干成事的精气神。优化干部结构。针对转隶干部实际，结合职级并行，基本实现了干部的梯次配备。严格落实“动议、民主推荐、考察、讨论决定、任职”五个程序，坚持公平、公正、公开，坚持干部档案“凡提必审”、个人事项“凡提必核”、廉政情况“凡提必听”、反映线索“凡提必查”，严防带病提拔。按照省委组织部的要求，对档案存在问题、个人事项报告不实的都按规定做出了处理。

加强日常教育监督管理。制定干部考核评议办法，认真落实个人述职、民主评议等制度，制定干部请假、考勤、值班、谈话等6项日常管理规定，切实提高干部管理规范化水平。制定《干部教育培训实施办法》，开展各级各类培训，先后举办全省性培训班 14 期、参训 1500 余人次，选派 57 名干部参加退役军人事务部和省上组织的轮训调训，干部队伍能力素质不断提升。

青海省

2019年，青海省退役军人事务系统边完成机构改革任务，边推进年度重点工作。着力提升退役军人思想政治、安置就业、优抚褒扬、权益维护和服务管理工作的能力和水平，切实维护退役军人和其他优抚对象合法权益，为支持国防和军队现代化建设、服务青海改革发展大局作出了贡献。

一、机构建设情况

省、市、县三级均成立了由党委主要领导担任组长的退役军人事务工作领导小组，并结合退役军人事务工作实际召开领导小组会议，研究本辖区退役军人工作重大问题，推动任务落实，党对退役军人工作的统一领导不断加强。2019年3月29日，省委退役军人事务工作领导小组召开第一次全体会议，研究有关政策文件，对改进和加强青海省退役军人工作提出明确要求。县级退役军人事务部门于2019年3月底前组建到位，省退役军人事务行政管理部门改革任务全面完成，集中统一、职责明确、运行顺畅的管理保障机构全新组建；建立健全退役军人服务保障体系，推进省、市、县、乡、村“五级”退役军人服务机构建设，青海省退役军人服务中心于5月17日挂牌成立，各地加快退役军人服务中心（站）建设，全省共建成退役军人服务中心（站）3576个，打通了退役军人政策落实、服务保障“最后一公里”。省厅直属和各地所属50多家优抚事业单位完成改革转隶任务，横向到边、纵向到底、覆盖全员、专业规范的退役军人工作体系基本建立。举办两期面向市（州）、县（区）退役军人事务局干部职工的政策业务和能力提升培训班，参训人员达220人次。

二、思想政治和权益维护工作

突出退役军人工作的思想政治属性，把思想政治工作融入工作开展各个方面。加强教育管理，引导广大退役军人离军不离党、退役不褪色、建功新时代。退役军人事务部门配合各级组织部门和基层党组织，在军人退役时段分类办理组织关系转接，落实退役军人党员参加党的组织生活制度，加强党性、法治和社会主义核心价值观教育。加强正面宣传引导，7名退役军人荣获“全国模范退役军人”称号，2个单位荣获“全国退役军人工作模范单位”称号，1名同志荣获“全国退役军人工作模范个人”称号，在全国退役军人工作会议上受到表彰。充分利用媒体资源和报告会、座谈会等形式，开展“模范退役军人”“最美退役军人”学习宣传和向张富清同志学习活动。利用《青海日报》等平台连续刊登模范退役军人事迹，宣传退役军人先进典型，讲好退役军人故事，发挥示范引领作用，教育引导青海省退役军人不忘初心、永葆本色、砥砺前行，引起社会广泛关注和良好反响。积极与省表彰办沟通协调，推动以省政府部门名义开展一次临时性表彰奖励。同时努力推动建立青海省长期表彰奖励立项工作，为树立退役军人及退役军人工作标兵典型提供制度保障。

坚持以退役军人为中心的工作导向，扎实推进“矛盾问题攻坚化解年”活动，把解决退役军人现实关切、保障其合法权益作为重点工作强力推进。按照“事事有着落，件件有回音”的工作要求，遵照信访工作条例，落实首办负责、属地管理和逐级走访制度。采取领导干部下访接访、包案化解等措施，全力推进历史遗留、重点难点问题化解。严格办理程序，扎实做好信访事项的登记、受理、答复和回访，并对地方办理情况逐件进行审核。本着“让退役军人少跑腿，让数据信息多跑路”的工作理念，开通网上信访渠道，省、市、县三级上线运行退役军人信访信息系统，实现了退役军人信访工作信息化办公，确保办理信访事项及时高效。

三、移交安置工作

加强与移交部队、接收单位、退役军人前期沟通，前移服务关口，提高安置效果，首次将军转干部接收安置与退役士兵接收安置一体推进。开展计划分配军转干部适应性及岗前专业培训，组织由政府安排工作退役士兵适应性培训，受训率100%。继续实行计划分配军队转业干部“依积分划定范围、凭资格双向选择、视优长分类推荐、按计划保底分配”的安置模式，积极探索建立由政府安排工作退役士兵“以量化评分为主，按专业特长排序选岗、双向选择”的安置路子，圆满完成100多名计划分配军队转业干部、100多名由政府安排工作退役士兵和500多名自主择业军队转业干部移交安置及4名随军家属随调安置任务，接收安置1400多名自主就业退役士兵。认真落实退役军人各项政策待遇，按时足额发放自主择业军转干部退役金10亿余元，住房补贴、医疗保险、取暖费2亿余元，发放自主就业退役士兵一次性经济补助资金1亿余元。

四、就业创业工作

联合省委组织部等12个部门制定出台《关于促进新时代退役军人就业创业工作的实施意见》，对退役军人就业培训、岗位保障、税收优惠、金融扶持等作出具体规定，推动退役军人就业创业各项优待政策落地落实。扎实做好基础数据采集工作，对近1400名自主就业退役士兵的教育水平、家庭情况、培训和就业需求等信息进行采集统计、数据分析、建立台账。依托普通高校、职业院校、培训机构等教育资源，考察遴选了11家教育机构纳入省级退役军人教育培训承训机构目录，对36名有创业意愿的自主择业军队转业干部进行创业个性化培训，组织42名退役军人在四川大学参加创业能力提升培训，对1200余名自主就业退役士兵实施技能培训，协调65名退役士兵参加高职扩招。持续加强退役军人党性教育，组织40名自主择业军队转业干部赴陕西延安开展党性教育培训。积极搭建就业平台，全省举办退役军人专场招聘活动28场（次），800余家企业（单位）提供岗位14 048个，3000余名退役军人及随军家属应聘，共891人达成就业意向，全年新增就业退役军人538人。

五、军休服务管理工作

圆满完成接收安置79名军队离退休干部和退休士官，下达军休经费3.3亿余元，积极落实军休人员两个待遇。根据中央及省有关文件精神，统筹做好全省军休干部及无军籍职工离退休费、补助补贴等相关待遇的调标增资工作，切实保障了全省军休人员合法权益。为规范全省军休干部慰问工作形式，统一慰问工作相关标准，为军休服务管理机构开展慰问工作提供政策依据，印发《青海省退役军人事务厅管理军队离退休干部慰问工作制度（试行）》。为庆祝新中国成立70周年，举办了系列文体活动。2019年7月31日，“我们永远是最可爱的人——青海省退役军人庆祝新中国成立70周年书画摄影展”在青海省文化馆开展，展期12天，观展干部群众达2600人次；结合“不忘初心、牢记使命”主题教育，举办以“不忘初心　永葆本色　砥砺前行”为主题的趣味运动会和文艺汇演系列活动。

六、优待抚恤工作

扎实开展退役军人和其他优抚对象信息采集工作，基本建立了全面规范、完整统一的基础数据库，摸清了青海省服务对象底数。深入开展为烈属、军属和退役军人等家庭悬挂光荣牌活动，大力营造“一人参军、全家光荣”的社会氛围，各地采取举办启动仪式、登记造册、上门悬挂等方式，为10万余户符合条件家庭悬挂了光荣牌，实现了既有对象应挂尽挂的目标。根据退役军人事务部统一安排，按10%比例调整提高部分优抚对象抚恤和生活补助标准，足额兑现保障资金1亿余元，改善了服务对象生活质量、提升了幸福指数。严格按政策办理退出现役残疾军人伤残抚恤关系转移、带病回乡退役军人病情审定，及时将符合条件人员纳入优抚保障范畴，享受抚恤待遇。筹措建立“困难退役军人关爱帮扶基金”，形成了社会保障待遇基础上的退役军人兜底保障双保险，充分体现了社会尊崇和优待。

七、褒扬纪念工作

为发挥好烈士纪念实施的宣扬教育功能，协调财政部门下拨烈士纪念设施维修改造资金1700万元，对青海省11处烈士纪念设施进行提质改造。扎实开展《中华人民共和国英雄烈士保护法》《烈士褒扬条例》学习宣传活动，在清明节、“9・30”烈士纪念日、国庆节期间开展缅怀纪念活动，开展烈士事迹收集、保护、整理、编纂工作，推动形成崇尚英烈、捍卫英烈、学习英烈、关爱英烈遗属的浓厚氛围。认真开展“庆祝中华人民共和国成立70周年和青海解放70周年走访慰问活动”，对居住在青海省的1705名残疾军人和烈士遗属进行了普遍慰问，为青海省153名新中国成立前参加革命工作回乡健在的老战士、移交政府安置健在的军队离休干部和新中国成立后因参战荣立一等功以上奖励的退役军人颁发“庆祝中华人民共和国成立70周年”纪念章，提升了他们的荣誉感、归属感、获得感。

八、双拥工作

针对机构改革中人员变动实际，报请省政府

及时调整省双拥工作领导小组成员单位和组成人员。修订印发《青海省双拥模范城（县）创建命名管理实施办法》《青海省双拥模范城（县）考评标准》，加强双拥模范城（县）评选、命名动态管理，提高创建质量。组织召开青海省双拥工作领导小组第二十二次全体（扩大）会议和第十届青海省双拥模范城（县）创建评比工作专题部署会议，对各地推荐申报的双拥模范城（县）进行了实地考核、逐级评选，为新一轮青海省双拥模范城（县）命名表彰工作打下坚实基础。广泛开展慰问活动，协调省领导走访慰问 15 个驻青部队，发放慰问金 400 余万元，慰问优抚对象、困难军人、军烈属 14 名，发放慰问金近 5 万元；厅本级慰问优抚对象和困难退役军人 89 名，发放慰问金 20 余万元；青海省各地认真开展走访慰问活动，发放慰问金 360 余万元，军政军民关系日益密切，爱国拥军氛围更加浓厚。大力支持部队改革建设、练兵备战，积极协调解决训练演习部队存在的困难问题。

九、退役士兵社会保险补缴工作

省委办公厅、省政府办公厅印发了《青海省解决部分退役士兵社会保险问题工作方案》，全面启动青海省部分退役士兵社会保险补缴工作。协调成立由人力资源社会保障、医保、税务、公安、国资等 11 个部门参加的工作专班，举办 2 期社会保险补缴政策业务培训班、召开 2 次工作推进会。全方位做好政策宣传，召开新闻发布会，印发操作指南，张贴工作通告，发放宣传手册，依托青海广播电视台、《青海日报》、《西宁晚报》、《西海都市报》等主流媒体，解读相关政策，做好宣传报道，利用短信平台向青海省 3 万余名退役士兵推送社会保险补缴公告时限。截至 2019 年年底，累计接待退役士兵咨询 14 258 人次，初审 7715 人，符合条件通过 5918 人，申请受理、审核认定、费用测算等工作稳步推进。

十、自身建设情况

努力把青海省退役军人事务系统打造成增强“四个意识”、坚定“四个自信”、做到“两个维护”的政治机关，落实中央决策部署及省委省政府要求的行政机关，有力维护退役军人合法权益的服务管理机关。省退役军人事务厅年内召开党组会 34 次、厅务会 12 次、党组中心组理论学习会 18 次，集中学习习近平总书记关于退役军人工作重要论述和重要指示批示精神，研究工作领域重要事项、重大问题，确保党中央、国务院决策部署和省委省政府部署要求有效落实。深入开展“不忘初心、牢记使命”主题教育，进一步强化理论武装，推动学习贯彻习近平新时代中国特色社会主义思想走深走实。扎实开展“形式主义、官僚主义”集中整治活动，大力倡导全心全意为退役军人服务的工作理念和求真务实的工作作风。举办退役军人政策业务和能力提升培训班，提高了工作人员的政策理论水平和业务能力。坚定不移抓好党风廉政建设，开展反腐倡廉宣传和廉政警示教育。

宁夏回族自治区

2019年，宁夏回族自治区退役军人事务系统大力弘扬攻坚克难、拼搏实干精神，边组建机构、边推进工作，边谋划长远发展、边解决遗留问题，边着手顶层设计、边落实年度任务，全区退役军人事务工作实现良好开局。

一、机构建设情况

宁夏回族自治区退役军人事务系统推动地方党委、政府把退役军人工作摆上重要议事日程，纳入绩效考核体系，协同高效推进，形成了“四级党委一体抓、主要领导亲自抓、各级部门协同抓”的新格局，着眼重点任务落实、重大问题解决、重要责任落地，推动召开全区退役军人工作会议、全区退役军人工作座谈会、社会保险补缴、移交安置等专题会议8次，高规格举办全区退役军人事务专题研修班，高位推动党中央和国务院决策部署及自治区关于退役军人工作要求。2019年2月初，全区5个地级市、22个县（区、市）退役军人事务局全部挂牌运行。2月底，区、市、县、乡、村五级退役军人服务机构全部组建，实现有机构、有编制、有人员、有经费、有保障“五有”和“全覆盖”目标要求，形成横向到边、纵向到底、覆盖全员的服务管理网络。

二、政策法规工作

紧跟国家退役军人政策制度建设步伐，着力完善政策制度体系。推动出台《关于促进新时代退役军人就业创业工作的实施意见》《关于做好退役军人和其他优抚对象优抚工作的实施意见》等12项政策制度。2019年12月，宁夏回族自治区退役军人政策法规建设工作做法在全国退役军人工作理论研讨班上交流。

三、思想政治工作

开展“最美退役军人”“优秀退役军人”系列推荐评选活动，7名退役军人荣获全国模范退役军人，2个单位荣获全国退役军人工作模范单位，1名同志荣获全国退役军人工作模范个人。组织召开全区退役军人工作会议，表彰全区优秀退役军人47名、退役军人工作先进单位20个、退役军人工作先进个人30名。在宁夏回族自治区主流媒体开设退役军人风采专栏，刊播退役军人公益宣传片，举办“清凉宁夏”退役军人专场文艺汇演，《永不褪色的橄榄绿》《不变的本色》荣获全区“赞颂辉煌成就、军民同心筑梦”微电影作品征集展评优秀奖；在全国军休干部文艺大赛期间，创作的《六盘花儿红太空》《祖国在我心中》获得优秀奖，选送《幸福军休生活》《小白杨》参加进京汇报演出。举办全国模范退役军人典型事迹巡回报告会，开展优秀退役军人典型事迹“五进”宣讲活动120场次，参与干部群众达10万人次，展现了退役军人的新时代风采。

四、权益维护工作

设立五级退役军人信访场所，建立首办责任、带班接访、定期下访、包案督访、全员接访、办件回访等工作制度，建立“日小结、周分析、月督查”督办机制，针对信访事项逐一建档立卡、一人一册；对疑难重大信访事项逐一调查核实、协调处理；对已受理信访事项坚持跟踪督促、一办到底。坚持定时办结信访事项，定期梳理分析研判，定向化解矛盾问题，共协调召开信访联席会、听证会22次。印制涉及退役军人优抚安置、就业创业、社会保险补缴等业务政策宣传口袋书、彩页等40余万份。启动实施全区“退役军人矛盾问题攻坚化解年”活动，坚持“一案一档、挂账督办、销号管理”的原则，完善“四级包联”机制，建立攻坚台账，制定攻坚路线图、倒排化解时间表，做到“一事一案、一人一策、排查一个、化解一个”，办结退役军人事务部督办重点事项和自治区本级挂账督办事项，精准推动重点矛盾问题攻坚化解。

五、移交安置工作

自治区党委退役军人事务工作领导小组召开退役军人安置工作专题会议、全区退役军人安置工作电视电话会议，印发《关于做好2019年军队转业干部安置工作的通知》《关于做好2019年符合政府安排工作条件退役士兵安置工作的通知》《关于做好2019年军队退休干部、退休士官移交安置工作的通知》，各级退役军人事务部门加强与组织、编制、财政、人力资源社会保障等部门的协作配合，及时研究解决安置难题、妥善处理矛盾问题，切实形成“一盘棋”思想，确保心往一处想、劲往一处使，全面实行功绩量化、依序择岗和“十公开”的“阳光安置”办法，创新市级统筹、县级负责的退役士兵安置方式，坚持全程服务、教育管理、关心关爱、走访慰问、政策落实“5个到位”。圆满完成2019年计划分配军转干部、自主择业军转干部、符合政府安排工作条件退役士兵安置任务，安置率100%；接收军休人员近60名，完成率118%；落户复员干部、军队转改文职人员80多名，安置随调家属数名，完成率100%。

六、就业创业工作

加强退役军人教育培训，按照“区级培训为示范，市级为主体、县级为补充”的原则，制定《高职扩招专项工作实施办法》《高职扩招宣传动员方案》《关于进一步做好退役军人参加高职扩招宣传动员工作的通知》，设立教育培训、实习培训基地，统筹推进学历教育、职业技能培训，2884名退役军人报名参加高职教育，2100名退役士兵接受职业技能培训。强化退役军人就业服务，出台《关于促进新时代退役军人就业创业工作的实施意见》，明确了25条措施，进一步完善就业政策措施和工作机制，举办专场招聘会37场次，将退役军人就业创业指导纳入“就业援助月”“春风行动”“职业技能提升行动”“金秋招聘月”的重要任务，实现资源互享，拓宽就业渠道。加大创业扶持力度，制定《退役军人创业孵化基地评定管理办法》《关于延续执行支持和促进创业就业有关税收政策的通知》《关于做好军烈属、退役军人涉税服务等工作的实施意见》，建成创业孵化基地7家、就业企业37家，为退役士兵和安置企业减税1850万元，全年新增就业3416人，创历史新高。

七、拥军优抚工作

各级成立了政府一把手为组长，党委、政府、军区（或军分区）分管领导为副组长，相关部门、单位主要负责人为成员的双拥工作领导小组，深入推进全区拥军优属、拥政爱民，军政军民团结大好局面持续巩固发展。为13.8万户烈属、军属和退役军人等家庭悬挂光荣牌。全面启动部分退役士兵社会保险补缴工作，受益对象达6万多人。下达优抚经费1.27亿元，提高1.54万名优抚对象生活和医疗保障待遇，400名重点优抚对象接受短期疗养，走访慰问退役军人和重点优抚对象2.8万人次，对全区109名优抚对象进行巡诊，帮扶援助困难退役军人6951人，建档立卡退役军人脱贫率达90%。出台军人子女教育优待办法实施细则，军人子女入学入托率达到100%。编辑出版《宁夏双拥》杂志，广泛宣传报道全区军地军民开展双拥工作纪实，在全社会营造了军爱民、民拥军的良好氛围。

八、褒扬纪念工作

成功举办“传承·2019清明祭英烈”活动，指导全区各地开展祭扫活动1200余场次，参与人数达30万人次。及时向全区下发边境战争烈士祭扫接待工作通知，制定祭扫方案，走访慰问边境战争烈士家属，并组织在就近烈士陵园缅怀战友，接待来宁祭扫烈士家属，有序组织纪念活动。组织英烈讲解员参加首届“丰碑永铸·颂英烈”全国英烈讲解员大赛，1名选手获优秀奖。做好《烈士光荣证》颁授工作。按时足额为烈士遗属发放烈士褒扬金。投入资金1062万元，维修改造国家级烈士陵园5家。

九、探索军地合力做退役军人工作

推动成立由自治区党政分管领导和宁夏军区主要领导组成的“三人领导小组”，组建宁夏经验提炼挖掘工作专班，向各观摩点派出工作组常驻蹲点指导，召开协调会、推进会14次，协调多部门参与保障，高标准推进经验提炼、观摩筹划、现场解说、氛围营造、会议服务、后勤保障等工作，集中力量挖掘打造军地合力“宁夏样本”，建成闽宁镇退役军人服务站、石嘴山市退役军人就业创业基地、退役军人军事信息综合管理服务平台等一批军地合力示范点。

十、自身建设情况

自治区退役军人事务厅始终以党的创新理论成果武装头脑、指导实践、推动工作，坚持年度有计划、季度有讲座、每月有安排、每次有考勤、定期有测试，引导全体干部在学懂、弄通、做实上持续用功。扎实开展“不忘初心、牢记使命”主题教育，成立领导小组，制定方案，研究问题，全程抓好整改落实。深入推进“三强九严”工程，建立党建制度流程15项、党务工作规范14项，创建个性化党建品牌7个，以优良的党风、政风引领各项工作干在实处、走在前列。查找廉政风险点制定防控措施，印发解决形式主义突出问题为基层减负的9项措施，制定财务管理、固定资产管理等制度33项，成立招投标、采购和审计工作领导小组，确保党风廉政责任落实到岗、落实到人、落实到事。研究制定《关于进一步激励广大干部新时代新担当新作为的实施方案》，确立“六讲六立”“四个厚植”的建设目标，加快破解干部能力素质“短板”问题，大力营造正气充盈、担当实干、和谐与共的干事创业氛围。

新疆维吾尔自治区

2019年，新疆维吾尔自治区退役军人事务系统深入开展“矛盾问题攻坚化解年”“制度建设年”“能力提升年”活动，夯实基层基础、完善制度机制、规范机构运行，实现良好开局。

一、机构建设情况

自治区召开4次常委会会议，研究部署退役军人工作，针对退役军人服务保障体系建设、退役士兵社会保险补缴等方面作出批示130多次。加强组织领导，成立了由中央政治局委员、自治区党委书记任组长，自治区党委副书记、政府主席任第一副组长，32个部门组成的自治区党委退役军人事务工作领导小组，加强总体谋划，研究重大问题，推动任务落实；先后召开2次领导小组会议，审议通过并以领导小组名义印发了《自治区党委退役军人事务工作领导小组工作规则》等5个文件，引领推动全区退役军人工作健康有序发展。

按照“五有”和“全覆盖”的要求，区、地、县、乡、村五级建立退役军人服务中心（站）7806个，完成率达100%。制定印发退役军人服务中心（站）政策解答工作手册，实施信访接待、社会保险补缴、政策咨询、走访慰问、党员服务5类全程代办事项，打通了服务退役军人“最后一公里”。干部转业、士兵退伍期间，在县（市、区）服务中心和乡镇（街道）服务站设置组织、退役军人事务、公安、人武等部门组成的服务柜台，集中办理退役军人组织关系接转、社会保险关系补缴、预备役登记等手续，为退役军人提供“一站式”便捷服务。

坚持重实干、重实绩、重实效，把退役军人工作纳入各级党委、政府领导班子绩效考核内容，作为双拥模范城（县）考评重要内容，研究制定《2019年自治区退役军人事务工作考核实施方案》，加大对退役军人工作的考核考评力度，强化工作指导，注重考核考评结果运用，督促各地、各有关部门切实担负起做好退役军人工作的政治责任。

二、政策法规工作

坚持把落实政策作为维护退役军人和其他优抚对象合法权益的治本之策，扎实做好各项服务保障工作。加大建章立制工作力度，出台40项制度性文件，印制《新疆退役军人事务厅工作制度汇编》，推动退役军人事务工作法治化规范化。聘请法律顾问，协助处理退役军人涉法事务。加大法治培训和宣传力度，厅领导带头上法治课，全体干部职工运用法治思维和法治方式解决问题的能力不断提高。

三、思想政治和权益维护工作

强化退役军人思想政治教育和组织管理，研究制定《关于印发〈自治区退役军人党员教育管理办法〉的通知》，做好退役军人党员组织关系转接等工作，充分发挥基层党组织作用，引导退役军人增强党性意识，发挥带头作用。严格落实党员领导干部包联、谈心谈话制度，定期深入基层一线做好思想政治工作，面对面与退役军人促膝谈心，做好政策解释、思想引导，对生活困难退役军人给予帮扶，及时解决他们的实际困难。落实“属地管理、分级负责”的责任，深入细致查找矛盾问题，认真开展防范化解工作。

开通“新疆退役军人”官方微信公众号，全方位宣传退役军人工作，发布信息397条，点击量470万次。报送政务信息105期，被退役军人事务部和自治区党委、政府及各类网站、杂志采用27条。结合重要纪念日和重大专项工作，先后组织开展“万副春联送军营”“迎新春军烈属走访慰问”“庆祝人民海军成立70周年”“光荣之家百千万”“我和我的祖国”等16项活动；举办首届自治区退役军人“书法、美术、摄影”展，展出作品229幅，观众达5000人次。分批组织烈士亲属代表参加“人民红号—时光列车”主题专列游新疆活动，邀请600名烈属代表观看《我为祖国守边疆》专场慰问演出。在厅机关成立一周年之际，策划制作“新时代、新机关、新作为”电视专题片、新疆退役军人周年答卷综述新闻、数说新闻和图说新闻等，增强了退役军人工作的影响力和公信力。

坚持典型引路，在《新疆日报》、新疆电视台、新疆人民广播电台等主流媒体上持续推出“最美退役军人”宣传栏目，多渠道征集线索，深入挖掘退役军人先进事迹，建立“最美退役军人”信息库，筛选典型事迹943人，集中宣传典型代表40人，其中7人被评为“全国模范退役军人”、1人被评为全国“最美退役军人”。深入开展向时代楷模张富清同志学习宣传活动，大力宣传新疆模范退役军人代表“孔雀河畔播绿人”王成帮、“初心不改，守望战友”陈俊贵的先进事迹；举办模范退役军人进机关、进企业、进校园专场报告会，通过多种方式让模范精神彰显、红色基因赓续，营造了学先进、树正气的浓厚氛围。

四、移交安置工作

建立军地联动工作机制，充分发挥协调落实作用，先后召开移交安置通报会、中央驻疆企业接收安置部署会，对移交安置工作进行安排部署。改进考试考核、双向选择、指令性分配及量化打分、积分选岗等安置办法，实行“阳光安置”“直通车安置”，高质量完成年度安置任务，实现军队、地方、退役军人“三满意”。创造性推进军转干部进高校专项培训，首次选派计划分配的100名军转干部到上海交通大学进行培训，取得良好效果。共接收安置退役军人2400多人，其中，计划分配军转干部100多人、退役士兵60多人、自主择业军转干部2000多人、军休干部（士官）200多人。

制定《〈关于印发解决全区部分退役士兵社会保险问题的实施意见〉的通知》《自治区解决部分退役士兵社会保险问题操作指南》《自治区解决部分退役士兵社会保险问题政策问答》，成立由自治区分管领导为组长的专项领导小组，协调推进任务落实。自治区党委常委、政法委书记，自治区人民政府副主席先后组织召开3次会议，安排部署重点工作任务。2019年3月14日，以视频会议形式，对全区900名工作人员开展一次政策大培训。加大政策宣传和工作指导力度，积极与人力资源社会保障、医保、税务等部门配合，动态掌握各地情况，推动社会保险补缴工作有序开展。截至2019年年底，全区录入9653人，受理7367人，初审5862人，养老核查3166人，医疗核查2126人。

五、就业创业工作

坚持民生为本，就业为根，把退役军人就业创业放在心上、扛在肩上，召开退役军人就业创业工作会议，制定印发《关于促进新时代退役军人就业创业工作的实施意见》，全面加强就业创业工作。先后召开15次协调会，并在乌鲁木齐、昌吉等地召开就业创业座谈会，及时掌握就业创业现状、问题和需求。制定《关于印发〈自治区自主择业军转干部个性化培训机构认定暂行办法〉的通知》，审定自主择业军转干部个性化培训机构67个，与新疆大学等6家高等院校签订教育合作协议。建立“红色教育培训”机制，2065名军转干部接受适应性培训，3042名退役军人参加人力资源、计算机操作、书画摄影等个性化培训，1058名参加技能培训，1500名退役军人参加高职扩招。优化就业创业环境，共建立创业孵化基地及众创空间11个、实训基地29个，举办退役军人、军嫂专场招聘会108场次，全区退役军人就业创业率达69%。

六、军休服务管理工作

健全完善“随退随审、即交即接”移交安置工作机制，研究制定《关于印发〈自治区军队离休退休干部服务管理机构工作暂行规定〉的通知》《关于印发〈移交政府安置的精神病退休军人监护管理暂行办法〉的通知》，军休服务管理工作逐步规范。召开2次军休干部移交安置推进会，举办移交安置军休干部专题培训班1期，下拨军休补助资金13.1亿元，着力提高服务保障水平。拓展军休服务管理内容、形式，打造军休文化品牌，组织参加全国军休干部文艺汇演获得最佳节目奖。

七、拥军优抚工作

完成退役军人和其他优抚对象信息采集及32.2万户烈属、军属和退役军人家庭光荣牌悬挂工作。摸清老红军、“沙海老兵”等老功臣底数，建档立卡，加强关心关爱。注重发挥通信运营企业在技术力量和服务渠道上的优势，与新疆电信、新疆移动、新疆联通签署合作协议，让退役军人享受优先、优质、优惠的通信服务。健全完善双拥工作运行机制，研究制定《关于印发〈自治区双拥工作领导小组工作规则〉〈自治区双拥工作领导小组成员单位工作职责〉〈自治区双拥工作领导小组办公室职责和工作制度〉的通知》，召开了自治区双拥和模范退役军人命名表彰大会，命名表彰双拥模范城（县、区）43个、双拥模范单位72个、双拥模范个人70名、模范退役军人10名。落实春节、“八一”走访慰问制度，对军属和重点优抚对象开展经常性走访慰问；结合庆祝新中国成立70周年系列活动，为老战士颁发纪念章749枚。加强军地协作，在驻疆部队官兵随军家属落户、边防军人子女教育方面给予大力支持，及时解决了现役军人的“后路、后代、后院”问题。

八、褒扬纪念工作

大力宣传《英雄烈士保护法》，各地各部门认真履行法定责任。做好纪念设施提质改造前期工作，先后赴马兰、和静、康西瓦、叶城等地烈士陵园进行调研，研究制定《关于印发贯彻落实〈烈士纪念设施规划建设修缮管理维护总体工作方案〉具体措施的通知》，推动烈士纪念设施全面提质改造纳入自治区红色旅游规划和所在地“十四五”规划，扎实推进新源则克台烈士墓修缮保护工作。研究制定《关于印发〈自治区退役军人事务厅烈士评定工作程序暂行规定〉的通知》，持续推进为烈士寻亲活动，做好边境战争烈士祭扫工作，开展“传承·2019清明祭英烈”活动，开通网上祭英烈平台，全疆各地祭扫英烈人数53万人次，网上祭扫量104万人次。自治区人民出版社发行《新疆烈士传》（十四辑），完善《新疆烈士英名录》，及时更新烈士库数据。审核规范全疆21个烈士陵园讲解词，组织烈士纪念设施讲解员参加培训，推送3名讲解员参加“丰碑永铸·颂英烈”全国英烈讲解员大赛，获得二等奖、优秀奖等奖项。

九、信息化建设工作

探索“互联网+退役军人服务”模式，投入511.9万元，实施退役军人信息化建设项目，编制自治区退役军人事务信息化建设可行性研究报告，完成退役军人视频会议系统建设项目，依托综治视联网和各地州市、县市区综治会议室举办4期退役军人事务工作大讲堂；完成电子政务内网建设及信息中心基础设施建设，落实部分业务系统迁移项目，完成电子政务外网资源申请、服务器安装调试及“自主择业干部退役金查询系统”的开发、联调、测试工作。

十、自身建设情况

深入开展“不忘初心、牢记使命”主题教育，开展党组理论学习中心组学习13次、专题学习69次，举办退役军人事务工作大讲堂4期、培训9300人次，引导党员干部自觉在“守初心、担使命，找差距、抓落实”中锤炼党性、改进作风、提高能力。

全面加强机关党的建设，建立健全组织机构，成立机关党委、纪委和7个直属事业单位党委，完成69个党支部改选。推进党支部规范化建设，培训党支部书记210人次、党务干部360人次，举办“主题党日”“政治生日”“军事日”等系列活动，进一步增强机关党组织的政治功能和组织力。

坚持在“访惠聚”驻村工作和“民族团结一家亲”活动中强化实践锻炼，选派24名优秀干部参加“访惠聚”驻村及深度贫困村定点扶贫工作，投入260万元实施23个项目；安排机关干部开展结亲住访，办好事实事347件，政策宣传8100次，开展各类活动58次，促进各族群众交往、交流、交融。

新疆生产建设兵团

2019年，兵团退役军人事务系统在兵团党委的坚强领导下，认真履职担当，积极进取作为，退役军人各项工作顺利开展。

一、机构建设情况

兵团党委坚决贯彻党中央、国务院决策部署，于2019年2月12日印发《关于〈新疆生产建设兵团机构调整方案〉的实施意见》，批准成立兵团退役军人事务局。3月7日，兵团退役军人事务局正式挂牌成立。3月18日，兵团党委办公厅、兵团办公厅印发《新疆生产建设兵团退役军人事务局职能配置、内设机构和人员编制规定》，内设处室2个。4月3日，成立兵团党委退役军人事务工作领导小组及其办公室，随后各师市均成立党委退役军人事务工作领导小组，由党委主要负责同志担任组长。

根据《关于兵团退役军人服务保障机构编制事宜的通知》规定，2019年5月底，组建兵团退役军人服务中心，加挂兵团退役军人信息中心牌子，为兵团退役军人事务局所属正处级公益一类事业单位。兵团机构改革调整和各师市机构改革比地方晚4个月，兵团党委充分发挥兵团准军事组织优势，坚持特事特办，将各级党委退役军人事务工作领导机构、行政机构和服务体系一体谋划、统筹推进。2019年6月31日前，兵团和各师市退役军人行政机构、服务中心（站）全部完成组建，建立了兵团、师市、团场（街道）、连队（社区）“四级”服务保障机构，实现了“五有”和“全覆盖”要求。

二、思想政治和权益维护工作

兵团退役军人事务局成立伊始，始终将退役军人思想政治和权益维护作为一项重要工作抓紧、抓细、抓实，一方面做好对退役军人先进典型宣传；另一方面逐步规范接访流程、优化接访环境，并指定专人负责退役军人权益维护工作。

（一）思想政治工作

深入开展先进典型选树推荐工作。6名退役军人被评为全国模范退役军人；2个单位被评为全国退役军人工作模范单位；1名工作者被评为全国退役军人工作模范个人。同时，对兵团辖区即将退役的部队官兵进行思想引导，配合在兵团军事部生产营开展“热爱兵团、建功兵团、奉献兵团”系列教育活动，指导各师市退役军人事务局开展退役军人先进事迹进军营，部队官兵到兵团企业、团场参观联谊等活动，用“兵团精神”“老兵精神”“胡杨精神”感召部队官兵，为吸引更多现役军人退役后到兵团尤其是南疆工作打下坚实的思想基础。认真贯彻落实习近平总书记重要指示批示精神，多次组织学习宁夏军地合力做退役军人工作经验，进一步增强责任心和使命感，为做好退役军人思想政治工作提供了强大的思想动力。

（二）权益维护工作

坚持把完善和落实政策作为维护退役军人合法权益的首要任务，扎实开展“矛盾问题攻坚化解年”活动。下发了《关于在全兵团退役军人事务系统深入开展“退役军人矛盾问题攻坚化解年”活动的实施方案》，为做好退役军人信访工作提供了遵循。兵团分管领导、各级兵团退役军人事务局领导包案化解率91.6%。

三、移交安置工作

兵团退役军人事务系统主动作为，迎难而上，突出重点、精准发力，圆满完成年度安置任务。

（一）军转干部接收安置工作

2019年开始，兵团承接石河子市、五家渠市等9个市的自主择业军转干部管理服务工作，并负责退役金发放工作，稳妥有序核发2019年自主择业军转干部退役金。完成上级下达的军队转业干部安置任务。

（二）退役士兵安置工作

2019年，兵团接收了符合政府安排工作条件的退役士兵，全部完成安置任务。其中部分安置到事业单位，部分安置到企业。同时，督促各师市落实好各项安置政策。

（三）推进部分退役士兵社会保险补缴工作

兵团保持和自治区相同标准开展部分退役士兵社会保险补缴工作。通过信息采集系统摸排和自主申报同步进行的方式开展人员摸底工作，并与社会保险经办机构进行社保缴费信息比对，摸清兵团符合补费条件的养老保险欠费人员，按照单位部分缴费主体对摸底人员进行了详细分类，并测算资金单位缴纳部分和个人缴纳部分。对各师市退役军人、人力资源社会保障、财政、医保等部门100余名工作人员开展社会保险补缴业务培训。

四、就业创业工作

兵团开展退役军人专项招聘活动28场次，参与单位225个，提供岗位4092个，参加退役军人2050名，签订意向协议书297份。

在退役士兵集中返乡之际，要求各师市组织开好退役军人欢迎会，落实好相关优待政策。对消防救援队伍自主就业的部分消防员接收安置工作进行了安排。摸清有意愿参加职业教育和培训的人员底数。

积极为退役军人就业创业搭建平台。出台《关于促进新时代退役军人就业创业的实施意见》，保障退役军人在享受普惠性就业创业政策和公共服务基础上再给予特殊优待。针对兵团退役军人职业技能实际状况，积极配合教育局、人力资源社会保障局制定出台《兵团职业教育改革实施方案》《兵团职能技能提升行动实施方案》，鼓励和引导退役军人通过参加职业技能培训，提升就业能力。

五、军休服务管理工作

兵团退役军人事务局成立后，从自治区退役军人事务厅承接了军队离退休干部移交安置和服务管理工作职能。经过与退役军人事务部军休服务司对接，已在全国军休安置服务管理信息系统内建立兵团退役军人事务局军休账号，并将兵团各类军队离退休人员划转至兵团退役军人事务局管理目录下。2019年，通过材料审核、系统审定、下达移交安置计划等程序，兵团军休人员已经全部移交安置完毕。

六、拥军优抚工作

兵团紧紧围绕发挥双拥工作在推动军政军民团结中的特殊作用，扎实做好拥军优属、拥政爱民工作，进一步巩固了军政军民团结，实现了服务国防建设和经济社会发展互促双赢。

一是启动双拥模范城创建活动。兵团从自治区承接了双拥模范创建“政”的职能，启动和规范兵团双拥模范城创建活动，将兵团双拥模范城创建纳入兵团级表彰范围有关事宜。局领导多次赴新疆军区，协调落实兵团党委、兵团、新疆军区联合组织开展双拥模范城（县）命名及模范单位和个人表彰活动有关事宜。结合兵团实际，起草《兵团双拥模范城检查考评实施方案》，对兵团开展双拥模范城检查考评的总体要求、范围、依据、内容、方法、时间节点予以明确。起草《关于推选兵团双拥模范单位和个人的通知》，提出了推选范围和表彰名额、评选条件、评选程序等。

二是组织开展“八一”慰问活动。在“八一”建军节前，下发了《关于做好2019年“八一”建军节期间双拥工作的通知》，要求各师市进一步提高政治站位，加强对双拥慰问工作的组织领导，扎实做好双拥慰问工作。制定《2019年兵团“八一”双拥慰问工作方案》，注重慰问面向基层一线连队官兵。兵团领导率队慰问驻兵团有关部队及兵直单位重点优抚对象，发放慰问金3万元，慰问品近50万元。部分师市组织开展了为部队官兵送书屋、“牢记总书记嘱托·传承红色基因·我是一个兵”主题教育、慰问山东湖南女兵和为边防哨所送去长明电等系列慰问活动。2019年7月上旬，召集驻疆银行进行座谈，宣讲兵团深化改革和向南发展的精神，交流兵团退役军人工作考虑，全力推动金融领域支持参与双拥工作。“八一”建军节当天，与驻疆10家银行举行《拥军优抚合作协议书》签约仪式。

三是做好退役军人和其他优抚对象信息采集工作。在前期兵团集中采集数据的基础上，解决了兵团信息采集系统联网和将单机版软件中采集的数据转移到网络版软件等问题。为方便兵直各单位退役军人及其他优抚对象“自主申报”和便捷、快速进行信息采集，专门设计并提供信息采集App。兵团信息采集审核通过率93.55%。

四是开展悬挂光荣牌工作。根据国务院办公厅印发的《为烈属、军属和退役军人等家庭悬挂光荣牌工作实施办法》，申请落实了制作光荣牌资金，落实光荣牌制作招标等相关工作。制定下发《关于做好为烈属、军属和退役军人等家庭悬挂光荣牌工作的通知》，统一开展“一份慰问信、一次座谈会、一张照片、一份慰问品、一个绶带或红花”活动，建立健全悬挂光荣牌工作建档立卡制度，实施动态管理，形成长效机制。组织兵团悬挂光荣牌启动仪式，实现应挂尽挂。

五是开展残疾等级评定和其他优抚对象认定工作。调整兵团退役军人事务局伤残等级评定工作领导小组，建立伤残等级评定专家库。审核各师市、单位报送的伤残等级评定，经医疗专家评审评定残疾等级，接收移交地方安置的残疾退役军人。

六是完善兵团双拥工作领导小组工作制度。根据自治区调整双拥工作领导小组的情况，调整兵团双拥工作领导小组。制定《兵团双拥工作领导小组工作规则》《兵团双拥工作领导小组成员单位双拥工作职责》《兵团双拥工作领导小组办公室职责和工作制度》，已征求33个成员单位意见，拟提交兵团双拥工作领导小组会议审议。

七、褒扬纪念工作

兵团褒扬纪念工作坚持以弘扬英烈事迹精神为主线，深入开展英烈宣传、烈士纪念等活动，加强烈士纪念设施管理和保护，各项工作平稳有序、逐步开展。

一是开展清明祭英烈宣传教育活动。兵团退役军人事务局、兵团党委网信办、教育局、民政局、军事部政治工作部等9个部门联合转发《关于在清明节期间开展“传承·2019清明祭英烈”宣传教育活动的通知》，对做好兵团相关工作提出了具体要求。清明节前夕，举行了清明祭英烈专题活动，缅怀英烈，大力宣传英烈精神。

二是开展兵团“9·30”烈士纪念日纪念活动。指导各师市在烈士纪念日开展公祭、烈士墓祭扫活动，兵团共有1个国家级烈士纪念设施和1个县级烈士纪念设施，均举行了公祭活动，师市主要领导发表公祭词，2个师市在零散烈士墓举行了扫墓活动，共950余人参加。

三是做好兵团烈士纪念设施规划建设修缮管理工作。结合兵团实际指导各师市做好烈士纪念设施管理，启动对孙龙珍烈士陵园、103团周春山烈士墓等的修缮维护工作。加强散葬零散烈士墓和纪念设施的管理和维护。

四是开展烈士纪念设施调查摸底工作。下发《关于开展烈士纪念设施统计摸底工作的通知》，对全兵团烈士纪念设施情况进行了摸底统计，全面掌握烈士纪念设施底数情况，补充完善烈士褒扬信息系统，实现动态信息化管理。

五是组织参加“丰碑永铸·颂英烈”全国英烈讲解员大赛并取得优异成绩。将参赛选手录制的参赛视频上传至“兵团退役军人事务局”微信公众号、抖音公众号和今日头条公众号，接受社会大众的点阅和投票，最终参考投票结果选拔2名选手参加全国复赛，1名选手荣获“参与奖”，1名选手荣获全国决赛“三等奖”。

八、自身建设情况

一是坚持把政治建设摆在首位，打牢思想基础。深入学习贯彻习近平强军思想，学习贯彻习近平总书记关于退役军人工作重要论述，深刻认识习近平总书记亲自谋划、亲自推动成立退役军人管理保障机构的重大现实意义和深远历史意义，增强工作责任感、荣誉感、紧迫感。二是坚持党要管党全面从严治党，发挥各级党组织领导班子领导核心作用，打牢组织基础。处级以上党员干部扎实开展“不忘初心、牢记使命”主题教育，以关键少数带动绝大多数，提升了干事担当精气神。及时组建党支部，落实“三会一课”制度，对照中央关于兵团深化改革决策部署，深刻检视“五个不适应”，全面承接行政职能。三是加强干部队伍建设，加强培训，打牢业务基础。及时完成干部转隶，组织从内地选调干部和面向社会招录公务员，多管齐下配齐配好工作力量。同时，坚持“干什么学什么、缺什么补什么”，组织干部开展各类政策业务培训、政治素质和业务知识专题讲座累计400余人次。

政策法规

中华人民共和国国务院令

第 718 号

现公布《国务院关于修改〈烈士褒扬条例〉的决定》，自公布之日起施行。

总理　李克强

2019 年 8 月 1 日

国务院关于修改《烈士褒扬条例》的决定

国务院决定对《烈士褒扬条例》作如下修改：

一、将第三十八条改为第十条，修改为："军队评定的烈士，由中央军事委员会政治工作部送国务院退役军人事务部门备案。"

二、增加一条，作为第十一条："按照本条例规定评定为烈士的，由国务院退役军人事务部门负责将烈士名单呈报党和国家功勋荣誉表彰工作委员会。"

三、增加一条，作为第十二条："烈士证书以党和国家功勋荣誉表彰工作委员会办公室名义制发。"

四、将第十条改为第十三条，修改为："县级以上人民政府每年在烈士纪念日举行颁授仪式，向烈士遗属颁授烈士证书。"

五、将第十一条改为第十四条，并将第二款中的"颁发烈士证书的县级人民政府退役军人事务部门"修改为"领取烈士证书的烈士遗属户口所在地县级人民政府退役军人事务部门"。

本决定自公布之日起施行。

《烈士褒扬条例》根据本决定作相应修改并对条文序号作相应调整，重新公布。

烈士褒扬条例

（2011年7月26日中华人民共和国国务院令第601号公布　根据2019年3月2日《国务院关于修改部分行政法规的决定》第一次修订　根据2019年8月1日《国务院关于修改〈烈士褒扬条例〉的决定》第二次修订）

第一章　总　则

第一条　为了弘扬烈士精神，抚恤优待烈士遗属，制定本条例。

第二条　公民在保卫祖国和社会主义建设事业中牺牲被评定为烈士的，依照本条例的规定予以褒扬。烈士的遗属，依照本条例的规定享受抚恤优待。

第三条　国家对烈士遗属给予的抚恤优待应当随经济社会的发展逐步提高，保障烈士遗属的生活不低于当地居民的平均生活水平。

全社会应当支持烈士褒扬工作，优待帮扶烈士遗属。

国家鼓励公民、法人和其他组织为烈士褒扬和烈士遗属抚恤优待提供捐助。

第四条　烈士褒扬和烈士遗属抚恤优待经费列入财政预算。

烈士褒扬和烈士遗属抚恤优待经费应当专款专用，接受财政部门、审计机关的监督。

第五条　县级以上人民政府应当加强对烈士纪念设施的保护和管理，为纪念烈士提供良好的场所。

各级人民政府应当把宣传烈士事迹作为社会主义精神文明建设的重要内容，培养公民的爱国主义、集体主义精神和社会主义道德风尚。机关、团体、企业事业单位应当采取多种形式纪念烈士，学习、宣传烈士事迹。

第六条　国务院退役军人事务部门负责全国的烈士褒扬工作。县级以上地方人民政府退役军人事务部门负责本行政区域的烈士褒扬工作。

第七条　对在烈士褒扬工作中做出显著成绩的单位和个人，按照国家有关规定给予表彰、奖励。

第二章　烈士的评定

第八条　公民牺牲符合下列情形之一的，评定为烈士：

（一）在依法查处违法犯罪行为、执行国家安全工作任务、执行反恐怖任务和处置突发事件中牺牲的；

（二）抢险救灾或者其他为了抢救、保护国家财产、集体财产、公民生命财产牺牲的；

（三）在执行外交任务或者国家派遣的对外援助、维持国际和平任务中牺牲的；

（四）在执行武器装备科研试验任务中牺牲的；

（五）其他牺牲情节特别突出，堪为楷模的。

现役军人牺牲，预备役人员、民兵、民工以及其他人员因参战、参加军事演习和军事训练、执行军事勤务牺牲应当评定烈士的，依照《军人抚恤优待条例》的有关规定评定。

第九条　申报烈士的，由死者生前所在工作单位、死者遗属或者事件发生地的组织、公民向死者生前工作单位所在地、死者遗属户口所在地或者事件发生地的县级人民政府退役军人事务部门提供有关死者牺牲情节的材料，由收到材料的县级人民政府退役军人事务部门调查核实后提出评定烈士的报告，报本级人民政府审核。

属于本条例第八条第一款第一项、第二项规定情形的，由县级人民政府提出评定烈士的报告并逐级上报至省、自治区、直辖市人民政府审查评定。评定为烈士的，由省、自治区、直辖市人民政府送国务院退役军人事务部门备案。

属于本条例第八条第一款第三项、第四项规定情形的，由国务院有关部门提出评定烈士的报告，送国务院退役军人事务部门审查评定。

属于本条例第八条第一款第五项规定情形的，由县级人民政府提出评定烈士的报告并逐级上报至省、自治区、直辖市人民政府，由省、自治区、直辖市人民政府审查后送国务院退役军人事务部门审查评定。

第十条　军队评定的烈士，由中央军事委员会政治工作部送国务院退役军人事务部门备案。

第十一条　按照本条例规定评定为烈士的，由国务院退役军人事务部门负责将烈士名单呈报党和国家功勋荣誉表彰工作委员会。

第十二条　烈士证书以党和国家功勋荣誉表彰工作委员会办公室名义制发。

第十三条　县级以上人民政府每年在烈士纪念日举行颁授仪式，向烈士遗属颁授烈士证书。

第三章　烈士褒扬金和烈士遗属的抚恤优待

第十四条　国家建立烈士褒扬金制度。烈士褒扬金标准为烈士牺牲时上一年度全国城镇居民人均可支配收入的30倍。战时，参战牺牲的烈士褒扬金标准可以适当提高。

烈士褒扬金由领取烈士证书的烈士遗属户口所在地县级人民政府退役军人事务部门发给烈士的父母或者抚养人、配偶、子女；没有父母或者抚养人、配偶、子女的，发给烈士未满18周岁的兄弟姐妹和已满18周岁但无生活来源且由烈士生前供养的兄弟姐妹。

第十五条　烈士遗属除享受本条例第十四条规定的烈士褒扬金外，属于《军人抚恤优待条例》以及相关规定适用范围的，还享受因公牺牲一次性抚恤金；属于《工伤保险条例》以及相关规定适用范围的，还享受一次性工亡补助金以及相当于烈士本人40个月工资的烈士遗属特别补助金。

不属于前款规定范围的烈士遗属，由县级人民政府退役军人事务部门发给一次性抚恤金，标准为烈士牺牲时上一年度全国城镇居民人均可支配收入的20倍加40个月的中国人民解放军排职少尉军官工资。

第十六条　符合下列条件之一的烈士遗属，享受定期抚恤金：

（一）烈士的父母或者抚养人、配偶无劳动能力、无生活来源，或者收入水平低于当地居民的平均生活水平的；

（二）烈士的子女未满18周岁，或者已满18周岁但因残疾或者正在上学而无生活来源的；

（三）由烈士生前供养的兄弟姐妹未满18周岁，或者已满18周岁但因正在上学而无生活来源的。

符合前款规定条件享受定期抚恤金的烈士遗属，由其户口所在地的县级人民政府退役军人事务部门发给定期抚恤金领取证，凭证领取定期抚恤金。

第十七条　烈士生前的配偶再婚后继续赡养烈士父母，继续抚养烈士未满18周岁或者已满18周岁但无劳动能力、无生活来源且由烈士生前供养的兄弟姐妹的，由其户口所在地的县级人民政府退役军人事务部门参照烈士遗属定期抚恤金的标准给予补助。

第十八条　定期抚恤金标准参照全国城乡居民家庭人均收入水平确定。定期抚恤金的标准及其调整办法，由国务院退役军人事务部门会同国务院财政部门规定。

烈士遗属享受定期抚恤金后仍达不到当地居民的平均生活水平的，由县级人民政府予以补助。

第十九条　享受定期抚恤金的烈士遗属户口迁移的，应当同时办理定期抚恤金转移手续。户口迁出地的县级人民政府退役军人事务部门发放当年的定期抚恤金；户口迁入地的县级人民政府退役军人事务部门凭定期抚恤金转移证明，从第二年1月起发放定期抚恤金。

第二十条　烈士遗属不再符合本条例规定的享受定期抚恤金条件的，应当注销其定期抚恤金领取证，停发定期抚恤金。

享受定期抚恤金的烈士遗属死亡的，增发6个月其原享受的定期抚恤金作为丧葬补助费，同时注销其定期抚恤金领取证，停发定期抚恤金。

第二十一条　烈士遗属享受相应的医疗优惠待遇，具体办法由省、自治区、直辖市人民政府规定。

第二十二条　烈士的子女、兄弟姐妹本人自愿，且符合征兵条件的，在同等条件下优先批准其服现役。烈士的子女符合公务员考录条件的，在同等条件下优先录用为公务员。

烈士子女接受学前教育和义务教育的，应当按照国家有关规定予以优待；在公办幼儿园接受学前教育的，免交保教费。烈士子女报考普通高中、中等职业学校、高等学校研究生的，在同等条件下优先录取；报考高等学校本、专科的，可以按照国家有关规定降低分数要求投档；在公办学校就读的，免交学费、杂费，并享受国家规定的各项助学政策。

烈士遗属符合就业条件的，由当地人民政府人力资源社会保障部门优先提供就业服务。烈士遗属已经就业，用人单位经济性裁员时，应当优先留用。烈士遗属从事个体经营的，市场监督管理、税务等部门应当优先办理证照，烈士遗属在经营期间享受国家和当地人民政府规定的优惠政策。

第二十三条　符合住房保障条件的烈士遗属承租廉租住房、购买经济适用住房的，县级以上地方人民政府有关部门应当给予优先、优惠照顾。家住农村的烈士遗属住房有困难的，由当地人民政府帮助解决。

第二十四条　男年满60周岁、女年满55周岁的孤老烈士遗属本人自愿的，可以在光荣院、敬老院集中供养。

各类社会福利机构应当优先接收烈士遗属。

第二十五条　烈士遗属因犯罪被判处有期徒刑、剥夺政治权利或者被司法机关通缉期间，中止其享受的抚恤和优待；被判处死刑、无期徒刑的，取消其烈士遗属抚恤和优待资格。

第四章　烈士纪念设施的保护和管理

第二十六条　按照国家有关规定修建的烈士陵园、纪念堂馆、纪念碑亭、纪念塔祠、纪念塑像、烈士骨灰堂、烈士墓等烈士纪念设施，受法律保护。

第二十七条　国家对烈士纪念设施实行分级保护。分级的具体标准由国务院退役军人事务部门规定。

国家级烈士纪念设施，由国务院退役军人事务部门报国务院批准后公布。地方各级烈士纪念设施，由县级以上地方人民政府退役军人事务部门报本级人民政府批准后公布，并报上一级人民政府退役军人事务部门备案。

各级人民政府应当确定烈士纪念设施保护单位，并划定烈士纪念设施保护范围。

第二十八条　烈士纪念设施应当免费向社会开放。

烈士纪念设施保护单位应当健全管理工作规范，维护纪念烈士活动的秩序，提高管理和服务水平。

第二十九条　各级人民政府应当组织收集、整理烈士史料，编纂烈士英名录。

烈士纪念设施保护单位应当搜集、整理、保管、陈列烈士遗物和事迹史料。属于文物的，依照有关法律、法规的规定予以保护。

第三十条　县级以上人民政府有关部门应当做好烈士纪念设施的保护和管理工作。未经批准，不得新建、改建、扩建或者迁移烈士纪念设施。

第三十一条　任何单位或者个人不得侵占烈士纪念设施保护范围内的土地和设施。禁止在烈士纪念设施保护范围内进行其他工程建设。

任何单位或者个人不得在烈士纪念设施保护范围内为烈士以外的其他人修建纪念设施或者安放骨灰、埋葬遗体。

第三十二条　在烈士纪念设施保护范围内不得从事与纪念烈士无关的活动。禁止以任何方式破坏、污损烈士纪念设施。

第三十三条　烈士在烈士陵园安葬。未在烈士陵园安葬的，县级以上人民政府征得烈士遗属同意，可以迁移到烈士陵园安葬，或者予以集中安葬。

第三十四条　烈士陵园所在地人民政府退役军人事务部门对前来烈士陵园祭扫的烈士遗属，应当做好接待服务工作；对自行前来祭扫经济上确有困难的，给予适当补助。

烈士遗属户口所在地人民政府退役军人事务部门组织烈士遗属前往烈士陵园祭扫的，应当妥善安排，确保安全。

第五章　法律责任

第三十五条　行政机关公务员在烈士褒扬和抚恤优待工作中有下列情形之一的，依法给予处分；构成犯罪的，依法追究刑事责任：

（一）违反本条例规定评定烈士或者审批抚恤优待的；

（二）未按照规定的标准、数额、对象审批或者发放烈士褒扬金或者抚恤金的；

（三）利用职务便利谋取私利的。

第三十六条　行政机关公务员、烈士纪念设施保护单位工作人员贪污、挪用烈士褒扬经费的，由上级人民政府退役军人事务部门责令退回、追回，依法给予处分；构成犯罪的，依法追究刑事责任。

第三十七条　未经批准迁移烈士纪念设施，非法侵占烈士纪念设施保护范围内的土地、设施，破坏、污损烈士纪念设施，或者在烈士纪念设施保护范围内为烈士以外的其他人修建纪念设施、安放骨灰、埋葬遗体的，由烈士纪念设施保护单位的上级主管部门责令改正，恢复原状、原貌；造成损失的，依法承担赔偿责任；构成犯罪的，依法追究刑事责任。

第三十八条　负有烈士遗属优待义务的单位不履行优待义务的，由县级人民政府退役军人事务部门责令限期改正；逾期不改正的，处 2000 元以上 1 万元以下的罚款；属于国有或者国有控股企业、财政拨款的事业单位的，对直接负责的主管人员和其他直接责任人员依法给予处分。

第三十九条　冒领烈士褒扬金、抚恤金，出具假证明或者伪造证件、印章骗取烈士褒扬金或者抚恤金的，由退役军人事务部门责令退回非法所得；构成犯罪的，依法追究刑事责任。

第六章　附　则

第四十条　本条例所称战时，是指国家宣布进入战争状态、部队受领作战任务或者遭敌突然袭击时。

第四十一条　烈士证书、烈士通知书由国务院退役军人事务部门印制。

第四十二条　位于境外的中国烈士纪念设施的保护，由国务院退役军人事务部门会同外交部等有关部门办理。

第四十三条　本条例自 2011 年 8 月 1 日起施行。1980 年 6 月 4 日国务院发布的《革命烈士褒扬条例》同时废止。

中华人民共和国退役军人事务部令

第 1 号

《伤残抚恤管理办法》已经退役军人事务部部务会议审议通过，现予公布，自 2020 年 2 月 1 日起施行。

部长　孙绍骋

2019 年 12 月 16 日

伤残抚恤管理办法

（2007 年 7 月 31 日民政部令第 34 号公布

根据 2013 年 7 月 5 日《民政部关于修改〈伤残抚恤管理办法〉的决定》修订

2019 年 12 月 16 日退役军人事务部令第 1 号修订）

第一章　总　则

第一条　为了规范和加强退役军人事务部门管理的伤残抚恤工作，根据《军人抚恤优待条例》等法规，制定本办法。

第二条　本办法适用于符合下列情况的中国公民：

（一）在服役期间因战因公致残退出现役的军人，在服役期间因病评定了残疾等级退出现役的残疾军人；

（二）因战因公负伤时为行政编制的人民警察；

（三）因参战、参加军事演习、军事训练和执行军事勤务致残的预备役人员、民兵、民工以及其他人员；

（四）为维护社会治安同违法犯罪分子进行斗争致残的人员；

（五）为抢救和保护国家财产、人民生命财产致残的人员；

（六）法律、行政法规规定应当由退役军人事务部门负责伤残抚恤的其他人员。

前款所列第（三）、第（四）、第（五）项人员根据《工伤保险条例》应当认定视同工伤的，不再办理因战、因公伤残抚恤。

第三条　本办法第二条所列人员符合《军人抚恤优待条例》及有关政策中因战因公致残规定的，可以认定因战因公致残；个人对导致伤残的事件和行为负有过错责任的，以及其他不符合因战因公致残情形的，不得认定为因战因公致残。

第四条　伤残抚恤工作应当遵循公开、公平、公正的原则。县级人民政府退役军人事务部门应当公布有关评残程序和抚恤金标准。

第二章　残疾等级评定

第五条　评定残疾等级包括新办评定残疾等级、补办评定残疾等级、调整残疾等级。

新办评定残疾等级是指对本办法第二条第一款第（一）项以外的人员认定因战因公残疾性质，评定残疾等级。补办评定残疾等级是指对现役军人因战因公致残未能及时评定残疾等级，在退出现役后依据《军人抚恤优待条例》的规定，认定因战因公残疾性质、评定残疾等级。调整残疾等级是指对已经评定残疾等级，因原致残部位残疾情况变化与原评定的残疾等级明显不符的人员调整残疾等级级别，对达不到最低评残标准的可以取消其残疾等级。

属于新办评定残疾等级的，申请人应当在因战因公负伤或者被诊断、鉴定为职业病3年内提出申请；属于调整残疾等级的，应当在上一次评定残疾等级1年后提出申请。

第六条　申请人（精神病患者由其利害关系人帮助申请，下同）申请评定残疾等级，应当向所在单位提出书面申请。申请人所在单位应及时审查评定残疾等级申请，出具书面意见并加盖单位公章，连同相关材料一并报送户籍地县级人民政府退役军人事务部门审查。

没有工作单位的或者以原致残部位申请评定残疾等级的，可以直接向户籍地县级人民政府退役军人事务部门提出申请。

第七条　申请人申请评定残疾等级，应当提供以下真实确切材料：书面申请，身份证或者居民户口簿复印件，退役军人证（退役军人登记表）、人民警察证等证件复印件，本人近期二寸免冠彩色照片。

申请新办评定残疾等级，应当提交致残经过证明和医疗诊断证明。致残经过证明应包括相关职能部门提供的执行公务证明，交通事故责任认定书、调解协议书、民事判决书、医疗事故鉴定书等证明材料；抢救和保护国家财产、人民生命财产致残或者为维护社会治安同犯罪分子斗争致残证明；统一组织参战、参加军事演习、军事训练和执行军事勤务的证明材料。医疗诊断证明应包括加盖出具单位相关印章的门诊病历原件、住院病历复印件及相关检查报告。

申请补办评定残疾等级，应当提交因战因公致残档案记载或者原始医疗证明。档案记载是指本人档案中所在部队作出的涉及本人负伤原始情况、治疗情况及善后处理情况等确切书面记载。职业病致残需提供有直接从事该职业病相关工作经历的记载。医疗事故致残需提供军队后勤卫生机关出具的医疗事故鉴定结论。原始医疗证明是指原所在部队体系医院出具的能说明致残原因、残疾情况的病情诊断书、出院小结或者门诊病历原件、加盖出具单位相关印章的住院病历复印件。

申请调整残疾等级，应当提交近6个月内在二级甲等以上医院的就诊病历及医院检查报告、诊断结论等。

第八条　县级人民政府退役军人事务部门对报送的有关材料进行核对，对材料不全或者材料不符合法定形式的应当告知申请人补充材料。

县级人民政府退役军人事务部门经审查认为申请人符合因战因公负伤条件的，在报经设区的市级人民政府以上退役军人事务部门审核同意后，应当填写《残疾等级评定审批表》，并在受理之日起20个工作日内，签发《受理通知书》，通知本人到设区的市级人民政府以上退役军人事务部门指定的医疗卫生机构，对属于因战因公导致的残疾情况进行鉴定，由医疗卫生专家小组根据《军人残疾等级评定标准》，出具残疾等级医学鉴定意见。职业病的残疾情况鉴定由省级人民政府退役军人事务部门指定的承担职业病诊断的医疗卫生机构作出；精神病的残疾情况鉴定由省级人民政府退役军人事务部门指定的二级以上精神病专科医院作出。

县级人民政府退役军人事务部门依据医疗卫生专家小组出具的残疾等级医学鉴定意见对申请人拟定残疾等级，在《残疾等级评定审批表》上签署意见，加盖印章，连同其他申请材料，于收到医疗卫生专家小组签署意见之日起20个工作日内，一并报送设区的市级人民政府退役军人事务部门。

县级人民政府退役军人事务部门对本办法第二条第一款第（一）项人员，经审查认为不符合因战因公负伤条件的，或者经医疗卫生专家小组鉴定达不到补评或者调整残疾等级标准的，应当根据《军人抚恤优待条例》相关规定逐级上报省级人民政府退役军人事务部门。对本办法第二条第一款第（一）项以外的人员，经审查认为不符合因战因公负伤条件的，或者经医疗卫生专家小组鉴定达不到新评或者调整残疾等级标准的，应当填写《残疾等级评定结果告知书》，连同申请人提供的材料，退还申请人或者所在单位。

第九条　设区的市级人民政府退役军人事务部门对报送的材料审查后，在《残疾等级评定审批表》上签署意见，并加盖印章。

对符合条件的，于收到材料之日起 20 个工作日内，将上述材料报送省级人民政府退役军人事务部门。对不符合条件的，属于本办法第二条第一款第（一）项人员，根据《军人抚恤优待条例》相关规定上报省级人民政府退役军人事务部门；属于本办法第二条第一款第（一）项以外的人员，填写《残疾等级评定结果告知书》，连同申请人提供的材料，逐级退还申请人或者其所在单位。

第十条　省级人民政府退役军人事务部门对报送的材料初审后，认为符合条件的，逐级通知县级人民政府退役军人事务部门对申请人的评残情况进行公示。公示内容应当包括致残的时间、地点、原因、残疾情况（涉及隐私或者不宜公开的不公示）、拟定的残疾等级以及县级退役军人事务部门联系方式。公示应当在申请人工作单位所在地或者居住地进行，时间不少于 7 个工作日。县级人民政府退役军人事务部门应当对公示中反馈的意见进行核实并签署意见，逐级上报省级人民政府退役军人事务部门，对调整等级的应当将本人持有的伤残人员证一并上报。

省级人民政府退役军人事务部门应当对公示的意见进行审核，在《残疾等级评定审批表》上签署审批意见，加盖印章。对符合条件的，办理伤残人员证（调整等级的，在证件变更栏处填写新等级），于公示结束之日起 60 个工作日内逐级发给申请人或者其所在单位。对不符合条件的，填写《残疾等级评定结果告知书》，连同申请人提供的材料，于收到材料之日或者公示结束之日起 60 个工作日内逐级退还申请人或者其所在单位。

第十一条　申请人或者退役军人事务部门对医疗卫生专家小组作出的残疾等级医学鉴定意见有异议的，可以到省级人民政府退役军人事务部门指定的医疗卫生机构重新进行鉴定。

省级人民政府退役军人事务部门可以成立医疗卫生专家小组，对残疾情况与应当评定的残疾等级提出评定意见。

第十二条　伤残人员以军人、人民警察或者其他人员不同身份多次致残的，退役军人事务部门按上述顺序只发给一种证件，并在伤残证件变更栏上注明再次致残的时间和性质，以及合并评残后的等级和性质。

致残部位不能合并评残的，可以先对各部位分别评残。等级不同的，以重者定级；两项（含）以上等级相同的，只能晋升一级。

多次致残的伤残性质不同的，以等级重者定性。等级相同的，按因战、因公、因病的顺序定性。

第三章　伤残证件和档案管理

第十三条　伤残证件的发放种类：

（一）退役军人在服役期间因战因公因病致残的，发给《中华人民共和国残疾军人证》；

（二）人民警察因战因公致残的，发给《中华人民共和国伤残人民警察证》；

（三）退出国家综合性消防救援队伍的人员在职期间因战因公因病致残的，发给《中华人民共和国残疾消防救援人员证》；

（四）因参战、参加军事演习、军事训练和执行军事勤务致残的预备役人员、民兵、民工以及其他人员，发给《中华人民共和国伤残预备役人员、伤残民兵民工证》；

（五）其他人员因公致残的，发给《中华人民共和国因公伤残人员证》。

第十四条　伤残证件由国务院退役军人事务部门统一制作。证件的有效期：15 周岁以下为 5 年，16 ~ 25 周岁为 10 年，26 ~ 45 周岁为 20 年，46 周岁以上为长期。

第十五条　伤残证件有效期满或者损毁、遗失的，证件持有人应当到县级人民政府退役军人事务部门申请换发证件或者补发证件。伤残证件遗失的须本人登报声明作废。

县级人民政府退役军人事务部门经审查认为符合条件的，填写《伤残人员换证补证审批表》，连同照片逐级上报省级人民政府退役军人事务部门。省级人民政府退役军人事务部门将新办理的伤残证件逐级通过县级人民政府退役军人事务部门发给申请人。各级退役军人事务部门应当在 20 个工作日内完成本级需要办理的事项。

第十六条　伤残人员前往我国香港特别行政区、澳门特别行政区、台湾地区定居或者其他国家和地区定居前，应当向户籍地（或者原户籍地）县级人民政府退役军人事务部门提出申请，由户籍地（或者原户籍地）县级人民政府退役军人事务部门在变更栏内注明变更内容。对需要换发新证的，“身份证号”处填写定居地的居住证件号码。“户籍地”为国内抚恤关系所在地。

第十七条　伤残人员死亡的，其家属或者利害关系人应及时告知伤残人员户籍地县级人民政府退役军人事务部门，县级人民政府退役军人事务部门应当注销其伤残证件，并逐级上报省级人民政府退役军人事务部门备案。

第十八条　退役军人事务部门对申报和审批的各种材料、伤残证件应当有登记手续。送达的材料或者证件，均须挂号邮寄或者由申请人签收。

第十九条　县级人民政府退役军人事务部门应当建立伤残人员资料档案，一人一档，长期保存。

第四章　伤残抚恤关系转移

第二十条　残疾军人退役或者向政府移交，必须自军队办理了退役手续或者移交手续后 60 日内，向户籍迁入地的县级人民政府退役军人事务部门申请转入抚恤关系。退役军人事务部门必须进行审查、登记、备案。审查的材料有：《户口登记簿》、《残疾军人证》、军队相关部门监制的《军人残疾等级评定表》、《换领〈中华人民共和国残疾军人证〉申报审批表》、退役证件或者移交政府安置的相关证明。

县级人民政府退役军人事务部门应当对残疾军人残疾情况及有关材料进行审查，必要时可以复查鉴定残疾情况。认为符合条件的，将《残疾军人证》及有关材料逐级报送省级人民政府退役军人事务部门。省级人民政府退役军人事务部门审查无误的，在《残疾军人证》变更栏内填写新的户籍地、重新编号，并加盖印章，将《残疾军人证》逐级通过县级人民政府退役军人事务部门发还申请人。各级退役军人事务部门应当在20个工作日内完成本级需要办理的事项。如复查、鉴定残疾情况的可以适当延长工作日。

《军人残疾等级评定表》或者《换领〈中华人民共和国残疾军人证〉申报审批表》记载的残疾情况与残疾等级明显不符的，县级退役军人事务部门应当暂缓登记，逐级上报省级人民政府退役军人事务部门通知原审批机关更正，或者按复查鉴定的残疾情况重新评定残疾等级。伪造、变造《残疾军人证》和评残材料的，县级人民政府退役军人事务部门收回《残疾军人证》不予登记，并移交当地公安机关处理。

第二十一条　伤残人员跨省迁移户籍时，应同步转移伤残抚恤关系，迁出地的县级人民政府退役军人事务部门根据伤残人员申请及其伤残证件和迁入地户口簿，将伤残档案、迁入地户口簿复印件以及《伤残人员关系转移证明》，发送迁入地县级人民政府退役军人事务部门，并同时将此信息逐级上报本省级人民政府退役军人事务部门。

迁入地县级人民政府退役军人事务部门在收到上述材料和申请人提供的伤残证件后，逐级上报省级人民政府退役军人事务部门。省级人民政府退役军人事务部门在向迁出地省级人民政府退役军人事务部门核实无误后，在伤残证件变更栏内填写新的户籍地、重新编号，并加盖印章，逐级通过县级人民政府退役军人事务部门发还申请人。各级退役军人事务部门应当在20个工作日内完成本级需要办理的事项。

迁出地退役军人事务部门邮寄伤残档案时，应当将伤残证件及其军队或者地方相关的评残审批表或者换证表复印备查。

第二十二条　伤残人员本省、自治区、直辖市范围内迁移的有关手续，由省、自治区、直辖市人民政府退役军人事务部门规定。

第五章　抚恤金发放

第二十三条　伤残人员从被批准残疾等级评定后的下一个月起，由户籍地县级人民政府退役军人事务部门按照规定予以抚恤。伤残人员抚恤关系转移的，其当年的抚恤金由部队或者迁出地的退役军人事务部门负责发给，从下一年起由迁入地退役军人事务部门按当地标准发给。由于申请人原因造成抚恤金断发的，不再补发。

第二十四条　在境内异地（指非户籍地）居住的伤残人员或者前往我国香港特别行政区、澳门特别行政区、台湾地区定居或者其他国家和地区定居的伤残人员，经向其户籍地（或者原户籍地）县级人民政府退役军人事务部门申请并办理相关手续后，其伤残抚恤金可以委托他人代领，也可以委托其户籍地（或者原户籍地）县级人民政府退役军人事务部门存入其指定的金融机构账户，所需费用由本人负担。

第二十五条　伤残人员本人（或者其家属）每年应当与其户籍地（或者原户籍地）的县级人民政府退役军人事务部门联系一次，通过见面、人脸识别等方式确认伤残人员领取待遇资格。当年未联系和确认的，县级人民政府退役军人事务部门应当经过公告或者通知本人或者其家属及时联系、确认；经过公告或者通知本人或者其家属后60日内仍未联系、确认的，从下一个月起停发伤残抚恤金和相关待遇。

伤残人员（或者其家属）与其户籍地（或者原户籍地）退役军人事务部门重新确认伤残人员领取待遇资格后，从下一个月起恢复发放伤残抚恤金和享受相关待遇，停发的抚恤金不予补发。

第二十六条　伤残人员变更国籍、被取消残疾等级或者死亡的，从变更国籍、被取消残疾等级或者死亡后的下一个月起停发伤残抚恤金和相关待遇，其伤残人员证件自然失效。

第二十七条　有下列行为之一的，由县级人民政府退役军人事务部门给予警告，停止其享受的抚恤、优待，追回非法所得；构成犯罪的，依法追究刑事责任：

（一）伪造残情的；

（二）冒领抚恤金的；

（三）骗取医药费等费用的；

（四）出具假证明，伪造证件、印章骗取抚恤金和相关待遇的。

第二十八条　县级人民政府退役军人事务部门依据人民法院生效的法律文书、公安机关发布的通缉令或者国家有关规定，对具有中止抚恤、优待情形的伤残人员，决定中止抚恤、优待，并通知本人或者其家属、利害关系人。

第二十九条　中止抚恤的伤残人员在刑满释放并恢复政治权利、取消通缉或者符合国家有关规定后，经本人（精神病患者由其利害关系人）申请，并经县级退役军人事务部门审查符合条件的，从审核确认的下一个月起恢复抚恤和相关待遇，原停发的抚恤金不予补发。办理恢复抚恤手续应当提供下列材料：本人申请、户口登记簿、司法机关的相关证明。需要重新办证的，按照证件丢失规定办理。

第六章　附　则

第三十条　本办法适用于中国人民武装警察部队。

第三十一条　因战因公致残的深化国防和军队改革期间部队现役干部转改的文职人员，因参加军事训练、非战争军事行动和作战支援保障任务致残的其他文职人员，因战因公致残消防救援人员、因病致残评定了残疾等级的消防救援人员，退出军队或国家综合性消防救援队伍后的伤残抚恤管理参照退出现役的残疾军人有关规定执行。

第三十二条　未列入行政编制的人民警察，参照本办法评定伤残等级，其伤残抚恤金由所在单位按规定发放。

第三十三条　省级人民政府退役军人事务部门可以根据本地实际情况，制定具体工作细则。

第三十四条　本办法自2007年8月1日起施行。

附件：

1. 受理通知书（略）

2. 残疾等级评定审批表（略）

3. 残疾等级评定结果告知书（略）

4. 伤残人员换证补证审批表（略）

5. 伤残人员关系转移证明（略）

6. 评定残疾情况公示书（略）

中共中央宣传部　退役军人事务部　中央军委政治工作部关于开展2019年度“最美退役军人”学习宣传活动的通知

退役军人部发〔2019〕32号

各省、自治区、直辖市党委宣传部，政府退役军人事务厅（局），各战区、各军兵种、军委机关各部门、军事科学院、国防大学、国防科技大学、武警部队政治工作部（局、处）：

为深入贯彻习近平总书记关于退役军人工作的重要指示精神，落实全国宣传思想工作会议部署要求，通过选树退役军人典型，讲好退役军人故事，展现退役军人风采，进一步激发广大退役军人的荣誉感、责任感、使命感，中央宣传部、退役军人事务部、中央军委政治工作部决定联合开展2019年度“最美退役军人”学习宣传活动，现将有关事项通知如下：

一、活动主题

坚持以习近平新时代中国特色社会主义思想为指导，以庆祝中华人民共和国成立70周年为契机，大力弘扬爱国主义精神，积极培育和践行社会主义核心价值观，通过开展系列学习宣传活动，宣扬先进典型事迹，树立精神标杆，引导广大退役军人增强“四个意识”、坚定“四个自信”、坚决做到“两个维护”，自觉珍惜荣誉、永葆本色，积极投身国家建设发展，唱响礼赞新中国、建功新时代的昂扬旋律，在全社会营造共庆祖国华诞、共享伟大荣光、共铸复兴伟业的浓厚氛围。

二、主办单位

中央宣传部、退役军人事务部、中央军委政治工作部。

三、活动安排

学习宣传活动将分阶段推进、持续贯穿全年，力求主题聚焦、形式多样、务求实效。

（一）广泛深入发动。请各地将学习宣传活动的通知下发到基层，动员广大退役军人和干部群众积极推荐身边的优秀退役军人，宣传先进典型的感人事迹，开展形式多样的学习实践活动，唱响主旋律、弘扬正能量。

（二）统筹遴选典型。紧扣时代脉搏，围绕弘扬爱国主义精神，坚持政治过硬、群众认可、实绩突出原则，遴选在中国革命、建设和改革不同时期作出突出贡献的优秀退役军人典型，展现良好社会公德、职业道德、家庭美德、个人品德，倡导社会文明风尚。遴选的典型以各省（自治区、直辖市）党委宣传部、政府退役军人事务厅（局）名义，联合报送退役军人事务部（有关遴选报送要求详见附件）。

（三）加大宣传报道。学习宣传活动在报纸、广播、电视、网络等全面铺开。中央和地方以及军队主要新闻媒体开设以“咱当过兵的人”“向老兵致敬”等为主题的宣传专栏，充分报道活动动态、典型事迹，形成舆论宣传声势。制作专题节目、纪录片、公益广告等，宣扬先进典型把爱国情怀融入工作岗位、社会生活的感人事迹，展现退役军人良好精神风貌。打造群众喜闻乐见的融媒体产品，通过网站、微信、微博、客户端等多种载体推送，扩大活动吸引力、感染力和覆盖面。

（四）加强文艺创作。推动以优秀退役军人为原型的文学艺术创作，运用电视剧、电影、广播剧、舞台剧、报告文学等文艺形式，塑造生动的人物形象，升华典型精神，以事感人、以情动人，进行春风化雨、润物无声的宣传教育。适时邀请退役军人参加首映、首播、首发活动，强化典型的示范引领作用。

（五）集中发布“最美”。中央宣传部、退役军人事务部、中央军委政治工作部将综合盘点年度涌现出的、公开宣传的优秀退役军人典型个人或群体，确定20名“最美退役军人”，举行发布仪式。中央宣传部、退役军人事务部、中央军委政治工作部有关领导，以及相关地方党委宣传部、政府退役军人事务厅（局）负责同志和“最美退役军人”及其亲属代表等参加。各地可结合实际发布本地区优秀退役军人典型，营造学习先进、争当先进的浓厚社会氛围。

（六）开展学习实践。各地要结合自身特点开展富有特色的学习宣传活动，组织优秀退役军人典型进企业、进校园、进机关、进军营、进乡村、进社区，开展事迹报告会、座谈会、故事会、退役军人讲党课，邀请参加庆祝中华人民共和国成立70周年等重大纪念活动，通过讲感人故事、谈学习心得、话使命责任，引导广大退役军人和干部群众从先进典型身上汲取精神营养，把“最美退役军人”学习宣传活动焕发的政治热情转化为投身国家建设发展的实际行动。

（七）注重品牌创建。各地要将发现典型、遴选典型、宣传典型与“最美退役军人”品牌创建活动结合起来，严把典型选树关，严格品牌创建标准，打造“最美退役军人”车间、班组、工作室、校外辅导员等品牌，不定期组织学习交流活动，发挥先进典型“传帮带”作用。退役军人事务部将组织实地调研，了解活动开展情况，组织先进典型事迹选编，推进“最美退役军人”典型宣传和品牌创建。

四、工作要求

（一）精心策划组织。各地区各有关部门要充分认识开展“最美退役军人”学习宣传活动的重要意义，精心筹划部署，切实履行职能，发挥各自优势，加强沟通协调，形成工作合力，共同把活动抓出声势、抓出质量。要严密组织实施，及时推荐报送典型线索，配合做好采访、拍摄等各项工作，深入挖掘、学习宣传退役军人典型，推动全社会形成尊崇军人、崇尚先进的良好风尚。

（二）把握工作标准。各地区各有关部门要始终坚持正确的政治方向、舆论导向和价值取向。

遴选典型要实事求是审核把关，推荐机关事业单位干部，需征求组织人事部门、纪检监察机关意见；推荐企业负责人，需征求生态环境、税务、市场监管等部门意见，确保典型立得住、过得硬。对拟在全国范围内集中宣传的先进典型，应先在当地广泛宣传，取得良好社会反响后择优报送。各地学习宣传活动的开展情况将作为年度工作考评的重要指标。

（三）注重守正创新。要深入研究探索新形势下典型宣传的内在规律，推进学习宣传活动理念、内容、手段等全方位创新，实现宣传效果和社会效果的统一。要充分运用新技术、新手段，通过个性化定制、可视化呈现和互动化传播方式，加大传播覆盖力度，做活正面宣传，增强群众参与度。要注重增强学习宣传活动的实效性，紧贴退役军人工作实际，认真总结工作实践中的经验做法，不断推动“最美退役军人”学习宣传活动水平迈上新台阶。

附件：

1. “最美退役军人”典型报送说明（略）

2. “最美退役军人”推荐表（略）

2019 年 5 月 21 日

退役军人事务部　财政部关于调整部分优抚对象等人员抚恤和生活补助标准的通知

退役军人部发〔2019〕42号

各省（自治区、直辖市）退役军人事务厅（局）、财政厅（局），新疆生产建设兵团退役军人事务局、财政局：

经研究，决定从2019年8月1日起调整部分优抚对象等人员抚恤和生活补助标准，现就有关问题通知如下：

一、提高残疾军人（含伤残人民警察、伤残国家机关工作人员、伤残民兵民工）的残疾抚恤金、烈属（含因公牺牲军人遗属、病故军人遗属）的定期抚恤金、在乡退伍红军老战士（含在乡西路军红军老战士、红军失散人员）的生活补助标准，调整后的标准见附件。

二、各地要按照《军人抚恤优待条例》规定，加大资金投入，大力提高在乡老复员军人的生活补助标准，切实保障其生活水平。中央财政在现行补助标准的基础上，每人每月增加200元。

三、各地要按照每人每月不低于600元、不高于十级残疾军人抚恤金标准的原则，调整带病回乡退伍军人生活补助标准，每人每月提高标准不低于50元。中央财政对北京、天津、上海、江苏、浙江、福建、广东、山东、辽宁等9个省市，补助标准调整为每人每月240元；对河北、山西、吉林、黑龙江、安徽、江西、河南、湖北、湖南、海南等10个省，补助标准调整为每人每月360元；对内蒙古、广西、重庆、四川、贵州、云南、西藏、陕西、甘肃、青海、宁夏、新疆等12个省区市，补助标准调整为每人每月480元；对新疆生产建设兵团补助标准调整为每人每月600元。

四、对在农村的和城镇无工作单位且家庭生活困难的参战退役人员提高生活补助标准，每人每月提高50元，提至每人每月650元。中央财政对北京、天津、上海、江苏、浙江、福建、广东、山东、辽宁等9个省市，补助标准调整为每人每月260元；对河北、山西、吉林、黑龙江、安徽、江西、河南、湖北、湖南、海南等10个省，补助标准调整为每人每月390元；对内蒙古、广西、重庆、四川、贵州、云南、西藏、陕西、甘肃、青海、宁夏、新疆等12个省区市，补助标准调整为每人每月520元；对新疆生产建设兵团补助标准调整为每人每月650元。

五、对不符合评残和享受带病回乡退伍军人生活补助条件，但患病或生活困难的农村和城镇无工作单位的原8023部队退役人员，以及其他参加核试验军队退役人员（含参与铀矿开采军队退役人员）提高生活补助标准，每人每月提高

50 元，提至每人每月 650 元。中央财政对北京、天津、上海、江苏、浙江、福建、广东、山东、辽宁等 9 个省市，补助标准调整为每人每月 260 元；对河北、山西、吉林、黑龙江、安徽、江西、河南、湖北、湖南、海南等 10 个省，补助标准调整为每人每月 390 元；对内蒙古、广西、重庆、四川、贵州、云南、西藏、陕西、甘肃、青海、宁夏、新疆等 12 个省区市，补助标准调整为每人每月 520 元；对新疆生产建设兵团补助标准调整为每人每月 650 元。

六、对居住在农村和城镇无工作单位、18 周岁之前没有享受过定期抚恤金待遇且年满 60 周岁的烈士子女（含建国前错杀后被平反人员的子女）提高生活补助标准。中央财政在现行补助标准的基础上，每人每月提高 50 元，提至每人每月 490 元。

七、对从 1954 年 11 月 1 日试行义务兵役制后至《退役士兵安置条例》实施前入伍、年龄在 60 周岁以上（含 60 周岁）、未享受到国家定期抚恤补助的农村籍退役士兵提高老年生活补助标准，每服一年义务兵役每人每月提高 5 元，提至每服一年义务兵役每人每月补助 40 元。中央财政对北京、天津、上海、江苏、浙江、福建、广东、山东、辽宁等 9 个省市按上述补助标准的 50% 安排补助资金，对其他省区市、新疆生产建设兵团实行全额补助。

八、对建国前加入中国共产党的农村老党员和未享受离退休待遇的城镇老党员调整生活补贴标准，每人每月提高 50 元，补助标准调整为：1937 年 7 月 6 日前入党，提至每人每月 770 元；1937 年 7 月 7 日至 1945 年 9 月 2 日入党的，提至每人每月 710 元；1945 年 9 月 3 日至 1949 年 9 月 30 日入党的，提至每人每月 630 元。已享受优抚对象抚恤补助的老党员，不执行上述补贴标准，仍按每人每月 50 元标准发给生活补贴。已对老党员实行定额补贴的地方，补贴标准低于上述标准的，按照补差原则发给补贴；补贴标准高于上述标准的，仍按原补贴标准发给补贴。中央财政对北京、天津、上海、江苏、浙江、福建、广东等 7 省市，按上述补助标准的 25% 安排补助资金；对其他省区市、新疆生产建设兵团按上述补助标准的 50% 安排补助资金。

九、此次调整标准所需中央补助资金，由中央财政安排，另行下达。地方各级有关部门要认真落实地方应安排的资金，切实加强资金管理，保证及时、准确、足额地把抚恤金和生活补助费发放到优抚对象等人员手中。

附件：

1. 残疾军人、伤残人民警察、伤残国家机关工作人员、伤残民兵民工残疾抚恤金标准表

2. 烈属、因公牺牲军人遗属、病故军人遗属定期抚恤金标准表

3. 在乡退伍红军老战士、在乡西路军红军老战士、红军失散人员生活补助标准表

2019 年 7 月 22 日

附件 1

残疾军人、伤残人民警察、伤残国家机关工作人员、伤残民兵民工残疾抚恤金标准表

（从 2019 年 8 月 1 日起执行）　　单位：元 / 年

残疾等级	残疾性质	抚恤金标准
一级	因战	88 150
	因公	85 370
	因病	82 570
二级	因战	79 770
	因公	75 580
	因病	72 750
三级	因战	70 000
	因公	65 780
	因病	61 610
四级	因战	57 370
	因公	51 790
	因病	47 590
五级	因战	44 810
	因公	39 180
	因病	36 390
六级	因战	35 010
	因公	33 130
	因病	27 980
七级	因战	26 610
	因公	23 820
八级	因战	16 800
	因公	15 380
九级	因战	13 950
	因公	11 210
十级	因战	9800
	因公	8380

附件 2

烈属、因公牺牲军人遗属、病故军人遗属定期抚恤金标准表

（从 2019 年 8 月 1 日起执行）　　单位：元 / 年

烈属	因公牺牲军人遗属	病故军人遗属
27 980	24 040	22 610

附件 3

在乡退伍红军老战士、在乡西路军红军老战士、红军失散人员生活补助标准表

（从 2019 年 8 月 1 日起执行）　　单位：元 / 年

在乡退伍红军老战士	在乡西路军红军老战士	红军失散人员
61 130	61 130	27 580

第二十九条　任何组织和个人不得买卖、出租光荣牌，不得仿制光荣牌，不得将光荣牌用于商业广告、制作商标或者其他商业性用途，不得将光荣牌用于娱乐活动，不得进行丑化、玷污、破坏光荣牌等有损光荣牌形象的活动。

退役军人事务部门发现不恰当使用光荣牌的行为，应当依法协同相关部门及时处置。

第三十条　退役军人事务部门以及相关单位的工作人员，在光荣牌悬挂和服务管理工作中应当积极主动、热情周到，对不履行职责并造成严重社会不良影响的，严格问责追责。

第三十一条　省级人民政府退役军人事务部门应当设立光荣牌悬挂服务管理监督电话，接受咨询和投诉，建立反馈办理台账，方便社会和服务对象监督。

第六章　附　则

第三十二条　各级退役军人事务部门和相关单位为悬挂对象悬挂光荣牌，不得收取任何费用。

第三十三条　本规定所称家庭成员是指户籍家庭成员或者长期共同生活的家庭成员。

第三十四条　中国人民武装警察部队官兵家庭悬挂光荣牌适用于本规定。

第三十五条　本规定自印发之日起施行。

退役军人事务部　中央军委政治工作部 中央军委后勤保障部　中央军委训练管理部 关于印发《应邀以退役军人身份参加大型活动着装办法（试行）》的通知

退役军人部发〔2019〕58号

各省、自治区、直辖市退役军人事务厅(局)，新疆生产建设兵团退役军人事务局；各战区联合参谋部、政治工作部，各军种参谋部、政治工作部、后勤部，战略支援部队参谋部、政治工作部、后勤部，联勤保障部队战勤部、政治工作部，军委机关各部门有关厅（局），军事科学院、国防大学政治工作部、管理保障部，国防科技大学政治工作处、安全管理处、供应保障处，武警部队参谋部、政治工作部、后勤部：

现将《应邀以退役军人身份参加大型活动着装办法（试行）》印发给你们，请遵照执行。

2019年9月24日

应邀以退役军人身份参加大型活动着装办法（试行）

第一条　为了指导应邀以退役军人身份参加大型活动着装行为，褒扬彰显退役军人为国家和人民牺牲奉献的精神风范和价值导向，激励广大退役军人积极参加新时代中国特色社会主义建设，在全社会营造支持国防和军队建设的浓厚氛围，根据国家有关规定，制定本办法。

第二条　应邀以退役军人身份参加大型活动时，按照活动组织单位要求，可着按军队规定个人留存的服役期间装备的制式服装（以下简称服役期间的军装）、现工作岗位制式服装、正装（或少数民族盛装），在胸前适当位置佩戴服役期间和退出现役后荣获的勋章、奖章、纪念章等徽章。

第三条　应邀以退役军人身份参加下列活动时，可以按照活动组织单位的要求，着服役期间的军装：

（一）党中央、国务院、中央军委组织的建党、建军、国庆和纪念抗日战争胜利等重大纪念、庆典活动；

（二）党、国家和军队相关部门以及县级以上党委和政府及驻地军事机关开展的面向退役军人的表彰奖励、典型宣传活动；

（三）县级以上党委和政府及驻地军事机关为纪念重大历史事件、重要历史人物，国家法定节日、纪念日等举行的庆典、集会活动；

（四）县级以上党委和政府及驻地军事机关组织或批准开展的国防教育、英烈祭扫纪念活动；

（五）县级以上党委和政府及驻地军事机关批准允许着服役期间军装的其他活动和场合。

第四条　应邀以退役军人身份参加大型活动，允许着服役期间的军装时，通常着常服或礼服。

第五条　退役军人着服役期间的军装时，应按规定配套穿着，不同制式、不同季节款式不得混穿。2名以上退役军人同时参加活动时，军装的季节款式要保持一致。

第六条　军队离休退休干部应邀参加重大庆典和重大政治活动时的着装要求，按照有关规定执行。

第七条　应邀以退役军人身份参加党、国家和军队组织的外事活动时的着装要求，由主办单位商外事部门确定。

第八条　退役军人着服役期间的军装、现工作岗位制式服装、正装（或少数民族盛装）时，可以佩戴下列勋章、奖章、纪念章：

（一）共和国勋章、七一勋章和八一勋章，党、国家、军队按规定设立的其他勋章；

（二）国家荣誉称号奖章和党中央、国务院、中央军委单独或者联合授予荣誉称号的奖章；

（三）党中央、国务院、中央军委单独或者

联合颁发的国家级表彰奖励奖章；

（四）党中央、国务院、中央军委单独或者联合颁发的纪念章；

（五）中央军委授权大单位、中央军委机关部门授予的荣誉称号奖章，各地区各部门颁发的省部级表彰奖励奖章以及纪念章；

（六）在军队服役期间获得的一等功、二等功、三等功奖章和其他表彰奖励奖章、纪念章。

第九条　勋章、奖章、纪念章颁授时，一般采用领绶形式挂颈佩戴，其他场合一般采用襟绶形式在胸前佩戴。在颁授现场，获得者如果佩戴原有的勋章、奖章、纪念章，应当按照规定顺序采用襟绶形式佩戴，原有勋章、奖章、纪念章不能采用襟绶形式佩戴的，一般不在颁授现场佩戴。

采用襟绶形式佩戴时，佩戴顺序应当符合下列规定：

（一）本办法规定的勋章、奖章、纪念章应当佩戴于左侧胸前，按照勋章和国家荣誉称号奖章、其他荣誉称号奖章、表彰奖励奖章、纪念章的顺序自上而下佩戴；

（二）同时佩戴多枚勋章时，共和国勋章一般单独位于左侧胸前最上部，七一勋章、八一勋章和党、国家、军队设立的其他勋章以及国家荣誉称号奖章佩戴于共和国勋章下的同一排内，并且按照上述顺序由佩戴者身体内侧向外侧佩戴（见图 1）；

（三）佩戴 2 枚勋章或者国家荣誉称号奖章，可以不分类别同时佩戴于同一排内，并且位于左侧胸前最上部（见图 2）；

（四）佩戴 1 枚勋章或者国家荣誉称号奖章，应当位于左侧胸前最上部（见图 3）；

（五）党中央、国务院、中央军委单独或者联合授予的荣誉称号奖章佩戴于勋章和国家荣誉称号奖章之下，按照联合授予、党中央单独授予、国务院单独授予、中央军委单独授予的顺序由佩戴者身体内侧向外侧佩戴；

（六）表彰奖励奖章和纪念章可以佩戴于同一排内，并位于荣誉称号奖章之下，按照国家级表彰奖励奖章，党中央、国务院、中央军委颁发的纪念章，中央军委授权大单位、中央军委机关部门授予的荣誉称号奖章，各地区各部门颁发的省部级表彰奖励奖章、纪念章，在军队服役期间获得的一等功、二等功、三等功奖章和其他表彰奖励奖章、纪念章的顺序由佩戴者身体内侧向外侧佩戴；

（七）同一排各枚章体最上部应当保持平齐，位于胸前上部恰当位置，不得低于腰部。

第十条　左侧胸前同时佩戴我国颁发的勋章、奖章、纪念章时，一般不超过 4 排，每排不超过 3 枚（见图 4）；只佩戴奖章（不含国家荣誉称号奖章）和纪念章时，一般不超过 3 排，每排不超过 3 枚（见图 5）；

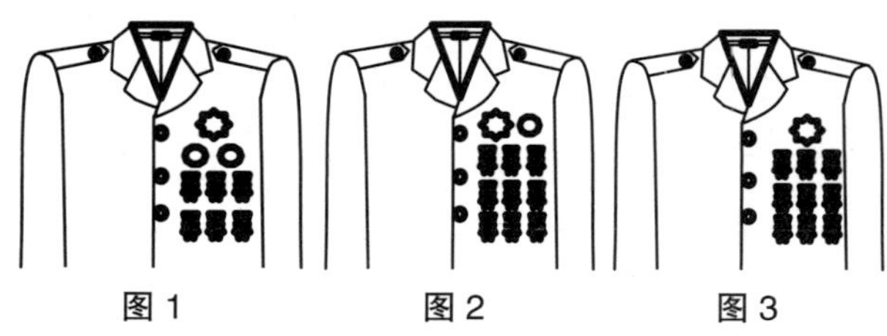

图 1　图 2　图 3

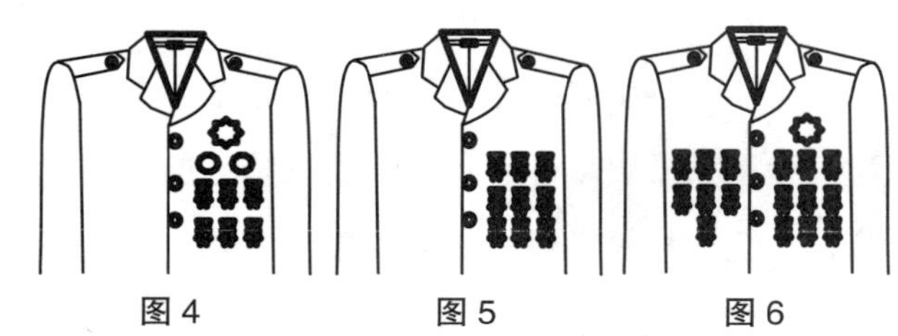

图 4　图 5　图 6

右侧胸前可以佩戴其他国家、地区或者国际组织以及民间组织等颁发的勋章、奖章、纪念章，佩戴位置应当低于左侧胸前佩戴的勋章和国家荣誉称号奖章，数量不得超过左侧胸前的佩戴数量（见图6）；

参加全国性授勋授奖、庆典纪念等活动，应当优先佩戴国家级表彰奖励以上等级的勋章、奖章或者党中央、国务院、中央军委颁发的纪念章。

第十一条　退役军人着服役期间的军装、现工作岗位制式服装、正装（或少数民族盛装）时，应当做到仪容端庄，举止得体。

第十二条　应邀以退役军人身份参加大型活动时，应当随身携带能够证明其身份的证件和活动邀请函。

第十三条　其他国家机关、人民团体、乡村、社区、学校、企业事业单位举办庆典、纪念、国防教育等活动，邀请退役军人参加时的着装行为参照此办法执行。

第十四条　本办法适用于依法退出现役的军人（不含服役期间被开除军籍的人员和被除名的义务兵）。

退役军人事务部　民政部　财政部
住房和城乡建设部　国家医疗保障局
关于加强困难退役军人帮扶援助工作的意见

退役军人部发〔2019〕62号

各省、自治区、直辖市退役军人事务厅（局）、民政厅（局）、财政厅（局）、住房和城乡建设厅（局）、医疗保障局，新疆生产建设兵团退役军人事务局、民政局、财政局、住房和城乡建设局、医疗保障局：

加强困难退役军人帮扶援助工作，是新形势下做好退役军人和其他优抚对象服务保障的重要内容，对服务军地改革发展、促进社会和谐稳定、体现社会尊崇优待具有重要意义。根据党中央、国务院、中央军委有关改革部署要求，现就加强困难退役军人帮扶援助工作，提出以下意见。

一、指导思想

以习近平新时代中国特色社会主义思想为指导，深入贯彻落实党的十九大和十九届二中、三中全会精神，践行以人民为中心的发展思想，围绕决胜全面建成小康社会，支持国防和军队现代化建设，立足帮助退役军人摆脱困境，加快建立突出协同性、体现优待性、注重时效性、调动积极性的工作新机制，推动形成对象明确、保障适度、规范高效的工作新格局，不断提高救急济难水平，增强困难退役军人安全感、获得感和荣誉感，为保障他们共享经济社会改革发展成果奠定坚实基础。

二、基本原则

（一）立足济难解困。对因军事职业特殊性造成重残重病、长期失业或遭遇突发性、临时性事件等导致生活陷入困境的退役军人，按照保基本、救急难、求实效的要求，给予及时帮扶援助。

（二）体现尊崇优待。充分体现退役军人为国防和军队建设作出的牺牲贡献，对其面临的工作生活等方面的实际困难，在保障其享有公民普惠待遇的基础上，由地方人民政府退役军人事务部门给予临时性、过渡性的帮扶援助，把党和国家对困难退役军人的关心关爱落到实处。

（三）创新方式方法。借鉴国内外有益做法，立足退役军人特点诉求，结合管理服务需要，坚持政府主导、社会参与，统筹利用现有资金渠道，充分调动社会力量，为困难退役军人提供多主体供给、多渠道保障的帮扶援助。

三、帮扶援助对象

（一）退役军人。是指依法退出现役的军官和士兵。

（二）领取定期抚恤补助的“三属”。

有条件的地区可将现役军人父母、配偶、未成年子女纳入帮扶援助范围。

四、帮扶援助情形

按照“普惠加优待”的原则，符合条件的困难退役军人、“三属”在充分享受社会救助政策的同时，对因以下五种情形导致生活陷入困境的，根据困难程度和现实表现，可以按规定申请帮扶援助。

（一）退役军人因服役期间致残或因患有严重疾病等原因造成退役后本人就业困难，医疗和康复等必需支出突然增加超出家庭承受能力，导致生活出现严重困难的；

（二）退役军人因服役时间长、市场就业能力弱等原因造成长期失业或突然下岗，导致生活出现严重困难的；

（三）退役军人因旧伤复发、残情病情加重等原因，导致生活出现严重困难的；

（四）退役军人、“三属”等因火灾水灾、交通事故、重大疾病、人身伤害、见义勇为等突发事件，导致生活出现严重困难的；

（五）遭遇其他特殊情况导致生活出现严重困难的。

五、帮扶援助方式

对符合条件的帮扶援助对象，各地应当根据帮扶援助标准和对象基本需要，采取以下一种或多种方式予以帮扶援助。

（一）提供资金援助。按照专款专用、科学公正、加强监管的原则，全面推行社会化发放，确保资金发放安全、及时、便捷、足额。必要时，可直接发放现金。

（二）提供实物援助。包括发放衣被、食品、饮用水、医药等生活必需品，部分生产资料，以及提供临时住所等。

（三）提供社会化服务援助。鼓励和引导公益慈善组织、社会工作服务机构、企业等社会力量，通过纳入慈善项目、发动社会募捐、提供专业服务、开展志愿服务等形式，给予多元化、个性化帮扶援助。

六、帮扶援助标准

各地要着力提高帮扶援助力度，做到既尽力而为，又量力而行；根据帮扶援助对象的困难情形和程度、当地经济社会发展和救助保障水平等因素，合理确定困难退役军人帮扶援助标准，并适时调整。省级相关部门要加强对工作的统筹指导，推动逐步形成相对统一的区域帮扶援助标准体系。

七、办理程序

帮扶援助工作实行一事一批，按照个人申请、乡镇审核、县级审批的程序办理，做到公正公开，接受社会监督。

（一）个人申请。一般由符合条件的对象本人书面向所在乡镇人民政府（街道办事处）退役军人服务站提出申请。没有单独建立服务站的，可向负责退役军人工作的工作人员提出申请。本人因行动不便、精神障碍等原因不能自行申请的，其监护人、家属、所在村（居）可代为提出申请。申请时应当按规定如实提交相关资料。无正当理由，申请人不得因同一事由重复提出申请。

（二）乡镇（街道）审核。乡镇人民政府（街道办事处）退役军人服务站应当在村（居）民委员会协助下，对申请人身份、家庭经济状况、困难情形程度、各类救助情况等逐一调查，提出审核意见，并视情在申请人所居住的村（居）公示后，报县级人民政府退役军人事务部门审批。

（三）县级审批。县级人民政府退役军人事务部门受理后，可委托县级退役军人服务中心开展信息核实等工作，并应当及时作出审批决定，不予批准的应当书面说明理由。申请人无正当理由以同一事由重复申请的，不予批准。申请人对审批结果有异议的，可向县级人民政府或上一级人民政府退役军人事务部门申请复核。

遇有紧急情况，各相关单位应当先行帮扶援助再按规定补齐审核审批手续。

困难退役军人生活、医疗和住房等救助工作按现行相关规定办理，退役军人服务中心（站）应当给予积极协助。

八、组织保障

（一）健全工作机制。地方各级各有关部门要把困难退役军人帮扶援助工作摆上重要位置，切实强化政治责任和使命担当。要建立健全在政府统一领导下，退役军人事务部门统筹协调，民政、财政、住房城乡建设、医疗保障等部门各司其职、密切配合的工作机制。

（二）加强经费保障。安置地要将帮扶援助资金列入财政预算予以保障。鼓励通过社会捐赠等多种方式筹集资金用于帮扶援助工作。有条件的地方可设立困难退役军人关爱帮扶基金，拓宽资金保障渠道。

（三）强化服务意识。各相关部门要不断创新服务形式，优化服务流程，提升服务效能。各级退役军人事务部门要进一步树立主管主责意识，主动作为，因人施策，切实做到应帮尽帮、应援尽援、帮援及时。

（四）坚持依法援助。审核审批机关工作人员要严守纪律规矩，依法依规做好帮扶援助工作。退役军人应当做到诚实守信，确保提供的材料真实准确。对骗取帮扶援助的，应当追回已享受的相应待遇；情节严重的，依法依规追究相关责任。对违法犯罪被追究刑事责任的，因不当行为被纳入失信联合惩戒对象名单的，组织煽动、串联聚集、缠访闹访、滞留滋事、网上恶意炒作或造谣、多次参加聚集上访的，不支持不配合管理服务工作造成恶劣影响的，以及有其他违法违纪情形的人员，不予帮扶援助。

本意见自 2019 年 10 月 9 日起施行。各地要根据本意见，结合实际制定具体实施办法，切实做好本地区困难退役军人帮扶援助工作。

2019 年 10 月 9 日

退役军人事务部　中央网信办 教育部　民政部　文化和旅游部 中央军委政治工作部　中央军委国防动员部 全国总工会　共青团中央　全国妇联 关于在清明节期间开展“传承·2019清明祭英烈”宣传教育活动的通知

退役军人部电〔2019〕13号

各省、自治区、直辖市党委网信办，政府教育厅（局）、民政厅（局）、文化和旅游厅（局）、退役军人事务厅（局），工会、共青团、妇联，陆军政治工作部、各省军区（警备区）：

今年是新中国成立70周年，《中华人民共和国英雄烈士保护法》颁布实施一周年。为永远铭记为民族独立、人民解放和国家富强、人民幸福作出巨大贡献和牺牲的英雄烈士，努力营造传承英烈精神、奋进新时代的良好氛围，激励全国各族人民紧密团结在以习近平同志为核心的党中央周围，为实现中华民族伟大复兴的中国梦而努力奋斗，经各有关部门研究，拟在清明期间广泛开展“传承·2019清明祭英烈”主题宣传教育活动。现将有关事项通知如下：

一、活动主题

坚持以习近平新时代中国特色社会主义思想为指导，以“传承·2019清明祭英烈”为主题，以缅怀英烈、传承英烈精神为重点，广泛宣传党和国家、社会各界、人民群众对英烈精神的崇尚、守望和传承，全面展示烈士褒扬工作的成就，以奋发有为的精神状态迎接新中国成立70周年。

二、活动内容

“传承·2019清明祭英烈”宣传教育活动将整合有关媒体渠道，以退役军人事务部门户网站为主要平台，以其他各种传统媒体和新媒体渠道为辅助传播，形成宣传教育合力。活动以清明节为重要时间节点，从3月中旬到5月上旬用2个月的时间集中进行，重点开展以下工作：

（一）建设宣传教育活动网上平台。利用网上平台重点宣传党和国家领导人崇尚英烈的家国情怀，展现社会各界、英烈后人、英烈守墓人、讲解员、英雄连队等对英烈精神的传承，展示新中国成立以来，特别是改革开放以来，烈士褒扬工作的重要成就和主要政策等内容。

（二）推动线上线下境内境外联动。积极推动网上祭扫和线下瞻仰联动，创新网上祭扫活动形式，开设部分重点纪念设施 VR 体验，增强互动性和参与性，并对重点纪念设施祭扫实况和重要活动进行网上直播，对实地祭扫瞻仰提供有关地理位置、内容介绍等服务。同时，通过有关途径推动驻外使领馆等机构开展境外烈士纪念设施祭扫活动，形成境内外联动的格局。

（三）广泛开展网上征文活动。以英烈精神在身边为主题引导社会各界讲述英烈故事，在宣传教育网上平台开设专区收集社会各界投稿，特别是收集整理烈士家书、遗训以及烈士后人对烈士精神传承的事迹和资料。经审核，将其中优秀稿件发布至活动平台或推荐给有关媒体。

（四）积极推进为烈士寻亲活动。利用现代传播手段和传播技术积极开展为烈士寻亲活动。在宣传教育活动期间，通过开辟网上寻亲平台，为公众提供烈士信息查询、寻亲线索发布、寻亲信息推送等服务。

（五）制播各种形式的公益短片。摄制展播传承英烈精神的公益短片，充分利用短视频的传播优势，提升宣传教育功能；以“新时代最可爱的人”为主题重点宣传新时期著名烈士事迹，联合各有关媒体围绕主题自选角度和形式共同开展宣传和互动，引导社会各界争做烈士精神的传承者。

三、有关活动安排

为在全国形成全面开展“传承·2019 清明祭英烈”宣传教育活动的良好局面，各地、各单位要在上述活动内容的基础上，结合实际，积极组织开展以下工作，切实增强工作效果：

（一）组织开展褒扬纪念活动。各地、各单位，特别是各烈士纪念设施保护单位要根据实际情况，解放思想，创新活动方式和手段，着眼参与和互动，开展既富有特色，又有实际效果的褒扬纪念活动；要深入开展英烈故事讲述、革命传统教育讲座、英烈家书（遗作）诵读、英烈事迹展览、英烈精神传承征文等形式多样的活动；要通过各种途径引导人民群众，特别是广大青少年到烈士纪念设施保护单位、革命遗址等红色阵地参观瞻仰、缅怀祭扫；要广泛开展走近英烈亲属、走进英烈家庭的走访慰问工作，倾听英烈亲属对英烈精神传承故事，关心关爱其生活；要将退役军人门户网站“传承·2019 清明祭英烈”宣传教育活动网上平台作为各地开展褒扬纪念活动的重要阵地和重要途径，积极参与各部门依托该平台开展的各项褒扬纪念活动。

（二）广泛开展宣传教育工作。各地、各单位要充分利用各种媒体和渠道加强宣传教育工作，通过展映展播红色影视作品、制发宣传教育作品、开展各种形式的纪念活动，加强宣传教育，及时高效传播英烈精神、红色文化和工作动态；要重点宣传本地区、本单位开展的重大纪念活动以及本地区、本单位的著名英烈事迹，深入挖掘英烈家书、家训、英烈守墓人、讲解员以及英烈精神守望者、传承人等资料和事迹，推出一批富有感染力和学习价值的典型；要广泛开展各种形式的征文活动，组织撰写传承英烈精神的理论文章，在当地群众广为接受的地方媒体开设有关栏目，并积极向宣传教育活动网上专题投稿；要在清明期间认真组织主题党日、主题团日、主题队日、主题班会、读书会、座谈会等教育活动，特别是要组织中小学生广泛参加褒扬纪念活动，了解英烈事迹和革命传统，激发他们学习英烈、崇尚英烈、传承精神的热情；要广泛宣传《中华人民共和国英雄烈士保护法》以及有关烈士褒扬工作的政策法规，宣传党和国家以及本地区、本单位烈士褒扬工作的重要成就，展现烈士纪念设施的良好风貌；要加强舆情引导，有条件的地区和单位，要在本地区、本单位网站或相关网站开设专栏或在醒目位置加入退役军人事务部门户网站“传承·2019清明祭英烈”宣传教育活动专栏的链接（网址：http://2019qm.mva.gov.cn），形成集群化宣传教育效果。

（三）倡导文明祭扫和网络祭扫。各地、各单位，特别是烈士纪念设施保护单位要广泛宣传烈士纪念设施保护管理的有关规定，发布文明祭扫通告，引导群众在祭扫过程中保护好烈士纪念设施，维护好英烈的光辉形象，坚决杜绝破坏、污损烈士纪念设施和诋毁英雄烈士名誉的行为；要大力倡导网上祭扫，引导广大群众，特别是广大青少年关注退役军人事务部门户网站“传承·2019清明祭英烈”宣传教育活动专栏，将线下祭扫和线上祭扫有机衔接；要倡导移风易俗，绿色祭扫，规范祭扫仪式和流程，丰富祭扫内容，寓宣传教育于祭扫活动之中。

此外，各地可结合本次宣传教育活动主题，另行创新活动内容和活动形式，在全社会营造传承烈士精神、奋进新时代的浓厚氛围。

四、有关要求

（一）高度重视，加强领导。习近平总书记指出，要在全社会树立崇尚英雄、缅怀先烈的良好风尚。对为国牺牲、为民牺牲的英雄烈士，要永远怀念他们，给予他们极大的荣誉和敬仰。各地、各单位要认真学习习近平总书记关于英烈褒扬的重要论述，提升对在新中国成立70周年之际的清明节开展主题宣传教育活动重要意义的认识，将思想和行动统一到中央决策部署上来，切实加强领导，形成党委和政府统筹指挥、各部门通力协作的工作机制，制定切实可行的工作方案，落实责任，细化措施，认真组织好此次的宣传教育活动。

（二）明确分工，统筹协调。此次宣传教育活动覆盖面广、内容丰富，涉及多部门、多领域，各地、各单位要加强统筹协调，按照各自职责做好相关工作。各级网信、文化和旅游等部门要引导宣传机构和媒体配合做好宣传教育工作，鼓励和支持各界在活动期间创作和宣传有关以英烈精神传承为主题的文化艺术作品、广播电视节目或出版物；各级教育、共青团等部门要以青少年学生为重点，在清明期间认真组织纪念教育活动，加强传承红色基因的主题教育和宣传；各级退役军人事务、民政部门要加强祭扫引导，倡导移风易俗，加强对各级烈士纪念设施和殡葬设施的管理，组织保障好各设施范围内的祭扫纪念活动，解决烈士家属的实际困难；军队有关单位要做好清明期间褒扬纪念工作，并协助和支持有关地方、有关单位开展红色教育活动；各级工会、妇联等部门要在各自职责范围内组织褒扬纪念活动，并积极参与和协助有关部门开展有关工作；要充分调动各类公益组织、企事业单位积极参与和支持褒扬英烈、传承英烈精神的各项工作。

（三）创新形式，提升实效。在宣传教育活动中，各地、各单位要将宣传教育活动与本地、本单位中心工作结合起来，与实现中华民族伟大复兴的中国梦结合起来，体现英烈精神的时代意义和现实意义；要精心设计群众乐于参与、便于参与的活动内容，使活动既庄严又生动，以喜闻乐见的形式，润物无声的内容，引导社会各界关注英烈、缅怀英烈、学习英烈、守护英烈；要创新传播方式，注重互动体验，将线上祭扫与线下瞻仰、线上教育与线下实践相结合，增强宣传教育活动感染力。

（四）精心组织，确保安全。清明期间开展祭扫纪念活动，参加人员较多，时间集中，工作任务重，各地、各单位要制定工作预案，应对各种突发情况。要积极引导和规范异地祭扫，细致做好集体祭扫组织工作和自行前往异地祭扫的接待保障工作。各烈士纪念设施保护单位要进一步加强烈士纪念设施保护管理工作，对烈士纪念设施进行全面检查，排查安全隐患。要做好祭扫服务工作，在园区内设置专岗专人，向群众提供礼仪、讲解、引导等服务。要倡导文明祭扫，严禁封建迷信活动，确保烈士祭扫纪念活动安全、文明、有序。

此外，各地、各单位要积极做好信息上报工作。宣传教育活动结束后，由省级退役军人事务部门牵头于5月15日前联合上报活动总结。

2019年3月19日

退役军人事务部
关于认真落实习近平总书记重要指示精神深入开展向张富清同志学习活动的通知

退役军人部电〔2019〕21号

各省、自治区、直辖市退役军人事务厅（局），新疆生产建设兵团退役军人事务局：

张富清同志，1924年12月出生，原西北野战军359旅718团2营6连战士，在解放战争的枪林弹雨中九死一生，先后荣立一等功三次、二等功一次，被西北野战军记“特等功”，两次获得“战斗英雄”荣誉称号；1955年退役转业时，根据组织需要到湖北省偏远的来凤县工作，为贫困山区奉献一生。60多年来，张富清同志刻意尘封功绩，连儿女也不知情。2018年底，在退役军人信息采集时，这段英雄往事才重现人们面前。

近日，习近平总书记对张富清同志先进事迹作出重要指示，充分肯定了张富清同志的先进事迹和优秀品格，饱含着对退役军人工作和广大退役军人的亲切关怀和殷切期望。为认真落实习近平总书记重要指示精神，充分发挥先进典型的示范引领作用，退役军人事务部决定，在全国退役军人事务系统和广大退役军人中深入开展向张富清同志学习活动。

一、深刻领悟习近平总书记对张富清同志先进事迹的重要指示精神。习近平总书记指出，老英雄张富清60多年深藏功名，一辈子坚守初心、不改本色，事迹感人。在部队，他保家卫国；到地方，他为民造福。他用自己的朴实纯粹、淡泊名利书写了精彩人生，是广大部队官兵和退役军人学习的榜样。要积极弘扬奉献精神，凝聚起万众一心奋斗新时代的强大力量。习近平总书记的重要指示，是激励广大退役军人不忘初心、永葆本色，续写精彩人生的“动员令”；是指引各级退役军人事务部门牢记使命、担当作为，不断开创退役军人工作新局面的“引路灯”；是动员全国广大干部群众团结一心、众志成城，万众一心奋进新时代的“冲锋号”。各级退役军人事务部门要通过中心组学习、组织生活会、座谈交流、专题讨论等多种形式，组织退役军人事务系统干部职工深刻领悟习近平总书记重要指示精神，进一步增强做好退役军人工作的责任感使命感，努力做新时代的奋斗者；要深入学习宣传张富清同志的先进事迹，影响和带动广大退役军人见贤思齐、乐于奉献，争做社会主义核心价值观的模范践行者。

二、大力弘扬张富清同志深藏功名、坚守初心的先进事迹和崇高精神。张富清同志在革命战争年代，“党指到哪里，就打到哪里”；在和平建设时期，根据组织需要到偏远地区为党和人民工作；离休后，坚守初心，赤诚之心不变，信仰之树常青，学习张富清同志就是要始终保持坚守初心、对党忠诚的政治品格。张富清同志在部队主动担任突击队员，枪林弹雨中冲锋在前；到地方后，公忠体国、乐于奉献，夙夜在公、为民谋利，在平凡的岗位上扎扎实实为民办事，始终保持革命军人的本色，学习张富清同志就是要始终保持勇于担当、砥砺前行的革命本色。张富清同志虽九死一生、功勋卓著，却深藏功名，从不以此为资本向组织要待遇、提要求，始终不计得失、不慕虚名，用自己的朴实纯粹书写人生、传播正能量，学习张富清同志就是要始终保持淡泊名利、朴实纯粹的高尚风范。张富清同志转业地方工作后，多次变换工作岗位，但不论在哪个岗位上面对公与私、进与退的考验，始终严于律己、率先垂范，勤奋敬业、艰苦创业，充分发挥党员干部的模范带头作用，学习张富清同志就是要始终保持克己奉公、艰苦创业的奋斗精神。

三、坚持把学习张富清同志先进事迹焕发出的政治热情转化为做好退役军人工作的实际行动。张富清同志的感人事迹和榜样力量是退役军人事务系统的宝贵财富。各级退役军人事务部门要把学习宣传张富清同志先进事迹与开展“不忘初心、牢记使命”主题教育活动结合起来，与加强退役军人事务系统干部职工队伍建设结合起来，与落实年度各项重点任务结合起来。一要建立健全服务保障体系。坚决落实习近平总书记提出的“五有”“全覆盖”要求，高标准完成服务体系建设，合理确定服务中心（站）组织架构、职责定位、运行机制，突出军的特色文化建设，带着责任、带着感情为退役军人服务。二要稳妥推进社会保险接续。按照《中共中央办公厅、国务院办公厅关于解决部分退役士兵社会保险问题的意见》精神，把政策宣传宣讲到位，把工作人员培训到位，把中央政策落实到位，确保好事办好办实。三要全面完成年度安置任务。科学制订和落实年度接收安置计划，加大滞留部队伤病残人员移交安置力度，重视做好退役军人就业创业工作，努力使退役军人人尽其才、才尽其用。四要认真做好烈士褒扬工作。加强对烈士纪念设施建设的规划、修缮、管理和维护，总结提升广西、云南烈士祭扫服务保障工作，组织开展群体性的英烈纪念活动，形成缅怀烈士、崇尚英雄的浓厚氛围。

四、号召广大退役军人以张富清同志为榜样退役不褪色、奋进新时代。张富清同志是优秀退役军人的杰出代表。各级退役军人事务部门要主动协调新闻媒体，通过广播、电视、报纸、期刊、网络等广泛宣传张富清同志的先进事迹，迅速兴起学习宣传热潮，把张富清同志的先进事迹传播到广大退役军人中去，讲到广大退役军人心坎上。要在退役军人服务中心、培训中心、光荣院、优抚医院、军休所等服务保障机构的公共场所，播放、悬挂、印发张富清同志先进事迹的视频、海报、材料，用先进典型的感人事迹和崇高精神激励广大退役军人淡泊名利、对党忠诚、永葆本色。要邀请退役军人代表参加专题学习、座谈交流、组织生活等活动，学先进事迹、谈心得体会，感悟张富清同志的高尚情操，引导他们坚守初心、甘于奉献，自觉做良好社会风尚的引领者。要结合线上线下平台，组织开展“向英雄模范致敬”等活动，动员广大退役军人自觉以张富清同志为榜样，退役不褪奋进志，转岗不转报国心，积极投身中国特色社会主义建设的伟大实践，为实现中华民族伟大复兴的中国梦贡献力量。

五、积极营造宣传典型、尊崇英雄、关爱功臣的浓厚氛围。张富清同志是通过退役军人信息采集发现的优秀典型。各级退役军人事务部门要结合信息采集工作，安排专人梳理已采集信息，对入伍早、贡献大，特别是参加过抗日战争、解放战争、抗美援朝等历次重大战争行动且功绩突出的退役军人进行全面摸底，建立专门台账。要加大先进典型的宣传力度，对荣立重大功勋、事迹生动感人、具备在全国范围宣传的，要及时上报，并纳入当前正在开展的“模范退役军人”评选表彰和“最美退役军人”学习宣传活动范围。要深入开展走访慰问活动，对年龄大、革命时间长、功绩突出的功臣模范，重点走访慰问，详细了解他们的生活、住房、医疗等状况，认真聆听他们对退役军人工作的意见建议，解决他们遇到的实际困难，并建立常态化的关怀机制，不断提高功臣模范的自豪感荣誉感。

2019 年 5 月 28 日

退役军人事务部办公厅　人力资源社会保障部办公厅关于做好退役军人职业技能培训工作的通知

退役军人办发〔2019〕37号

各省、自治区、直辖市退役军人事务厅（局）、人力资源社会保障厅（局），新疆生产建设兵团退役军人事务局、人力资源社会保障局：

为深入贯彻习近平总书记关于退役军人工作的指示精神，按照《职业技能提升行动方案（2019—2021年）》，加强职业技能培训提升退役军人就业创业能力，促进退役军人充分稳定就业、成功创业，现就做好退役军人职业技能培训工作通知如下：

一、总体要求和目标任务

以习近平新时代中国特色社会主义思想为指导，全面落实党中央、国务院关于职业技能提升行动的决策部署，把职业技能培训作为实现退役军人高质量充分就业的关键举措，坚持市场导向、就业牵引，积极纳入职业技能提升行动方案，依据现行有关规定组织开展多层次、多样化的职业技能培训，切实打通从职业能力提升到稳定就业、成功创业的培训链路。到2021年，基本实现退役军人职业技能培训体系基本健全，有职业技能培训意愿的参训率达到100%，参训人员职业技能证书（职业资格证书或职业技能等级证书、专项职业能力证书、培训合格证书等）获取率达到90%以上、培训后就业率达到85%以上。

二、适用政策

要保障退役军人充分享受就业创业扶持政策，使他们既可根据《关于促进新时代退役军人就业创业工作的意见》（退役军人部发〔2018〕26号）（以下简称“26号文件”）规定，享受职业技能培训优惠政策，也可申请参加当地职业技能提升行动计划享受相应培训优惠。

三、培训内容

（一）重点抓好高中以下文化层次退役军人就业能力提升培训。结合区域产业特点，围绕市场急需紧缺职业，推出一批就业市场需求大、见效快的中短期培训项目，推动尽快就业、充分就业。加强职业能力、通用职业素质和求职能力等综合性培训，将职业道德、职业规范、工匠精神、质量意识、法律意识和相关法律法规、安全环保和健康卫生、就业指导等内容贯穿职业技能培训全过程，增强培训实用性，实现社会适应能力和职业技能双提升。

（二）加大中高级技能培训和新产业技能培

训比例。对具有一定职业技能基础的退役军人，对照适合退役军人就业的职业目录，围绕先进制造业、战略性新兴产业、现代服务业，针对性开展就业市场潜力大、“含金量”高的新职业、新技能培训，加强军地职业技能衔接转化，拓宽就业方向、提升就业质量。鼓励具备条件的退役军人接受高级工、技师、高级技师培训，支持他们到高技能人才培训基地、技能大师工作室参加技能提升培训。

（三）积极审慎开展创业指导培训。对有创业意愿的退役军人，紧紧围绕服务乡村振兴、推进产业升级和打造“双创升级版”国家战略，重点跟进开展经营管理、品牌建设、市场拓展、风险防控以及产业政策培训。将返乡创业退役军人纳入返乡创业培训计划和农村实用人才带头人素质提升计划。

四、培训组织

（一）建立制度体系。要将退役军人作为重点群体，主动纳入本地各级职业技能提升行动计划，制定好本省的退役军人参训政策实施细则，指导地市确定培训方向、补助项目和标准，明确退役军人享受补助的流程办法和具体条件，切实体现对退役军人的尊崇优待。

（二）优化工作格局。各级退役军人事务部门负责协同相关部门制订政策计划、整合资源和督导落实等统筹管理工作；退役军人培训和服务保障机构承担宣传发动、组织报名、统计报告等具体工作；广泛动员鼓励用人单位、人力资源公共服务机构、职业院校（含技工院校）、培训和评价机构等社会力量共同参与技能提升行动，有效增加培训供给，扩大培训规模，形成对退役军人组织送训、分类承训、鉴定评价的完整规范培训链路。

（三）落实培训任务。激发培训主体积极性，推动产教融合、校企合作，鼓励支持建立退役军人职教联盟，实现学校培养与企业用人的有效衔接，力争实现“入学即入职”。大力开展项目制培训，采取“工学一体化”、“职业培训包”、“互联网 +”等培训方式，融合线上学习与线下实训，打造具有时代特色、符合退役军人特点的网络教育培训平台。压实承训参训责任，按照“26 号文件”规定组织的培训，坚持“谁培训、谁推荐就业”，将参训退役军人职业技能证书获取率、推荐就业成功率与承训资格和培训经费拨付挂钩，督导承训机构落实培训任务，提高培训质量。将学员到课率与生活费发放挂钩，确保做到“应训尽训”。

五、补贴政策

退役军人参加“26 号文件”所明确职业技能培训，可选择接受一次免费职业技能培训（免学杂费、免住宿费、免技能鉴定费），培训期间享受生活补助。教育培训期限一般为 2 年，最短不少于 3 个月。退役军人参加职业技能提升行动接受培训，可按有关规定享受当地免费培训政策，符合条件的困难退役军人可享受生活补贴。所需资金在职业技能提升行动专项经费中列支。参加培训并取得证书的人员，原则上每年可享受不超过 3 次补贴资助，但同一职业同一等级不可重复享受。

六、工作要求

（一）建立专项工作机制。各地要强化组织领导，加强工作调度，坚持过程跟踪，层层压实工作责任。结合年度考核等活动组织督导检查，强化检查结果运用，严格追踪问效，加强资金监管和廉政风险防控，对违反规定造成不良影响的，严肃追究责任。

（二）实行统计报告制度。建立退役军人培训电子档案，健全完善信息采集、数据核实、台账管理等制度机制，实行实名制信息管理，确保实时动态掌握退役军人参加职业技能培训的总体情况和个人信息，建立并实施工作情况季报、年报制度。

（三）提高培训管理服务水平。认真落实“放管服”改革要求，进一步优化、简化退役军人参训审核流程，减少证明材料，探索建立“互联网+”服务模式，提高服务效率。加大政策宣传力度，深入做好政策解读，提升政策透明度和公众知晓度，帮助退役军人熟悉了解政策，引导激励退役军人用足用好政策。

2019 年 10 月 9 日

全国双拥工作领导小组办公室转发《退役军人事务部、中央军委政治工作部关于做好新年春节期间拥军优属拥政爱民工作的通知》

国拥办电〔2019〕5号

各省（自治区、直辖市）双拥工作领导小组办公室，新疆生产建设兵团双拥工作领导小组办公室：

现将退役军人事务部、中央军委政治工作部《关于做好新年春节期间拥军优属拥政爱民工作的通知》转发你们，请结合实际抓好贯彻落实。

2019年12月26日

退役军人事务部、中央军委政治工作部关于做好新年春节期间拥军优属拥政爱民工作的通知

2020年新年春节期间，各地各部队各部门要以习近平新时代中国特色社会主义思想为指导，深入贯彻党的十九大和十九届二中、三中、四中全会精神，扎实做好拥军优属、拥政爱民工作，不断巩固发展军政军民团结的大好局面。

一、大力营造双拥浓厚氛围。各地各部队要结合学习贯彻党的十九届四中全会精神，开展形式多样的双拥宣传教育活动，大力弘扬爱我人民爱我军的社会风尚。综合运用军地各类媒体，广泛宣传党的十八大以来，党领导人民在我国国家制度建设和国家治理方面取得的历史性成就，宣传坚如磐石的军政军民团结在推进国家治理体系和治理能力现代化中发挥的重要作用，进一步凝聚军民团结奋斗的意志力量。扎实做好致全国双拥模范和广大官兵、优抚对象慰问信印制发放工作，依托互联网和微信、微博等加大双拥模范和优秀退役军人宣传力度，不断扩大双拥工作的社会影响。组织开展送立功喜报、挂光荣牌、军营开放日及军地联欢联谊、军民文艺演出等活动，把双拥宣传融入新春游园、灯会、庙会等节日民俗，不断增强广大军民的双拥意识和国防观念。

二、主动服务部队练兵备战。各级党委、政府要紧紧围绕服务部队备战打仗，积极搞好拥军服务工作，想方设法为部队办实事解难题。结合召开军政座谈会、双拥联席会和双拥工作领导小组全会，主动了解部队实际困难，研究拿出特殊措施和倾斜政策，军地合力推动事关部队改革急需、备战急用、官兵急盼的重难点问题解决，进一步树立服务练兵备战的鲜明导向。发扬拥军支前优良传统，积极协助部队遂行冬季适应性训练、机动演练和战备执勤等任务，跟进搞好通信、交通、水电、食宿等各项保障，形成部队练打仗、地方练支前的生动格局。深入开展科技、教育、文化、法律等拥军活动，党政领导带头参与，组织就地就近走访慰问基层部队，帮助官兵排忧解难，丰富物质文化生活，进一步激励军心士气。

三、积极助力民生福祉改善。各部队要自觉践行为民服务宗旨，坚持地方所需与部队所能相结合，以实际行动服务驻地民生福祉改善。围绕高质量打赢脱贫攻坚战，突出脱贫难度大的重点村重点户集中力量攻关，确保全部如期完成任务。深入周边村庄、社区开展义务巡诊、结对助学、扶贫帮困等活动，帮助贫困群众特别是遭遇自然灾害、身患重大疾病、贫困军烈属等解决好生产生活中的实际困难。组织学雷锋和便民服务小分队，配合搞好驻地环境卫生整治、便民设施建设、新年春节氛围渲染等工作，上门为五保户、空巢老人、残疾人等困难群众

学分制管理、多元化教学，实行弹性学习时间，鼓励半工半读、工学结合。同时，要坚持“宽进严出”原则，严格培养质量，严把考试考核关口，严肃作风纪律要求，使退役士兵学有所获、学有所成。经过有关复核程序，退役士兵可以免修服役岗位相关专业课程以及公共体育课、军事课等课程，获得相应学分。对于取得职业技能等级证书的，根据证书等级和类别按规定免修相应课程。服役经历可以视作相关岗位实习经历和参加社会实践活动。

（三）支持退役士兵学生参加“1+X 证书”制度试点，鼓励退役士兵学员获得学历证书的同时积极取得多类职业技能等级证书。面向技术技能人才紧缺行业领域，打造针对退役士兵的高水平专业化产教融合实训基地。支持职业院校坚持学历教育与培训并举并重，按照育训结合、长短结合、内外结合的要求，积极引进、开发就业创业培训项目。

（四）各地要围绕现代农业、先进制造业、现代服务业、战略性新兴产业等行业领域需求，积极研究编制针对退役士兵的教育项目。民族地区、边疆地区、贫困地区等地方，可以结合国家战略、区域特点、地方需要，有针对性地创设符合实际的教育教学形式。对于服役期间有过士官长、班长、士官参谋、专业技师以及支部委员等岗位经验的退役士兵，要给予重点关注，注重发挥示范作用。

三、加强就业指导服务

（一）退役军人事务等部门要按照职责对退役军人提供有针对性的就业服务。各地要指导职业院校积极与各类企业等用人单位建立紧密、稳定的合作关系，坚持就业导向，开设就业指导课程，搭建就业平台，提供就业岗位，将就业指导贯穿教育全过程，大力开展“订单、定岗、定向”教育培训，促进退役士兵充分就业。

（二）各地要强化校企深度合作，发挥企业在退役士兵职业教育中的重要作用。加大政策激励与指导力度，鼓励支持大企业举办退役士兵教育培训后帮助其就业。有条件的地方探索设立退役士兵职业教育集团，强化教育培训针对性、有效性，有机衔接教育培训与就业。鼓励企业积极推动新招录退役士兵参加学徒培训，按规定享受相关补贴。

（三）退役士兵就读期间，院校应该采取多种渠道，组织有针对性的创业教育，定期开展创业论坛等活动，开展创业意识教育、创业项目指导、经营管理咨询等专项培训，联合成功创业退役军人组建创业指导团队，鼓励引导有条件、有能力的退役士兵创业发展，以创业带动就业。

四、完善保障机制措施

（一）各地教育、退役军人事务、财政部门要充分利用现有退役军人事务工作机制以及教育相关工作机制，会同职业院校、企业等单位，健全专项协作模式，相互配合支持，统筹规划，定期会商，及时妥善研究解决工作中遇到的新情况新问题，确保工作有序进行。

（二）各级财政要落实《退役士兵安置条例》等法律法规，将自主就业退役士兵的职业教育和技能培训经费列入县级以上人民政府财政预算。加强资金监管，确保资金效能与安全。

（三）退役士兵接受学历职业教育，纳入招生计划，按照当地生均财政拨款标准拨付经费。退役士兵学生，按照规定享受学费减免、助学金等资助政策。

（四）各级退役军人事务部门要主动协同教育部门，在每年退伍季集中开展政策宣传，本着自愿参加、自选专业的原则，积极引导退役士兵参加职业教育，为退役士兵提高学历层次、增强职业技能提供更多保障渠道。各级退役军人事务部门要制定切实可行措施，通过普遍通知、重点走访、召开座谈会等方式做好宣传，并结合信息采集、光荣牌发放、走访慰问、送政策进军营等活动积极动员，引导退役士兵参加职业教育，确保政策落地落实。

（五）省级退役军人事务部门要加强组织管理工作，全面建立退役士兵教育培训台账。要会同教育部门加强对教育教学过程与效果的考核考评，制定有效措施，建立资金联动，设定评价标准，实施动态管理。要加快信息化建设，有效对接需求与供给，提供便捷线上线下服务。

（六）各地要积极正面宣传政策措施，树立积极承接、出色完成任务的院校典型，以及通过教育培训实现充分稳定就业、成功创业的退役士兵典型，营造全社会关心退役军人人才建设、支持退役军人教育培训工作、助力退役军人就业创业的良好氛围。

（七）各地要深刻认识退役士兵职业教育工作的重要意义，充分发挥退役士兵群体的人力资源优势，将面向退役士兵的高职扩招工作与退役士兵职业教育工作统筹考虑，形成全面推进退役士兵接受职业教育的合力，有质量地扩大高素质技术技能人才培养规模。

2019 年 8 月 7 日

中国退役军人事务年鉴 2020

大事记

退役军人工作大事记

一月

1月4日，中共中央政治局委员、国务院副总理孙春兰在人民大会堂会见20位2018年度“最美退役军人”先进典型及家属代表。

1月4日，孙绍骋、方永祥同志出席“最美退役军人”先进事迹报告会。

1月6—18日，12名2018年度“最美退役军人”先进典型代表组成两个“最美退役军人”先进事迹巡回报告团，分赴20余个城市开展巡回报告。

1月7—9日，钱锋同志赴广西壮族自治区部署边境战争40周年烈士祭扫组织接待工作，调研军人公墓规划建设和烈士纪念设施修缮保护工作。

1月8日，退役军人事务部在广西壮族自治区南宁市召开烈士祭扫组织接待工作部署会暨军人公墓规划建设座谈会。钱锋同志出席并讲话。

1月8—9日，方永祥同志出席河北省优秀退役军人和退役军人工作先进单位先进个人表彰大会。

1月9日，中共中央政治局委员、国务院副总理孙春兰赴天津调研退役军人服务管理体系建设情况。孙绍骋同志陪同。

1月16日，退役军人事务部召开首次年度立法工作会议，筹划部署2019年立法工作。

1月17日，中央垂直管理系统军转安置工作座谈会在广东省广州市召开。

1月18日，退役军人事务部党组研究决定，成立退役军人事务部网络安全和信息化领导小组及办公室。

1月19日，孙绍骋、方永祥同志赴河南省慰问陆军部队。

1月22日，国务院新闻办公室举行中外记者见面会，5位2018年度“最美退役军人”典型代表与媒体记者进行交流。

1月23日，钱锋同志会见韩国国防部国际政策局局长李元翼一行，交流在韩中国人民志愿军烈士遗骸交接等问题。

1月23日，方永祥同志出席慰问移交政府安置的军队离退休干部活动并讲话。

1月26日，中共中央政治局委员、国务院副总理孙春兰在天津出席全国退役军人服务保障体系建设推进会。孙绍骋、钱锋、方永祥、林国耀同志参加会议。

1月26日，全国双拥工作领导小组、退役军人事务部、中央军委政治工作部联合发出《致广大官兵和优抚对象的慰问信》《致全国双拥模范的慰问信》。

1月29日，钱锋同志出席首都军政座谈会并讲话。

1月29日，中央编办批复同意设立国家退

役军人服务中心。

1月30日，孙绍骋同志带队走访中央军委政治工作部，与中央军委委员、中央军委政治工作部主任苗华座谈。钱锋、方永祥、林国耀同志一同走访。

二月

2月2日，钱锋同志主持召开国家退役军人服务中心挂牌成立工作领导小组第一次会议。

2月14日，方永祥同志召集座谈会学习贯彻习近平总书记重要指示精神，研究改进退役士兵就业安置工作。

2月15日，方永祥同志主持召开退役军人服务保障体系建设推进会，研究贯彻落实中央决策部署、建立各级退役军人服务中心（站）的具体措施。

2月20日，方永祥同志出席移交安置工作座谈会并讲话，听取军队驻京大单位对做好今年军转安置工作的意见建议。

2月21日，孙绍骋同志带队到山东省调研部分退役士兵社会保险补缴试点工作和退役军人服务保障体系建设情况。

2月22日，钱锋同志参加国庆70周年大型成就展领导小组第一次会议。

2月25日至3月3日，退役军人事务部组团赴港澳慰问烈属、老战士。

2月26日，国家退役军人服务中心在京正式挂牌成立。孙绍骋同志揭牌，钱锋同志主持挂牌仪式，方永祥、林国耀同志参加仪式。

2月28日至3月2日，钱锋同志赴云南省调研，出席相关座谈会并讲话。

三月

3月，退役军人事务部联合全国人大常委会法制工作委员会编撰出版《〈中华人民共和国英雄烈士保护法〉释义》。

3月3日，孙绍骋同志参加2019年全国两会首场“部长通道”接受媒体采访，就退役军人工作回答记者提问。

3月14日，孙绍骋同志主持召开退役军人事务部国家安全人民防线建设小组第一次全体会议并讲话。

3月19日，孙绍骋、钱锋同志出席《退役军人保障法》起草领导小组第一次全体会议。

3月19日，退役军人事务部与中国工商银行、中国农业银行、中国银行、中国建设银行、交通银行、中国邮政储蓄银行、中信银行、中国光大银行、招商银行、兴业银行分别签署拥军优抚合作协议。

3月21日，退役军人事务部召开退役军人事务部直属机关党员大会，选举产生直属机关党委、直属机关纪委。孙绍骋同志讲话。中央和国家机关工委副书记李勇出席并讲话。方永祥同志主持会议并代表直属机关临时党委作工作报告。钱锋、林国耀同志出席。

3月21日，方永祥同志主持召开直属机关党委第一次会议，选举产生直属机关党委书记、常务副书记、副书记，听取直属机关纪委第一次会议选举结果报告。

3月29日，退役军人事务部网络安全和信息化领导小组召开第一次会议。孙绍骋同志出席，钱锋同志主持。

四月

4 月 1—3 日，退役军人事务部、外交部、财政部、中央军委政治工作部等部门组成的中方交接代表团赴韩国，实施第六批在韩志愿军烈士遗骸交接工作，并就联合搜寻在韩中国人民志愿军烈士遗骸与韩方进行磋商。

4 月 2 日，中共中央政治局委员、国务院副总理孙春兰主持召开专题会议，研究部署做好清明期间参战老兵祭扫服务、维护退役军人群体稳定工作。孙绍骋、林国耀同志参加。

4 月 3 日，方永祥同志出席退役军人就业创业工作企业座谈会并讲话。

4 月 3 日，退役军人事务部组派代表团赴韩国，顺利完成第六批 10 位在韩中国人民志愿军烈士遗骸交接、迎回工作。4 日，在沈阳抗美援朝烈士陵园隆重举行安葬仪式，钱锋同志出席并致悼念词。

4 月 16—18 日，方永祥同志出席全国退役军人就业创业工作会议并讲话。

4 月 17 日，钱锋同志与朝鲜城市经营省副相崔成哲一行会谈，磋商推动签订在朝志愿军烈士褒扬工作双边政府间协定等事宜。

4 月 17—19 日，孙绍骋同志带队到河北省调研退役军人服务保障体系建设工作。

4 月 19 日，钱锋同志出席北京市为相关对象悬挂光荣牌工作协调会并讲话。

4 月 23—25 日，钱锋同志带队赴福建省调研双拥工作。

4 月 26 日，孙绍骋同志出席退役军人事务部全面从严治党暨党风廉政建设工作会议并讲话，钱锋同志主持，方永祥同志出席，林国耀同志讲话。

4 月 28 日，钱锋同志主持召开“十四五”退役军人事业发展规划工作领导小组第一次全体会议。

4 月，退役军人事务部联合多家媒体发起“寻找英雄”活动，为 6 名在韩志愿军烈士找到亲人。

4—5 月，退役军人事务部等 10 个部门联合开展“传承 · 2019 清明祭英烈”主题宣传教育活动。

五月

5 月 6 日，经党中央、国务院批准，全国评比达标表彰工作协调小组正式明确退役军人事务部的常设表彰奖励项目。

5 月 7 日，钱锋同志会见津巴布韦民盟全国主席、政府国防和退伍军人事务部长穆春古丽率领的津民盟代表团一行。

5 月 8—17 日，孙绍骋同志率团赴赞比亚出席坦赞铁路纪念园开工仪式，并访问德国和塞尔维亚，深入交流探讨退役军人事务领域工作。

5 月 11 日，国务院办公厅发布 2019 年立法工作计划，《退役军人保障法（草案）》列为拟提请全国人大常委会审议的法律案之一。

5 月 13—16 日，林国耀同志带队赴贵州省调研。

5 月 20 日，部分退役士兵社会保险补缴信息系统正式上线。

5 月 20—24 日，退役军人事务部与中央组织部、中央党校（国家行政学院）在京联合举办退役军人事务工作专题研讨班。

5 月 21 日，退役军人事务部会同中央宣传部、中央军委政治工作部联合印发《关于开展2019年度“最美退役军人”学习宣传活动的通知》。

5月27—30日，钱锋同志赴安徽省调研退役军人工作。

5月31日，孙绍骋同志参加“不忘初心、牢记使命”主题教育工作会议。

六月

6月4—6日，退役军人事务部派出工作组赴福建武夷山就张山头红军墓区管理保护问题进行调研指导，研究提出下步保护措施。

6月5日，钱锋同志会见应急管理部政治部主任许尔锋一行，商谈国家综合性消防救援队伍优抚安置有关事宜。

6月5日，方永祥同志出席退役军人事务部“不忘初心、牢记使命”主题教育工作会议并讲话。

6月6日，退役军人事务部会同中央组织部、人力资源社会保障部、中央军委政治工作部等部门联合印发《关于开展全国模范退役军人和全国退役军人工作模范单位、模范个人评选表彰的通知》。

6月11日，孙绍骋同志主持召开退役军人事务部“不忘初心、牢记使命”主题教育动员部署会并讲话。钱锋、方永祥、林国耀同志出席。中央第二十二指导组组长范小建出席并讲话，副组长刘越等同志参加。

6月12—13日，方永祥同志赴湖北省来凤县看望老英雄张富清，并参加中央宣传部授予张富清同志“时代楷模”称号发布仪式。

6月18日，孙绍骋、钱锋、方永祥同志出席信息化工作汇报会。

6月23—26日，林国耀同志带队赴山西省调研。

6月24—26日，钱锋同志带队赴湖北省调研。

6月24—28日，方永祥同志带队赴黑龙江省、吉林省调研。

6月25日，孙绍骋同志参加全国深化“放管服”改革优化营商环境电视电话会议。

6月26—28日，孙绍骋同志带队赴辽宁省调研退役军人服务保障体系建设和部分退役士兵社会保险补缴等工作。

七月

7月1日，孙绍骋同志以“全心全意为退役军人服务是退役军人工作系统永远不变的初心和使命”为题讲党课。方永祥同志传达中央“不忘初心、牢记使命”主题教育领导小组有关通知精神。钱锋、林国耀同志参加。中央第二十二指导组组长范小建等同志出席。

7月1日，全国退役军人信访系统正式上线，实现部、省、市、县四级覆盖。

7月2日，退役军人事务部会同中央组织部、中央宣传部、中央军委政治工作部联合印发《关于开展向张富清同志学习的通知》。

7月4日，中共中央办公厅、国务院办公厅、中央军委办公厅印发《烈士纪念设施规划建设修缮管理维护总体工作方案》。

7月5日，孙绍骋同志参加深化党和国家机构改革总结会议。

7月5日，孙绍骋同志出席全国双拥工作领

导小组第 30 次全体会议。钱锋同志就《双拥模范城（县）创建命名管理办法》《全国双拥模范城（县）考评标准》修订进行说明。

7 月 5 日，中央国家机关和中央企业事业单位军队转业干部安置工作会议在京召开。方永祥同志出席并讲话。

7 月 11—12 日，中共中央政治局委员、国务院副总理孙春兰赴江西省调研。孙绍骋同志陪同。

7 月 12 日，钱锋同志主持召开退役军人和其他优抚对象信息采集工作专题会。

7 月 16 日，孙绍骋同志出席 2019 年退役军人事务专项调研成果汇报会并讲话。钱锋同志主持，林国耀同志出席。中央第二十二指导组组长范小建到会指导。

7 月 19 日，退役军人事务部联合有关部门对改进中央垂直管理系统接收安置军队转业干部工作进行部署。

7 月 19 日，退役军人事务部党组印发《退役军人事务部“作风建设年”活动方案》。

7 月 22 日，退役军人事务部、财政部联合下发《关于调整部分优抚对象等人员抚恤和生活补助标准的通知》，再次提高定期抚恤补助标准。

7 月 22—29 日，退役军人事务部组织党政军地 50 余部门参加的第二届中国青年干部代表团，赴朝开展祭扫交流活动。

7 月 23 日，中共中央政治局委员、国务院副总理孙春兰到退役军人事务部调研，主持召开“不忘初心、牢记使命”主题教育座谈会并讲话。

7 月 24 日，退役军人事务部印发国家退役军人服务中心、退役军人培训中心（退役军人报刊社）主要职责、内设机构和人员编制规定。

7 月 25 日，退役军人事务部会同中央组织部、人力资源社会保障部、中央军委政治工作部等联合印发《关于表彰全国模范退役军人、全国退役军人工作模范单位及个人的决定》。

7 月 26 日，全国退役军人工作会议在京召开。中共中央总书记、国家主席、中央军委主席习近平会见全国退役军人工作会议全体代表，向他们表示诚挚的问候，勉励他们不忘初心、牢记使命，奋力开创我国退役军人工作新局面。中共中央政治局常委、国务院总理李克强，中共中央政治局常委、中央书记处书记王沪宁参加会见。中共中央政治局委员、国务院副总理孙春兰参加会见并在全国退役军人工作会议上讲话。会议表彰了 401 名全国模范退役军人、91 个全国退役军人工作模范单位和 76 名全国退役军人工作模范个人。丁薛祥、张又侠、陈希、郭声琨、黄坤明、肖捷、赵克志参加会见，中央军委委员苗华参加会见并出席第一次全体会议。

7 月 30 日，退役军人事务部一体化在线服务平台正式开通，并成功对接国家政务服务平台，成为退役军人网上办事的总窗口。

7 月 30 日，全国双拥模范代表座谈会在京召开，印发新修订的《双拥模范城（县）创建命名管理办法》和《全国双拥模范城（县）考评标准》。

7 月 31 日，退役军人事务部举办张富清同志先进事迹报告会。孙绍骋、钱锋、林国耀同志出席，方永祥同志主持。

7 月 31 日，退役军人事务部与中央宣传部、中央军委政治工作部、湖北省委在人民大会堂联合举办“时代楷模”张富清同志先进事迹报告会。

八月

8 月 1 日，中共中央政治局常委、国务院总理李克强签署第 718 号国务院令，公布《国务院关于修改〈烈士褒扬条例〉的决定》，将英雄烈士保护纳入党和国家功勋荣誉表彰制度体系，启用《烈士光荣证》。

8 月 1 日，中共中央政治局委员、中央书记处书记、中央宣传部部长黄坤明会见“时代楷模”张富清同志先进事迹报告团。孙绍骋同志出席。

8 月 1 日，钱锋同志参加北京市“喜迎七十华诞、军民同心筑梦”庆“八一”双拥专场慰问演出活动，并在演出前和北京市及驻军单位领导为北京市“全国模范退役军人、全国退役军人工作模范单位及个人”颁奖。

8 月 1—9 日，退役军人事务部在云南省昆明市、陕西省西安市分别举办以“不忘初心永葆本色”为主题的军休干部庆祝新中国成立 70 周年文艺汇演南北片区复赛，1200 名军休干部、48 个节目参演。

8 月 2 日，孙绍骋同志赴北京市调研退役军人服务保障体系建设、部分退役士兵社会保险补缴等工作。

8 月 2—3 日、6—7 日，退役军人事务部分别在陕西省、云南省召开军队离退休干部统建住房配套建设服务管理机构用房工作推进会。

8 月 6 日，全国省（区、市）双拥办主任会议在浙江省杭州市召开，部署双拥创建工作。

8 月 12 日，钱锋同志会见朝中友好协会副委员长洪顺明一行，交流加强在朝志愿军烈士褒扬等工作。

8 月 12—14 日，孙绍骋同志赴上海市调研退役军人工作。

8 月 18—25 日，方永祥同志率代表团一行 6 人访问以色列、土耳其，走访两国主管退役军人管理保障、褒扬纪念工作相关机构并开展交流。

8 月 24 日，中央单位和北京市市级单位接收安置军队转业干部统一笔试在北京理工大学举行，3600 多人参加考试。钱锋同志到现场巡视。

8 月 30 日，孙绍骋同志主持召开退役军人事务部“不忘初心、牢记使命”主题教育总结大会并作总结讲话。方永祥同志通报部党组专题民主生活会有关情况。钱锋、林国耀同志出席。中央第二十二指导组组长范小建出席并讲话。

九月

9 月 1—29 日，退役军人事务部组织全国 16 个省份 200 余名烈属、荣立二等功以上优抚对象，分两期在陕西省荣誉军人康复医院进行短期疗养。

9 月 3 日，钱锋同志参加纪念中国人民抗日战争暨世界反法西斯战争胜利 74 周年座谈会。

9 月 4 日，方永祥同志主持召开组织参加国庆 70 周年系列活动工作协调会。

9 月 4—7 日，林国耀同志赴内蒙古自治区调研。

9 月 5 日，方永祥同志参加中央文明委举行的第七届全国道德模范表彰活动，陪同中央领导同志接见全体代表并合影留念。

9 月 5—6 日，全国褒扬纪念工作会议在京召开。孙绍骋、钱锋同志出席并讲话。

9月9日，钱锋同志主持召开退役军人和其他优抚对象信息采集工作领导小组会议。

9月12日，退役军人事务部会同中央军委政治工作部、广西壮族自治区党委和政府在桂林市隆重举行湘江战役红军烈士遗骸安葬仪式。

9月17—18日，孙绍骋同志赴宁夏回族自治区调研退役军人工作。

9月19日，孙绍骋同志会见云南省副省长和良辉一行。钱锋同志与和良辉同志就退役军人有关工作进行座谈。

9月23日，钱锋同志出席退役军人事务部电子公文系统安全可靠应用全面替代领导小组第一次全体会议并讲话。

9月24日，退役军人事务部、中央军委政治工作部、中央军委后勤保障部、中央军委训练管理部联合印发《应邀以退役军人身份参加大型活动着装办法（试行）》。

9月24日，退役军人事务部与中国电信、中国联通、中国移动3家电信运营商在京签署拥军优抚合作协议。孙绍骋同志出席签约仪式并讲话，钱锋同志签约。

9月24日，钱锋同志会见第14期中德高级军官安全政策研讨班施耐德汉退役上将一行，与德方交流退役军人工作领域有关政策法规和经验做法。

9月26日，退役军人事务部在江苏省南京市举办首届“丰碑永铸·颂英烈”全国英烈讲解员大赛决赛。钱锋同志出席，为获奖选手颁奖。

9月29日，孙绍骋同志出席国家勋章和国家荣誉称号颁授仪式。

9月29日，中国人民志愿军烈士认亲仪式在沈阳抗美援朝烈士陵园举行。钱锋同志出席。

9月30日，孙绍骋同志出席在天安门广场举行的烈士纪念日向人民英雄敬献花篮仪式，瞻仰人民英雄纪念碑并献花。

9月30日，退役军人事务部协调29个部委负责同志、组织保障66名在京老战士和烈士亲属代表参加向人民英雄敬献花篮仪式，全国近3000个地方人民政府举行了庄严肃穆的烈士公祭仪式，有新评定烈士的20多个县级以上人民政府向100余名烈属代表颁授《烈士光荣证》并隆重举行颁授仪式。

9月30日，孙绍骋、钱锋、方永祥、林国耀同志出席庆祝中华人民共和国成立70周年招待会。退役军人事务部组织68名退役军人和其他优抚对象代表参加招待会。

9月30日，国务院决定，任命朱天舒同志为退役军人事务部副部长。

十月

10月1日，退役军人事务部组织108名新中国成立前参加革命工作的老战士，新中国成立后至“文化大革命”前军队退役英模、民兵英模和支前模范参加国庆70周年庆典活动群众游行“致敬”方阵，组织55名退役军人和其他优抚对象代表参加国庆70周年观礼活动。

10月8日，退役军人事务部向各地下发《退役军人事务部办公厅关于开展退役军人和其他优抚对象数据修正工作的通知》，在全国范围启动数据修正工作。

10月9日，退役军人事务部与民政部、财政部、住房城乡建设部、国家医疗保障局联合印发《关于加强困难退役军人帮扶援助工作的意见》，实现普惠加优待的重大政策突破。

10月11日，朱天舒同志赴天津调研退役军人工作。

10月14日至11月20日，钱锋同志分别赴重庆市、山西省、广东省和上海市调研双拥创建工作。

10月14—18日，退役军人事务部在河北省石家庄市举办首期全国省级退役军人服务中心主任培训班。

10月15日，朱天舒同志出席“十四五”退役军人事业发展规划编制工作座谈会并讲话。

10月15—17日，钱锋同志赴重庆市调研全国双拥模范城（县）创建工作。

10月17—18日、23—24日，退役军人事务部分别在天津市、湖北省召开军休移交安置暨服务管理改革座谈会。

10月18日，朱天舒同志赴北京市实地调研军休工作。

10月21日，钱锋同志主持召开退役军人事务系统事业单位数据比对工作会。

10月21日至11月1日，退役军人事务部在福建省古田干部学院举办全国市级和县级退役军人事务局长示范培训班。10月28日，方永祥同志出席市级示范班并专题授课。

10月22—24日，朱天舒同志赴江苏省和浙江省调研。

10月28—31日，钱锋同志带队赴广东省调研全国双拥模范城（县）创建工作。

10月29日，朱天舒同志出席退役军人事务部网络安全和信息化领导小组办公室会议。

10月30日，方永祥同志主持召开解决部分退役士兵社会保险问题部际联席会议第二次会议暨部分省份座谈会。

10月31日，朱天舒同志赴北京市军队离退休干部安置办公室（北京市军队离休退休干部安置事务中心）调研。

十一月

11月2日，退役军人事务部会同中央军委政治工作部、中央网信办在湖北省来凤县联合举办“寻访英雄”网络互动活动启动仪式。

11月7日，钱锋同志参加司法部部务会。会议审议了《退役军人保障法（草案）》，并原则通过。

11月7日，朱天舒同志赴中国人民大学，与专家学者和在校退役大学生士兵代表座谈。

11月7—8日，孙绍骋同志赴江西省萍乡市莲花县调研帮扶工作。

11月8日，钱锋同志会见河南省副省长舒庆一行，座谈交流双拥模范城（县）创建工作。

11月9日，退役军人事务部与中国社会科学院大学就开展退役军人管理保障学科建设正式建立试点合作关系，召开学科建设研讨会。

11月11—12日，退役军人事务部、中央军委政治工作部、中央军委国防动员部等在银川市召开宁夏军地合力做退役军人工作经验推广交流会。孙绍骋同志出席会议并讲话，方永祥同志主持会议并作总结讲话。

11月12—13日，退役军人事务部在福建省福州市召开军休人员待遇政策研究论证会。

11月14日，朱天舒同志主持开展网络综合治理体系建设专题培训。

11月19日，退役军人事务部在上海市召开全国退役军人事务系统宣传思想工作座谈会。钱锋同志出席并讲话。

11月19—20日，钱锋同志赴上海市调研双拥模范城（县）创建工作。

11月20—22日，孙绍骋同志赴浙江省调研退役军人工作。

11月22日，退役军人事务部部署启动新式军队离休退休干部证件换发工作。

11月22日，朱天舒同志主持召开军休干部养老服务座谈会。

11月24日至12月1日，钱锋同志率代表团访问比利时、奥地利，交流退役军人事务领域有关工作。

11月28日，孙绍骋、方永祥、林国耀、朱天舒同志出席并观看“与祖国同行”全国移交政府安置军队离退休干部庆祝新中国成立70周年文艺汇演。

11月29日，方永祥同志会见缅甸退役军人协会会长妙温退役少将一行，交流退役军人工作领域有关政策法规和经验做法。

十二月

12月3—23日，退役军人事务部组织军地相关部门和部分省份退役军人事务系统20人赴美国进行培训。

12月4日，钱锋同志主持召开全国双拥工作领导小组办公室第三次全体会议。

12月4日，退役军人事务部举行建部以来首次宪法宣誓仪式，2018年9月以来部党组任命的司处级干部共89人参加宪法宣誓。孙绍骋、钱锋、林国耀、朱天舒同志出席，方永祥同志主持。

12月10—13日，林国耀同志赴重庆市和四川省等地督查调研。

12月11日，钱锋同志出席优抚事业单位改革发展座谈会。

12月12日，方永祥同志出席退役军人事务部直属机关工会第一次会员代表大会并讲话，中央和国家机关工委群众工作部副部长赵强到会指导。大会选举直属机关工会第一届委员会、经费审查委员会、女职工委员会，第一届工会委员会主席、副主席，经费审查委员会主任，女职工委员会主任。部直属机关工会会员代表、特邀代表共49人参加会议。

12月13日，钱锋同志赴江苏省南京市参加南京大屠杀死难者国家公祭仪式。

12月13日，方永祥同志赴北京市调研。

12月16日，退役军人事务部发布第1号部令，公布新修订的《伤残抚恤管理办法》。

12月17日，方永祥同志出席退役军人就业合作协议签约仪式，并与保利、万科集团有关负责同志座谈。

12月18日，方永祥、朱天舒同志出席“最美退役军人”发布仪式。

12月19—20日，全国退役军人事务厅（局）长会议在京召开。会议围绕推进退役军人事务领域治理体系和治理能力现代化，总结2019年工作、分析面临形势、部署2020年任务。孙绍骋同志出席会议并讲话，钱锋、方永祥、林国耀、朱天舒同志，以及中央组织部、国务院办公厅、财政部、人力资源社会保障部、审计署、国务院国资委、中央军委办公厅、中央军委政治工作部、中央军委后勤保障部等军地单位特邀代表出席会议。

12 月 19—20 日，全国退役军人服务中心主任会议在京召开，朱天舒同志出席并讲话。

12 月 20 日，退役军人事务部和中国文联在京共同举办首届“丰碑永铸 · 颂英烈”书画展。钱锋同志出席开幕式并致辞。

12 月 24 日，中央宣传部、退役军人事务部、中央军委政治工作部联合发布 2019 年“最美退役军人”先进事迹。

12 月 24 日，退役军人事务部与浦东发展银行在京签署拥军优抚合作协议。孙绍骋、钱锋同志出席签约仪式。

12 月 25—26 日，孙绍骋同志赴河北省调研退役军人工作。

12 月 26 日，钱锋同志出席全国退役军人政策法规工作暨理论研讨会并讲话。

12 月 27 日，朱天舒同志赴陆军部队实地走访慰问基层连队官兵，并就伤病残军人移交安置问题召开座谈会。